# 解字说文500问

王德俊◎著

中国文史出版社

图书在版编目（CIP）数据

解字说文 500 问 / 王德俊著 . -- 北京 : 中国文史出版社 , 2018.5

ISBN 978-7-5205-0285-6

Ⅰ . ①解… Ⅱ . ①王… Ⅲ . ①汉字 – 问题解答 Ⅳ . ① H12-44

中国版本图书馆 CIP 数据核字（2018）第 108254 号

责任编辑：刘　夏

出版发行：中国文史出版社
社　　址：北京市海淀区西八里庄 69 号院　**邮编：**100142
电　　话：010-81136606　81136602　81136603（发行部）
传　　真：010-81136655
印　　装：北京温林源印刷有限公司
经　　销：全国新华书店
开　　本：1/16
印　　张：25.5
字　　数：378 千字
版　　次：2019 年 2 月北京第 1 版
印　　次：2019 年 2 月第 1 次印刷
定　　价：69.80 元

# 目录

contents

# 一、概念篇

# （一）中国文字概念

## 1. 什么是文？

答：文主要是“字”和“文字”。《说文解字》释义：文，即“文”，“错画也。象交文。凡文之属皆从文，无分切[①]。”文，是交错在一起的纹线。其实，“文”字本身像交错在一起的纹线。文还可以作构字的部件，主要是形符，所以凡与“文”有关系的字，皆用“文”作为部件。字的读音是无分切（反切注音，今音 wén）。另，《说文解字·叙》所说“罢其不与秦文合者”句中的“文”，即作“文字”解释。

《康熙字典》对“文”的头三个释义，除了“错画也”［即“文”，“交错在一起的纹线”（此为引《说文解字》之说）］外，还有两个释义：一是“唐韻[②]集韻 韻会 正韻丛无分切音纹”，指《唐韻》《集韻》《韻会》《正韻》几部书，对“文”这个字的注音是无分切（反切注音），音纹（直音法注音），与“纹”字同音，今音为 wén。二是“玉篇文章也”，即《玉篇》的解释是：“文”，指文章。

《中华大字典》对“文”的释义，包括：第一，“无分切音纹之韻”，在其包括的36个释义中，值得注意的有两处：一是“错画也。见‘说文’。‘段注’错当作遣。遣画者这造之画也。考工记。青与赤谓之一（即文——作者注）。遣画之之一耑也。”（与上述《说文解字》《康熙字典》的释义相同）；二是文，即“字也”（《说文解字·叙》），“依类象形谓之一（即文——

①《现代汉语词典》（第6版）（以下简称《词典》，全书同）第361页释义：“反切　名我国传统的一种注音方法，用两个字来注另一个字的音，例如‘塑，桑故切（或桑故反）’。被切字的声母跟反切上字相同（‘塑’字声母跟‘桑’字声母相同，都是s），被切字的韵母和声调跟反切下字相同（‘塑’字的韵母和声调跟‘故’相同，都是u韵母，都是去声）。”

②韻，韵的异体字。

作者注，下同），其后形声相盖谓之字。”第二，“文运切音问问韻饰也。《论语·子张》小人之过也必～。”“文”，可读作无分切（反切注音），音纹（直音法注音），之韵（按古音对文进行分类），它可归入“之”这一韻。作为多音多义字，“文”还有其他音和义。“文”运切（反切注音）、音问（直音法注音）、问韻（从其读音，归入“问”字这一韻）今音为wèn，意为“掩饰”，正如《论语·子张》所说，小人有了过错，一定会想方设法掩饰。第三，“眉贫切音珉真韻饰也。《礼记玉藻》大夫以鱼须——竹（刘昌宗读）。”“眉贫切（反切法注音），音珉（直音法注音），今音mín。”从其读音归入“直”字韻部，义为“装饰”，正如《礼记·玉藻》所说，在笏的制作和使用上，大夫是用竹来制作，但要用斑纹的鳖鱼皮来装饰（该读音和用法，皆系东晋刘昌宗之说——作者注）。

《词典》第1362—1363页，对“文”作了如下16个释义。①字：甲骨文｜钟鼎文。②文字：汉文｜英文。（如《孟子·万章》曰：“故说诗者不以文害辞。”）③文章：散文｜韵文｜记叙文｜应用文｜文不对题｜文如其人。（如李贽《焚书·童心说》曰：“诗何必古选，文何必先秦。”）④公文；文件：呈文｜文书｜文山会海。⑤文言：半文半白。⑥指社会发展到较高阶段表现出来的状态：文化｜文明｜文物。⑦名指文科：他在大学里是学文的。⑧旧时指礼节仪式：虚文｜繁文缛节。⑨非军事的（跟“武”相对）：文官｜文职｜能文能武。（如《史记·郦生陆贾列传》曰：“文武并用，长久之术也。”）⑩柔和；不猛烈：文雅｜文弱｜文绉绉｜文火。⑪自然界或人类社会的某些现象：天文｜水文｜人文。⑫花纹；纹理：文采。（如《周易·系辞》曰：“物相杂，故曰文。”）⑬动称在身上、脸上刺画花纹或字：文身｜文眉｜文了双颊。⑭（旧读wèn）掩饰：文过饰非。（如《论语·子张》曰：“小人之过也必文。”）⑮量用于旧时的铜钱（铜钱的一面铸有文字）：一文钱｜不取分文。（如《宋书·徐羡之传》曰：“可以钱二十八文埋宅四角。”）⑯（wén）名姓［比如：文天祥（1236—1283年）］。

在上述16个释义中，尤其重要的是头三个：①字［与《中华大字典》的“字也”（《说文解字·叙》相对应）］；②文字（由“文”与“字”组合）（它们分列16个释义的前两位，即可说明其极端重要性，同时也直击本书《解字说文500问》的要害与要旨）；③文章，列第三位，除说明其重要性外，还同《康熙字典》的"玉篇文章也"相对应。

综上所述，尤其是《词典》的释义，对"什么是文"的解答，既全面，又准确，其中16个释义中的头两个释义：①字、②文字，更是关键，堪称画龙点睛完美之答。

## 2.《词典》对"文"有哪些多字条目？

答：《词典》（第1363—1365页）对"文"列有从"文案"到"文宗"的110个多字条目。结合本书内容，择其相应11个多字条目，分别作如下解读。

（1）文章。

一是篇幅不很长的单篇作品；二是泛指著作；三是暗含的意思（如"话里有文章"），或复杂的情况（如"这件事背后大有文章"）；四是做事情的方法和计划等（如"我们可以利用他们的矛盾，这里很有文章可做"，"还要想到下一战略阶段的文章"）。刘勰（约公元465—520年）《文心雕龙·情采》曰："昔诗人什篇，为情而造文。"该句中的"文"，指文章。

（2）文言。

指五四运动以前通用的以古汉语为基础的书面语。此外，文言还指《易经》中专门解释"乾""坤"两卦的篇名，系《十翼》之一。孔颖达（574—648年）曾就"乾坤"与文言之间的关系作过阐述。他疏引庄氏曰："文谓文饰，以乾坤德大，故特文饰以为文言。"其内容是假托孔子（公元前551—前479年）答问，一方面通过"乾"卦，向统治者说明身居高位的危险，应当让他们明白"知其进退存亡而不其正"的道理；另一方面又通过"坤"卦，进一步谏劝统治者应当认识到"履霜坚冰至"的自然法则，随时注意或警惕不遵守"坤通柔顺"从而遭到被统治广大民众的反抗。

（3）文采，亦作"文彩"。

①华丽的色彩：文采斑斓；②文学方面的才华：文采过人。亦作如下释义：一是错杂华丽的色彩，《墨子·辞过》曰："暴夺民衣食之财，以为锦绣文采靡曼之衣。"二是辞采、才华。正如杜甫（712—770年）《丹青引》诗曰："英雄割据虽已矣，文彩风流今尚存。"

（4）文饰。

①文辞方面的修饰：这段描写文饰较少；②掩饰（自己的过错）。亦作如下释义：一是礼节仪式，正如《荀子·礼论》曰："故其立文饰也，不至于窕冶。"二是文过饰非，掩饰不好的事情，正如《南史·孔范传》曰："后主性愚佷，恶闻过失，每有恶事，范必曲为文饰，称扬赞美。"三是修饰，正如孟元老《东京梦华录序》曰："此录语言鄙俚，不以文饰者，盖欲上下通晓耳。"

（5）文墨。

指写作文章的事，泛指文化知识：文墨人、文墨事、粗通文墨。亦作如下释义：一是文辞，正如《三国志·蜀志·诸葛亮传》曰："公诚之心，形于文墨。"二是律令判状，正如《汉书·刑法志》曰："专任刑罚，躬操文墨。"

（6）文翰。

①<书>文章，正如《三国志·吴志·孔贲传》裴松之（372—451年）注引《孙惠列传》曰："惠文翰凡数十首。"②指公文信札，正如《新唐书·薛收传》曰："元敬掌文翰，号称职。"

（7）文法。

语法，既指语言的结构形式，包括词的构成和变化、词组和句子的组织，又指语法研究。

（8）文体。

①文章的体裁：就文体讲，公文、书信、广告都可归入应用文；②文娱和体育的合称：文体活动。亦作如下释义：一是文章的风格，正如钟嵘（约468—578年）《诗品》卷中曰："〔陶潜传〕文体省静，殆无长语。""观体文（沈约）众制，五言最优，详其文体，察其余论，固知宪章鲍明远也。"二是语体，指为适应不同的需要而形成的语体，包括公文文体、政论文文体、科学文体等在内的各种语文体式。

（9）文案。

①旧时指官署中的公文、书信等；现多指企业的事务性文字：文案策划、广告文案；②指做这种工作的人员：资深文案。亦作如下释义：一是公文案卷，正如《南史·宋彭城王义康传》曰："义康性好吏职，锐意文案。纠剔是非，

靡不精尽。”二是旧时衙署中草拟文牍、掌管档案的幕僚。

（10）文笔。

指文章的用词造句的风格和技巧：文笔辛辣、文笔巧妙。亦作如下释义：一是古时泛指文章、文辞。正如《北史·刘璠传》曰：“少好读书，兼善文笔。”后用以指文章的笔法，称文章的写作技巧为文笔，比如：“文笔犀利。”二是六朝时人们区别文体为“文”“笔”：将有韵的文章称为“文”，无韵的文章称为“笔”。正如萧绎（梁元帝）（508—555年）《金楼子·立言》泛指有情采的诗赋为“文”；议论叙述之类的文章为“笔”。时至清代，阮元（1764—1849年）主张：有韵偶者为“文”；无韵散行为“笔”。

（11）文献。

有历史价值或参考价值的图书资料：历史文献、科技文献。亦作如下释义：一是原指典籍与宿贤，正如《论语·八佾》曰：“夏礼吾能言之，杞不足征也；殷礼吾能言之，宋不足征也；文献不足故也。足，则吾能征之矣。”朱熹（1130—1200年）注：“文，典籍也；献，贤也。”二是今指具有历史价值的图书文物资料，如历史文献。

### 3. 除《词典》外对“文”还有哪些多字条目？

答：主要有以下几种。

（1）文轨。

一是语出《礼记·中庸》曰：“今天下车同轨，书同文，行同伦。”古时人们将“车同轨、书同文”看作天下或国家大一统的主要标志。正如《隋书·炀帝纪上》曰：“今天下交泰，文轨攸同。”二是为文的典范、榜样。正如《隋书·杜正藏传》曰：“又著文章体式，大为后进所宝，时人号为文轨。”

（2）文致。

一是粉饰，正如《汉书·叙传上》曰：“莽秉政，方欲文致太平。”二是玩弄法律条文，陷人入罪。正如《后汉书·陈宠传》曰：“解妖恶之禁，除文致之请。”李贤（1409—1467年）注道：“文致，谓前人无罪，文饰致于法中也。”三是文采思致。正如《新唐书·岑文本传》曰：“文本奏《藉田》、《三元颂》二篇，文致华赡。”

（3）文义。

一是文章的思想内容，正如《晋书 · 左贵嫔传》曰：“言及文义，辞对清华，左右侍听，莫不称美。”二是文字的含义。正如《南史 · 陆澄传》曰：“读《易》三年，不解文义。”

（4）文思。

一是作文的思路，正如《文心雕龙 · 神思》曰：“陶钧文思，贵在虚静。”二是功业和道德，正如《书 · 尧典》曰：“钦明文思安安。”陆德明（约550—630年）注道：“经纬天地谓之文，道德纯备谓之思。”

（5）文藻。

指文辞的藻采，正如刘基（1311—1375年）《天寿节登槃翠轩》诗曰：“诸公俱俊髦，文藻压班、祢。”［班：班固（32—92年）；祢：祢衡（173—198年）——作者注］

（6）文貌。

指礼文仪节，正如《荀子 · 大略》曰：“文貌情用相为内外表里，礼之中焉。”

（7）文柄。

一是以文章试士的取舍权柄。正如姚合（约779—855年）《寄陕府郭冏端公》诗曰：“相府执文柄，念其心专精，薄艺不退辱，特列为门生。”二是评价与衡量一代文学的权衡，正如王士禛（1634—1711年）《古诗选 · 五言诗凡例》曰：“固知此道真赏，论定不诬，非可以东阳（沈约）、零陵（范云）身参佐命，遂堪劫持一代文柄也。”

## 4. 什么是字？

答：据《史记》记载，秦国吕不韦（公元前292—前235年）组织一些读书人撰写《吕氏春秋》，此书写好后，吕不韦命令人把它挂在秦国首都咸阳的城门上，宣称：“增损一字者予千金。”即谁能对此书增减一字者，可奖赏一千两黄金（成语“一字千金”[①]即源于此）。这是古代文献中记载中最早称作“字”的例证。

字的本义是生孩子。《说文解字》曰：“字，乳也。从子在宀下，子亦声。”朱骏声（1788—1858年）注：“人生子曰字。”《山海经·中山经》曰：“其上有木焉，名曰黄棘，黄华而员叶，其实如兰，服之不字。”（意即山上有一种树，名叫黄棘，开黄花，树叶是圆形的，它的果实像兰花，吃了这种果实就不生孩子了。）

《辞源》对“字”作如下释义：（1）乳哺，生育。《诗·大雅·生民》曰：“诞寘之隘巷，牛羊腓字之。”周人传说姜嫄既生后稷，弃于隘巷，牛羊不仅避而不践踏，反而哺乳之。（2）爱。《书·康诰》曰：“于父，不能字厥子，乃疾厥子。”（3）旧称女子许嫁为字。（4）文字。东汉许慎（约58—约147年）《说文解字·叙》曰：“仓颉之初作书，盖依类象形，故谓之文；其后形声相益，即谓之字。字者，言孳生乳而寖多也。”（5）表字。古代男子二十而冠，冠后根据本名涵义另立别名称字。比如：汉班固字孟坚，三国蜀诸葛亮（181—234年）字孔明。

《辞海》的释义是：（1）文字。正如《说文解字·叙》曰：“盖依类象形，故谓之文，其后形声相益，即谓之字；字者，言孳生乳而浸多也。”（2）用文字写成的凭据、字据或短柬。比如：立字为凭。正如《儒林外史》第十二回曰：“杨执中又写了一个字去催权勿用，权勿用见了这字，收拾搭船来潮州。”（3）字音，比如：字正腔圆。（4）人的表字。正如《史记·老子列传》曰：“姓李氏，名耳，字伯阳。”（5）取表字。正如《离骚》曰：“名余曰正则兮，字余曰灵均。”（6）怀孕。正如《易·屯》曰：“女子贞不字，十年乃字。”虞翻（164—233年）作注道：“字，妊娠也。”（7）养育。正如《左传·昭公十一年》曰：“其僚无子，使字敬叔。”（8）爱。正如《书·康

① 可举两例：一是唐代一位老者收藏《兰亭集序》，要献给唐太宗（627—649年）李世民，内有王羲之（303—361年）书写的大小不同、字体各异的“兰”“亭”“集”“序”四个字，赏他四千金，可谓一字一千金。二是1938年卓别林（1889—1977年）的电影剧本《独裁者》完稿，正在准备开拍之际，派拉蒙电影公司声称《独裁者》的片名是它的，因为戴维斯曾以此名撰写过一部闹剧。并表示：卓别林如果非要“借用”该片名不可，必须付2.5万美元的转让费。为此，卓别林灵机一动，只在剧本名字前加了一个“大”，改为《大独裁者》，多了一个字却省下了2.5万美元。

诰》曰："于父不能字厥子，乃疾厥子。"

《词典》（第1730页）的释义是：（1）文字，如汉字。（2）字音，如咬字。（3）字体，如篆字。（4）书法作品，如字画。（5）字眼；词：如他说行，谁还敢说半个"不"字。（6）字据，如立字为证。（7）根据人名中的字义，另取的别名叫"字"，如岳飞（1103—1142年）字鹏举。（8）俗指电表、水表等指示的数量，如这个月电表走了50个字。（9）<书>许配，如待字。（10）姓。

综上所述，除《说文解字》外，《辞源》（4）、《辞海》（1）和《词典》（1）对"字"释义的共同点，就是将"字"[①]释义为"文字"。

## 5.《词典》对"字"有哪些多字条目？

答：《词典》（第1730—1731页）对"字"列有从"字典"到"字纸"33个多字条目，现择其要者，分别作如下释义。

（1）字典[②]。

指以字为单位，按一定次序排列，每个字注上读音、意义和用法的工具书。

（2）字书。

解释汉字的形体、读音和意义的书，如《说文解字》。

（3）字体。

①同一种文字的各种不同形体，如汉字手写的楷体、行书、草书，印刷的宋体、黑体。②书法的派别，如欧体、颜体。③字的形体：字体工整匀称。

（4）字形。

字的形体，如标准字形、字形规范。

① 书法家欧阳中石（1928— ）对"字"作过如下阐述："书法学到最后学的就是文化，但它从文字来讲，只有中国人的文字叫文字，别的国家的文字是字母的拼合。你看，'字'这个字的来历，是家（指'宀'这个宝盖头——作者注）底下有个子，就是家里呢，有个儿子，家里想传达思想，就需用字来传，所以咱们中国任何一个字都和文化有关。"

② 在此作者联想起数十年前胡适（1891—1962年）在一篇题为《胡说》杂文中涉及字典的一段话："我又常对朋友说：'读书不但要眼到、口到、心到。最重要的是手到。手到的功夫很多，第一要紧的是动手翻字典'"，以及一支涉及字典的《劝善歌》："少花几个钱，多卖几亩田，千万买部好字典！它跟你到天边；只要你常常请教它，包管你可以少丢几次脸！"

（5）字眼。

用在句子中的字或词语，如挑字眼等。

（6）字样。

①文字形体的规范，如《九经字样》。②用在某处的词语或简短的句子，如门上写着“卫生模范”的字样。

（7）字义。

字所代表的意义：解释字义。

（8）字音。

即字的读音：注明字音。

## 6. 除《词典》外对“字”还有哪些多字条目？

答：主要有：

（1）字林。

即《字书》，晋代吕忱编撰。其部目根据东汉许慎《说文解字》分为540个部，收字12824个，系为弥补《说文解字》缺漏而编撰。

（2）字乳。

即生育，正如《论衡·气寿》曰：“所产子死，所怀子凶者，字乳亟数，气薄不能成也。”

（3）字说。

即文字学书，宋代王安石（1021—1086年）编撰，共24卷（还有另一说，据《进字说表》《熙宁字说序》称：20卷），于北宋元丰三年（1080年）成书。

（4）字喃。

即越南在借用汉字的年代，为书写越南语而借用的汉字，以及仿照汉字形式创造的越南字。

## 7. 什么是文字？

答：“文字”一般只指“汉字”。在中国古代文献中，最早将“文字”称作“书”“名”“文”或“字”。以“书”为例：《韩非子·五蠹》曰：“仓颉作书，自环者谓之私，背私谓之公。”此处“作书”的“书”指“文字”。“文字”二字，分开说，“文”自“文”，“字”自“字”。其中，

"文"是独体字，即"独体曰文"（指用一个简单的意符构成的字）；"字"是合体字，即"合体曰字"（指由两个或两个以上的偏旁组成的汉字）。追溯起来，在造字之初，先有"文"，尔后才有"字"。然而随着时间的推移，人们将"文""字"二字组合在一起，构成了一个复合名词[①]了。具体而言，许慎《说文解字》，为什么说成"说文解字"，而不叫"说解文字"呢？这说明在许慎心目中，"文"与"字"有所不同："文"是许慎所说的独体字，即"六书"中的指事字；"字"是许慎所说的合体字，即由两个或两个以上的"文"（独体字）构成的汉字。据许慎《说文解字》解释，在造字之初，先民最初创造书写符号，采用"依类象形"构造方法，依照事物描摹其形状。运用这种造字方法造出的符号如同"花纹"，因此古人称文字为"文"，即古"纹"字，"花纹"的意思。后来继而采用"形声相益"的结合法，即偏旁构件，相配增生。而采用这种造字方法合成的符号，犹如女人生孩子一样，越生越多，越来越多，便称为"字"。在我国语言文字界一种较有权威性的说法是，大约在东汉末年，人们将"文""字"组合起来，并且赋予其比较明确、完整的内涵与外延，合称为"文字"。"文字"二字（一词）最早见于秦始皇（公元前221—前210年）的琅邪台刻石："器械一量，书同文字。"这是对秦始皇统一度量衡和用秦篆统一文字实现其有效统治的纪实。不过，此处的"文字"，仅指"字"而已，指秦小篆。

对"文字"这一概念作出权威性释义的，可首推《中国大百科全书》（第二版）："文字：语言的书写符号，人与人之间交流信息的约定俗成的视觉信号系统。这些符号要灵活地书写由声音构成的语言，使信息送到远方，传到后代。"此外，对"文字"作出较有权威性释义的还有《辞海》《词典》。《辞海》的释义是："①记录和传达语言的书写符号，扩大语言在时间和空间上的交际功用的文化工具[②]，对人类文明的促进起很大的作用。文字有表形文

---

① 关于文字的名称，《说文解字·注》作过如下的阐述："关于文字的名称，毫无疑问也有一个发展的过程。我们现在只知道'独体曰文，合体曰字'，古曰'名'、曰'文'，'今曰字'。'名者自其有音言之，文者有其形而言之，字者自其滋生言之。''六经'，未有'字'者，秦刻'同书文字'，此言字之始也。"

② 正如清代学者陈澧（1810—1882年）《东塾读书记》所说："盖天下事物之象，人目见之，则心有意，意欲达之，则口有声。""声不能传于异地，留于异时，于是乎书之于文字。文字者，所以为意与声之迹也。"

字、表意文字、表音文字，这三种类型大体上标志着文字发展的三个不同阶段。表音文字最便于人们学习和使用。②文章。唐孙卓《同宋药州太史登滕王阁》诗：‘子安文字当时体，纵横万家谁端倪？’”《词典》（第 1365 页）的释义是：“①记录语言的符号系统，如汉字、拉丁字母等。②语言的书面形式，如汉文、英文等。③文章（多指形式方面）：~清通。”

简言之，文字的基本含义是：凡有形体写在纸或其他载体上，作为代表一个声音、一种意义的符号，并可用一句话表示或表达完全、完整意思者，皆可称为“文字”[①]。

## 8. 什么是中文？

答：《词典》（第 1686 页）对中文的释义是：“名①中国的语言文字，特指汉族的语言文字。②中国语言文学，特指汉语言文学：~系。”

作者认为，中文[②]，顾名思义，既指如上述《词典》所释义的“中国的语言文字，特指汉族的语言文字”，也指“中国人使用的文字”。前者是狭义上的释义，后者是广义上的解读。由于中国是一个由以汉族为主体的，包括汉族和其他少数民族在内的 56 个民族组成中华民族大家庭的国家，所以“中国人使用的文字”这一概念，包括汉字和非汉字的其他文字两部分。在我国语言文字界，有一种意见认为，中国现代文字，实际上包括汉字等 40 种文字，再加上追溯历史上还有十几种文字，中文是由这几十种文字所组成的一个大家族。进而言之，这几十种文字，划分为三个类型：一是词符与音节并用的文字（比如：汉字、东巴文字等）；二是音节文字（比如：彝文、傈僳族竹书等）；三是字母文字（比如：藏文、维吾尔文等）。还须指出的是，中国人所使用的非汉字体系的文字，包括：（1）汉字起源前或和汉字起源同时受到一些影响或未受汉字影响的文字；（2）后来受到汉字影响而

① 曹平《胡适打油论字》指出：“胡适是新文化运动的健将，积极鼓吹白话文。他曾写过一首妙趣横生的打油诗，论文字的死活之别。其中有这样的句子：文字没有雅俗，却有死活可道。古人叫做欲，今人叫做要；古人叫做至，今人叫做到；古人叫做溺，今人叫做尿；本来同是一个字，声音少许变了。并无雅俗可言，何必纷纷闹闹？至于古人叫字，今人叫号；古人悬梁，今人上吊；古名虽未必佳，今名又何尝不妙？古人加冠束帻，今人但知戴帽；若必叫帽作巾，叫轿作舆，岂非张冠李戴，认虎作豹……”

② 中文的另一种称谓是“中国字”，特指汉字。

创造出来的文字；（3）后来没有受到汉字影响的一些文字；（4）没有受到汉字影响的文字。再则，在（2）“后来受到汉字影响而创造出来的文字”中，既有业已消失的文字，又有至今仍在使用的文字；在（4）“没有受到汉字影响的文字”中，既有业已消失的文字，又有至今仍在使用的文字。

从民族界别的意义上说的“中国人使用的文字”，既包括汉族使用的文字，即汉字（文），也包括少数民族使用的文字，主要有：蒙古文（蒙古族）、回文（回族）、藏文（藏族）、满文（满族）、壮文（壮族）、维吾尔文（维吾尔族）、侗文（侗族）、白文（白族）、苗文（苗族）、彝文（彝族）、羌文（羌族）、黎文（黎族）、布依文（布依族）等。

此外，在相关英文词典中，“Chinese”作“中文”解释。比如：《新英汉词典》（第196页）释义：“Chinese……②中国语文；中国话，汉语。”[①]按照《词典》对“中文”释义的①“中国的语言文字”，可将此处的“中国语文”简称为“中文”；而《牛津高阶英汉双解词典》（第234页）明确无误地释义：“Chinese 中国的；汉语的；中文的；中国人的。”[②]

## 9. 什么是汉字？

答：汉字是汉族的“自源”文字，汉字是我国汉族人民自古以来一直用以记录汉语，交流思想和信息的工具。它是汉族人民的祖先在长期社会生产劳动实践中集体创造的，聪明智慧的结晶。我国已有大约六千年的文明史，作为与文明伴生的汉字也相应有六千年左右的历史。早在大汶口文化里（中华人民共和国成立后新发现的一种原始社会晚期的文化，主要分布在山东省境内）就已发现了五千年前的文字；而从西安半坡遗址发现的彩陶上的刻划

①《新英汉词典》（A NEW ENGLISH-CHINESE DICTIONARY），上海译文出版社1978年版，第196页。

②原著：霍恩比（A.S.Hornby）、编译：李北达《牛津高阶英汉双解词典》（OXFORD ADVANCED LEARNER'S ENGLISH-CHINESE DICTIONARY 第四版 Fourth edition），商务印书馆 The Commercial Press、牛津大学出版社 Oxford University Press 1997年版，第234页。

记号来看，又可将汉字的历史追溯到五六千年之前①；时至距离现今的3000多年前的，在河南安阳小屯村出土（1899年）的殷商甲骨文，更是一种规律严密、相当发达的文字。汉字是一种音节文字，一个字代表语音中的一个音节。在字形的结构上，汉字以一半表意、一半表音的形声字为最多，约占汉字总量的80%以上。被推崇为中国第五大发明（其他四大发明为指南针、造纸、火药、印刷术）的汉字历经沧桑绵延不断，表现出极其顽强、兴盛的生命力。正如香港安子介（1912—2000年）所说："撼山易，撼汉字难。"②从一定意义上说，汉字的生命既是信息和文明的生命，也是中华民族的生命。正是由于有了汉字，中华民族的文化几千年来不仅在国内得到传承、发展，而且还传播到世界各地。而今，中国（包括台湾、香港、澳门地区），以及日本、韩国、新加坡，乃至欧洲、美洲、澳大利亚等国家和地区的广大华人、华侨使用汉字的人数达14亿多人。

目前，一种较有权威性的说法是，汉字总数已达6万个左右；也有人声言："汉字的总数由殷商甲骨文的四五千字，发展到现代已达八九百万字。"③然而人们经常使用的则在5000—8000个。迄今收汉字最多的字典则是《篇海》：由金人、王太等编纂，收字62236个；次之，1961年日本编辑出版的《大汉和辞典》：49946个；次之，1915年的《中华大字典》：48000多个；再次，清代《康熙字典》：47035个；最后，宋代《广韵》：26194个，乃至晋代《字书》：12824个。

从我国汉字有无规范的意义上说，汉字可分为两类：一是规范汉字，指1986年、1988年公布的《简体字总表》《现代汉语通用表》中收录的简体字。二是非规范汉字，指上述《简体字总表》中被简化的繁体字，1986年宣布废止的《第二次汉字简化方案（草案）》中的简化字，1958年被淘汰的异体字，以及1965年被淘汰的旧字形等。

① 正如郭沫若（1892—1978年）《古代文字之辩证的发展》一文所说："汉字究竟起源于何时呢？我认为，这可以从西安半坡村遗址距今的年代为指标，……半坡村遗址年代，距今六千年左右……彩陶和黑陶上的刻划，应该就是汉字的原始阶段。"

② 李梵《汉字的故事》，中国档案出版社2001年版，第233页。

③ 同上，第94页。

## 10. 汉字起源于何时?

答：目前我国语言文字界通常主要有以下三种汉字起源说。

（1）结绳起源说。

《易·系辞下》曰："上古结绳而治，后世圣人易之以书契。"《庄子·胠箧篇》曰："昔者容成氏、大庭氏、伯皇氏、中央氏、栗陆氏、骊畜氏、轩辕氏、赫胥氏、尊卢氏、祝融氏、伏牺氏、神农氏，当是时也，民结绳而用之。"许慎《说文解字·叙》曰："及神农氏结绳为治，而统其事。"郑玄（127—200年）《周易注》解释道："事大，大结其绳；事小，小结其绳。"而唐李鼎祚《周易集解》引《九家易》进而直接将结绳与文字联系起来，指出："古者无文字，其有约誓之事，事大，大其绳；事小，小其绳。结之多少，随物众寡，各执以相考。"有例为证：比较明显地代表"十"和"十"的倍数的汉字，都像结绳的形象：在商周金文中，"十"写作"十"；"廿"（niàn）写作""；"卅"（sà）写作""；"卌"（xì）写作""，像若干打结的绳（另一端系在一起）[①] 此外，鲁迅（1881—1936年）在《门外杂谈》一文中讲到"字"是怎么来时指出："我们那里的乡下人，碰到明天要做一些紧要事，怕会忘记时，常常说：'裤带上打一个结。'"这或许会有助于我们对"结绳记事"的理解。结绳起源说表明：虽然从严格意义上说结绳不能算作文字，只能起到帮助人们记忆的作用，但它毕竟可能是我国最早的汉字书写符号和形式之一，是促进汉字产生的不可或缺的重要条件之一。

（2）刻契起源说。

《释名·释书契》曰："契，刻也，刻识其数也。"《列子·说符》曰："宋人有游于道，得人遗契者，归而藏之。密数其齿，告邻人曰：'吾富可待矣。'"而《旧唐书》进而直接将刻契与文字联系起来，其卷一百九十七在记述东谢蛮时说："俗无文字，刻木为契。"所谓刻契，是在木板上或竹板上刻一些缺口或者其他记号，用以记载有关财务的数量；或者向他人传达某些事情，留作记忆的凭证；或者向他人用作解释事情，说明原因的依据。举两例为证：

① 李梵《汉字的故事》，中国档案出版社2001年版，第32页。

第一，中华人民共和国成立初，中央访问团在云南发现傈僳族的一块刻木，上面刻有“川○ × 川”的符号，表示以下两层意思：一是来的三个人，在月亮圆的时候和我们见面了；二是现在送去三份礼物，分别送给三个领导人。[①]第二，中华人民共和国成立初，云南省福贡县政府收到来自贡山的木刻（刻契），它的一端刻有叉（ × ）形符号，表示相会，另一端刻有一个圆圈（“○”），表示一个凳子，上边刻有三个缺口（“”），表示有三个人，下边刻有两个缺口（“”），表示两件东西（即）。该木刻（刻契）所要表达的意思是：“你派来的人我们已经相会，带来的两件东西也已收到，派我两个弟弟及一个随从去你处，送你一个凳子。”[②]刻契这一方法，大概产生于我国原始社会发明文字之前，那时先民们在木板或竹板上刻画一些简单的缺口或纹路帮助记忆，就其基本功能而言，它与结绳的作用相似；但就其促进汉字产生而言，它则比结绳的作用更突出、更显著些。

（3）仓颉造字说[③]。

《荀子·解蔽》曰：“好书者众矣，而仓颉独传者，一也。”《吕氏春秋·君守篇》曰：“奚仲作车，仓颉作书，后稷作稼，皋陶作刑，昆吾作陶，夏鲧作城，此六人者所作，当也。”而《韩非子·五蠹篇》曰：“仓颉之作书也，自环者谓之私，背私者谓之公。”《春秋元名苞》中说，仓颉“生而能书”。

相传仓颉是我国陕西关中人。《路史禅通记》说，仓颉“龙颜侈哆，四目灵光”。他生有四只眼睛，披长发，留长须，穿兽衣，手中时常握笔。据说他的头形颇为奇特，与众人不同：头顶部高高隆起，似一个畸形的头陀，脑量发达，聪慧过人。仓颉时常骑着毛驴巡游各地，跋山涉水，跨县过州，深入民间，详细了解社会风俗习惯，大力收集流行的语言符号。后来他带着收集到的大批资料，在陕西岐山县居住下来进行整理。与此同时，仓颉还不断地观察天象，以及自然界山水风雨演变的各种现象，辨识各种鸟兽不同形态的脚（足）印，或野兽、车辆经过留下的痕迹，分辨各种纹理的异同处，

① 李梵《汉字的故事》，中国档案出版社 2001 年版，第 34 页。

② 邹家炜、董俭、周雪恒编著《中国档案事业简史》，中国人民大学出版社 1985 年版，第 2 页。

③ 我国语言文字界对汉字的起源，还有另五说，即“积累说”“整理说”“分离说”“迁移说”“主体发展说”。

并在这些努力探寻的基础上开始创制文字。仓颉创制出文字后，感动了神灵，于是神灵从天上投下粮食给百姓食用，乃至夜里神鬼也被惊吓得哭泣起来。后来，仓颉被任命为当时朝廷统一文字和指导文字改革的专职官员。上述传说，在许慎《说文解字·叙》中得到记述或印证："黄帝之史仓颉，见鸟兽蹄迒之迹（指鸟兽行走留下的痕迹——作者注），知分理可相别异也，初造书契，百工以乂，万品以察。"又指出："仓颉之初作书也，盖依类象形，故谓之文。其后形声相益，即谓之字。"

准确地说，传说中汉字为仓颉创造，乃是后人对创造汉字的先民的一种追称或追认。实际上，汉字正是千万个"仓颉"先后共同创造的。鲁迅说得对："要之汉字成就，所当绵历岁时，且由众手，全群共喻，乃得流行，谁是作者，殊难确指，归功一圣，亦凭臆之说也。"鲁迅说得好："社会里，仓颉也不止一个，有的在刀柄上刻一点图，有的在门户上画一些画，心心相印，口耳相传，史家一采集，便可以记事了，中国文字的由来，恐怕也逃不出这例子的。"

## 11. 什么是六书？

答：六书是关于汉字构造的理论，是汉字所独有的造字、用字方法。"六书"一词最早见于战国时期儒家学者编纂的《周礼·地官·保氏》："保氏掌谏王恶，而养国子以道，及教之六艺：一曰五礼，二曰六乐，三曰五射，四曰五驭，五曰六书，六曰九数。"西汉刘歆（前50—23年）在《七略》所作《汉书·艺文志》曰："古者，八岁入小学，故周官保氏掌养国子，教之六书，谓象形、象事、象意、象声、转注、假借，造字之本也。"首次指出"六书"的内容。而东汉许慎《说文解字·叙》对六书作了详细阐述："周礼八岁入小学，保氏教国子，先以六书。一曰指事，指事者，视而可识，察而见意，'上''下'是也。二曰象形，象形者，画成其物，随体诘诎，'日''月'是也。三曰形声，形声者，以事为名，取譬相成，'江''河'是也。四曰会意，会意者，比类合谊，以见指伪，'武''信'是也。五曰转注，转注者，建类一首，同意相受，'考''老'是也。六曰假借，假借者，本无其事，依声托事，'令''长'是也。"后代学者研究、诠释六书，在次序上主要采用班固的说法，在称呼上主要采用许慎的说法。按照一般解释，许慎《说文解字》在比较系统地总结前代前人造字经验的基础上提出

“六书”之说，其中前四书，即“象形”“指事”“会意”“形声”确实是汉字的四种造字方法；后两书，即“转注”“假借”却是汉字的两种用字方法。有人对通过“六书”造出的六种文字给以适当的相应的形象比喻：（1）象形字：“画鸟为何不点睛”；（2）指事字：“指点所示”；（3）会意字：“拉郎相配”；（4）形声字：“秀才识字认半边”；（5）转注字：“为他人作嫁衣裳”；（6）假借字：“假作真时假亦真。”

## 12. 什么是象形字？

答：象形是把客观事物的形体描绘出来，许慎《说文解字》曰：“象形者，画成其物，随体诘诎，‘日’‘月’是也。”所谓“随体诘诎”就是随着物体的自然形状弯弯曲曲地描绘出来，比如：“日”“月”就很像一轮红日（太阳）和一弯明月（月亮）高悬于天空。象形字是采用象形的方法所造出的字，是画物像它的形状，以此形状表达它的含义。比如：“日”“月”“川”“人”“牛”“羊”“云”“雨”“首”“耳”等字，在甲骨文、金文，乃至小篆中都很像所代表的形象，只是后来隶书后，它们和其他象形字一样变得不像形、不像样了，成为汉语中词或词素的表意符号。清代李汝珍（约1763—约1830年）《镜花缘》第九十三回谈到“众才女尽欢结酒令”中说到的“且”“非”“母”“山”“酉”“伞”“册”“出”“皿”“乙”都是象形字①。尽管从总体上说，象形字的字数不多，《说文解字》中的象形字只有364个，然而它们却是整个汉字造字的基础，后来的合体字有相当一部分即由象形字构成的。比如：“人”是“仕”“伐”“侄”“信”“仙”“侑”等的构字成分（单人“亻”旁）；“贝”是“贞”“员”“贬”“财”“购”“败”

① 其中提及古人造字有以下若干方法：“春辉道：我说一个甘字，好像木匠用的刨子。施艳春道：我说一个且字，像个神主牌。褚月芳道：我说一个非字，好像篦子。女武儿道：我说母字，好像书吏帽子。书香道：我说山字，像个笔架。秀英道：我说酉字，像个风箱。小春道：我说伞（‘傘’是繁体字——作者注）字，就像一把伞。红叶道：我说册字，像一座栅栏。紫芝道：我说一个出字，像两个笔架。尹红英道：我说皿字，像一顶纱帽。印巧文道：我说乙字，像一条蛇。柳瑞春道：我也说个一字，像一条扁担。”该酒令中提到的“且”“非”“母”“山”“酉”“伞”“册”“出”“皿”“乙”都是象形字，只有“甘”和“一”为指事字。

等的构字成分（“贝”字旁）等。故鲁迅说：“汉字的基础是象形。”①

例一：1954年，考古工作者在陕西半坡遗址上挖出一些陶器，有的陶器上刻有“”的花纹，人们一看便知道这是“鱼”的图画，后来逐渐演变为“鱼”字。

例二：1973年，考古工作者在河北的一个商代旧址上挖出一些陶器上刻有“”“”的花纹，经学者们考证后，认定这些是“脚丫”的形状，后来经过长期演变，最后变成“止”字。

例三：甲骨文中的“囿”是象形字，即它像一块方形的田里种的“苗”，到了金文中变成形声字，以“口”为形旁，“有”为声旁。其本意是指“园林”，也可引申为“菜园”。

此外，“田”“凹”“凸”“笑”“哭”“喜”“甩”“风”和“乒乓”等都是象形字。②但是自汉代以来至今一千多年来，只造出“伞”（繁体字“傘”）“凹”“凸”等几个象形字，多少年来业已不再使用象形这种造字方法了。

① 转引自李梵《汉字的故事》，中国档案出版社2001年版，第58页。

② 根据《新华大字典》可归为象形字的汉字还有：白、巴、备、川、串、辰、臣、鬯、册、仓、才、大、带、单、刀、弟、帝、吊、丁、鼎、斗、豆、耑、盾、朵、儿、而、方、某、母、内、飞、非、夫、父、革、工、弓、宫、龟、鬼、亥、函、目、几、交、角、巾、井、口、来、力、了、六、毛、矛、米、木、尼、能、牛、女、卜、辟、齐、犬、它、太、王、未、文、闻、我、小、囟、丫、牙、亚、夭、也、页、弋、用、又、於、雨、玉、渊、月、龠、章等。

## 附 1：象形字字形演变举例[①]

甲骨文　金文　小篆　隶书　楷书　简体字

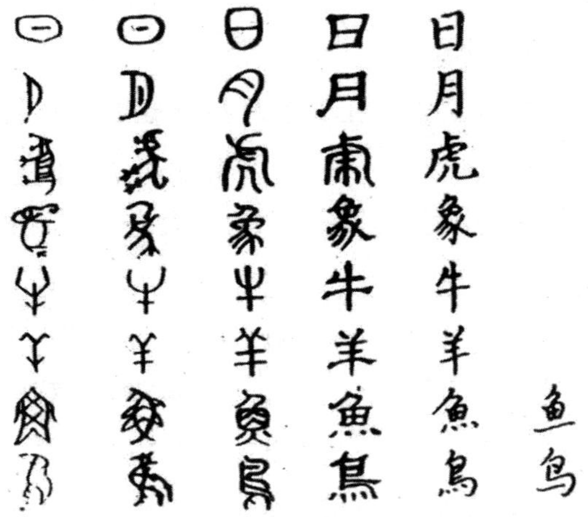

## 13. 什么是指事字？

答：指事字是用指事的方法造出的汉字，指事法是用象征性符号表达意义，以及抽象的指示符号表达语言概念造字的方法。它是在独体实物形象（象形字）上加指事符号或者纯粹的抽象符号。指事字靠符号“指点”，其表意并没有象形那么明显，需要人们有一些猜想。它所表示的事物是抽象的，或者虽不抽象，却是局部的，不便于单独表示或表达出来的。许慎《说文解字》曰：“指事者，视而可识，察而见意，‘上’‘下’是也。”清王筠（1784—1854 年）《说文释例》曰：“‘视而可识’则近于象形，‘察而见意’则近于会意。”“视而可识”是一看就能识别或知道它是什么事物；“察而见意”是仔细考察后才会发现或认识该字的含义。许慎《说文解字》中的指事字只有 125 个，而且从汉代以来，基本上再无造指事字。具体而言，指事字可分为两类：一是纯符号性的指事字，用不代表任何具体事物的抽象线条表示字义，比如：“上、下、一、二、三”等；二是在象形字上加注指示性符号所造出的指事字，比如：“本、末、朱、刃、亦、寸”等。

① 李梵《汉字的故事》，中国档案出版社 2001 年版，第 62 页。

例一：1954年陕西半坡遗址上挖出一些陶器刻有“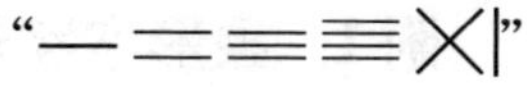”等符号，一些学者经考证认定它们就是现在“一、二、三、四、五、十”等数目字的指事字初文。

例二：甲骨文上发现的“”“”等古字，现在写成“上”“下”，是用象征性符号组成的指事字。

例三：1960年，考古工作者在山东莒县挖掘出一些刻有花纹的陶器，这些花纹是“”“”，经一些学者考证认定它们是“旦”的指事字初文，意即上面像太阳，中间多云彩，下面是大山，太阳从大山中间升起，天亮了，故称为“旦”。

例四：甲骨文中“刀”的象形字，在“刀”口上加一个“点”，即造出指事字“刃”，指出这里是刀刃。这一点“丶”就是指示符号，从而形成“刃”字。正如《说文解字》曰：“刃，刀坚也，象刀有刃之形。”

此外，《新华大字典》收有归属指事字的汉字还有：八、百、孔、末、凶、卒等。

## 附2：指事字字形演变举例[①]

甲骨文　金文　小篆　隶书　楷书　简体字

① 李梵《汉字的故事》，中国档案出版社2001年版，第65页。

## 14. 什么是会意字？

答：会意字是用会意造字法造出的汉字。会意字将两个或两个以上的实物形体会合起来，从它们的联系或配合上表示出一种新的，通常是抽象的意义。或者说，会意法就是为了补救或弥补象形法和指事法的不足或局限而创造出来的一种造字法。《说文解字》收会意字 1167 个，比象形字、指事字多得多，直到现今人们还用会意的方法创造简体汉字或方言字，比如："灶"（竈）"尘"（塵）"国"（國）"孬"［《词典》（第 935 页）释义："方言"］等。

例一："日""月"组合在一起，造出一个会意字："明"。

例二："田""力"组合在一起，造出一个会意字："男"。

例三："口""鸟"组合在一起，造出一个会意字："鸣"。

例四："角""刀""牛"组合在一起，造出一个会意字："解"。

例五："㸚"（读作 lì）、"大"组合在一起，造出一个会意字："爽"①。

此外，《新华大字典》收有归属会意字的汉字还有：奔、悖、北、卑、报、宝、半、班、败、佰、掰、奥、安、赤、臭、比、笔、必、赑、鬮、啙、矗、毳、囱、德、典、冬、分、焚、哥、篡、寒、画、赫、解、君、磊、詈、男、品、囚、图、宋、外、卧、休、炎、因、驭、右、曰、仄、知、众、最、尊、作、做等。

① 据《畜德录》记载，夏埙与岳正饮酒行令，酒令规定在场喝酒的人每人所说的字内不仅要包括大人小人，而且还要用两句谚语说明它。先由岳正说的是一个"伞"（繁体字"傘"）字，它有五人，"下列众小人，上侍一大人，所谓有福之人人人服侍，无福之人服侍人。"后由夏埙说的同样是："爽字有五人，旁列众小人，中藏一大人，所谓人前莫说人短，始信人中更有人。"该酒令对"爽"字的解读既充满人间哲理，又耐人寻味。

## 附3：会意字字形演变举例[①]

甲骨文　金文　小篆　隶书　楷书　简体字

### 15. 什么是形声字？

答：许慎《说文解字》曰：“形声者，以事为名，取譬相成，‘江’‘河’是也。”所谓“以事为名”是用与事物相关的字来造字，表示新的意义，这是就形而言；“取譬相成”是取读音相近的字表示新的读音，这是就声而言。形声字是一种形旁和声旁并用造字的方法。或者说，形声字是由“形”（形旁，表示形声字的意义属于哪一类，系形声字的表意部分）和“声”（声旁，表示该形声字应当怎么读，系形声字的表音部分）两部分组合而成的汉字。形声字，“形”即形旁，亦称“形符”或“意符”；“声”即声旁，亦称“声符”或“音符”。形声字具有两大优点：一是它有表声成分；二是造字方法相对简单。由于象形字、指事字、会意字三种造字方法均有较大的不足或局限性，而作为造字新形式的形声字可以弥补或克服它们的缺点，于是形声字应运大量产生。据不完全统计，甲骨文中的形声字仅占20%，到了东汉的《说文解字》共收录字9353个，其中形声字7679个，占82%；宋代《通志·六书略》共收录字24235个，其中形声字21343个，占88%；到了清代《康熙字典》共收录字47035个，其中形声字42300个，约占89.9%。从总体上说，在现代汉字中，形声字也占90%以上。

① 李梵《汉字的故事》，中国档案出版社2001年版，第72页。

## 附 4：形声字字形演变举例 ①

甲骨文　金文　小篆　隶书　楷书　简体字

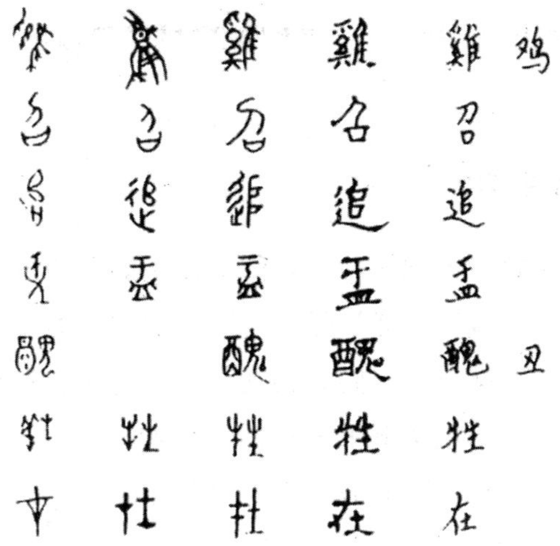

## 16. 有哪些会意兼形声字？

答：根据《新华大字典》归纳，会意兼形声字的有：

鳊、次、甸、否、功、焓、盒、季、铰、紧（繁体字“緊”）、警、洒、凯、康、侩、览（繁体字“覽”）、垒、累（在小篆中写作“絫”）、俩、珑、旄、眇、派、胖、贫、坪、萍、娶、髯、鞣、汭、仨、鄯、嵊、奭、授、仙（篆文中写作“僊”）、哯、飨（繁体字“饗”）、像、芯、腥、姓、兄、羞、悬、錾、赞、奘、彰、政、肢、抓、醉等。

## 17. 有哪些形声兼会意字？

答：根据《新华大字典》归纳，形声兼会意字的有：②

隘、岸、遨、堡、背、匾、辫、飙、摈、殡、帛、卟、杈、扠、插、汊、钗、侪、城、迟、窗、陲、娣、巅、耋、厄（本写作“戹”）、遝、阀、蹯、

① 李梵《汉字的故事》，中国档案出版社 2001 年版，第 82 页。

② 除了上述会意兼形声字、形声兼会意字外，还有：一是象形兼形声字，比如：胞，由月（肉）和包两部分组成，表示被母亲之腹包裹的意思，包兼表音；二是象形兼会意字，比如：胃，古文的胃像人体的胃脏，由月（肉）和图上下组合而成。本意指“谷府”。

返、诽、篚、岗、钩、遘、簛、古、蛊、鼓、故、痼、剐、蘅、唬、琥、徊、荟、彗、惠、昏、货、嫁、涧、界、诫、鲸、璟、迥、纠、灸、疚、俱、圈、决（本写作“泱”）、玦、矍、均、闶、夸（繁体字“誇”）、筐、框、眶、逵、姥、雷、类（繁体字“類”）、裂、林、岭（繁体字“嶺”）、穆、泮、霈、苒、膳等。

## 18. 什么是转注字？

答：许慎《说文解字·叙》对“转注”作了如下的解释：“转注者，建类一首，同意相受，‘考’‘老’是也。”所谓“建类一首”，指转注出来的字和本字属于同一个部首；“同意相受”，指转注字和本字的意义相同，又可互作解释。当然，《说文解字·叙》中并未注明“‘考’‘老’是也”的“考”“老”二字，究竟哪个是转注，后人有各自的解释或说法。

进而言之，梁东汉（1920—2006年）《汉字的结构及其流变》一文将从唐代至现代的几十种转注说概括为以下三派：（1）“主形派”，以南唐徐锴（920—974年）和清代江声（1721—1799年）为代表；（2）“主义派”，以清代戴震（1724—1777年）和段玉裁（1735—1815年）为代表；（3）“主声义派”，以章炳麟（1869—1936年）为代表。

现代人们讲汉字构造一般不讲或少讲转注，甚至有人认为不讲转注也完全可以把汉字的构造说明白、讲清楚。转注，过去较长时间内被认为是一种造字方法，但自从清代戴震提出“四体（象形、指事、会意、形声）二用（转注、假借）说”之后，一般认为转注不再是造字法，而是用字法。

以“老”字为例：“老”在甲骨文中写成“”，如同长发、屈背老人扶杖的样子。后来读音有了变化。为了反映这种变化，于是加注声符“丂”（kāo）成为“考”字。由此可见，“老”“考”二字本来同属“老”部，意义相同，且可互相注释（正如《说文解字》所注：“老，考也”；“考，老也”），声音相近。鉴于此，先有“老”，后有“考”，“考”是由“老”转注出来的汉字，可推断或认定“考”是从“老”分化、派生出来的汉字。

## 19. 什么是假借字？

答：假借字（又称借字），是用假、借的方法为某词配备的字。比如：

表示人的器官之一的耳朵的“耳”字，借为句末语气词“耳”，作为表示句末语气词。这个“耳”就是一个假借字。或者说，汉语中产生了新词，需要有新字去记录，为了不增加太多的新字，于是在现有的汉字中，选取声音相同的字去记录，这就是所谓的“本无其字，依声托事”（正如许慎《说文解字·叙》曰：“假借者，本无其字，依声托事，‘令’‘长’是也。”）。由此产生的字，即为假借字。比如：“我”在甲骨文中作“”，本来是一种武器，后经假借成为第一人称代词。“自”在甲骨文中作“”，是鼻子的象形字，后经假借成为“自从”的“自”。“汝”本来是水名，后经假借“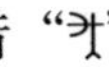”成为第二人称代词［《词典》（第 1105 页）释义：“汝　①<书>代人称代词。你：～曹|～辈|～亦知射乎？”］；“北”的本意是二人相背，后经假借成为“东西南北”方向的“北”；“请柬”的“柬”是“简”的假借字，等等。

**附 5：假借字字形演变举例**①

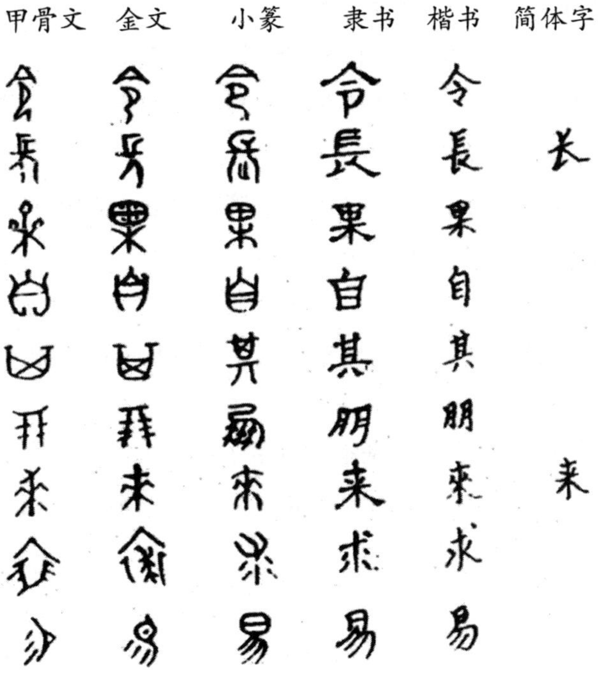


① 李梵《汉字的故事》，中国档案出版社 2001 年版，第 88 页。

## 20. 什么是甲骨文？

答：甲骨文是契刻在龟甲兽骨上的文字，它是迄今发现的我国既最古老，又已经比较成熟的文字。甲骨文的最早发现地是在今河南安阳小屯村。自 1899 年发现甲骨文以来，业已出土的甲骨约有 15 万片[①]，每片甲骨多则有八九十字，少则仅有几个字。经过学者、专家考证研究，已发现甲骨文字的单字总数有 4500 多个[②]，其中业已认识的近 2000 字[③]，常用而无争议的多达 1000 多字。研究甲骨文最著名学者有四人，即罗振玉（罗雪堂）（1866—1940 年）、王国维（王观堂）（1877—1927 年）、郭沫若（郭鼎堂）、董作宾（董彦堂）（1895—1963 年），他们被学界誉为“甲骨四堂”。

甲骨文的特点是：

（1）图画性强，其中象形字和会意字居多，且有些字笔画较多，比如：“”（舟）、“”（鼎）、“”（鬲）、“”（壶）等。

（2）由于使用的工具是金属刀，用刀在坚硬的龟甲兽骨上刻写，所以笔画细瘦，方折笔画居多（圆笔不易刻）。

（3）写法不完全定型，一个字的异体往往较多。

（4）字无一定格局，形体往往随所画物体而定，同一篇文字，笔画多的字形体则大，笔画少的字则小。

（5）字的个体性不强，有时几个字挤在一起，看起来好像是一个字；有时一个字写得很散，又好像是几个字。

（6）形体不固定，笔画有多有少，写法有正有反。

（7）行文的程序不统一，从左到右，或者从右到左都有，故读起来颇为费劲。

总的说来，甲骨文字业已基本上具备了许慎《说文解字·叙》所提出的象形、指事、会意、形声、转注和假借“六书”的造字或用字规则，可见已

---

① 对此还有两个版本：一是十万，即江蓝生（1943—　）、张国宪主编《汉语语言文字基本知识读本》：“十万多片甲骨”；《万事由来手册》：“十万余片”。二是十六七万片，叶子雄、陈晨《文字》一书持有这一说法。

② 翁世荣、王千弓主编《秘书辞典》持有另说：“共发现甲骨文单字五千字左右……”

③ 对此也有不同的说法：一是江蓝生、张国宪主编《汉语语言文字基本知识读本》：1800 字；二是叶子雄、陈晨《文字》和翁世荣、王千弓主编《秘书辞典》：1700 多字。

达到相当发达的文字水平。

## 21. 什么是金文?

答：金文是殷商、周，以及春秋战国时期铸刻在青铜器上的文字，古人称铜为“吉金”，故将青铜器上的文字称为“金文”或“吉金文字”。此外，金文还可称为“钟鼎文”“铜器铭文”“彝器款识”。金文是上承甲骨文、下启大小篆的一种象形结构比较完整、成熟的文字。它的形体和结构，与甲骨文颇为相近。它们的不同之处在于：一是金文大多用模子铸的，铸时先将字刻在模子上，然后再仔细加工而成，金文的笔画显得粗壮、圆转；二是金文字的大小也相对比较匀称。据考证：现在收录的金文有了3000多字，其中已有2000多字可读识。

从形体上说，金文是从甲骨文基础上发展起来的，它在笔画和结构上比甲骨文要相对简单一些。主要特点包括：一是曲笔较多，其线条粗而自然，字形趋于工整；二是它一般都是先在模子上刻字，如果刻不好可以修改，故字形显得浑厚而质朴，不过到了周代末年逐渐趋于秀拔；三是其字体多而不固定，一个字往往有多种写法。

## 22. 什么是单体字?

答：单体字，亦称独体字，古代叫作“文”，是没有偏旁扶持，且笔画较少的字，或者是用一个简单的意符构成的字。单体字可分为两类：一是刻画具体事物的简单轮廓，即“象形”，如“人”“木”等；二是用简单的线条表示抽象的概念，如“一”“二”“上”“下”等。尽管在现行汉字里，单体字所占比例很少，然而它是构成合体字的基础。

书写单体字，一般应当注意掌握以下三点：第一，重心要平稳；第二，笔画要匀称（做到“五要”：一要肥瘦适中，二要疏密得当，三要对称显明，四要支架稳定，五要边框收缩）；第三，笔画要富有变化（做到“四要”：一要放与收相结合，二要正与斜相结合，三要呼与应相结合，四要主与次相结合）。

## 23. 什么是表形字？

答：表形字是直接从记事画图脱胎而来的文字，其特点是图画性强，比如：⊙“（日）”等。

## 24. 什么是表意字？

答：表意字是表示意义的文字，或者说直接从形体能够看出意义的文字。它可分为两类：一是独体表意字，指一个意符构成的表意字，比如：“井”“凹”“凸”“丫”“田”“一”“二”“三”等；二是合体表意字，即由两个或两个以上的意符构成的文字，相当于“六书”中的会意字，比如：“从”“伐”“库”“林”“尖”“劣”“炎”“吠”“鸣”“咩”“孬”“拿”“掰”“矗”“晶”“森”等。

## 25. 什么是表音字？

答：表音字是表示语言的声音——语音的文字，它用一套字母（汉语拼音字母）来拼写汉语中的词语，亦即汉语拼音文字。或者说表音字是由意符和音符构成，其中意符表示字义的类别，而音符则表示字的读音。

## 26. 什么是通义字？

答：通义字是意义相同或相近的字。比如：（1）言、语、谓、曰、云等；（2）士、卒、徒、兵等；（3）计、虑、图、谋等；（4）凌、攻、征、伐等；

（5）帝、王、上等；（6）崩、薨（hōng）、卒、殁（没）[①]等；（7）国、邦、邑等；（8）城、郭等；（9）年、岁、载等；（10）移、迁、徙等；（11）路、道、途等；（12）行、步、徒、走等；（13）视、望、见、眺等；（14）疾、病、患等；（15）泣、哭、号、啼、涕等；（16）书、籍、简、策、册等；（17）一、壹；（18）二、贰、两；（19）三、叁（参）；（20）四、肆；（21）五、伍；（22）六、陆；（23）七、柒；（24）八、捌；（25）九、玖；（26）十、什。

## 27. 什么是反义字？

答：反义字是意义相反或相对的字。（1）如果一个字是单义的，它的反义字只有一个，比如：行—止；聪—聋；来—往；虚—实；表—里；胜—负；君—臣；盛—衰等。（2）如果一个字是多义的，它的反义字可能有几个不同的反义字。比如："逆"字在"迎接"意义上说（《尚法·领命》曰："逆子创于南门之外"），"送"是它的反义字；在"违背"意义上说，"顺"是它的反义字（比如：成语"顺之者昌，逆之者亡"）。

## 28. 什么是相反为义？

答：相反为义，意即一个字正面表达与反面表达都是表达同一个意思。比如：好容易＝好不容易、好威风＝好不威风、好聪明＝好不聪明、好糊

① 崩、薨、卒、殁（没）均指"死"。《新华大字典》（第837页）对"死"作了如下全面的解读："汉字中表示'死'的词语较为丰富，大致可分为以下几种：一是专用词语和避讳语：例如为国或为正义事业放弃生命的称牺牲，或捐躯、阵亡、遇难。为工作而死称殉职，这些都是褒义词。帝王、诸侯的死亡也有专用语：'天子曰崩，诸侯曰薨，大夫曰卒，士曰不禄，庶人曰死。'天子的死还称为崩殂、山陵崩等等。人君死后，在定谥号之前，都以大行称之。所谓大行，就是往而不返的意思。另一类是避讳语，也可说是婉辞。人死了不说死，而要说长眠、过世、弃养、安息、弃堂帐等等。避讳语中有书面语，也有俗语。书面语多见于书面文章、悼辞以及书信中。如殁、终、卒、丧、辞世、下世、永诀、诀别、亡故、就木、长逝、溘逝、疾终等等。俗语如称老掉了、老了、去了、走了，还有见阎王了，诸如此类。一类是宗教用语。这些词富有宗教色彩，且有不同宗教的区别。道教用语如登仙、羽化、迁化，进天国为耶稣教用语。佛教用语为涅槃、圆寂、示灭、坐化，且多为外来语。"

涂＝好不糊涂[1]等；再比如：鲁迅诗句（出自《南腔北调·为了忘却的纪念》）："忍看朋辈成新鬼，怒向刀丛觅小诗。"其中的"忍"其实是"不忍"的意思。此外，表示相反为义的还有：①"这道题我好容易才解出来"＝"这道题我好不容易才解出来"；"中国女排战胜了塞尔维亚女排"＝"中国女排战败了塞尔维亚女排"；②"这件事你非得说清楚"＝"这件事你非得说清楚不可"；③"我差一点让车撞着"＝"我差一点没让车撞着"，等等。

## 29. 什么是常用字？

答：常用字是人们经常使用的汉字。当然，所谓常用字，也是相对而言的。事实上，没有从古到今永远常用不衰的字。据统计，现在汉语中排名前五位的常用字为"的"[2]"一""是""了""不"五个字。

## 30. 什么是孤独字？

答：孤独字是本字不作他字的声旁，本字所含声旁也不作他字的声旁。它们无法归入其他声旁下面。比如：匆（cōng）——字典不收（悤）（繁体字、非正字），故而"匆"不作他字的声旁，成为孤独字。再比如：敷（fū）——声旁取（尃）而不取（甫），而（尃）不作他字的声旁，故而"敷"也成为孤独字。粗略统计，孤独字占到字典总字数的2%。

## 31. 什么是玻璃字？

答：玻璃字是贴在玻璃上从外面看、从里面看都可以看的字，比如：无论老店或新店，都会在玻璃门或窗上贴上"开业大吉""开业大喜""金日大吉"之类的大红字。玻璃字的特点是左右上下对称的两叠

① 再举一个方言的"相反为义"的例子：上海人常说："好得来一塌糊涂！"外地人往往听不明白，听糊涂了。其实上海人或上海话方言说的"一塌糊涂"指好的程度："好得很""很好""非常好"，并非人们通常理解的形容混乱成败坏到不可收拾或挽救的地步。

② 可以说，"的"字排名为前五位常用字之首，有人据作佐证："的"这个汉语中使用频率最高的字，在2000多万字的统计材料中，它共使用83万次，其覆盖面达4%以上。此外，还有人作过统计，写字或写文章或写书等，平均不到20个字就可能有一个"的"字。

字，比如："竹""林""朋""从""昌""泰""共""非""木""水""火""土"等。还有不少三叠字也是玻璃字，比如："森""众""品""晶""矗""鑫""焱"等。

## 32. 什么是通用字？

答：通用字是现代汉字中一般要用到的字，是在使用中可相通互用的汉字，包括同音通用、同义通用和古今通用。通用字还可表示书写现代汉语一般要用到的字，也是出版印刷、字典编纂、传递信息过程的用字。

## 33. 什么是罕用字？

答：罕用字是现在汉字中除通用字以外的其他字，它们是一些使用频率很低的字，大部分是生僻的专用字。主要包括：一是姓名用字（比如："刘""赵"等）；二是动物名称用字（比如："狮""狗""猫"等）；三是方言字，比如："靓"[《词典》（第814页）释义："靓 <方>形漂亮；好看：~仔 | ~女 | 生得好~。"]；四是科技用字（比如："氧""钙"等）；五是宗教用字（比如："袈""裟"等）。

## 34. 什么是同音字？

答：同音字是读音完全相同，而意义、形体不同的字。它包括：一是造字时几个字偶然相同音，比如："dòng"，原有"动""洞""冻"字读此音，后来就造了一个"侗"字与它们相同，也读成"dòng"；二是语音系统的简化，造成古代不同音的字读音相同了；三是造字过程中具有同源关系的一组字，往往是同音字，比如："冒"与后起分化字"帽"都读成"mào"，成为同音字。

## 35. 什么是多音字？

答：多音字是具有固定字形，而不管其意义多少或者有无，在现代汉语的字典、词典中有两种或两种以上的读音的汉字。比如："行"字有两个读音："háng"（银行）、"xíng"（行走）；比如："单"字有三个读音："dān"（单身）、"shàn"（单县，山东省）、"chán"（单于，古代匈奴君主的称号），等等。

## 36. 什么是合音字？

答：合音字是指合两个字的读音为一个字，比如：“不用”为“甭”、“何不”为“盍”、“之于”为“诸”、“之焉”为“旃”（zhān）。再比如：“啦”，系助词“了（le）”和“啊（a）”的合音字，并有两者的含义：“我吃过啦”；“真的不要这幅画啦。”

## 37. 什么是记号字？

答：记号字是纯粹由记号构成的汉字。它分为：一是独体记号字，指由一个记号构成，主要来自古代的象形字，由于形体的演变，古代许多象形字已不再象形了，比如：“日”“月”“山”“水”“手”“木”“心”“子”“女”“弓”“刀”“舟”等这些字变成了记号，从它们的楷体书形体上已看不出所象征的事物。二是合体记号字，指由两个或两个以上的记号构成，比如：“辈”“需”“须”等。有的合体记号字来自古代的形声字，当这些形声字的意符和音符失去它们的作用后便成为了合体记号，比如：“特”，从“牛”持声，本指公牛，后来表示“特殊”，不同于“一般”，于是它的音符“寺”和意符“牛”都成为记号。而有的合体记号字则是在繁体字简化过程中形成的，比如：“听”（繁体字“聽”），意符为“耳”，简化后从“口”到“斤”，此时“口”“斤”均成为记号，把“口”与“斤”合起来组成了“听”（简化字）这个合体记号字。

## 38. 什么是半记号字？

答：半记号字是合体字中一部分字符既不表音又不表意，是记号，而另一部分或者不表意或者不表音的汉字，也有一部分丧失字理的会意字和形声字成了半记号字，比如：“急”“球”等。它可分为两类：一是意符半记号字，指由意符和记号构成。此类字不少本来来自古代的形声字，由于音符不能准确表音，而字义古今没有很大变化，比如：“急”，原来从“心”，及声，现音符已经变成“刍”（chú），成为记号；“霜”，原来从“雨”相声，现在“霜”不读“相”（xiāng）成为记号。二是音符半记号字，指由音符和记号构成。此类字主要来自古代的形声字，其中音符还能表音，而意符由于不能表意而成为记号，比如："笨"，本来是指竹子的内层，从"竹"本声，后来用来代指愚蠢，此时"竹"（"⺮"字旁）成为记号。

## 39. 什么是形近字？

答：形近字是一组形体相近似的汉字，它们看起来相近，结构一样，笔画相当，实际上却是字义、字音完全不同的两个或两个以上的汉字。比如："戊、戌、戍"①，"己、已、巳"②，"赢、羸、嬴"③，"祇、祗、衹、袛"④等都是形近字。

形近字的种类可分为：

（1）独体形近字。

指构成形近字的一组字是独体字，形成此类形近字的因素主要是笔形、笔画数目、笔画所在部位，以及笔画的连接方式。它可分为以下四类：一是由于个别笔形不同而形成的形近字，比如：贝—见；天—夭；刀—刁；母—毋等。二是由于笔画数目不同而形成的形近字，比如：日—目；予—矛；今—令；斤—斥；尸—户；厂—广等。三是由于笔画连接方式不同而形成的形近字，

---

① 戊、戌、戍三字的区别是：戊字，有两种解释：一是天干的第五位；二是姓。戌，指地支的第十一位。戍字也有两种解释：一是（军人）防守，比如："卫戍""戍边"；二是姓。相对而言，前二字关系紧密一些，可连用，比如："戊戌变法"指1898年康有为（1858—1927年）、梁启超（1873—1929年）发动的百日维新变法运动。

② 辨识"己、已、巳"[《规范词典》（第618页）释义："己²……'己'字跟'已''巳'不同。由'己'构成的字有'记''纪''忌''配''岂''起'等。"——作者注]形近字的口诀有三：（1）不封口为"己"；半封口为"已"；全封口为"巳"。（2）自"己"开大口；"已"经半开口；"巳"不开口。（3）"己"字低，"巳"字高，"已"字挂在半山腰。

③ "赢（贏）、羸、嬴"三者的区别是：赢，从"贝"，表示与财物（主要是货贝）有关，《说文解字》曰："赢，有余贾利也。"指买卖赚了钱得到利润。由此引申之，战场获胜是赢，运动场得胜也是赢。"羸"字不是多的意思，指"瘦"。北宋徐铉（916—991年）说："羊主给膳，以瘦为病，故从羊。"故而与"羸"字组合，"羸瘦""羸病""羸弱"等均有"瘦""病""弱"的意思。而"嬴"字，却从女，须知这是古代一个非常显赫的姓：秦始皇的姓名就是嬴政，姓嬴名政也。另补充三个："驘"（骡的异体字）、"臝"（裸的异体字）、"蠃"（与蜾连用，即蜾蠃，是一种寄生蜂）。

④ 祇，音qí，本义为地神；祗，音zhī，以金文字形看，像以酒浇地敬献鬼神，由此引申出恭敬义；衹，音zhǐ，是"只"念zhǐ音时的繁体写法；袛，音dī，义为贴身穿的短衣。

比如：人—八—入；元—无；天—夫等。四是由于汉字中某一笔画长短不同，以及同一笔画处于不同的位置而形成的形近字，比如：未—末；土—士；由—甲—申；目—且等。

（2）合体形近字。

指构成形近字的一组字是合体字，它们之间某个或某几个部件相同，而别的部件少有不同，或者构字部件相同，但是结构方式不同。它可分为以下三类：一是形符相同、声符相近。比如：外—处；幻—幼；苟—荀；季—李；叨—叼；颁—颂；肆—肄；荼—茶；历—厉；闭—闲等。二是声符相同，形符相近的合体意音字或半记号字，比如：蓝—篮；暑—署；笨—苯；撼—憾；嘱—瞩；仿—彷；辨—辩—辫—瓣等。三是二阶形近字，即指由两组形似构件分别组装而形成的形近字，比如：芊—芋；盲—育；逐—琢等。

## 40. 什么是古今字？

答：古今字是针对时间先后而言的。文献中记录同一个词项而不同时代使用了不同字符的历时同词异字现象。或者是一种纵向历时的同词异字现象，即记录同一个词（实际上是词的某一义项），不同时代社会用字有不同，前一个时代所用的字叫古字，后一个时代所用的字叫今字。古代的字少，一个字要代表多种意义或多重意思，可谓“一身兼多职”。比如：上古的一个“辟”字就兼有多种职责，它能代表或当作“避”“嬖”“僻”“譬”“闢”五个字使用。后世人为了减少字的兼职现象，于是才在“辟”字上增加了各种表意的形旁，以表示其意义的区别。就此而言，上古的“辟”即为古字，而随着“辟”字而派生或衍生的“避”“嬖”“僻”“譬”“闢”字即为今字。比较而言，“孰”“其”“莫”“说”“赴”“竟”等出现在前（为先造字），可叫作古字；“熟”“箕”“暮”“悦”“讣”“境”等出现在后（候选字），可叫作今字；而将古、今字组合起来，即“孰熟”“其箕”“莫暮”“说悦”“赴讣”“竟境”等则可称作古今字。

古书中古今字的现象较多，现略举以下五例：

（1）《庄子·胠箧》曰：“此世俗之谓知也。”即这就是人们说的智慧啊，“知”者，“智”也（“知”：古字；“智”：今字）。

（2）《左传·隐公元年》曰：“大叔出奔共。”即太叔跑到共那个地方去了。“大叔”者，“太叔”也（“大”：古字；“太”：今字）。

（3）《左传·僖公三十年》曰：“夫晋何厌之有？”即那个晋国有什么餍（满足）呢？“厌”者，“餍”（满足）也（“厌”：古字；“餍”：今字）。

（4）《孟子·滕文公上》曰：“布帛长短同，则贾相若。”即布帛长短一样，价钱也相似。“贾”者，“价”也（“贾”：古字；“价”：今字）。

（5）《论语·先进》曰：“千乘之国，摄于大国之闲。”即千乘的小国，夹在各大国之间。“闲”者，“间”也（“闲”：古字；“间”：今字）。

概言之，在上述五个例句中的“知”“大”“厌”“贾”“闲”为古字，而相对应的“智”“太”“餍”“价”“间”为今字。

从古字变为今字，其主要方法有两种：一是用古本字作声符，再加上一个形符，比如：古本字“知”用它作声符，再加上一个“日”的形符，就变成了“智”这个今字。二是改变古本字的形符，比如：古本字“閒”，改变其形符“月”变为“日”，即由“閒”变为“間”（尔后再由繁体字“間”变成简体字“间”）。

后来，形声字盛行，汉字越造越多，一个古字有时往往可以分化出三四个今字。现列举以下古今字（古字在前，今字在后）：

（1）一个古字对应一个今字：弟—悌；反—返；要—腰；匈—胸；然—燃；知—智；县—悬；益—溢；赴—讣；贾—价（價）；昏—婚；卷—倦；道—导（導）；希—稀；禽—擒；耆—嗜；为—伪；府—腑；栗—溧；责—债；闲—间；冯—凴（凭）；共—供；直—值；内—纳；队—坠，等等。

（2）一个古字对应两个今字：属—嘱、瞩。

（3）一个古字对应五个今字：辟—僻、擘、譬、避、闢。

## 41. 什么是生僻字？

答：生僻字是不常见、不熟悉的汉字。以下举例，左为生僻字，右为简体字。

骊—力；亹—门；阗—田；婼—若；雩—于；庾—余；淦—干；鄱—波；邬—乌；酆—丰；砫—柱；巂—西；呷—甘；婺—务；鳛—习；雒—洛；盩厔—周至；醴—礼；鄠—户；邠—彬；郿—富；葭—佳；沔—勉；栒—旬；洵—旬；

汧—千①。

## 附 6：

## 古装电视剧《芈月传》有哪些生僻字？

答：2015 年曾经热播一时的电视剧《芈月传》剧名中的“芈”字是一个生僻字。《词典》（第 893 页）释义：“芈 mǐ ① 拟声 羊的叫声。② 名 姓。”据罗义东称：“芈”字最早见于《史记·楚世家》：“陆终生子六人……六曰季连，芈姓，楚其后也。”可见“芈”系当时楚国祖姓。时至春秋战国时期，“芈”字作为大姓在楚国倒也常见。屈原（约前 340—约前 278 年）由于其祖先被封于屈邑而以屈为氏，但是追根溯源，其实他的姓就是楚国祖姓“芈”。至于说历史上是否确有“芈月”其人，目前有两种说法：一是该剧导演郑晓龙（1952— ）认为，“芈月”不仅真有其人，而且还是一位颇有作为和成

①1964 年的《简化字总表》附录：下列地名用字，因为生僻难认，已经国务院批准更改，录后以备检查。

| | | | |
|---|---|---|---|
| 黑龙江 | 铁骊县改铁力县 | 四川 | 酆都县改丰都县 |
| | 瑷珲县改爱辉县 | | 石砫县改石柱县 |
| 青海 | 亹源回族自治县改 | | 越嶲县改越西县 |
| | 门源回族自治县 | | 呷咯县改甘洛县 |
| 新疆 | 和阗专区改和田专区 | 陕西 | 商雒专区改商洛专区 |
| | 和阗县改和田县 | | 盩厔县改周至县 |
| | 于阗县改于田县 | | 醴泉县改礼泉县 |
| | 婼羌县改若羌县 | | 郃阳县改合阳县 |
| 江西 | 雩都县改于都县 | | 鄠县改户县 |
| | 大庾县改大余县 | | 雒南县改洛南县 |
| | 虔南县改全南县 | | 邠县改彬县 |
| | 新淦县改新干县 | | 鄜县改富县 |
| | 新喻县改新余县 | | 葭县改佳县 |
| | 鄱阳县改波阳县（2013 年 12 月 17 日民政部批准恢复“鄱阳县”——作者注） | | |
| | 沔县改勉县 | | |
| | 寻邬县改寻乌县 | | 栒邑县改旬邑县 |
| 广西 | 鬱林县改玉林县 | | 洵阳县改旬阳县 |
| 贵州 | 婺川县改务川县 | | 汧阳县改千阳县 |
| | 鳛水县改习水县 | | |

［《简化字总表》（1986 年版），语文出版社 1986 年版，第 31—32 页］

功的女政治家；二是在楚文化学者陈文华看来，其实历史上并无叫“芈月”的人，但当时秦惠王倒有一名王妃叫“芈八子”。

除了“芈”这个生僻字外，该电视剧还有以下五个生僻字：⑴“莒”（jǔ），该剧中的“莒国公主”叫作“莒姬”。⑵“郢”（yǐng），曾是古代楚国的都城，在现今湖北省江陵县附近。⑶“媵”（yìn），随嫁及随嫁之人叫作“媵”。据说这是先秦时期人们通行的婚姻制度之一。在诸侯婚姻中，作为皇室出嫁的女子往往是诸侯的嫡女，而其“媵”是诸侯庶女或宗女。⑷“穰”（rǎng），系地名，战国时楚邑，即现今河南邓州。⑸“樗”（chū），即秦王嬴驷之弟“樗里疾”，是芈月之子嬴稷的王叔。

## 42. 什么是传承字？

答：传承字是历史上沿袭下来的，现今仍然通行的汉字，它们既不属于简化字，也不属于繁体字，又不属于异体字，更不属于生僻字。比如：“人”“山”“川”“日”“水”“火”等字均为传承字。它们之所以能成为传承字，其原因可概括为：一是它们都是一些表示人或事物的基本概念，易于得到古今人们的共同认可；二是它们笔画甚少，比如：“人”2 画；“山”“川”3 画；“日”“火”“水”4 画，好记好写，也易于流传、传承。

## 43. 什么是分化字？

答：分化字包括三类：一是由本字分化出来的字，比如：“已”由“巳”分化出来，本义为停业，后指事情的结束、完成。比如：“第”是“弟”的分化字，弟的本义是指未成年的男子，即未冠的男人，而以第专表兄弟之弟，所以第的本义是次第。再比如：“僮”是“童”的分化字，僮的本义，是指未成年的男子。二是由本字分化出来的俗体，比如：“煞”本是“杀”的俗体，后分化出“熬”“杀”两个字。三是两个字本是一个字，后一字从前一字分化出来。比如：“亨”“享”在金文中本是一个字，在篆文中分为两个字，而“享”从进献的“亨”分化出来，表示享受。分化字还包括：“阵”（分化于“陈”）“甪”（分化于“角”）“诽”（分化于“非”）等。

## 44. 什么是方言字？

答：方言字是作为汉语的地方变体，在语音、词汇、语法上各有其特点的方言的汉字。方言字从地域上划分包括：一是北方方言字，比如：“仨”[①]；二是南方方言字，比如：“姐”，古时四川等地人叫母亲为“姐”。从方言语种上划分包括：一是有的方言字仅为一种方言之字，比如：“仔”，男青年；比如：“靓”，形容词，漂亮、好看；再比如：“冇”，无，没有。二是有的方言字涉及两种方言，比如：“侬”，在江浙一带方言中指自我，即“我”；而在别的方言（如上海话）中又指称第二人称，即“你”。此外，可归于方言字的还有：“囡（囝）”，①小孩子，②女孩儿；“仔”，男青年；“伲”，女孩子；“闳”（闳阆），建筑物中的空廊处：“覅”，不要，勿要；嫑（fēn 芬，吴方言词，不曾）；[②]“仝”，①乖僻，脾气不好，②调度等；“咱”，用在“这咱、那咱、多咱”里。

此外，还有二、三个字的方言字。二个字的方言字，以“妻子”为例，各地方言有以下称呼：

（1）安庆话：烧锅；（2）上海、太仓话：家主婆；（3）南昌话：婆子；（4）广东话：衰婆；（5）重庆、成都、云南、锦阳、陕西：婆娘；（6）宁夏、陕西：婆姨；（7）天门、长沙活：婆婆子；（8）苏州话：戒指婆、架子婆；（9）南方方言：婆妹；（10）长男子的称呼：老婆子、老太婆；（11）上海话：老布、老不；（12）绍兴、杭州、常州、福州话：老马（mo）、老母、老嬷；（13）成都话：老娘儿；（14）绩溪话：老妪；（15）南陵的称呼岁数大的：老奶奶；（16）桐乡话：老娘、老姩（nian）；（17）成都话：老妇儿；（18）吴语象山港周边：老安人；（19）浙江慈溪话：老柠；（20）老人的一般称呼：老伴；（21）大陆一般的称呼：老婆；（22）内蒙古乌盟方言、陕西话：老板子；（23）温州话：老媪、老约、老、老迎；（24）北方俗称、天津话：老爱；（25）山东、吉林话：老蒯；（26）沭阳，老年男子称呼：妻子；（27）莆田话：老妈；（28）盐城话：女人；（29）通泰、泰兴、兴化、海安话：女将、女匠；（30）椒江、苍溪话：

① 杨绛（1911—2016年）著《我们仨》，生活·读书·新知三联书店2004年版。
②《辞海》（上），上海辞书出版社1979年版，第691页。

女客；（31）宜兴话：女姥；（32）盐城滨海话：女们；（33）汉川话：后屋里；（34）河南南部、随州话：屋人；（35）河南话：屋人；（36）苏州话：屋里厢；（37）闽南、福州话：厝里；（38）河北话：家里的；（39）安徽舒城话：家里头；（40）宣城话：我家里的旮里。

（摘自中国人民大学离退休工作处《夕阳红之声》2017年第1期。来源：《重庆晨报》）

## 45. 什么是音译字？

答：音译字是通过音译将非汉字转为汉字。

音译字从有无字母上分，可分为：第一，无字母音译字。它又可分为：一是我国少数民族音译字，比如：淖尔、那达慕（蒙古文），萨其马（满文），馕、坎土曼（维吾尔文）等；二是外文音译字，比如：氆氇（英文）、偈（梵文）等，以及"诃"[①]"伽"[②]"娜"[③]"茜"[④]"黑客"[⑤]等。第二，有字母音译字。有字母（外文）音译字可分为：

（1）俄文：布尔什维克（Большевик）、苏维埃（Совет）、喀秋莎（Катюша）、孟什维克（Меньшевик）等。

（2）波斯文：琐罗亚斯德（Zoroastrianism）等。

（3）拉丁文：弥撒（Missa）、耶稣（Jesu）、社会主义（Socialis）[⑥]、乌托邦（Utopia）等。

（4）阿拉伯文：木乃伊（Mumiyah）、穆斯林（Muslim）、伊斯兰（Islām）等。

---

① 诃，用于"诃子"（常绿乔木）、用于人名"契诃夫"（1860—1904年）（俄国作家）、用于书名《摩诃婆罗多》（古印度长篇叙事诗）。

② 伽，用于伽倻琴（朝鲜族的弦乐器，类似我国古筝）、"伽利略"（1564—1642年）（意大利科学家）。

③ 娜，用于人名，玛利亚娜（西班牙女作家）、《安娜·卡列尼娜》[托尔斯泰（1828—1910年）]、安娜·路易斯·斯特朗（1885—1970年）（美国女作家，1946年采访毛泽东（1893—1976年），毛提出"帝国主义和一切反动派都是纸老虎"的著名论断）等。

④ 茜，用于人名，《茜茜公主》（电影）。

⑤ 黑客，指入侵他人电脑、改写电脑程序的人。

⑥19世纪末20世纪初，中国许多进步人士东渡日本，有些人译为"民生主义""养民学""安民新学"，多数人把日文中的"社会主义"移植过来，梁启超（1873—1929年）为第一人。

（5）希伯来文：夏娃（Ḥawwān）、伊甸（‘Edēn）、亚当（Ādām）、耶和华（Yehovah）、犹大（Yěhūdāh）等。

（6）法文：卡特尔（Cartel）、香槟（Champagne）、沙龙（Salon）、英特纳雄耐尔（International）、蒙太奇（Montage）等。

（7）梵文：菩提（Bodhi）、支那（Cīna）①、偈陀（Gāthā）、劫波（Kalpa）、袈裟（Kasīaya）、南无（Namo）、弥勒（Maitreya）、释迦牟尼（Śākya-muni）、舍利（Śarīra）、三昧（Samadhi）、夜叉（Yaksa）等。

（8）英文：酒吧（Bar）、拜拜（Bye-bye）、芭蕾（Ballet）、卡片（Card）、丘比特（Cupid）、巧克力（Chocolate）、咖啡（Coffee）、卡通（Cartoon）、嘉年华（Carnival）、康拜因（Combine）、基因（Gene）、吉他（Guitar）、因特网（Internet）②、爵士（Jazz）、夹克（Jacket）、吉普（Jeep）、摩托（Motor）、霓虹（Neon）、诺贝尔（Nobel）、那摩温（Number one）③、派对（Party）、盘尼西林（Penicillin）、电话（Phone）、扑克（Poker）、普罗米修斯（Prometheus）、沙拉（Salad）、三明治（Sandwich）、桑拿（Sauna）、先令（Shilling）、声呐（Sonar）、坦克（Tank）④、维纳斯（Venus）、威士忌（Whisky）等。

## 46. 什么是特种用汉字？特种用汉字有哪些类型？

答：特种用汉字是人们社会生活中根据特殊需要而创制或产生的汉字。

---

① 支那，最早是古印度对中国的称谓。至唐宋时始译为中文，称作“脂那”“至那”“震旦”“振旦”“真旦”等。在古印度两大史诗《摩诃婆罗多》《罗摩衍那》以梵文“Cīna”（支那）称中国。后来欧美（或西方）流行“China”（称中国）即由此而来。当然，在英语中，China又指瓷器，即中国。而梵文（Cīna）的日文汉字借词（支那）也问世、使用。

② 意音合译。

③ 又译“拿摩温”，汉译表示“一”的意思。又引申为“工头”。夏衍（1900—1995年）小说《包身工》中即有“拿摩温”（指欺压纺织女工的工头）一说。

④ 坦克是由英文单词“TANK”（“水箱”）的音译。第一次世界大战期间，为了破解战斗僵局，根据温斯顿中校的建议，时任英国海军大臣的丘吉尔（1874—1965年）下令研制一种“陆地战舰”，以冲破敌人的障碍。按照设计方案，工人们将履带拖拉机装上甲板，再配上火炮和机枪。制作完工后，工人们看着“身披”铠甲的笨重家伙，笑着说：“怎么看起来像个大水箱啊！”果然，这些“水箱”在“一战”中立下了赫赫战功。但当时对这武器装备连个正式名称都没有。大家议论纷纷，没有定论。最后还是丘吉尔一锤定音：“制作它们的工人师傅不是说像水箱吗？那就叫水箱吧！”

特种用汉字的类型主要包括：

（1）化学专用字。

指颇受人们关注的元素名称的用字。第一，9种原有的汉字名称：“金”“银”“铜”“铁”“锡”“铝”“硫”“硼”“汞”。第二，意译的汉字名称：一是新造汉字3种：“磷”“铂”“溴”；二是86种音译的单音化汉字名称，既有古字引用36种，如“铍”“钠”“铝”等，又有新造汉字50种，如“氢”“氟”“氖”等。

（2）动、植物名称专用字。

比如：“鱼”字旁、“虫”字旁、“木”字旁、“艹”字旁等，不计其数。

（3）古代学术和文物专用字。

既有只用于古，不用于今的专用字，如“匜”（yí，古水器）“（玄）黓”（音弋yì，古天文学“壬年”的专称）；又有虽然已有古称但现今仍在使用的，如“昴（mǎo，星团）”。

（4）民族、宗教专用字。

比如：“佤”（少数民族佤族名称专用字）“（阿）訇（hōng，伊斯兰教经师专用字）”。

（5）人名、地名专用字。

一是姓氏、名字专用字，比如：“阎、闫”原是两个姓，汉字简化后，“闫”并入“阎”，为“阎”姓专用字；二是地名专用字，比如：“盩厔”改为“周至”。

（6）行业专用字。

比如：“（红）髦”（读“扎”，胡须），系戏曲行业专用字。

（7）方言专用字。

比如：吴语“朆”，《辞海》（第201页）释义：“朆同朆。”（第691页）释义：“朆（fēn芬）吴方言词。不曾。”、粤语“冇”［《词典》（第877页）释义：“冇 <方>❶动没有①—⑤。❷副没有⑥⑦。”］等。

（8）外国汉字专用字。

比如：“辻”（多用于人名）［《词典》（第1175页）收入“辻”（shí）字，并释义：“日本汉字，十字路口。多用于日本姓名。”］。比如：畠（tián）、畑（tián），日本汉字，旱地，多用于日本人姓名。比如：“（槟）木知”（越南汉字），地名。

## 47. 什么是繁体字？

答：繁体字是已有或已被简化字代替的汉字，或者指与简体字相对应的笔画繁复的汉字。由于汉字大多是一种方块字，有不少笔画繁复的字，既不便于学、写，也不便于使用，所以在长期使用汉字的过程中，逐渐产生了简体字。比如：“礼”“变”“图”“铁”“宝”等都是简体字，而原来相对应的“禮”“變”“圖”“鐵”“寶”都是繁体字。追溯起来，繁体字都是由篆书、隶书演变成的楷体字。目前，我国大陆、内地一般都使用简体字，而台湾、香港、澳门地区，乃至国外一些使用汉字的国家、地区仍通用繁体字。

按照我国《通用语言文字法》的规定，在下列六种情况下可保留或使用繁体字：

（1）文物古迹；

（2）姓氏中的异体字；

（3）书法、篆刻等艺术作品；

（4）题词和招牌的手书字；

（5）出版、教学、研究中需要使用的；

（6）经国务院有关部门批准的特殊情况下需要使用的[①]。

## 48. 什么是简化汉字？

答：历代都有简体字的流行。宋、元、明代民间刻印的小说书，用了很多简体字，比如：把“寶”写成“宝”，“齊”写成“齐”，“廟”写成“庙”等。即使在正字回复的明清时期，民间流行简体字，有些学者还有意识地主张写简体字。比如：明末清初的黄宗羲（1610—1695年），“喜用俗字抄书，云可省工夫一半。”在黄氏手札中，“議”写作“议”；“當”写作“当”；“難”写作“难”。清代江永（1681—1762年）、孔广森（1751—1786年）

① 之其《繁简混用不可取——从〈现代汉语词典〉题鉴说起》一文，对《词典》的“现”“语”“词”三字使用繁体字“現”“語”“詞”，而“汉”简体字仍然保留，致使《词典》更名为《现代汉語詞典》的繁体字、简体字混用的现象，提出批评。当然，很快在《词典》重版时改正。这或许是编纂《词典》史上的一个插曲。

也喜欢写简体字。至民国时期，1916 年，陆费逵（1886—1941 年）在《教育》杂志创刊号上发表《普通教育应当采用俗体字》一文，这是我国历史上第一次公开提出使用简体字的倡议。1921 年陆费逵发表《整理汉字的意见》一文，当时既限通俗字范围（在 2000 个汉字左右）又减少笔画。颇有意思的是，陆费逵本人还将自己的姓名简化为“六卋辻”。1922 年，钱玄同（1887—1939 年）在国语统一筹备委员会上提出一项《减省现行汉字的笔画案》，由陆费逵、黎锦熙（1890—1978 年）、杨树达（1885—1956 年）联署。①

钱玄同分析简体字的构成，归纳为以下八种方法：

（1）“全体删减，粗具匡廓”，比如：“龜”作“龟”。

（2）“采用草书”，比如：“為”作“为”。

（3）“仅写原字的一部分”，比如：“聲”作“声”（上部左一半）。

（4）“原字一部分用很简单的几笔代替”，比如：“觀”作“观”（左部“雚”用“又”两笔代替）。

（5）“采用古体”，比如：“雲”作“云”。

（6）“音符改少笔画”，比如：“燈”作“灯”（将“登”减少笔画为“丁”）。

（7）“别造简体”，比如：“響”作“响”。

（8）“假借他字”，比如：“幾”作“几”。

1930 年出版的刘复（即刘半农 1891—1934 年）、李家瑞（1895—1975 年）编著《宋元以来俗字谱》一书中收集了 1600 多个简体俗字，反映了八九百年来简体字的发展情况。

时至中华人民共和国成立后 1956 年 1 月，国务院发布《汉字简化方案》。该方案按照来源，将简体字分为四类：

（1）古字，包括：一是古本字，指没有加上部首（意音化）后的原字，比如：“云（雲）”“电（電）”等；二是古同字，即古时候跟繁体字并用的简体字，比如：“礼（禮）”“尔（爾）”等；三是古通用字，比如：“后

① 在此补述三例：第一，二万五千里长征之初，1934 年 10 月 20 日，邓小平（1904—1997 年）主编《紅星》报第一期有 3 个简体字：一是打击（擊）的“击”；二是敌（敵）人的“敌”；三是封鎖线“线”（綫）的。第二，1938 年，成仿吾（1897—1984 年）、徐冰（1903—1972 年）译《共産党宣言》中的“党”（繁体字黨）就是简体字。第三，红四方面军西北军区政治部刻的标语：“歡迎 白軍士兵拖槍投入紅軍　共同去打倒我們工農的仇敵劉湘等國民党軍閥！”中的“党”也是简体字。

（後）”“才（纔）”等。

（2）俗字，虽然不是最古，但在民间流传已久的传统简体字，比如：“体（體）”“声（聲）”等。

（3）草书楷化，比如：“书（書）”“为（為）”“东（東）”等。

（4）新字，包括：一是已经通用一个时期或阶段的“解放字”，比如：“拥护（擁護）”；二是最近新造字，比如：“灭（滅）”“丛（叢）”等。

按照形体，简体字可分为两类：

（1）“省略”。

包括：一是“省一边”，比如：“录”（錄字省左边）；“号”（號字省右边）；“云”（雲字省上边）；“丽”（麗字省下边）。二是省两边，比如：“术”（術字省左右两边）；“里”（裏字省上下两边）。三是省一角，“际”（際字省右上角“夂”）；“阳”（陽字省右下角“昜”）；“垦”（墾字省左上角“豸”）。四是省内、外，比如：“奋”（奮字省内中间“隹”）；“开”（開字省外面“門”）。五是其他省略法，比如：“丰”（豐）“汇”（匯）“卤”（鹵）。

（2）“改形”。

指改变繁体字的部分形体或全部形体。可分为：一是改形声字，比如：换形旁（部首）：“刮”（颳，也是同音代替）；换声旁，比如：“洁”（潔）。二是改会意字，比如：“体”（體）“尘”（塵）等。三是轮廓化和象形化。包括：A. 总体轮廓化，比如：“尔”（爾）；B. 部分轮廓化，比如：“变”（變字简化上边）；“报”（報字简化左边）；“弥”（彌字简化右边）；“团”（團字简化中间）。C. 象征符号，比如：a.［丶］“办”（辦）“协”（協）等；b.［㐅］“区”（區）“赵”（趙）等；c.［又］“汉”（漢）“劝”（勸）“仅”（僅）“难”（難）“对”（對）“戏”（戲）“鸡”（雞）“观”（觀）“欢”（歡）“邓”（鄧）等；d.［刂］“师”（師）“帅”（帥）“归”（歸）；e.［⺍］“誉”（譽）“兴”（興）等。D. 重文符号，比如：［ 〳 ］“枣”（棗）等；［又］“轰”（轟）“聂”（聶）“摄”（攝）等。

简化汉字是搜集、整理人民群众的创造，求同存异，消除分歧，确定规范，给予统一规范的简体字合法地位，并在全社会进行推广、普及的一项工作。它包括：

（1）精简字数。

一般地说，汉字的总数达 6 万个左右，经常或时常使用的则在 5000—8000 个字。为便于日常学习和使用，则须对如此庞大数量，尤其是常用字的字数加以精简。精简字数的主要方法或途径包括：

第一，废除异体字。

1955 年 12 月公布的《第一批异体字整理表》列出异体字 810 组，每组最少两个字，最多则有 6 个字，共 1865 个。经精简，淘汰了重复多余的异体字 1055 个字，比如：“泪”“涙”，留“泪”，而“涙”作为异体字则予淘汰；“迹”“跡”“蹟”，留“迹”，而“跡”“蹟”两字作为异体字则予淘汰，等等。

第二，淘汰生僻字。

1956 年、1964 年，经国务院批准，用常用字代表生僻地名字，先后分别更改了 30 多个地名，并废除了一部分生僻字。比如：新疆的和阗县改为和田县；江西的新喻县改为新余县；广西的鬱林县改为玉林县；四川的越嶲县改为越西县；陕西的醴泉县改为礼泉县，等等。

（2）简化笔画。

一般地说，汉字的笔画繁多，大部分均在十画到十二画之间，五画以下的甚少，但笔画多者也有达三四十画。1964 年公布的《简化字总表》共计 2238 个简化字，一共简化了 2264 个繁体字。经简化笔画后的简化字，与原先的相应的繁体字相比较，不仅显得合理，而且好学、好写、好记，总体上减少了将近一半的笔画。具体而言，《简化字总表》第一表、第二表所列的繁体字平均每个字有 16 笔，简化后减至每个字 8 笔；而第三表所列繁体字，平均每个字有 19 笔，经偏旁简化后减为平均每个字 11 笔。比如：把“盡”“豐”“辦”“邊”简化笔画，分别简化为“尽”“丰”“办”“边”，无论学习或使用，确实方便多了。

## 49. 什么是简化字？

答：简化字是经过简化并由国家正式公布使用的汉字。1964 年公布的《简化字总表》、1986 年新版《简化汉字总表》公布的均系国家正式公布使用的简化汉字。1964 年 5 月公布的《简化字总表》包括第一表、第二表、

第三表三个部分。

第一表："不作简化偏旁用的简化字"，共收简化字350个，按读音的拼音字母顺序进行排列。

比如：A碍（礙）；B坝（壩）；C才（纔）；D担（擔）；E儿（兒）；F矾（礬）；G盖（蓋）；H汉（漢）；J击（擊）；K开（開）；L腊（臘）；M么（麽）；N恼（惱）；P盘（盤）；Q启（啟）；R让（讓）；S洒（灑）；T台（臺、檯、颱）；W洼（漥）；X牺（犧）；Y压（壓）；Z杂（雜）①。

第二表："可作偏旁多用的简化和简化偏旁"，共收简化字132个和简化偏旁14个，简化字按读音的拼音字母顺序排列，简化偏旁按笔数排列。

比如：A爱（愛）；B罢（罷）；C参（參）；D达（達）；E尔（爾）；F发（發、髮）；G冈（岡）；H华（華）；J几（幾）；K壳（殼）；L来（來）；M马（馬）；N难（難）；Q齐（齊）；S啬（嗇）；T条（條）；W万（萬）；X献（獻）；Y亚（亞）；Z郑（鄭）。

简化偏旁包括："讠"（言）；"饣"（食）；"昜"（昜）；"纟"（糸）；"収"（臤）；"𫇦"（𦥯）；"𠂉"（臨）；"只"（戠）；"钅"（金）；"𭕄"（𦥯）；"𠬤"（睪）；"𢀖"（巠）；"亦"（䜌）；"呙"（咼）。

第三表："应用第二表所列简化字和简化偏旁得出来的简化字"，共收简化字1753个，以第二表中的简化字和简化偏旁作部首，按第二表的顺序进行排列。

爱：嗳（嗳）；罢：摆（擺、襬）；备：惫（憊）；贝：贞（貞）；笔：滗（潷）；毕：荜（蓽）；边：笾（籩）；宾：傧（儐）；参：渗（滲）；仓：伧（傖）；产：浐（滻）；长：伥（倀）；尝：鲿（鱨）；车：轧（軋）；齿：龇（齜）；虫：蛊（蠱）；刍：诌（謅）；从：苁（蓯）；窜：撺（攛）；达：溚（噠）；带：滞（滯）；单：郸（鄲）；当：挡（擋）；党：谠（讜）；东：

① 不过，第一表中部分简化字，在现今我国台湾地区仍用繁体字的有：辦/办、髮/发、飛/飞、樂/乐、無/无、習/习、廣/广、頭/头、衛/卫、專/专、與/与、業/业、幣/币、韋/韦、義/义、舊/旧、開/开、虧/亏、龍/龙、滅/灭、書/书、塵/尘、從/从、個/个、繭/茧、眾/众、夢/梦等。

冻（凍）；动：恸（慟）；断：簖（籪）；对：怼（懟）；队：坠（墜）；尔：迩（邇）；发：泼（潑）；丰：沣（灃）；风：讽（諷）；冈：刚（剛）；广：邝（鄺）；归：岿（巋）；龟：阄（鬮）；国：掴（摑）；过：挝（撾）；华：哗（嘩）；画：婳（嫿）；汇：扺（擓）；会：刽（劊）；几：讥（譏）；夹：郏（郟）；戋：刬（剗）；监：滥（濫）；见：苋（莧）；荐：鞯（韉）；将：蒋（蔣）；节：栉（櫛）；尽：浕（濜）；进：琎（璡）；举：榉（櫸）；壳：悫（慤）；来：涞（淶）；乐：泺（濼）；离：漓（灕）；历：沥（瀝）；丽：俪（儷）；两：俩（倆）；灵：棂（欞）；刘：浏（瀏）；龙：陇（隴）；娄：偻（僂）；卢：泸（瀘）；虏：掳（擄）；卤：鹾（鹺）；录：箓（籙）；虑：滤（濾）；仑：论（論）；罗：萝（蘿）；马：冯（馮）；买：荬（蕒）；卖：读（讀）；麦：唛（嘜）；门：闩（閂）；黾：渑（澠）；难：傩（儺）；鸟：凫（鳧）；聂：慑（懾）；宁：泞（濘）；农：侬（儂）；齐：剂（劑）；岂：剀（剴）；气：忾（愾）；迁：跹（躚）；佥：剑（劍）；乔：侨（僑）；亲：榇（櫬）；穷：藭（藭）；区：讴（謳）；啬：蔷（薔）；杀：铩（鎩）；审：谉（讅）；圣：柽（檉）；师：浉（溮）；时：埘（塒）；寿：俦（儔）；属：嘱（囑）；双：扨（㩳）；肃：萧（蕭）；岁：刿（劌）；孙：荪（蓀）；条：涤（滌）；万：厉（厲）；为：伪（僞）；韦：讳（諱）；乌：邬（鄔）；无：怃（憮）；献：谳（讞）；乡：芗（薌）；写：泻（瀉）；寻：浔（潯）；亚：垩（堊）；严：俨（儼）；厌：恹（懨）；尧：侥（僥）；业：邺（鄴）；页：顶（頂）；义：议（議）；艺：呓（囈）；阴：荫（蔭）；隐：瘾（癮）；犹：莸（蕕）；鱼：鲂（魴）；与：屿（嶼）；云：芸（蕓）；郑：掷（擲）；执：垫（墊）；质：锧（鑕）；专：传（傳）；讠：计（計）；饣：饥（饑）；𠃓：汤（湯）；纟：丝（絲）；𠬤：坚（堅）；艹：劳（勞）；𫩏：览（覽）；只：识（識）；钅：钆（釓）；⺌：峃（嶨）；𠬸：译（譯）；𢀖：劲（勁）；亦：变（變）；呙：剐（剮）。

通过 1964 年 5 月公布的《简化字总表》包括第一表、第二表、第三表共简化汉字 2235 个。

《第二次汉字简化方案（草案）》废除以来，“二简表”迄今仍有一定的“市场”。除了手写的以外，那些采用合并简化的“二简字”在媒体或日常生活中仍然时而出现。以下一些“二简字”应当注意区别，不得混用。比如：

桔—橘、帐—账、咀—嘴、肖—萧、闫—阎、兰—蓝、邦—帮、卩—部、合—盒、亍—街、仃—停、予—预、欠—歉、令—龄、迂—遇、交—跤、扇—煽、午—舞、付[①]—副、杆—竿、宂—家、苎—蒙、芷—藏、代—戴、干—赣、笈—籍、另—零、太—泰、圹—塘、迭—叠、了—瞭、罗—啰、复—覆、园—圆、正—整、借—藉等。

“二简表”的“简化字”字义表达不准确，往往会造成误解。比如：“舞会”的“舞”，“二简表”简化为“午”，写成“午会”，人们容易误解为“午间的会议”；“军龄”的“龄”，“二简表”简化为“令”，“军龄”写成“军令”，人们容易误解为“军令如山倒”。“展宏图”的“展”字，二简表简化为“尸”，分明就是一个“尸体”，“躺在一个木板上”，还展什么宏图。还有将“帮助”的“帮”写成“邦”；将“部下”的“部”写成“卩”；将“街道”的“街”写成“亍”；将“欢迎”的“迎”写成“迊”；将“停止”的“停”写成“仃”等。

此外，还有一些生造简化字，也不得使用。比如：鸡旦（蛋）、钘（镜）子、电子扦（插）座、豆办（瓣）哥（酱）、仐（食）堂、宊（灾）难、付（副）食、啤氿（酒）、蔬芽（菜）、岸（巖）、门（问题）等。

## 50. 古籍中有哪些简体字？

答：简体字古已有之。王羲之《兰亭集序》有三分之一的简体字；欧阳询（557—641年）《九成宫》有六分之一的简体字。《诗经》中的“於”写成“于”；汉《呈仲山碑》中的“餘”写成简体字“余”；《正字通》中的“墳”“聽”写成简体字“坟”“听”。现在正式使用的简化字中，下列简体字皆为古代简体字的借用，均有相应的古籍出处。它们分别是：

“准”（“準”）《广韵》；　　“庙”（“廟”）《字汇》；
“双”（“雙”）《集韵》；　　“恋”（“戀”）《字汇》；

---

①还有很多将“付”错用、滥用于职务的：付（副）主席、付（副）总理、付（副）书记、付（副）部长、付（副）署长、付（副）主任、付（副）局长、付（副）处长、付（副）科长、付（副）省长、付（副）市长、付（副）县长、付（副）区长、付（副）镇长、付（副）乡长、付（副）总裁、付（副）董事长、付（副）经理、付（副）导演、付（副）院长、付（副）所长、付（副）校长、付（副）教授、付（副）研究员等。

"声"（"聲"）《正字通》；
"夹"（"夾"）汉《曹全碑》；
"宝"（"寶"）《宝应碑文》；
"尽"（"盡"）《正字通》；
"干"（"幹"）汉《郑季宣碑》；
"灶"（"竈"）《五音集韵》；
"烛"（"燭"）《字汇》；
"画"（"畫"）《字汇》；
"类"（"類"）《五音篇海》；
"纵"（"縱"）《集韵》；
"肤"（"膚"）《广韵》；
"怜"（"憐"）《字汇》、隋《董美人碑志铭》；
"扑"（"撲"）《集韵》；
"齐"（"齊"）《正字通》；
"朴"（"樸"）汉《孔庙碑》；
"晒"（"曬"）《字汇补》；
"痒"（"癢"）《集韵》；
"笔"（"筆"）北齐《隽敬碑》；
"籴"（"糴"）《干禄字书》；
"粜"（"糶"）《干禄字书》；
"阴"（"陰"）《字汇补》；
"麦"（"麥"）汉《西狭颂》①。

## 51. 什么是异体字？

答：异体字是两个（或两个以上的）字在意义上相同，在任何语言环境下都能相互代替，只是写法不同。或者简要地说跟规定的正体字同音同义而写法不同的字。比如："照"与"炤""并"与"併""睹"与"覩""咏"与"詠""谕"与"喻"等中的"炤""併""覩""詠""喻"等均为异体字。异体字包括两类：

（1）部分异体字，即部分用法相同的字。

（2）狭义异体字，即用法完全相同的字。其中，狭义异体字在结构或形体上的差异主要包括：一是形部不同，比如：遍徧、猫貓、堤隄、粘黏、糕餻、唇脣等。二是声部不同，比如：秸稭、线綫、笋筍、验驗等。三是形部和声部的位置不同，比如：够夠、略畧、群羣、鹅鵞、案按、鞌鞍、棋棊、魂䰟等。四是加不加偏旁的不同，比如："皃"与"貌"等。五是字形构造不同，比如："淚"与"泪"等。六是尽管都是形声字，但偏旁不同，比如："响"与"響"等。七是尽管都是会意字，但所用偏旁不同，比如："尟"与"尠"等。八是部分省略字形跟不省略的不同，比如："灋"与"法"等。

① 左民安著《汉字例话》，中国青年出版社 1984 年版，第 27—28 页。

九是写法略有出入或者因讹变而造成不同，比如：“矦”与“候”等。

1964年颁布的《简化字总表》的附录部分，从《第一批异体字整理表》摘录出的39个简化字和相对应的异体字如下：

| | | | | |
|---|---|---|---|---|
| 呆（獃騃） | 迹（跡蹟） | 麻（蔴） | 席（蓆） | 韵（韻） |
| 布（佈） | 秸（稭） | 脉（脈） | 凶（兇） | 灾（災） |
| 痴（癡） | 杰（傑） | 猫（貓） | 绣（繡） | 札（剳劄） |
| 床（牀） | 巨（鉅） | 栖（棲） | 锈（鏽） | 扎（紮紥） |
| 唇（脣） | 昆（崑崐） | 弃（棄） | 岩（巖） | 占（佔） |
| 雇（僱） | 捆（綑） | 升（陞昇[①]） | 异（異） | 周（週） |
| 挂（掛） | 泪（淚） | 笋（筍） | 涌（湧） | 注（註） |
| 哄（閧鬨） | 厘（釐） | 它（牠） | 岳（嶽） | |

## 52. 什么是错、别字？

答：错别字是错字和别字的合称。所谓错字，有以下四种解释：一是写得不正确的字或刻错、排错的字；二是汉字的形体有书写的规格，写错了形体，违反了书写规格的字；三是写错了的字；四是像字但不是字，亦即规范字典里查找不到的字。

错字主要有以下几种错法：

（1）笔画错误，多笔、少画或笔形不对：一是多笔。比如：“压”（庄）“尧”（尧）“侵”（侵）“局”（局）等；二是少笔，比如：“府”（府）“隆”（隆）等；三是笔形不对，比如：“丰”（丰）“出”（出）等。

（2）偏旁错误，错写了形似的偏旁。

比如：“社”（社）“念”（念）“纸”（纸）“练”（练）等。

①“昇”这个“升”的异体字报刊上不得使用，但在人名，尤其是古代人名允许使用[比如：北宋毕昇（约970—1051年），发明活字印刷术]。此外，在人名乃至古代人名允许使用的异体字还有：坤（堃）、奔（犇）、昆（崑）、梁（樑）、昭（炤）、苏（甦）、和（龢）、沾（霑）、渺（淼）等。

（3）结构错误，偏旁位置不对。

比如：“甛”（甜）“灌”（灌）“瓯”（瓯）等。

（4）有现成的规范字不用，乱造简体字。

比如：“灾”（灾）“问”（问题）等。

例一：柳、迎，均是错字：“柳”是由于书写不规范，将“柳”字减了一撇“丿”成为错字；“迎”字也是由于书写不规范，将“迎”字多加了一撇“丿”而成了错字。说它们是错字，还因为“柳”“迎”二字根本不成为字，或者说也是规范字典里查找不到的字。正确的写法应当将“柳”“迎”分别改为“柳”“迎”。

例二：含、丧、策、经、茫、甛，上述六个字均为错字，它们都是写错了形体，违反了书写规格而成了错字。它们相对应的正确的字如下：含—含、丧—丧、策—策、经—经、茫—茫、甛—甜。

例三：爱、暗、昂、袄、构、奥，上述六个字均为错字，它们也是违反了书写规格而成了错字。它们相对应的正确的字如下：爱—爱（下面是“友”不是“犮”）、暗—暗（左边是“日”不是“目”）、昂—昂（下边是“卬”不是“卯”）、袄—袄（左边是“衤”不是“礻”）、构—构（右边是“幻”不是“幼”）、奥—奥（上边是“𠂇”不是“囱”）。

所谓别字，有以下三种解释。一是写错或读错的字。比如：将“包”字写成“饱”字，是写别字；将“破绽”的“绽”（zhàn）读成“定”（dìng），是读别字，或者说是读白字。二是应该使用这个字却使用了另外一个字，或者将甲字写成乙字，便叫别字。比如：欣尝（赏）、贬（眨）眼、克（刻）苦、惨（残）酷、脉博（搏）、恣（姿）态等。三是指将甲字写成乙字，虽然规范字典里有，但用在这里是不当的字，比如：“冶”“治”两个字形体颇为相似，但是由于它们的偏旁不同（“冶”的偏旁为“冫”，“治”的偏旁为“氵”），使得两字的读音和包含的意思完全不同。两者的根本区别在于：前者是“冶（yě）金”的“冶”，后者是“政治（zhì）”的“治”。倘若将两者相混，将“冶金”写成“治金”，将“政治”写成“政冶”，那就表示将字写别了成了别字。

别字主要有以下三种别法。

第一，同音别字，即应该写这个字而写成别的一个同音或近音的字，比如：“供（贡）”献、“克（刻）”苦等。

第二，形似别字，即应该写这个字而写成别的一个形体相似的字，比如：针“炙（灸）”、“仑（仓）”库、“祟（崇）”高、“乌（鸟）”类等。

第三，同音，形似别字，即应该写成这个字而写成别的一个音同（或音近）又形似的字，比如：烦“脑（恼）”、“历（厉）”害、“垦（恳）”切、秘“蜜（密）”等。

## 53. 什么是少数民族文字？

答：少数民族文字是我国中华民族大家庭除主体民族汉族使用汉字外的少数民族使用的文字。主要包括：蒙古文（蒙古族）、藏文（藏族）、维吾尔文（维吾尔族）、壮文（壮族）、满文（满族）、傣文（傣族）、彝文（彝族）、黎文（黎族）、锡伯文（锡伯族）、佤文（佤族）、苗文（苗族）、瑶文（瑶族）、侗文（侗族）、白文（白族）、布依文（布依族）、哈萨克文（哈萨克族）等。现择其要者，简述如下。

（1）蒙古文。

指蒙古族通用的拼音文字。早期蒙古文字母的读音、拼写规则、行款与回鹘文颇为相似，又称“回鹘式蒙古文”。到17世纪时回鹘式蒙古文发展为两支：一是通行蒙古族大部分地区的现行蒙古文；二是只在卫拉特方言地区使用的托忒文。现行蒙古文字母表共有29个字母，其中元音5个、辅音24个。托忒文是1648年由卫拉特高僧札亚·班智达（又名那木海札木劳）在蒙古文的基础上改制的。托忒文字母表共有31个字母，其中元音7个，辅音24个。字母的形状和读音与现行蒙古文略有不同。用4个不同的字母分别表示4个舌位不同的圆唇元音，既设置表示长元音的附加符号，又规定表示长元音的双写形式。

（2）藏文。

指我国藏族使用的拼音文字。主要通行于西藏自治区，以及青海、甘肃、四川、云南等省的藏族聚居区。藏文创始于7世纪前后，它由4个元音符号和30个辅音字母组成。元音符号一般不单独使用，必须加在辅音字母的上方或下方，其中表示元音“i”“e”“o”的符号必须加在字母上方，表示元音“u”的符号必须加在字母下方，而元音“a”不用符号表示；而辅音字母依照它们在音节中的位置和作用分为“基字”“上加字”“下加字”“前加字”“后加字”和“再后加字”，其中前四种字母表示辅音声母，后两种字母表示辅音韵尾。

（3）维吾尔文。

指我国新疆维吾尔族使用的拼音文字。现在使用的维吾尔文是在晚期察合台文基础上形成的以阿拉伯字母为基础的拼音文字。20 世纪 30 年代以来，几经改进于 1983 年形成现行维吾尔文字。它有 32 个字母，自右向左横写。每个字母均须按其在词首、词中和词尾出现的位置不同有不同的形式。字母表中单式除了代表该字母的独立形式外，一般出现在词尾不可连字母后。其中有些字母只有单式和末式；而有些字母所带有的符号除了作为独立形式和词首形式的标志之外，还能起到隔音的作用。

（4）壮①文。

指我国分布在广西壮族自治区以及云南、广东、贵州、湖南省的壮族使用的文字。壮族使用汉字一千年后，采用汉字书写壮语，称为“方块壮字”，简称“壮字”。南宋范成大（1126—1193 年）《桂海虞衡志》曰：“边远俗陋，牒诉券约，专用土俗字，桂林诸邑皆然。”可见壮字在宋代业已广泛流行。壮字包括：第一，全部借用现成汉字的传统壮文，其读音方法包括：一是音读法，即取汉语的读音或近似于汉语的读音；二是训读法，即借汉字的意义读壮语的语音。第二，以汉字或其偏旁为材料自造的壮字，包括：一是形声法；二是口旁法；三是两声法；四是反切法；五是简化法。1955 年创制的现行壮字，是以拉丁字母为基础的拼音字母，共有 32 个字母，其中包括 5 个声调字母。

（5）满文。

指我国主要分布在辽宁、黑龙江、吉林、河北、北京和内蒙古的满族使用的一种拼音文字。它的产生、发展经历了两个阶段：一是 1599 年清太祖（1616—1626 年）爱新觉罗·努尔哈赤命令额尔德尼、噶盖两人在参照蒙古文字母的基础上创制而成，俗称“无圈点满文”或“老满文”；二是 1632 年清太宗（1627—1643 年）爱新觉罗·皇太极命令达海对老满文加以改进，

①《词典》（第 1714 页）释义：我国少数民族壮族的“壮”字原作“僮”，两者读音相同（zhuàng）；不过“僮”与“书”相连的“书僮”时则读为“tóng”。

即利用在字母旁加圈加点、改变某些字母形体、增加新字母等方法，表达原先不能区分的语音，规范了词形，并改进了拼音方法，从而创制了专门拼写外来语的字母，俗称“新满文”。新满文自左向右直写。它有6个元音字母，24个辅音字母，10个专门拼写外来语的字母。其基本笔画有：字头、字牙、字圈、字点、字尾、字撇，以及连接字母的竖线等。它有标明句读的符号。字母有单用（不和其他字母相拼）、词首、词中音节首、词中音节末、词末音节首、词末音节末等几种形体。

## 54. 什么是中国消失的文字和存亡之间的文字？

答：

（1）消失的文字。主要包括：

一是吐火罗文。

亦称“焉耆—龟兹文”。第一份吐火罗文书写的手稿于1890年发现。吐火罗文使用的字母是中亚婆罗米斜体字母，吐火罗语的元音有简单元音和复合元音；辅音有口喉音、腭音、顶音、齿音、唇音、半元音与流音、咝音、气音（声门音）、塞擦音。吐火罗文早已成为一种死文字，全世界能读懂这一语言文字的人极为罕见，据说不超过30人，我国季羡林（1911—2009年）是重要传承人之一。

二是佉卢文。

亦称“驴唇文”，它是源于佉卢文“毛驴”“嘴唇”两个词的复合词，汉译为“驴唇文”（kharosthi）。佉卢文最晚见于五胡十六国[①]时期鄯善王元孟的木牍文书，其流行时期约在公元前3世纪至公元5世纪，后来逐渐成为一种无人通晓的死文字，直到1837年被英国普林谢普搞明白了它的奥秘。从文字体系看，佉卢文是由腓尼基的东方支系阿拉米文演变而来。原来的阿拉米文只有22个字母，阿育王时代的佉卢文已发展到45个，而传入中国古代于阗和鄯善地区的佉卢文字母又发展到45个（《法句经》所用）、43个（斯坦因661号文书所用）、57个（鄯善文书所用）字母。佉卢文是一种元音

① 五胡十六国是：匈奴、鲜卑、羯、氐、羌（五胡，即五个胡人游牧部落）；汉（前赵）、成（成汉）、前凉、后赵（魏）、前燕、前秦、后燕、后秦、西秦、后凉、南凉、南燕、西凉、北凉、北燕、夏等国（史称“十六国”）。

符标文字，由 252 个不同的符号表示各种辅音和元音的组合，从右向左横向书写。

三是于阗文。

它是新疆于阗地区继佉卢文之后在西域地区通行的一种民族古文字，流行于 5—10 世纪。于阗文源于印度婆罗米字母及多铎王朝字体的音节文字，有楷书、草书、行书三种，字体合体连用。于阗文词类丰富多样，具有时态变化、前后缀等。其词类包括名词、动词、代词、数词、副词、形容词、连接词、前置词和后置词等。

四是粟特文。

它是我国古书中记载的西域古国之一的粟特（Sogdiana）通用的一种民族文字。迄今发现最早的粟特文铭文属于 2—3 世纪。粟特文的消失约在 11 世纪。传说粟特文是由神灵所授，学习这种文字即可与神灵相通。粟特文字母在中国境内发现的有三种字体：佛经体（有 17 个字母）、古叙利亚体（有 22 个字母）、摩尼体（有 29 个字母）。粟特文的写法，一般为自右向左横向书写，也有少数是自上而下竖向书写。

五是察合台文。

它是在喀尼耶语（喀喇汗王朝的语言）和诸多突厥民族使用的回鹘语言基础上形成的一种民族古文字。它是吸收西部突厥语的某些成分，又保留东部突厥语言的基本特点，且从阿拉伯语和波斯语中借用大量词语和一些语法形式，还在风格上受到波斯语的较大影响。察合台文是以阿拉伯字母为基础的音素文字，是现今维吾尔文的前身。它有 36 个字母，其中 28 个字母来自阿拉伯文，4 个字母来自波斯文。除基本字母外，察合台文还使用阿拉伯文的辅助符号，只限于阿拉伯语和波斯语借词。察合台文的书写形式是从右向左横向书写。

六是突厥文。

它是古代突厥人使用的一种民族古文字。公元 6 世纪左右突厥人已有文字，正如《周书·突厥传》曰："其书字类胡，而不知年历，唯以草青为记。"突厥文既不是一种纯粹的音素文字，也不是纯粹的音节文字，而是一种音素、音节混合型的文字。它在不同地区和不同时期所使用的字母数目和形式不完全相同，一般为 38—40 个字母，其中许多字母在不同文献中有变异，有时一个字母的变体多达五六种。它由 4 个元音和 34—36 个辅音组成。元音往往在一定条件下可被省略，在 34 个或 36 个辅音字母中，有 23 个字母源于阿拉米文字母，其他的均来自突厥人使用的氏族或部落标志，以及一些现实生活中的表意符号。其书写方式一般是从右向左横向书写，但有时也从左向右横向书写。

七是西夏文。

它是古代西夏人使用的一种民族古文字。迄今现存西夏文总字数 6069 个字形，其中排除常用错字 36 个或别字 170 个以外，确定西夏文字的总字数为 5863 个，而常用西夏文字为 3000 个左右。西夏文分为单体字和合体字两大类。单体字是那些笔画相对简单，不能再分解的西夏文，可以看作西夏文中的最小单位。它又可分为表意单体字和表音单体字：前者是有固定字义的单体字，如“[illegible]”（人）“[illegible]”（圣）“[illegible]”（虫）等；后者是一些只表音、无字义的单体字，如“[illegible]”（地名）“[illegible]”（族姓）等。此外，西夏文还可分为互换字和对称字：前者是把一个西夏字中的两个部分相互交换便可组成一个新字，如“[illegible]”（手指、指）通过左右互换即为“[illegible]”（趾）；后者是一个西夏字左右两部分完全相同，呈现对称形态，如“[illegible]”（唇）“[illegible]”（双）等。

八是契丹文。

它是古代契丹人使用的一种民族古文字。契丹文可分为契丹大字和契丹小字两种：前者的主要资料有《大辽大横帐兰陵郡夫人建静安寺碑》等；后者的主要资料有《兴宗皇帝哀册》等。据宋元史籍中反映出的契丹文有 5 个元音，19 个辅音。迄今发现契丹大字有 830 多个，契丹小字 350 多个。

九是女真文。

它是古代女真人使用的一种民族古文字。女真文可分为女真大字和女真小字。史书记载女真大字的创制者是完颜希尹和叶音等人。尽管有女真大字、小字之说，然而现今人们能看到的女真字皆为女真大字。《女真文辞典》收了女真字 850 多个，现存女真字约有 1400 多个。女真文的创建既受到汉字的影响，也受到契丹字的影响。女真字的构造主要来源于：一是以汉字为“基字”，或取其意义，或取其读音，增减或改变其笔画而制成女真字；二是以契丹字为“基字”，同样或取其意义，或取其读音，增减或改变笔画而制成女真字；三是以既成女真字为“基字”，增减或改变其笔画，制成与原字意义有关联或读音相类似的新女真字。

十是回鹘式蒙古文。

它是古代蒙古族使用的一种民族古文字。回鹘式蒙古文是在回鹘文的基础上形成的，不过也有学者认为它直接借自粟特文。回鹘式蒙古文是一种竖写的拼音文字，有词头、词中、词尾等形式，写法也基本上沿袭了回鹘文。回鹘式蒙古文的字母有 19 个音。而现行蒙古文字母表有 29 个字母，包括 5 个元音。

十一是八思巴文。

它是元代的官方文字。它是以人名（“八思巴”）来命名的一种民族古文字。八思巴文有近千个字，由 41 个字母组合而成，且遵循一定的语音和语法规律。其书写方式既有自左往右，又有自上而下书写。八思巴文既是记录蒙古语的表音文字，作为官方文字，在民间流行较少，又是根据藏文字母创制的，藏文是拼音文字，故八思巴文也属于拼音文字。

（2）存亡之间的文字。

一是哥巴文和东巴文。

哥巴文是一种音节文字，其特点是一个字代表一个音节，并且笔画简单。其字体极不固定，往往因地因人而异，或者几个字都有相同的读音，或者同一个字又包含有不同的意思。哥巴文的来源主要有：东巴象形文字、借自汉文、借自藏文、创制字符（既以表形法新造字符，又以纯简单线条新造字符）。

东巴文是一种兼备表意和表音成分的图画象形文字，其文字形态原始，属于文字起源的早期形态。它是介于图画文字和表意文字之间的一种文字符号。由于它源于纳西族的宗教典籍兼百科全书《东巴传》，且又由于由“东巴”（智者或祭司）所掌握，故名“东巴文”。东巴文约有 2000 多个字符，其形体与原始单线条的图画很接近。东巴文是目前世界上唯一仍然活着或存在的象形文字，可堪称人类社会文字起源和发展的“活化石”。

二是吏读。

亦称“吏札”“吏吐”“吏道”和“吏头”。它是朝鲜文创制前借用汉字的音和义标记朝鲜语的一种特殊的文字形式。它相传于为新罗神文王

（681—692年）时期的鸿儒薛聪所创制。吏读包括：俗音字、俗义字、形声字、会意字、合音字五种。

三是女书。

它是我国湖南省江永县和道县流传的一种女性文字。女书有1000个左右的基本单字，较完整地记录了当地有300多个音节（包括声调1100种左右）的一种汉语土语。女书的字形即女书的形体呈修长的菱形，左低右高，略有倾斜，倾斜中匀称平衡，右上角是全字的最高点。女书借用汉字制成汉字变体的方法，包括：或者借用汉字，加以变形改造，造成女书字；或者以已造成的女书为基础，加上圈、点等表示区别性的笔画或符号，构成在读音上与基字相似又不同的派生字，成为一组组字族。

四是水书。

亦称“泐睢”（“泐”即文字，“睢”即水家），是水家的文字或水家的书。水书来源于洛书。传说“水书”是由陆铎公创造的，水书有多少个字？《水族简史》称有400多个，《中国水族文化研究》称有500多个。还有一说，水书文字有1600个。水族古文字结构可分为：象形字（有的字类似甲骨文、金文）、仿汉字（汉字的反写、倒写或改变汉字形体的写法）、宗教文字（表示水族原始宗教的各种密码符号）。书写形式从右向左直行竖写，无标点符号。当然，其余的还有假借汉字写法的指事字、会意字等。

五是仙居蝌蚪文。

它发现于浙江仙居县淡竹乡韦羌山的一面陡壁上。仙居蝌蚪文为人工凿刻而成，形状颇似日月、虫鱼之类的奇特图案符号。

六是红岩天书。

亦称红崖天书。位于贵州关山岭市布依族苗族自治县。在该县晒甲山崖石壁上有一块长达百余米、高约30米的巨大浅红色石屏，犹如燃烧的烈焰一般，故称“红岩山”，“红岩天书”由此得名。红岩天书是在崖壁偏北侧一端长6米、高3米的范围内有32个铁灰色的图形符号。它们或者大者如斗，或者小者如升。字序排列不甚规范整齐，字体可能参考钟鼎文，似篆似隶，非阳非阴，非刻非镌，看似颇为古朴雄厚，神奇瑰丽。

## 55. 什么是数字？

答：数字是表示数目的文字。《汉书·律历志上》曰：“数者，一十百千万也。”它包括以下三层含义：

（1）表示系列依次顺序数目十位数的文字。

它分为：一是小写“一二三[①]四五六七八九十”；二是大写“壹贰叁肆伍陆柒捌玖拾”。

（2）表示非十位数的若干数目字的文字。

即“个、拾、百、千、万、亿、兆”。

（3）表示同“零”一样多用于数字中，指数的空位和“无”的数量。“〇”是一个准汉字。

## 56. 什么是现代汉字？

答：现代汉字是相对于古代、近代，属于进入现代（1949年10月中华人民共和国成立后）所使用的汉字。准确地说，一是就广义而言，是当今流行的通用字典（包括《词典》《新华字典》等）中所收录的全部汉字；二是就狭义而言，是经过严格筛查，书写现代汉语所必须用到的汉字。

## 57. 什么是规范汉字？

答：规范汉字是传承字和经过国家有关语言文字机构整理简化的汉字（不包括已经简化了的单体字、被淘汰了的异体字，以及1977年《第二次汉字简化方案（草案）》里所有的简化字）。

---

① 俗语“不管三七二十一”的由来如下：追溯到原始社会，我们的先民祖先缺少数学知识，遇到计算问题，一般只能扳着手指头计数。然而，一个人只有两只手，一只手有五个手指，两只手有十个手指，人们对“二、五、十”三个数字往往相对比较熟悉且热衷。人们在数数时口诀中的“一五一十”就是和用手指头计算数目颇有关系。进而言之，五减二得三，五加二得七，于是当时人们头脑中，“三”成了少数，相对的“七”成了多数。又因数三只用一只手，比较容易；而数七要用两只手，比较困难，从而由此逐渐形成了一种观念，认为“三”比较吉利，而“七”比较凶恶。随着时间推移，经过世代相传，人们还形成并流传一句俗话：“不管三七”，即不管多少，不管好歹。再后来，人们又加上了“三七”的乘积（3×7），逐渐形成并流传了“不管三七二十一”这句俗语。

## 58. 什么是笔画？什么是笔顺？

答：笔画是组成汉字的各种形状的点和线。现代汉字中笔画有三种组合关系。第一，相离，指互不交接的笔画构成汉字，比如：“二”“三”“川”“小”“八”“儿”等。第二，相交，指用相互交叉的笔画构成汉字，比如：“七”“力”“九”“十”“丈”等。第三，相接，指用相互连接的笔画构成汉字。它又可分为：一是某一笔画的笔首或笔尾与另一笔画的身段相接，比如：“人”“刀”“上”“久”等；二是某一笔画或笔尾与另一笔画的笔首或笔尾相接，比如：“厂”“几”“口”“己”等。其基本笔画包括：（1）点“丶”；（2）横“一”，由左向右写；（3）竖“丨”，由上往下写（竖也叫直）；（4）撇“丿”，由左上往左下写；（5）捺“㇏”，由左上往右下写；（6）挑“㇀”，由左下往右上写（挑也叫提）；（7）折“㇖”，横写的一端和竖画的一端相接；（8）钩“㇆”，以收笔较轻挑出的笔画。①

笔顺是汉字笔画的顺序。按照笔顺规则写字，一方面既可提高书写汉字的效率，又有助于把字写好；另一方面可以有效地避免由于笔顺错误将汉字写错了。有人编写了一个“写字笔顺歌”，较形象地指出：“写字应当讲笔顺，掌握要领笔有神。先横后竖上到下，先撇后捺左右分。从外到内记得住，进了屋子再关门。”

（1）笔顺的一般规则。

主要包括：一是先上后下，比如：“三”：一二三；二是先左后右，比如：“彬”：木林彬；三是先横后竖，比如：“丰”：一二三丰；四是先撇后捺，比如：“人”：丿人；五是先外后内，“网”：冂网；六是先进门，再关门，比如：“囡”：冂囡囡；七是先中间后两边（又是先左后右），比如：“小”：亅小小。

（2）笔顺的特殊规则。

主要包括：一是先横后撇，比如：“戍”：一厂戍；二是上面的或左上的点，一般先写，底下、右上或里边的点，一般后写，比如：“夜”：丶亠夜；三是横竖笔画（有时还包括折）组成汉字结构，其最下面的一横，一般后写，

---

①有人总结出汉字笔画“永字八法”：点为侧；横为勒；直笔为努；钩为趯；仰横为策；长撇为掠；短撇为啄；捺笔为磔。

或者虽然不是横竖笔画组成的结构，如字是横在中间而且地位重要的一横，一般也后写，比如：“王”：干王，“册”：册册；四是左右包中的结构，如字中间部分较大且地位重要，一般先写中间后写两边（又是先左后右），比如：“办”：力办；五是有些左下右上的半包围结构，如字左下“辶”或“廴”，一般先写右上部分，后下左下部分，比如：“廷”：壬廷；六是下包上的半包围结构，一般也是按先上后下的顺序写，比如：“凶”：水凶。

## 59. 什么是汉字正字法？

答：汉字正字法是汉字的形体标准和使用规范。或者是指制定规范，明确标准，亦即废除异体字，简化繁体字，规定标准的印刷体的工作，促使汉字字形逐步趋于标准化。其主要内容包括：

（1）常用字基本上做到一字一形。

比如：“昆”“崑”“堃”字，废除后两个字，只留下“昆”字；再比如：“仿”“倣”“髣”“彷”，废除后三个字，只留下“仿”字。

（2）字形结构尽可能适宜于横写。

比如：将竖写的“羣”改为横写的“群”；再比如：将竖写的“鵞”改为“鹅”。

（3）删去一些或某一个可有可无的笔画。

比如：将“寬”改为“宽”（删去右下边的一点“丶”）；再比如：将“呂”改为“吕”（删去上下两“口”之间的一“丿”）。

（4）将个别断笔改为连笔。

比如：将“屏”改为“屏”（由断笔“幵”到连笔“开”）。

（5）将折笔改为直笔。

比如：将“眞”改为“真”（由折笔“匕”改为直笔“十”；折笔“且”改为直笔“具”）。

（6）使印刷体和手写体一致。

比如：“平”改为“平”；再比如：“半”改为“半”。

（7）精简偏旁的数量，促使规范化。

比如：偏旁“攵”和“夊”统一为“攵”。

## 60. 什么是汉字标准化？

答：汉字标准化的内容主要包括：

（1）汉字的定量。

主要是除发现甲骨文4672个字、金文3772个外，还包括：一是东汉许慎《说文解字》：9353字；二是晋代吕忱编撰《字书》：12824个；三是南朝梁、陈之间的字典《玉篇》［顾野王（519—581年）编］：16917个字；四是北宋陈彭年（961—1017年）主编的韵书（供作诗词查用，也是一种字典）《广韵》：26000多个字；五是北宋丁度（990—1053年）《集韵》：53525字；六是明梅膺祚《字汇》：33179字；七是清张玉书（1642—1711年）、陈廷敬（1639—1712年）等《康熙字典》：47035字；八是民国初徐元浩（1878—1955年）等《中华大字典》：48000多字；九是20世纪徐中舒（1898—1991年）等《汉语大字典》：56000字左右。从总体上说，汉字总数约在60000字左右。

（2）定形。

指规定现代汉语用字标准的字形。包括：一是1956年《第一批异体字整理表》列出异体字810组，共1865个字，废除了1053个字；后来又以常用字代替地名中的生僻字，改称部分计量单位等，废除了60个字。二是1964年公布《简化字总表》，1986年重新公布该表，又对个别字作了调整，该表共有简化字2234个字。三是1965年发布《印刷通用汉字字形表》，规定了6196个通用汉字和字形、笔画数和笔顺。

（3）定音。

指确定现代汉语用字的标准读音，主要是消除多音、异读。1985年公布《普通话异读词审音表》，消除了有些字的多音，比如：“室”原有“shì”“shǐ”两种读音，现统一读作“shì”；“呆”原有“ái”“dāi”两种读音，现统一读作“dāi”。

（4）定序。

也称字序，指规定现代汉语用字的排列顺序。

## 61. 什么是汉字型文字及其分类?

答：汉字型文字是除汉字外，由汉字派生、衍生，类似（或近似）汉字的文字。

汉字型文字类型可划分为：

（1）孳乳仿造的汉字型文字。

主要包括五种：一是喃字（越南）和壮字（广西壮族）；二是苗字（苗族）和瑶字（瑶族）；三是布依字（布依族）和侗字（侗族）；四是白字（白族）和哈尼字（哈尼族）；五是仡佬字（仡佬族）和彝语阿细字（彝族）。

（2）变异仿造的汉字型文字。

主要包括四种：一是契丹大字（契丹族）；二是女真字（女真族）；三是西夏字（党项羌族）；四是水书（水族）。

（3）汉字型字母文字。

主要包括六种：一是汉族注音字母（1918 年公布第一套汉语注音字母，1940 年改为“国音字母”）；二是汉语江永女书；三是傈僳字（傈僳族）；四是契丹小字；五是日本假名字母；六是朝鲜的史读和谚文。

（4）异源同型的民族文字。

主要包括两种：一是彝字（彝族）；二是纳西字（纳西族）（它又包括：东巴文、哥巴文和玛丽马萨文）。

## 62. 什么是通用规范汉字表?

答：通用规范汉字表是为贯彻和落实《中华人民共和国国家通用语言文字法》，适应 21 世纪新形势下社会各界和各领域汉字应用需要的重要汉字规范。该表在整合《第一批异体字整理表》（1955 年）《简化字总表》（1986 年）《现代汉语常用表》（1988 年）和《现代汉语通用字表》（1988 年）的基础上，由教育部、国家语言文字工作委员会组织制定，并颁布施行。

通用规范汉字表共收字 8105 个字，可分为以下三级：（1）一级字表为常用字集，收字 3500 个，即从“0001 一”，到“3500 矗”，主要用来满足基础教育和文化普及的基本用字需要。（2）二级字表收字 3000 个，即从“3501 乂”到“6500 齉”，一、二级字表合计收字 6500 个，主要用来满足出版印刷、辞书编纂和信息处理等方面的一般用字需要，一、二级字表通过语料库统计和人工干预方法，主要依据字的使用度进行定量、收字和分级。(3)三级字表收字1605个，即从“6501 亍”到“8105 蠼”，它们是姓氏人名、地名、科技术语和中小学语文教材文言文用字中未进入一、二级字表的比较通用的字，主要用来适应和满足有关信息化时代与社会大众生活密切相关的专门领域的用字需要。

此外，通用规范汉字表还对多年来社会上出现的在《简化字总表》《现代汉语用字表》之外的类推简化字进行严格甄别，仅仅收录既符合本表收字原则，又在社会语言生活中广泛传用的“闫”“钆”“颎”等226个简化字。同时，在以往相关规范文件对异体字调整的基础上，又将《第一批异体字整理表》中的“皙”“喆”“淼”“昇”“邨”等45个异体字调整为规范字。

## 63. 什么是现代汉语常用字（2500字）笔画顺序表？

答：该笔画顺序表包括：一画：“一”“乙”2个字；二画：从“二”到“又”17个字；三画：从“三”到“乡”26个字；四画：从“丰”到“幻”120个字；五画：从“玉”到“丝”137个字；六画：从“式”到“巡”216个字；七画：从“寿”到“纽”264个字；八画：从“奉”到“贯”306个字；九画：从“奏”到“统”310个字；十画：从“耕”到“继”264个字；十一画：从“球”到“绿”205个字；十二画：从“琴”到“缘”220个字；十三画：从“瑞”到“缠”143个字；十四画：从“静”到“缩”88个字；十五画：从“慧”到“劈”64个字；十六画：从“操”到“缴”36个字；十七画：从“戴”到“骤”19个字；十八画：从“鞭”到“鹰”6个字；十九画：从“警”到“疆”7个字；二十画：从“壤”到“灌”8个字；二十一画：从“蠢”到“露”3个字；二十二画：“囊”1个字；二十三画：“罐”1个字。

## 64. 什么是字族？什么是字体？

答：字族是利用汉字中的构字能力强的成字基础部件，以其作为母体，通过母体字带出一批形音相近的合体字组成的字组或字群。在2500个常用字汉字中，共有389个字族。比如：“青”是一个衍生能力较强的母体字，加上不同声旁所衍生出来的“清”“晴”“睛”“请”“靓”“鹊”“靖”等，集成字族。概括某一字族编写成文情并茂的诗文叫作字族文。现举两个字族文如下。

（1）以“青”字为字族的字族文《小青蛙》：“河水清清天气晴，小小青蛙大眼睛。保护禾苗吃害虫，做了不少好事情。请你保护小青蛙，它是庄稼好卫兵。”（包括“清”“晴”“青”“睛”“情”“请”六个字）

（2）以“我”字为字族的字族文：“我是独生女，名字叫小娥。我住山右边，峨眉多巍峨。我与鸟为邻，最爱白天鹅①。我给鸟喂食，不让鸟挨饿。我爱捉害虫，常扑蝠螟蛾。我喜赞鸟诗，出口好吟诗。”（包括“我”“娥”“峨”“鹅”“饿”“蛾”六个字）

字体是指汉字的外在形态，汉字的书写形体。它包括：一是汉字变迁史上的各种字体，比如：“篆书”“隶书”“楷书”等；二是书法艺术上的各种流派，比如：欧（阳询）体、颜（真卿）体、柳（公权）体等；三是常说的“印刷体”“手写体”，以及“印刷体”中的“老宋体”（横细竖粗）“仿宋体”（笔画不分粗细）“粗体”（笔画粗而撇捺无尖）等。

## 65. 什么是汉字新旧字形?

答：汉字新旧字形的差别可概括为：

（1）新字形减少笔画。

比如：“争（爭）”：变八笔为六笔；“者（者）”：变九笔为八笔；“吕（呂）”：变七笔为六笔，等等。

（2）新字形连接笔画。

比如：“形（形）”：左旁的短画连成两长横；“花（花）”：草字头

① 见“鹅”这一形声字，作者联想起有关“王羲之爱鹅”的故事。王羲之有一个特殊的嗜好，就是爱鹅。其爱鹅故事之一，是“黄庭换鹅”，由于他酷爱一位山阴道士所养的一群白鹅，王羲之专门抄写了一部《黄庭经》，用它把道士所养的一群白鹅换了回来。故事之二，有一天，他与一些朋友聚餐雅集，在一通举杯畅饮后，他醉写“鹅”字，但把“鹅”写成“鵞”。据王自称：之所以写成“鵞”，是他对鹅情有独钟，特别喜爱，把它看成自己专宠的一种鸟，“鵞”者，“我的鸟”也。在王羲之酒醒后，看见自己书写的“鵞”字十分喜欢、欣赏。从此以后，他凡写“鹅”必写成“鵞”。但令人遗憾的是，他再也写不出醉写的“鵞”字。故而在现今绍兴的兰亭，有一块王羲之题写的“鹅池”石碑，上面的“鹅”字，即为“鵞”字。

的两短画连成一长横，等等。

（3）就字形改变笔形。

比如："彦（彥）"：中间变"ㄨ"为"ㄚ"；"羽（羽）"：变短撇为点挑，等等。

（4）新字形伸长笔画。

比如："角（角）"：中间一竖伸长；"耳（耳）"：下边挑变横，并向右延长，等等。

（5）新字形缩短笔画。

比如："直（直）"：变竖折为一横；"帚（帚）"：上旁中间一横缩短，右也不出头，等等。

（6）新字形改变结构。

比如："获（獲）"：变左右结构为上下结构；"默（黙）"：变上下结构为左右结构，等等。

近些年来，由于计算机字库缺乏有效的规范、审批和管理制度，计算机录入文字不甚符合国家汉字字形规范的现象还很严重。在此列举以下若干圆角字，右边的都是不规范的旧字形，左边的都是规范的新字形[①]：

## 66. 什么是字形？

答：字形是汉字的形体。一般地说，透过汉字的字形大体上可以说明字义。无论看甲骨文、金文，还是看小篆，均如此。由于字形或字体的演变，现在的楷体汉字变成了一个个方块字，从而在形体上很难看出原来它表示的是什么意义。要想知道这一点，比较简便的方法就是分析部首，通过部首来了解汉字的意义。

① 江蓝生、张国宪主编《汉语语言文字基本知识读本》，人民出版社 2002 年版，第 30 页。

## 67. 什么是字义？

答：字义是一个汉字所表示的单音词的意义。一般地说，古汉语以单音词为主，一个字通常就是一个词，比如："人""山""水""唱""高"等，既是一个字，又是一个词，其字和词、字义和词义是一致的。汉字是表意文字。在造字之初，汉字的形体往往都能说明它所表示的意义——具体的意义或"类别"的意义。具体地说，象形字的象形具有直接的表意作用，因为它们所表示的大多是耳闻目睹的事物或东西，其意义人们一般较为容易理解；指事字的意义是用"指点"的方法表示出来的，只要稍加分析，大多不难理解其意义；会意字的意义是由几个形体联合起来，只要动动脑子想想其意义一般也能意会出来；形声字的意义则与它们的形旁有关，形旁可表示出形声字的意义是属于哪一类的。

现代汉字字义的特点是：

（1）字的多义性。

由于汉字形体的有限性和词义的无限性，致使一个汉字往往具有多个语素义。这些语素义之间可能有本义和引申义的联系，也可能没有什么联系。比如："花"有两种常用的释义：一是"花朵""鲜花"的"花"；二是"花钱""花费"的"花"。它们两者意义之间并无什么联系，都可在现代汉语中常用。

（2）字义和词义的相关性。

指有的汉字可以构成多个词，且词义与字义相关。倘若学习并掌握一些频率甚高的常用字，则可组成数十个，乃至数千、上万个常用词。比如："女"这个常用字，既可单独成词［《词典》（第958页）释义："女　形属性词"］，又可与别的字构成一系列常用词，比如："女人""女士""女方""女儿""女娃""女眷""女友""女工""女兵""女王"等。构成别的常用词后，不仅其基本字义，即表示"女性"没有变化，而且其读音也没有任何变化（仍读为 nǚ）。

## 68. 什么是字素？

答：字素是构成汉字的因素或元素。一般地说，组成汉字的最小单位是笔画，比如：“丶一丿乛”等。而次小单位则为字素，比如：“兵”的字素是“丘、八”；“李”的字素是“十、八、子”；“昔”的字素是“廿、一、日”；“朝”的字素是“十、日、十、月”；“谢”的字素是“言、身、寸”①，等等。

## 69.“字”和“词”是什么关系?

答：字是一个符号记一个音；词是汉语中最小的，可以自由运用的单位。“字”和“词”的关系主要概括为：

（1）有的字只能是字，单独不构成词。

主要包括：“橄”“榄”“玫”“瑰”“葡”“萄”“簸”“箕”“蚯”“蚓”“琵”“琶”“霹”“雳”“龌”“龊”“尴”“尬”“蝌”“蚪”，等等。这些单个字本身只能是“字”，构不成词。当然，一旦将它们相应地组合起来，就构成了词。比如：“橄”与“榄”连在一起成“橄榄”就是一个词，即“常绿乔木”，如此等等。

（2）有的字既是字，又是词。

比如：“人”“他”“山”“水”“狗”“吃”“打”“拿”“是”“有”，等等。它们既是字，又是词。

（3）既可以单独成词，也可以和别的字组合成词。

比如：有的字如“快”“活”两个字，它们可以分别单独成“快”“活”两个词，表达各自的概念；又可以将“快”“活”两个字组合起来成为另一个新词“快活”，就赋予它新的内涵与外延。此外，“空”与“气”组合成“空气”，“成”与“功”组合成“成功”，“打”与“扫”组合成“打扫”等，均如此。

## 70.什么是部首?

答：部首是表示“类别”的意义，而这类别意义可以帮助人们了解字（词）的具体意义。此外，部首还有助于人们区别和确定一个字（词）的本义、引

①《儒林外史》第三十一回有关“谢”字字素的对话，张俊民说：“胡子老官，这事在你作法便了。做成了，少不得‘言、身、寸’。”王胡子说：“我那（哪）个要你谢！你的儿子，就是我的小侄子……”

申义和假借义。部首是由东汉许慎创建的。他的《说文解字》是最早按部首编排的一部字书。按照不同的表意偏旁，许慎把篆体汉字分为 540 部，归纳为 14 大类（即 14 篇）。《说文解字》把字的形旁（意符）作为部首，所以它的部首一般都能够说明所属诸字的意义，每一部的开头，《说文解字》都是先从“形”和“义”两方面解释部首字，然后再说“凡某之属皆从某”。明清以来，部首的数目变了，具体字的归部也有很大的变化。明代梅膺祚《字汇》把部首压缩为 214 个，后来的《康熙字典》《辞源》（旧）《辞海》皆仿照《字汇》，均为 214 部，现今的《新华字典》又减至 189 部。①

## 71. 什么是偏旁?

答：汉字有独体字和合体字之分。象形字、指事字为独体字，会意字、形声字为合体字。以往较长一段时期，人们将合体字的左方称为“偏”，右方为“旁”，合称为“偏旁”。一个合体字往往由两个以上偏旁组成，其中会意字的偏旁可以有两个以上，比如：“众”“森”皆为形旁；而形声字的偏旁也是两个，即形旁和声旁（亦称意旁和声旁），比如：“草”字。现在人们又习惯地将合体字的左右、上下、内外统称为偏旁，比如：“功”的“工”“力”，“扣”的“扌”“口”，“湖”的“氵”“古”“月”，“雷”的“雨”“田”，“铁”的“钅”“失”等，都是偏旁。一般地说，偏旁是合体字的构成成分，但它并不都是合体字的最小笔画结构单位。汉字的偏旁又可分为两类：一是有些偏旁本身就是一个字，比如：“力”“木”“马”“见”“石”“田”“皮”“舟”“车”“音”“骨”等；二是有些偏旁本身不成为字，比如：“匚”“廴”“宀”“辶”“巛”“疒”等。

## 72. 什么是部件?

答：部件是构成合体字的最小笔画结构单位。或者说，是由笔画组成的具有组配汉字工程的构字单位，是构成合体字的二级单位，或者亦可称为“字根”“字符”“字意”和“形位”等。一般地说，部件大于笔画小于整字。它的下限必须大于基本笔画，上限又小于复合偏旁。从其存在形式上

① 顺带提及的是《词典》（部首目录），其部首共有从一画的“一”到十七画的“龠”的 201 个部首。

说，部件是一个独立的书写单位，无论笔画多么复杂，凡是笔画串联在一起的都可视为一个部件。部件分类可有两种：一是按照部件是否成字可分为成字部件（能单独使用的部件，比如："口""木""古"等）和非成字部件（不能单独使用的部件，比如："冫""宀""冖"等）。进而言之，非成字部件又可分为单笔部件（比如："一""丿""丨"）和复笔部件（比如："艹""纟""宀""扌"等）。二是按照部件是否可以继续进行拆分可分为基础部件和合成部件。前者是最小的不能继续进行拆分的部件，亦即层次拆分的末级部件和平级拆分所得的部件，比如："想"字中的"木""目""心"，"草"字中的"艹""曰""十"等；后者是两个或两个以上的基础部件组合而成的部件，或者也是层层拆分中除末级部件外的其他合成部件，比如："想"字中"相"，"草"字中的"早"，"燥"字中的"喿"，"雾"字中的"务"等。

## 73. 什么是汉字文化圈？

答：汉字文化圈是在漫长历史岁月里，汉字伴随灿烂的中华文化传播四方，不仅传到整个中国，而且传至周围四邻国家和地区而形成的东方文化圈。概括起来，汉字文化圈的"路线图"有以下三个方向。

（1）向南，从黄河到长江，继续向南传到我国现在的广西壮族自治区和越南，产生壮字和喃字。

（2）向东，从黄河到辽河、鸭绿江，传到了朝鲜和日本，产生谚文和假名。

（3）向北，传到我国现在的内蒙古、辽宁、吉林、黑龙江、宁夏和甘肃，产生契丹文、女真文和西夏文。

从这些传播途径与意义上说，汉字文化圈也是从日本、朝鲜半岛、冲绳、中国（包括香港、澳门、台湾地区）、印度支那（包括越南、老挝、柬埔寨）、南洋群岛，直到新加坡，曾经使用过并且现今仍在使用汉字的广阔地带（或地区）。

在这个汉字文化圈中，包括两大部分：

（1）主体部分，指中国内地、大陆和香港、澳门、台湾地区。

（2）非主体部分，它包括：一是新加坡以及南洋的华人，将汉语作为母语或官方语言的国家和地区，将汉字作为官方承认的通用文字；二是一些有自己语言的国家和地区，有的在历史上曾经借用过汉字，比如：朝鲜、越南，有的至今仍在使用汉字，比如：日本、韩国等。

## 74. 还有哪些字的概念？

答：主要有：

（1）方块字，多数汉字外形呈方块形状，故称之。

（2）晚起字，通过改变字形而形成的字，比如：通过改变“兵”而造“乒”“乓”二字。“乒”“乓”构成“乒乓”一词。

（3）叠字，使用修辞手法和构词方式，音、形、义相同的字，使其形式整齐、语音和谐，并增强想象性，比如：“天苍苍、野茫茫”中的“苍苍”“茫茫”。

（4）本字，随着汉字的发展，有些汉字的写法已不同于原来的写法，原来写法的字即为本字，比如：“武”的本字是“𢧈”；“船”的本字是“舩”；“着”的本字是“著”。

（5）正字，规范的字形；矫正字形，使其规范。

（6）正体字，形体合乎规范的字。如“堤”正体字，“隄”异体字。

（7）通假字，古人在写某个字时，没有写本来应该用的字，而写一个读音相同或相近的字来代替，后人将这个借用的字叫作通假字。比如：“骏极天下”中的“骏”是通假字，而“峻”是本字。

（8）实字，前人在语音分析中指有实在意义的字，相当于现代汉语中的实词（跟“虚字”相区别）。

（9）虚字，前人在语音分析中指意义不实在的字，其中一部分相当于虚词（跟“实字”相区别）。

（10）拼音文字，用字母的拼合来表示语言的文字，比如：我国的藏文、蒙古文、维吾尔文都是拼音文字。

（11）咬字，一是读出字音；二是特指戏曲、曲艺中按照正确的或传统的字音念出台词或唱出唱词的字。

（12）古文字，在我国指隶书出现前的甲骨文、金文、大篆、小篆和战国时通行于秦以外的其他六国的文字。

（13）小字，一般指蝇头至樱桃大小的工笔楷体字。

（14）外来字，比如：“歹”，约10世纪后从藏文借来，与“好”相对，即“坏”“恶”。

（15）难字，生僻的，不容易认读的字。

（16）单字，单个儿的字。

（17）单音字，只有一个读音的字，如“丹”“下”等。

（18）多音字，不止一个读音的字，如“行”有háng、xíng两个读音。

（19）合音字，两个字的读音合成一个字的读音，北京话的“甭”（béng）是“不”“用”的合音。

（20）父字，父亲致儿女信的末尾所署［比如：1954年6月11日谢觉哉（1884—1971年）致女儿冰茹的信末尾处署“父字”］。

（21）上口字，京剧中指按照传统念法念的字，某些字与北京音略有不同。

（22）杂字，在一起的各类日常用字（多用于书名，比如：《农村四言杂字》）。

（23）待字，指女子待嫁（字，指取别名，借指许配，古时女子成年许嫁才取别名）。

（24）衬字，曲子在曲律规定的文字外，为了行文或教唱方便而增加的字，比如：《白毛女》歌词：“北风（那个）吹，雪花（那个）飘”［括号中的“（那个）”就是衬字］。

（25）表字，人在本名外所取的与本名有意义关系的另一名字（多用于早期白话）。

（26）借字，指一国语言中所羼杂的外来语成分，它可表现两种文化接触后的语言上发生的影响，换言之，从语言的糅合也可以窥视文化上的交流。

（27）手头字，简体字的旧称。

（28）盲字，专供盲人使用的拼音文字字母，由不同排列的凸起文字组成。

（29）讹字，是错误的字。

（30）冷字，生僻的字，少见的字，冷僻的字。

（31）破读字，指读破的字。

（32）刺字，在皮肤上刺文字，古代特指在罪犯脸上刺文字。

（33）立字，写下字据。

（34）炼字，写作时推敲用字，使准确生动。

（35）联绵字，联绵词的旧称。

（36）点字，盲字。

（37）其他：

①生字，没有学过的字。

②熟字，认识的字。

③俗字，俗体字。

④用字，使用字词，比如：用字准确。

⑤习字，练习写字。

⑥识字，认识文字。

⑦铅字，用铅、锑、锡合金铸成的活字，过去曾广泛地用于印刷或打字。

⑧铸字，指旧时浇铸铅字。

⑨题字，为表示纪念或勉励而写字。

⑩打字，用打字机把文字打在纸上，也指计算机录入文字。

⑪签字，在文件上写上自己的名字，表示负责。

⑫画字，（方）画押（多指画一个“十”字）。

⑬脏字，粗俗、下流的字眼。

⑭片纸只字，指零碎的文字、材料。

⑮刻字，在竹、木、玉、石、金属等物品上刻下的文字 。

⑯美术字，有图案意味或装饰意味的字体。

⑰扁体字，匾文，题在匾额上的文字。

⑱宋体字，通行的汉字印刷体，正方形，横的笔画细，竖的笔画粗。

⑲排字，印刷之前，把铅字按照一定的格式排出，需要印刷的文字。

⑳草字，草书汉字。

## （二）国外文字概念

### 75. 什么是原始文字？

答：原始文字是包括文字的胚芽，以及发展程度不同的一切不成熟的文字。它主要包括：（1）刻符，包括陶文和木石上的刻画符号；（2）岩画，包括岩洞、山崖、石壁和其他处所的事物素描，具有象形性质；（3）文字画，即文字性的图画，从岩画到文字画，图画开始走向原始文字；（4）图画字，即图画性的文字，它的水平明显高于单幅的文字画。它又包括两种：①有的是图画和文字合一，图画本身就是文字；②有的是图画和文字并立，图画上面再加上图画、文字，相互说明。

## 76. 什么是古典文字？

答：古典文字是由基本符号（“文”）和由基本符号组合的复合符号（“字”）组成的文字。它主要包括：（1）钉头字（楔形字）；（2）圣书字；（3）甲骨文（汉字）；（4）玛雅文等。

## 77. 什么是“三相”？

答：“三相”是文字的三相，包括：

（1）符形相，既指图符（Pictogram），即图形符号，也指字符（Character，笔画组合），还指字母（Alphabet）。

（2）语段相，指符号代表的语言段，有长语段也有短语段。其中，长语段有：篇章、章节、语句。短语段有：一是语词（意义单位）；二是音节；三是音素。

（3）表达相，指文字的表达方法，它包括：一是表形，指象形，大多能望文生义；二是表意，指代表的意义要逐个学习而得知；三是表音，指通过读音方可知其意义。

## 78. 什么是“三书”？

答：“三书”，亦称“三符”，包括：

（1）意符，一是“指事”的功能系表意；二是“象形”，不论是否或者能否望文生义，其功能仍属于意符。

（2）音符，指“形声”一半表意，一半表音，它是意符和音符的结合，现代的“形声”一般能表音的不到三分之一，其三分之二则属于“意符”。

（3）定符（Determinative），近似于汉字的部首，有的不是部首，而是帮助记忆和区别意义的记号。

## 79. 世界文明古国的造字之神都是谁?

答：一般地说，世界文明古国的造字之神有以下六位。

（1）钉头字（楔形字）是由命运之神那勃（Nebo）创造。

（2）圣书字是由埃及知识之神托特（Thoth）创造。

（3）希伯来文是由摩西（Moses）创造。

（4）希腊文是由赫尔墨斯（Hermes）创造。

（5）婆罗米文（Brahmi）是由印度梵摩天帝（Brahma）创造。

（6）汉字是由中国“黄帝时期造字史官”仓颉创造。

## 80. 什么是文字的形体?

答：文字的形体包括：图形体、笔画体和流线体。

（1）钉头字，兼有图形体（古体）、笔画体（钉头体），缺流线体。

（2）圣书字，兼有图形体（碑铭体）、流线体（僧侣体、人民体），缺笔画体。

（3）拉丁字母，兼有笔画体（印刷体）、流线体（手写体）。

## 81. 什么是文字的结构?

答：文字的结构是文字能否无遗漏地按照语词次序书写语言，它是文字是否成熟的分界线：凡分界线以下的皆为原始文字；分界线以上的则是古典文字、字母文字。（1）原始文字，主要表形、表意，故称“形象文字”。（2）古典文字，主要表意、表音，故称“意音文字”。（3）字母文字，主要表音，故称“表音文字”。

## 82. 什么是图画文字?

答：图画文字是原始图画文字。随着原始图画文字的发展，它逐渐分化为两类：一是艺术图画，指非文字性质的纯粹图画；二是实用文字，指图画文字。进而言之，图画文字又包括两类：一是文字性的图画：文字画；二是图画性的文字：图画字。

其共同点是：（1）它们均以表形为主，表意为辅，偶尔表音或完全表意皆属例外，由此人们将它们称为“形意文字”；（2）它们是“形意文字”的书写单位，或表章篇，或表章节，均不能分成句子或语词，不能完备地按照语词顺序来书写语言，需要使用口头语言传播加以补充之。

其不同点是：（1）文字画是文字性的图画，它的文字作用是微弱的，而图画性文字，其文字作用颇为明显；（2）“形意文字”的发展水平，彼此各不相同。有的图画文字只是单独的文字画，而有的图画文字发展成为连环画，分为许多段落。有的图画文字只是囫囵的文字画，而有的图画文字可以分析出若干能够反复使用的“单体符号”。

## 83. 什么是形意文字？

答：形意文字是超越文字画水平的，既有形又有意的文字，或者说是兼用表形和表意两种方式的文字。它所使用的文字符号，有的表形，有的表意，有的兼备表形表意。形意文字起源于原始宗教。其符号形式基本上都是“图符”（图形符号），有的也是“显义图符”。不过形意文字偶尔也可能出现数字。形意文字的符号往往是几个符号结合起来，用以表达或讲述一个故事或一长段宗教教义。作为大多以图形符号表达方法的形意文字，往往采用以望文生义的“表形”为基础的表达方法。不过所有的形意文字资料都或多或少地带有“表意”的符号，但有时也带有“表音”的符号。

## 84. 什么是意音文字？

答：意音文字是能够按照语词的次序无遗漏地书写语言的一种文字。人类社会发展到5000年前已经达到了一个文字发展的高峰，产生了比较成熟的“意音文字”，即从原始状态的“形意文字”发展到古典的“意音文字”，可视为具有标志性意义的，世界文字发展史的第一次大飞跃。从“意音文字”的表音符号来看，它可分为两类：一是词符·音节字符文字；二是词符·音节字母文字。

## 85. 什么是表意文字？

答：表意文字是文字符号代表规定的意义，然而意义和符号形体没有必然联系，不能见形知义的文字。虽然表意文字有时也表音，但它的文字符号与意义的联系比与声音的联系更直接、更显著。进而言之，表意文字是世界文字的一种类型，且专指中国汉字性质的一种观点。它认为，世界文字基本上可分为表意文字和表音文字两大类，而汉字作为表意文字则用大量的表意符号表示汉语中的词和语素，与汉语语音并不发生直接联系。用表意文字写出的汉字，尽管不同地区的人们可以按照各自的方音（言）去读去念，却并不影响其意义的表达。

## 86. 什么是表音文字?

答：表音文字，也称“字母文字”或“拼音文字”。它用数量有限的字母代表一种语言中不含意义的语音单位（音素或音节），是一种纯粹的音符。虽然这些字母是由表形文字或表意文字的笔画简化、改造而成，但它既然已完全失去表形文字的“象形”特点，也不再像表意文字那样直接代表语言中的语义单位。其显著特点是：同语音单位建立了直接联系，能够比较准确地记录语言所表达的实际含义，再加上语言使用的字母都为数不多，一般只要掌握二三十个字母的读音和拼写规则就可解决读和写的问题，且便于人们记忆。世界上最早的表音文字产生于公元前 1000 多年，是居住在叙利亚（Syrian）、巴勒斯坦（Palestine）一带的闪米特人以古埃及（Egypt）文字为基础，并且受到古巴比伦（Babylon）楔形文字的影响而创造出来的文字。

## 87. 什么是音节文字?

答：音节文字是表音文字的一种，即用字母表示音节的文字。音节是指语言结构的基本单位，是听觉上能够自然辨别出的最小的语音片段。音节文字的每一个书写符号记录语音中的一个音节。由于语音中不同音节的数量很有限，大大少于词和词素的数量，所以音节文字要比表意文字往往简省得多。音节文字包括：

（1）字符音节文字，即以“字符”表示音节，一个音节可以有多个字符，没有经过规范化，比如：玛丽玛萨文。

（2）字母音节文字，即以“字母”表示音节，一个音节只能有一个字母，经过规范化，比如：日本假名。

## 88. 什么是音素文字？

答：音素文字也是表音文字的一种。它是用字母表示语音中的辅音和元音，拼合成音节。音素文字符号最小，使用很方便。不过，有的音素文字由于语音的历史演变，其读音和字母往往不能完全一致，需要使用正字法来规范其拼写方法。它创始于希腊（Greece），希腊人的祖文腓尼基文即为辅音文字，而音素文字是辅音文字的后裔，现今世界上全国性的音素文字包括：一是希腊文；二是斯拉夫字母文字；三是拉丁字母文字。

## 89. 什么是字母文字？

答：字母文字是以拼音文字或注音符号的最小书写单位——字母为基础而形成的文字。所谓字母，望文生义，是文字的"母亲"或"祖母"。其实此说法不当，因为字母是在世界文字达到成熟阶段 2000 多年后才产生或出现的。应当说，字母是文字的"末代子孙"，并非文字的"母亲"或"祖母"。追溯起来，古代（主要是在公元前 17 世纪到公元前 11 世纪，相当于我国商代）的字母是在地中海东部岛屿和东部地区（包括西奈半岛）发现的。其中已经解读的最早字母碑铭是公元前 11 世纪阿希姆（Ahiram）国王的墓碑文字，根据发现地点而命名的"比拨罗字母"［Byblos 古城，今黎巴嫩（Lebanon）境内］，由于创立者是腓尼基的祖先北方闪米特（Semite）人，文字写的是古代北方闪米特语，故又称为"北方闪米特字母"。

字母文字可分为两类：

（1）音节字母文字，当今世界上正式使用"音节字母"作为国家文字的仅有日本（Japan）和埃塞俄比亚（Ethiopia），此外朝鲜（Korea D.P.R.K）的谚文是音素字母叠成的音节文字。

（2）辅音字母文字。它包括：一是阿拉马字母系统（比如：蒙古字母、希伯来字母和阿拉伯字母等）；二是印度婆罗米字母系统（比如：梵文天城字母等）；三是音素字母（比如：希腊字母、拉丁字母和俄文字母等）。

字母文字的特点是：一是字母可分为音节字母、辅音字母和音素（或音位）字母。二是音节字母表音不灵活，作用仅限于一种语言，不便于传播和交流。三是辅音字母数目甚少，容易传播，后来再附加上元音符号，传播范围更广。至近代，字母文字可划分为：一是不表元音的文字；二是元音可表可不表的文字；三是固定附加点子和小符号的文字；四是音素文字，一套字母，略作变通，可书写任何语言，便于国际范围通用。

## 90. 什么是拉丁字母带?

答：拉丁字母地带是西欧、北欧、西南欧，中非、南非，大洋洲和南北美洲使用拉丁字母的地带。由于语言不同，同一套拉丁字母可以拼写出各种不同的文字，互不相通。其中使用拉丁字母形成的使用拉丁字母人数最多的文字是英文。依次有：西班牙文、葡萄牙文、德文、法文、越南文等。

## 91. 什么是斯拉夫字母带?

答：斯拉夫字母带是东北欧、东南欧、中亚北部和亚洲北部使用斯拉夫字母的地带。使用斯拉夫字母有三四十种语言文字，其中主要的是1.4亿俄罗斯人使用的俄文，3600万人使用的乌克兰文和白俄罗斯文，1000万原南斯拉夫（Yugoslavia）［包括塞尔维亚（Serbia）、克罗地亚（Croatia）、斯洛文尼亚（Slovenia）、波斯尼亚—黑塞哥维那（Bosnia and Herzegovina）、马其顿（Macedonia）、黑山（Montenegro）］人使用的塞尔维亚文和800万人使用的保加利亚文。

## 92. 什么是阿拉伯字母带?

答：阿拉伯字母带是从大西洋东岸起，经过北非、西南亚、中亚南部以及我国新疆，使用阿拉伯字母的地带。其中将阿拉伯文作为官方语言文字的国家有：摩洛哥（Morocco）、阿尔及利亚（Algeria）、突尼斯（Tunisia）、利比亚（Libyan）、苏丹（Suden）（2011年分为苏丹和南苏丹，下同）、埃及（Egypt）、黎巴嫩（Lebanon）、约旦（Jordan）、叙利亚（Syrian）、卡塔尔（Qatar）、巴林（Bahrain）、科威特（Kuwait）、阿曼（Oman）、南也门（South Yemen）、也门（Yemen）、沙特阿拉伯（Saudi Arabia）等。而伊朗（Iran）的波斯文，阿富汗（Afghanistan）的普什图文，土耳其（Turkey）、伊朗（Iran）等的库尔德文，巴基斯坦（Pakistan）的乌尔都文、信德文等，均使用阿拉伯字母。

## 93. 什么是梵文字母带？

答：梵文字母带是古代雅利安人从欧洲经中亚迁移到印度次大陆后使用梵文字母的地带。梵文是古代印度的一种文字，其字母指由古梵文创制出的，被称为“天城书”的古梵文及其字母。

## 94. 什么是世界语（文）？

答：世界语（文）是人造的国际辅助语（文）。它们大多是在印欧语系语言（文）的基础上，对语音、语汇和语法进行改革，使之易于学习、使用。据不完全统计，世界语（文）曾出现过500多种人造世界语（文）方案，其中较著名的有：“Esperanto”“Volapuk”“Ido”“Interlingua”“Occidental”“Novial”等，其中最流行的且不断发展的是“Esperanto”（即“怀有希望的人”），它是由波兰人柴门霍夫（1859—1917年）（医生，犹太人）于1887年创制的人造国际辅助语（文）。由于它文法简易，富于表现，很快为各国人民所广泛接受和使用。从此，世界上以及不少国家相继成立了世界语（文）团体组织，其中最有影响力的则是“国际世界语协会”，其会员遍及90个国家和地区。现在全世界懂得和使用世界语（文）的人数超过1000万人。1905年举行了第一次国际世界语大会。1906年，世界语（文）开始传入我国，1908年成立第一个世界语（文）组织。蔡元培（1868—1940年）、鲁迅、钱玄同、胡愈之（1896—1986年）等都是世界语（文）的积极倡导者和推广者。1949年10月中华人民共和国成立后，世界语（文）在我国得到较快的发展，1951年成立了中华全国世界语协会，尔后相继出版世界语（文）刊物、书籍达100余种。其中包括出版专刊“El Popola Cinio”，办起了世界语（文）广播，1986年、2004年在我国北京先后举行国际世界语大会。

世界语（文）的基础语法有16个规则，名词、形容词和动词的原形以及派生副词都有固定的词尾：一是名词为“-o”；二是形容词为“-a”；三是派生副词为“-e”；四是动词（不定式）为“-i”。世界语（文）广泛使用转化、复合、派生等构词手段，词缀能够自由构词。它在初创时有900多个词素，大多取自罗曼语族，一些取自日耳曼语族，少数取自斯拉夫语族，有的还系人工构拟。此外，世界语（文）的读音和拼写也是有规则的，能够做到“一音一符”“一符一音”，它共有 28 个音位，相应地由 28 个字母表示。

## 95. 什么是楔形文字？

答：楔形文字是 5500 年前美索不达米亚的苏美尔（Sumer）人创造的文字。它是以图形符号为主，使用硬笔在软泥片上压刻出来的文字，形成一头粗、一头细的笔画，相似于楔子或钉头，故称为“楔形文字”或“钉头字”。由于楔形文字产生于两河流域［伊拉克（Iraq）境内幼发拉底河、底格里斯河］平原，故又称“两河流域楔形文字”。公元前 330 年，亚历山大大帝灭亡波斯帝国，楔形文字由此逐渐趋于消亡。他们用 2000 多个钉头符号，将楔形文字传到阿卡德（Akkad）、巴比伦（Babylon）、亚述（Ashur）时代，符号呈现逐步减少趋势，后期只有 570 个，常用的 300 个。其钉头符号大多表示语词，部分代表音节，它是表示语词和音节的表意兼表音的一种文字。楔形文字原先是从上而下直行书写，后来改为从左而右横行书写，于是，全部楔形符号转了 90° ，从直立变成横卧。由于右手执笔，从左而右横写，故造成楔形笔画粗的一头（钉脑）在左，而细的一头（钉尾）在右。

公元前 18 世纪巴比伦楔形字，简化了苏美尔楔形字，只用 640 个基本字，由此组成全部语词。前 9—前 7 世纪，亚述楔形字扩大词汇，减少字数，只用 570 个基本字，其中常用字仅 300 个。到晚期，楔形文字又向音节文字的方向发展。到前 5 世纪前后，阿米尔人的新阿米尔文更简单，只使用楔形字 113 个，其中 80 个音节符号，成为半音节文字。直到波斯人采用楔形符号作为字母，同时也采用阿拉米字母，他们只用 41 个楔形符号，除了 4 个表意符号（“王”“州”“国”和“神”）和 1 个分词符号外，其余 36 个字母均为表音字母。

## 96. 什么是圣书字？

答：圣书字是埃及 5000 多年前第一王朝创始的文字。它有三种字体：（1）碑铭体，又称圣书体（Hieroglyphika）；（2）僧侣体（Hieratika）；（3）大众体（Demotika）。

（1）碑铭体。

它起初是雅俗共赏的，后来逐渐成为雕刻在金字塔和神庙石壁上，以及绘写在石器和陶器等器物上的庄严字体。古埃及人将这种文字称为“神文”，而希腊人将埃及文字的碑铭体称为“圣书字”（以往也有译者曾将“圣书字”译为“象形文字”）。

（2）僧侣体。

它是一种实用性的草体。古埃及人用毛笔和墨水在莎草纸上写字，工整的正本逐渐变成快写的草体。第一王朝时期，正体、草体两体并用，不分僧俗。到了公元前3世纪，由于草体主要用于宗教写经，故称为“僧侣体”。

（3）大众体。

又称“书信体”（Epistographika）和“土俗体”（Enchorios），它是僧侣体的简化。前660年下埃及开始普遍使用大众体，后来上下埃及全部通用。与僧侣体相比较，虽然大众体简化了外形，但内部结构并未改变。到了多来美时期（前323—前30年），大众体进而成为主要字体。

埃及圣书字是一种语词—音节文字，是由意符、音符和定符组成。在古埃及的古典时期，圣书字的符号总数有700多个，后来不断增加，到前500年左右达到2000个以上。这些基本符号足以组成全部语词。

## 97. 什么是玛雅文?

答：玛雅文是中美洲玛雅民族创制和使用的古文字。玛雅文是一种语词—音节文字。由于其音节符号处于主要地位，有人将它归为音节文字。玛雅文约形成于前最后几个世纪。它所遗留的铭文最早的相当于从328年开始，沿用到16世纪。它随着西班牙（Spain）入侵美洲而毁灭。现存的玛雅文写本包括三种：一是马德里（Madrid）写本；二是巴黎（Paris）写本；三是德累斯顿（Dresden）写本。

玛雅文约有270个符号，常用的170多个。其中有表示整个词义的“意符”，但大多数符号是不表示意义只表示声音的“音符”。其音符包括以下四种：一是元音的音素符号（V型）；二是元音、辅音的音节符号（VC型）；三是辅音加元音，或只表辅音的音节音素符号（CV或C型）；四是辅音加元音加辅音的音节符号（CVC型）。此外，玛雅文还有少数只有规定的辨别功能的“定符”。玛雅文的外形很像小小的图画，但实际上它的象形作用早已丧失。

## 98. 什么是拉丁文?

答：拉丁文是以使用拉丁字母（亦称罗马字母）为基础的一种文字。最初它是意大利半岛中部西海岸拉丁部族使用的语言文字。由于古罗马的强盛，罗马人的拉丁文于前 5 世纪初成为罗马共和国的官方文字。前 5 世纪—5 世纪的 1000 年，拉丁文逐渐成为欧洲最强大的政治实体——罗马帝国的文字。后来从拉丁文中逐渐派生、衍生出葡萄牙文、西班牙文、法文、意大利文和罗马尼亚文，拉丁文和拉丁词汇成为人类共有的语言文字资源。拉丁字母的产生可追溯到前 7 世纪，其基础是伊特普里亚字母。拉丁字母最初只有 22 个，后来增加到 26 个。拉丁字母曾被用作世界上许多文字的字母，或者作为制定字母的基础。

拉丁文的重音发音有一定的规则：如果倒数第 2 个音节是长音，重音就落在这个音节上，否则落在倒数第 3 个音节上。它在语法中不用冠词，名词有丰富的形态变化。它的词汇基本上来自印欧语的直接继承词，但也有一些来自其他语言文字的借词。

## 99. 什么是斯拉夫文?

答：斯拉夫文是由 10—11 世纪文献的最古老的斯拉夫书面语言演变而来的文字。它的基础是古保加利亚的一种方言——南部马其顿方言，也包括有其他斯拉夫语的一些成分。它受希腊文和拉丁文的影响很深。古斯拉夫文曾用两套字母记载：

（1）格拉里字母，其大部分按照希腊文古体小写字母创造，在保加利亚一直使用到 18 世纪末。

（2）西里尔字母，因创制者圣西里尔而得名。圣西里尔是斯拉夫文化的启蒙者之一。他在摩拉维亚传教期间，在其兄圣美多迪乌斯的协助下，移植了 25 个希腊文多角字体字母，又另创 18 个字母来表达斯拉夫文特有的音。古斯拉夫文的语音和形态结构同后期共同斯拉夫文很接近，比如：名词有呼格和双数等范畴，而形容词的短尾形式也变格，可充当定语。

## 100. 什么是梵文？

答：梵文是属于印欧语系印度—伊朗语族印度语支的一种古代书面语言的文字。广义上的梵文包括：一是吠陀文——印度古代四吠陀的文字；二是史诗梵文——两大史诗的文字；三是古典梵文——许多文学作品，包括迦梨陀娑等的作品，以及宗教、哲学、科学著作使用的文字。狭义上的梵文是指古典梵文。

梵文在历史上曾使用过一些不同的字母，现在印度广为流行的是天城体字母。梵文字母元音分为简单元音、二合元音、三合元音三种。辅音则分为喉音、腭音、顶音、齿音、唇音、单元音、咝音和气音等。名词有“性”（包括阳性、阴性、中性三种）“数”（单数、双数、复数三种）和“格”（包括体格、业格、具格、为格、从格、属格、依格、呼格八种）三个方面的变化。动词变化主要包括：一是单数、双数和多数三种；二是人称有第一人称、第二人称、第三人称之分；三是时态包括现在时、未完成时、完成时、不定过去时、将来时、假定时六种；四是语态包括主动、中间和被动三种；五是语气可分陈述式、虚拟式、命令式、祈使式（不定过去时的虚拟语气）四种；六是语尾则有原始和派生两种。

## 101. 什么是英文？

答：英文是属于印欧语系日耳曼语族西支的文字。它是在英国（United Kingdom）、美国（U.S.A）等 60 多个国家和地区为官方语言文字或半官方语言文字的一种文字，也是联合国（United Nations）使用的文字之一。英文经历了古英文时期（450—1150 年）、中古英文时期（1150—1450 年）和近代英文时期（1450—　）三个阶段。其中近代英文时期又包括早期（约 1450—1700 年）和晚期（约 1700—　）两种。晚期近代英文即现代英文，从 1400 年起，英文语音发生了巨大的变化，即称为“元音大移位”。据不完全统计，古英文的词汇量有 5 万—6 万个，而现代英文大辞典收入的词条多达65万—75万个。一则词汇量在增加或扩大，二则词的用法却又力求复合、规范这两种倾向同时起作用。

由于英文是当今世界上最广泛通行的文字之一，不可避免地出现各种地区性变体。主要包括：一是英国英文；二是美国英文；三是其他英文［包括：加拿大（Canada）英文、澳大利亚（Australia）英文、新西兰（New Zealand）英文、南非（South Africa）英文、印度（India）英文、东南亚英文、加勒比地区英文，以及非洲某些新兴国家的英文等］。

## 102. 什么是法文?

答：法文是属于印欧语系罗曼语族西支的文字。其分布地域除法国（France）外，还有比利时（Belgium）南部、加拿大（Canada）魁北克省、瑞士（Switzerland）部分地区、卢森堡（Luxembourg）、海地（Haiti），以及非洲的塞内加尔（Senegal）、马里（Mali）、几内亚（Guinea）、刚果（Congo）、刚果（金）（Congo Kinshasa）、贝宁（Benin）、布隆迪（Burundi）等国家和地区。它是上述国家官方语言文字或官方语言文字之一，也是联合国使用的文字之一。近代法文的前身是由俗拉丁文演变而来的高卢—罗曼文。近代法文有 36 个音位，包括元音 16 个，辅音 20 个。重音落在最后一个音节上。近几十年来，法文语音有较大变化。与拉丁文相比较，法文的词形屈折业已大为简化，名词没有格的变化，性与数主要通过名词前的冠词、限定词等加以区别。虽然动词的变位书写形式不同，但其中的一些读音还是相同的。只有人称代词还保留多种不同的形式。修饰形容词一般放在被修饰的名词之后。词与词之间的语法关系主要由词序和虚词加以表示。法文采用拉丁字母，有些字母可以附加音符或拼写符号。法文的拼写法与读音大体相符，但有某些不规则之处。

## 103. 什么是西班牙文?

答：西班牙文是属于印欧语系罗曼语族西支的文字。它是西班牙（Spain）和拉丁美洲绝大多数国家官方语言文字或官方语言文字之一，也是联合国使用的文字之一。5 世纪，随着罗马帝国崩溃，拉丁文逐渐分化，俗拉丁文演变成罗曼诸文字，其中之一即为西班牙文。现代标准西班牙文是在卡斯蒂利亚方言基础上形成的，故西班牙文亦称“卡斯蒂利亚文”。西班牙文的语音、词汇、语法体系等都继承或具有拉丁文的特点。它共有 24 个音位，其中包括“a”“e”“i”“o”“u”5 个单元音和 19 个辅音，其中，“b”和“v”

的发音相同，“h”不发音，此外还有大量的二合元音和三合元音。重音发音很规则：以元音“n”和“s”结尾的词，重音落在倒数第二个音节上。以其他辅音结尾的词，重音落在最后一个音节上。西班牙文的大部分词语均来自于拉丁文。由于历史上民族之间的接触与联系，西班牙文还受到日耳曼文和阿拉伯文的影响。15 世纪发现新大陆后，由于西班牙文传入新大陆（拉丁美洲），它也吸收美洲本地语言文字中的一些词语。西班牙文属于屈折型文字，经过长期演变，它的词尾屈折大大简化，除了作主语、宾语、代词及其反身形式外，西班牙文的格系统几乎已经完全消失。西班牙文采用拉丁字母书写，并补充了腭化符号和尖音符。

## 104. 什么是俄文？

答：俄文是采用俄文字母的一种文字，属于印欧语系斯拉夫语族东支。9 世纪拜占庭教会（希腊东正教）派兄弟二人美多迪乌斯（哥 Methodius）、康斯坦丁［弟 Constantine，后改名西里尔（Cyril）］到斯拉夫民族地区传教。他们创造两种不同的斯拉夫字母，只有西里尔字母得到传播。西里尔字母采用希腊字母，补充特殊的斯拉夫语音字母，成为俄罗斯（Russia）、乌克兰（Ukraine）、保加利亚（Bulgaria）、塞尔维亚（Serbia）等斯拉夫民族的字母（俄文字母）。

俄文共有 33 个字母，表示 42 个音位，5 个元音，37 个辅音（另一说 6 个元音，36 个辅音）。俄文语音的特点是：（1）元音少，辅音多；（2）大多数辅音既清浊相对，又软硬相对；（3）元音在非重读音节中，发生明显弱化，音值有时含混不清；（4）词重音在不同的词中可以落在不同的音节上，并没有固定位置，当词发生词形变化时，重音位置可能移动。俄文语法结构的主要特点是：词与词的语法和词在句中的语法功能主要通过词形变化加以表示。俄文是印欧语系中保留古代词形变化较多的文字之一。名词大多有 12 种形式，单、复数各有 6 个格。形容词有二三十种形式，单数阳性、中性、阴性和复数各有 6 个格，另有短尾、比较级。动词形式则有一二百种，包括体、时、态、式、形动词、副动词等。实词一般可分解为词干与词尾两部分。

俄文是俄罗斯（Russia）的官方文字，也是联合国使用的文字之一。主要使用于独联体国家之一的俄罗斯和其他独联体国家，以及爱沙尼亚

（Estonia）、拉脱维亚（Latvia）、立陶宛（Lithuania）等国和我国新疆的俄罗斯族。全世界使用人口超过 2.92 亿人。俄文的近亲文字是乌克兰文、白俄罗斯文。

## 105. 什么是阿拉伯文?

答：阿拉伯文是属于阿非罗—亚细亚语系闪语族的一种文字。由于它起源于阿拉伯半岛，故名“阿拉伯文”。阿拉伯文是阿尔及利亚（Algeria）、巴林（Bahrain）、埃及（Egypt）、伊拉克（Iraq）、约旦（Jordan）、科威特（Kuwait）、黎巴嫩（Lebanon）、利比亚（Libyan）、毛里塔尼亚（Mauritania）、摩洛哥（Morocco）、阿曼（Oman）、卡塔尔（Qatar）、沙特阿拉伯（Saudi Arabia）、阿联酋（United Arab Emirates）、索马里（Somali）、苏丹（Sudan）、叙利亚（Syrian）、突尼斯（Tunisia）、也门（Yemen）等 20 多个亚非国家官方语言文字，也是联合国使用的文字之一。

阿拉伯文采用阿拉伯字母拼写，它有元音 8 个，辅音 28 个，以多顶音和喉音为其特色。它的词大多具有内部屈折变化，构词法和词形变化有独特的规则，其词根通常由 3 个辅音构成框架，填进不同的元音，或附加词缀，可形成不同的词或赋予不同的语法意义。阿拉伯文是一种音位文字，是由 4 世纪的闪语族西支的音节文字发展而来，共有 28 个辅音字母，元音没有字母，当需要标识时，可在字母上方、下方加符号表示。阿拉伯文自右而左书写。

## 106. 什么是希腊文?

答：希腊文是古希腊人从腓尼基字母经过修改和增补而形成的一种文字。据希腊传说，底比斯（Thebes）城的卡德摩（Cadmos）在腓尼基侨居后回国，带回腓尼基文中的 16 个字母，用来书写希腊语言。帕拉墨得（Palamedes）加上 4 个字母（“th”“x”“ph”“kh”），而西摩尼得（Simonides）也加上 4 个字母（“z”长“e”“ps”长“o”），这样就形成 24 个字母的希腊文字母。希腊文字母表中 24 个字母中，有辅音 17 个，元音 7 个。在 17 个辅音字母中，直接从闪米特字母沿用下来而基本上不加改变的有 11 个：“b”“g”“d”“z”“k”“l”“m”“n”“p”“r”“t”。

略加改变的有两个：一是原来的“teth”改作希腊文的“theta”；二是原来的“samekh”改作希腊文的“sigma”，发音（s）基本不变，而名称改了。另有两个闪米特字母废弃不用：一是“goph”；二是“sadhe”。此外还增加了4个辅音字母：一是“χ”（“xi”）放在“nu”之下；二是“ph”（“phi”）放在“upsilon”之下；三是“kh”（“chi”），放在“phi”之下；四是双辅音字母“ps”（“psi”）放在“chi”之下。希腊文的书写方式是从左到右。

### 107. 什么是希伯来文？

答：希伯来文是属于阿非罗—亚细亚语系闪语族的一种文字。它是世界上一种古老文字，其历史可追溯至前1100年左右。《旧约全书》几乎都是使用希伯来文书写。据《旧约全书》第1卷《创世纪》记载，希伯来文是由一个小的游牧部族带到迦南地区［现今巴勒斯坦（Palestine）地区］。

始于《圣经》的希伯来文，其主要特点包括：一是基本词汇量甚少，缺少描写性词语和抽象性名词；二是具有三辅音词根，且以这些词根为基础的词，按照严格的规则插入元音，添加前缀或后缀等；三是动词不仅时态很小，而且没有特定的形式表示条件、虚拟和祈使语气；四是它由22个辅音字母（无元音字母）组成，自右至左书写。时至7世纪，有人制定被称作“提伯利亚系统”的一套符号来表示元音，由一组组圆点和长画组成，其中大部分置于辅音之下，小部分置于辅音之上。

### 108. 什么是德文？

答：德文是德国（Germany）、奥地利（Austria）、列支敦士登（Liechtenstein）的官方语言文字，也是瑞士（Switzerland）、卢森堡（Luxembourg）的官方语言文字之一。此外，法国（France）的阿尔萨斯、洛林地区，俄罗斯（Russia）和罗马尼亚（Romania）等国的德国移民社团，以及美国（U.S.A）的宾夕法尼亚州的少数人，亦使用德文，使用德文人口超过1亿人。

德文属于印欧语系日耳曼语族西支。德文采用拉丁字母，其中元音“a”“o”“u”有变音形式。此外，“β”是短元音之后的“ss”的代用形式。“β”本是由手写花体小写字母“s”“z”组成，可不算作新字母。

20 世纪 30 年代以前，德文一直使用花体字母，尔后则使用普通的拉丁字母。

## 109. 什么是葡萄牙文？

答：葡萄牙文既是葡萄牙（Portugal）的官方语言文字，也是巴西（Brazil）、安哥拉（Angola）、莫桑比克（Mozambique）、圣多美和普林西比（Sao Tome and Principe）、几内亚比绍（Guinea-Bissau）、佛得角（Cape Verde）等国的官方语言文字。使用人口达 1.5 亿人。它是属于印欧语系罗曼语族西支。

葡萄牙文共有 14 个元音，包括 9 个口腔元音和 5 个鼻腔元音。辅音可分为塞音、擦音、边音、颤音、鼻音和半元音六种。重音一般落在倒数第二个音节上。而以辅音结尾的词，重音一般落在最后一个音节上。葡萄牙文书写时有 4 个读音符号。它的句法关系需要借助于词序和前置词来表达。其基本词序是主—动—补。词汇的大部分来自于拉丁文。

## 110. 什么是意大利文？

答：意大利文是意大利（Italy）的官方语言文字，它属于印欧语系罗曼语族。除意大利外，它还分布于圣马力诺（San Marino）、梵蒂冈（Vatican City State），以及瑞士（Switzerland）南部的提契诺州，使用人口达 6000 万人。意大利文源自于拉丁文。

意大利文的语音系统与西班牙文很相似，在读双辅音时要求有短暂的停顿。单词一般都以元音“a”“e”“i”“o”“u”结尾，以辅音结尾的词为数甚少，大多来自希腊文或拉丁文，单词重音一般落在倒数第二个音节上。冠词包括定冠词、不定冠词和部分冠词三种。名词和形容词有性和数的变化。动词除了人称和数的变化外，还有复杂的语式和时态。语式有直陈式、命令式、条件式、虚拟式、分词式、副动词式和不定式七种。时态包括现在时、将来时（又分为简单将来时和先将来时两种）、过去时（又分为过去完成时、远过去完成时、未完成过去时、愈近过去完成时、愈远过去完成时五种）。意大利文采用拉丁字母，其中，“j”“k”“w”“x”“y”5 个字母只出现在外来词语中，每个字母都有固定的发音，其发音与拼写相一致。

## 111. 什么是荷兰文？

答：荷兰文是荷兰（Netherlands）的官方语言文字，也是比利时（Belgium）的官方语言文字之一。它属于印欧语系日耳曼语族西支。除荷兰外，它分布于苏里南（Surinam）、比利时（称佛拉芒文）、南非（South Africa）、荷属安的列斯（Netherlands Antilles）群岛，使用人口达2000万人。

荷兰文起源于原始日耳曼文。它有元音13个，辅音19个。单词重音一般落在第一个音节上。荷兰文介于英文和德文之间。荷兰文名词的格业已消失，语法形式比德文简单，许多词尾屈折业已脱落。其动词有直陈式、祈使式、虚拟式三种语气。有过去分词和现在分词。代词有三种人称。名词分单数和复数。荷兰文是使用以拉丁字母为基础的文字，通常语序为主—动—宾型。在从属句中则变为主—宾—动型。在疑问句中是动—主—宾型。

## 112. 什么是丹麦文？

答：丹麦文是丹麦（Denmark）的官方语言文字，它属于印欧语系日耳曼语族北支（亦称斯堪的纳维亚语支）。使用丹麦文的人口，除了丹麦的500万人外，还有德国（Germany）北部毗邻诸州以及有关国家的50余万人。丹麦文与挪威文和瑞典文很相近。

丹麦文采用拉丁字母，但多3个元音字母。它与挪威文一样，有许多字母不发音。丹麦文的语序通常为主—动—宾型。有时为了强调效果，也采用宾—动—主型。丹麦文的语法形式业已简化，只有主格和属格两个格，以及通性和中性两个性。动词有时态变化。不定冠词通性用“en”，中性用“et”。定冠词通常加在名词之后，通性单数名词加“-en”，中性单数名词加“-et”，复数不分性一律加“-ne”。名词词首字母的大写业已废除。数词21—99使用20进位制。

## 113. 什么是挪威文？

答：挪威文是挪威（Norway）的官方语言文字。它属于印欧语系日耳曼语族北支（亦称斯堪的纳维亚语支）。使用挪威文的人口除挪威的近500万人外，还包括移居美国等的挪威人社团。

挪威文共有 29 个字母。它的语音比较复杂，分简单乐调重音和复合乐调重音，重读音节中元音音长和辅音音长相互制约。语法中名词有共同格和所有格之分。定冠词作为后缀附着于词后，形容词有强弱之分，动词无人称词尾。

## 114. 什么是瑞典文?

答：瑞典文是瑞典（Sweden）的官方语言文字。它属于印欧语系日耳曼语族北支（亦称斯堪的纳维亚语支）。使用瑞典文人口有近 900 万人，其中 850 万为瑞典人，50 万为芬兰人。

瑞典文以拉丁字母为基础，共有 9 个元音字母和 20 个辅音字母。瑞典文元音有长短之分，无复合元音。它分单重音词和双重音词。而双重音词包括一个主重音和一个次重音。其人称代词则有性、数、格的变化。名词有性（包括中性和通性）以及数的范畴，有肯定式和不定式。但除了所有格须加“s”外，标准瑞典文名词没有格的词尾。单数、复数定冠词一般加在名词词尾。形容词有性、数范畴，以及肯定、不定形式。形容词定冠词一般置于形容词之前。动词无人称变化，但有时、态、式等语法范畴。语序一般为主—动—宾型，但非主语开始的句子，主语、谓语必须倒装，而从句无须倒装。

## 115. 什么是芬兰文?

答：芬兰文是芬兰（Finland）的两种官方语言文字之一（另一种是瑞典文）。它属于乌拉语系芬兰—乌戈尔语族芬兰语支。使用人口除芬兰人 500 多万外，俄罗斯（Russia）西北部和瑞典（Sweden）的一些地方也有使用芬兰文的人。

芬兰文的书写与读音基本一致，有 21 个音位，其中元音 8 个，辅音 13 个。元音与辅音均有长短之分，词重音一般落在第一个音节上。在语音上的特点是元音和谐，辅音有强弱式的交替。有一定语法意义的附加成分接在词根或词干上，用以表示各种语法意义。名词没有性的范畴，却有数、人称和格（共有 15 个格），是世界上有最多格的语言文字之一。动词现在时以在动词词干后按固定的人称后缀表示，只有过去时，没有将来时。而现在时兼作将来时。动词有 4 种不定式和两种分词，它们大多与名词一样，随着格、数、人称而发生变化。芬兰文采用拉丁字母书写，语序一般为主—动—宾型。不过，在不同情况下也可能有别的语序。

## 116. 什么是冰岛文？

答：冰岛文是冰岛（Iceland）的官方语言文字。它属于印欧语系日耳曼语族北支（亦称斯堪的纳维亚语支）。使用人口主要为冰岛本国 25 万人。

冰岛文属于完整的屈折变化系统。其动词有人称、时态变化。名词有主格、生格、与格和受格四种。名词、形容词、代词等有阳性、阴性和中性三种，且有单数和复数之分。定冠词通常作为后缀附着于名词之后。语法和词汇稳定，但发音与古代差别很大。冰岛文采用拉丁字母书写，语序一般为主—动—宾型。

## 117. 什么是立陶宛文？

答：立陶宛文是立陶宛（Lithuania）的官方语言文字。它属于印欧语系波罗的语族东支。除立陶宛外，美国（U.S.A）、巴西（Brazil）、阿根廷（Argentina），以及白俄罗斯（Belarus），中欧、西欧等国家和地区也有数量不等的使用立陶宛文的人。

立陶宛文是以拉丁字母为基础的文字，共有 33 个字母，其中有 12 个使用变音字母，基本语序为主—动—宾型。其构词的主要手段是借助后缀、前缀和复合构词法。语法上分阳性和阴性、单数和复数。动词有 3 个人称（即第一人称、第二人称、第三人称）、4 种时态（现在时、过去时、反复过去时、将来时）。

## 118. 什么是拉脱维亚文？

答：拉脱维亚文是拉脱维亚（Latvia）的官方语言文字。它属于印欧语系波罗的语族东支。使用人口约 250 万人。其中大部分分布在拉脱维亚，其余分布在立陶宛（Lithuania）、俄罗斯（Russia），以及加拿大（Canada）、美国（U.S.A）等国的拉脱维亚移民。

拉脱维亚文是以拉丁字母为基础的文字，共有 33 个字母，其中有 11 个变音符号，用以表示特殊的音，比如：元音上的长音符表示长元音。语法方面分阳性和阴性、单数和复数。名词有主格、属格、与格、宾格、工具格、方位格和呼格 7 个格。动词有现在时、过去时和将来时三种时态。

## 119. 什么是罗马尼亚文？

答：罗马尼亚文是罗马尼亚（Romania）的官方语言文字，它属于印欧语系罗曼语族东支，使用人口达 2400 万人。除罗马尼亚外，罗马尼亚文在俄罗斯（Russia）、保加利亚（Bulgaria）、匈牙利（Hungary）、阿尔巴尼亚（Albania）、希腊（Greece）、原南斯拉夫（Yugoslavia）和美国（U.S.A）等国也有数量不等的使用者。

1860 年前罗马尼亚文采用西里尔字母，后来改用拉丁字母，其中有 5 个加变音符号的特殊字母。其语序通常是主—动—宾型，但也有宾—主—动型。罗马尼亚文的特点是定冠词附在名词末尾，动词的将来时用助动词“avrea”（想要）加动词不定式构成。

## 120. 什么是卢森堡文？

答：卢森堡文是卢森堡（Luxembourg）的三种官方语言文字之一（另两种是法文和德文）。它属于印欧语系日耳曼语族西支，使用人口为 30 万人。卢森堡文最初是德文的一种“摩泽尔—法兰克变体”，尔后演变为独立的文字。据此有人将它视为德文的一个分支，且近似于德文和荷兰文的关系。它采用拉丁字母书写。

## 121. 什么是印地文？

答：印地文是印度（India）的两种官方语言文字之一（另一种是英文）。它属于印欧语系印度—伊朗语族印度语支，是由梵文发展而来的一种现代印度—雅利安文字。它分布于印度中部、北部的中央直辖德里特区，以及北方邦、中央邦、比哈尔邦、拉贾斯坦邦、哈里亚纳邦等。使用人口达 7 亿多人。此外，在毛里求斯（Mauritius）、斐济（Fiji）、特立尼达和多巴哥（Trinidad and Tobago）、圭亚那（Guyana）、苏里南（Surinam）等国的印度裔中也有相当多的人使用印地文。

印地文有 11 个元音、43 个辅音。在 54 个音位中，有 1 个元音，5 个辅音是外来音，只使用于外来文中。印地文原有的10个元音都有对应的鼻化形式。而辅音中的清塞音、清塞擦音、浊塞音、浊塞擦音、闪音等均有相对应的送气音。其语法比梵文简化，名词有阴性、阳性，以及单数、复数的范畴。动词除有“人称”“性”“数”等范畴外，还有“体”“时”“式”“态”等范畴。句子的基本语序是主—宾—动型。它的基本词汇大多从梵文演变或衍生而来。印地文使用天城体文字，是一种音节拼音文字，由古代的婆罗米字母演变而来的书写方式，自左而右。

## 122. 什么是日文？

答：日文是日本（Japan）的官方语言文字。有人认为日文属于阿尔泰语系，也有人认为它属于南岛语系。使用人口为1.2亿人，分布在日本列岛。

日文有5个元音，2个半元音，23个辅音。日文由汉字和假名两套符号组成，并混合使用。相传于4—5世纪汉字经朝鲜半岛传入日本，成为古代日本的官方文字，后来日本人发明了假名（为音节符号），与汉字一起混合使用。假名有平假名和片假名两种字体，各有73个。日文的词汇有4类：和语词（日文中固有的词）、汉语词、外来词，以及由两种或两种以上不同来源的词结合而成的词。日文的语法特点主要有：一是词分为独立词和附属词两大类：前者如名词、代词、数词、动词、形容词、形容动词、连体词、副词、连词和叹词等均可在句中单独使用；后者如助词、助动词不能在句中单独使用，只能附属在独立词后起到一定的作用。二是动词、形容词、形容动词有词尾变化，其变化受后面的黏着成分所制约和影响。三是日文的语序一般为主—宾—动型，有较大的自由度。四是敬语用法相当发达且复杂。

## 123. 什么是朝鲜文？

答：朝鲜文是朝鲜（Korea）（D.P.R.K）和韩国（Korea）（R.O.K）的国文。其系属未定，有人认为属于阿尔泰语系。使用人口为7000万人，主要分布在朝鲜半岛，其余为我国境内朝鲜族以及美国、日本、俄罗斯等国境内的朝鲜人口的聚居区。其中我国吉林、黑龙江、辽宁三省有192万朝鲜族人使用朝鲜文。

朝鲜文有10个单元音、11个复元音、19个辅音。它的塞音、塞擦音各分松音、紧音和送气音三种，而擦音只分松音、紧音两种。其名词和代词有格和数之分，动词有态、尊称、时、式和阶称。形容词有尊称、时、式和阶称。句子的基本语序为主—宾—谓型。词汇中除有固定词外，还有大量的汉字词和其他外来词。其声态词和叹词相当丰富。

## 124. 什么是孟加拉文？

答：孟加拉文是孟加拉（Bangladesh）的官方语言文字，也是印度（India）西孟加拉邦的官方语言文字。它属于印欧语系印度—伊朗语族印度语支。使用人口为1.8亿人，除孟加拉外，还分布在印度的西孟加拉邦、奥里萨邦、比哈尔邦、特里普拉邦和阿萨姆邦等。

孟加拉文共有11个元音字母、40个辅音字母。元音字母一般都有简写形式，而辅音却区分为清浊、送气和不送气、卷舌和不卷舌。名词和代词有格、数的变化，而名词没有性的变化，动词有人称和时态的变化。其基本语序为主—宾—动型。

## 125. 什么是泰文？

答：泰文是泰国（Thailand①）的官方语言文字。它属于汉藏语系壮侗语族壮傣语支。泰文有元音21个，其中单元音18个，复合元音3个。有辅音21个。还有5个声调。泰文词汇以单音节词为多。构词中广泛使用合词和重叠等手段。泰文没有形态变化。词序和虚词是表达语法意义的主要手段。其基本语序为主—谓—宾型。其定语往往在中心词之后，状语有的在中心词之前，有的在之后。而数词、量词和名词组合时，一般是名词在前，数词在中，

① 据台湾新闻媒体报道，台湾地区领导人蔡英文（1956—　）2016年10月17日上午赴“泰国驻台贸易联络办事处”，向已故泰国国王普密蓬·阿杜德（1927—2016年）（Bhumibol Aduldej）致哀，她用英文在签名簿上留言，竟然将泰国（Thailand）国名，落掉一个“h”字母，写成“Tailand”，被台湾舆论批评太过失礼。无独有偶，2017年1月27日，英国首相特雷莎·梅（1956—　）访问美国，白宫打出她的名字为“Teresa”，实际上应写成“Theresa”，少了一个“h”，与美国总统特朗普（1946—　）之前推特发文写错名字“Teresa”如出一辙，且与蔡英文错写泰国英文国名“Tailand”少了一个“h”（应是“Thailand”）有“异曲同工之妙”。

量词在后。

## 126. 什么是老挝文？

答：老挝文是老挝（Laos）的官方语言文字。它属于汉藏语系壮侗语族壮傣语支。使用人口近1000万人。除分布在老挝外，还分布在泰国（Thailand）东北部、北部老挝人居住区，以及泰国、越南（Viet Nam）和柬埔寨（Cambodia）的泰人，缅甸（Burma）的掸人，我国部分傣族、壮族也使用老挝文。

老挝文元音分长短两类，共29个，其中单元音12个，复合元音12个，特殊元音5个。其重叠词和量词相当丰富，一般语序属于主—动—宾型。名词的修饰语置于名词之后，当数词、量词和名词组合时，其顺序为名词、数量和量词，但数词“一”置于量词之后。老挝文有两种不同形式的拼音文字：一是较古老的“多坦”（即“经文”），其形体和拼写均与旧傣仂文相似；二是“多老”（即“老文”），其形体和拼写均近似于当代泰文。

## 127. 什么是土耳其文？

答：土耳其文既是土耳其（Turkey）的国家语言文字，也是塞浦路斯（Cyprus）的官方语言文字之一。它属于阿尔泰语系的突厥语族。使用人口为5000万人。

土耳其文长期使用阿拉伯字母书写，1928年后改用拉丁字母，它有29个字母，其中元音字母8个，辅音字母21个，一般语序为主—宾—动型。土耳其文的名词有数、格等变化，动词有态、式、时、人称，以及动名词、形动词、副动词等范畴。

## 128. 什么是越南文？

答：越南文是越南（Viet Nam）的官方语言文字，它属于南亚语系孟—高棉语族。使用人口为7000万人，主要分布在越南沿海平原越人（又称京人）聚居区。

越南文有单元音 11 个，辅音 25 个。辅音的韵尾有“-m”“-n”“-h”“-p”“-t”“-k”等音。标准语有平声、锐声、玄声、问声、跌声、重声 6 个声调。越南文以不变的根词的词序和虚词来表示语法关系，当词序或虚词改变后，语义也随之改变。其基本语序为主—动—宾型。越南文中的汉文借词占相当大的比重。10 世纪后，出现了越南古代文字的喃字，它是一种方块字，既部分借用汉字，又根据六书原理部分使用汉字中的会意、形声、假借的方法构成。

## 129. 什么是高棉文?

答：高棉文属于南亚语系孟—高棉语族。使用人口约 1100 万人，均分布于柬埔寨（Cambodia）和越南（Viet Nam）南部与柬埔寨接壤的地区。

高棉文共有 33 个辅音、27 个元音符号和 12 个独立元音。辅音分高辅音和低辅音两大类。元音随高辅音、低辅音的不同在读音上也有高、低之分，形成两套元音，有长短、轻重之分，书写时可放在辅音的上、下、左、右处。辅音可单独构成音节。复合辅音用上下重叠的形式来表示。其语序通常为主—动—宾型。定语、状语放在所修饰的名词、动词和形容词之后，状语结构可放在句首或句尾。

## 130. 什么是僧伽罗文?

答：僧伽罗文是斯里兰卡（Sri Lanka）的官方语言文字，它属于印欧语系印度—伊朗语族印度语支，使用人口达 1200 万人。在斯里兰卡，除北方省外，其他大部分地区均通用僧伽罗文。

僧伽罗文有 16 个元音、38 个辅音。其名词有性、数、格的变化。动词有时、态、体的变化。动词原形均以“navā”结尾。元音有长、短之分，辅音分清浊、送气与不送气，既没有重音、轻音的区别，也没有声调的变化。纯僧伽罗文的字母共有 36 个，加上 18 个表示梵文语音的字母，共 54 个。其基本语序为主—动—宾型。

# 二、说文篇

为了阐述准确起见，“说文篇”中的“文”是《词典》对“文”110个多字条目中的第47个多字条目（第1364页）：“文句”（指“文章的词句”）。作者将对以下文句（或词句或语句①）的内容准（正）确与否进行评述。

## （一）政治性表述不准确

### 131.“中国共产党是中国工人阶级先锋队”这一表述准确吗？

例句：“我们党全心全意为人民服务，捍卫了中国工人阶级先锋队的本色，深受人民的拥护、支持和爱戴。”

答：2002年11月党的十六大召开之前，《中国共产党章程》（以下简称《党章》）对中国共产党性质的准确、规范表述是：“中国共产党是中国工人阶级的先锋队。”党的十六大对《党章》所作的重大修改之一，就是对党的性质作出了“两个先锋队”的准确、规范表述：“中国共产党是中国工人阶级的先锋队，同时是中国人民和中华民族的先锋队。”2007年10月、2012年11月、2017年10月召开的党的十七大、十八大、十九大通过的《党章》仍然沿用这一表述。

鉴于此，故可认定“捍卫了中国工人阶级先锋队的本色”（该例句出自2002年11月党的十六大召开之后）表述不准确，应当改为“捍卫了中国工人阶级先锋队，同时是中国人民和中华民族先锋队的本色”。

### 132.“中国共产党是党团组织”这一表述准确吗？

例句：“中国共产党作为一个拥有7000余万党员的大党和执政党，是世界上最大的党团组织，它能否建成学习型组织不仅对中国学习型社会建设进程，甚至对全人类学习型社会、学习型组织进程都是至关重要，影响巨大。”

答：《词典》（第261页）释义：“党团　①名党派和团体，在我国

①《词典》（第1590页）释义：“语句　名词句，泛指成句的话：~简短。”

特指共产党和共青团。②某些国家议会中，属于同一政党的代表的集体。”该句中所说的“中国共产党……是世界上最大的党团组织”这一表述不准确，因为其一，它不属于泛指的“党派和团体”。其二，它即使是，也只是“在我国特指共产党和共青团”的前一半（“党派”）。其三，它更不是“某些国家中属于同一政党的代表的集体”。

鉴于此，应当将“中国共产党……是世界上最大的党团组织”改为“中国共产党……是世界上最大的马克思列宁主义政党”。

## 133.“以毛泽东同志为代表的中国共产党人”这一表述准确吗？

例句：“以毛泽东为代表的中国共产党人，坚持把马克思列宁主义的普遍真理同中国革命的具体实践相结合，明确了推翻帝国主义、封建主义、官僚资本主义‘三座大山’的革命任务，开辟了通过农村包围城市，武装夺取全国政权的革命道路，形成了新民主主义革命理论。”

答：2002 年 11 月召开的党的十六大通过的《党章》指出：“以毛泽东同志为主要代表[①]的中国共产党人，把马克思列宁主义的基本原理同中国革命的具体实践结合起来，创立了毛泽东思想。”

鉴于此，该句中的“以毛泽东为代表的中国共产党人”（该例句出自 2002 年 11 月召开的党的十六大之后）这一表述不准确，应改为“以毛泽东为主要代表的中国共产党人”。

## 134.“中国共产党领导民主革命”这一表述准确吗？

例句：“6 月 30 日，毛泽东发表《论人民民主专政》一文，总结了中国共产党领导民主革命 28 年的经验，阐明即将成立的中华人民共和国的性质、各阶级在国家政权中的地位以及新中国内政外交的基本政策。”

答：该句中的“中国共产党领导民主革命 28 年”这一表述不准确。因为中国的民主革命有旧民主主义革命和新民主主义革命之区分：前者是从 1840 年鸦片战争到 1919 年五四运动前，中国人民反帝反封建的资产阶级民主革命，后者是由中国共产党领导的以推翻帝国主义、封建主义和官僚资本

① 犯有类似差错的还有《词典》（第 276 页）释义：“邓小平理论 ……是以邓小平为代表的中国共产党人……”在“代表”之前缺漏“主要”二字。

主义三座大山为目标的无产阶级革命（亦即新民主主义革命）[①]。

鉴于此，应将“中国共产党领导民主革命 28 年”改为“中国共产党领导新民主主义革命 28 年”。

## 135.“旧民主主义与新民主主义一脉相承”这一表述准确吗？

例句：“7 月 15 日《人民日报》8 版《绿色游踪红土地》一文说道：‘到此一游，你可以展阅到一脉相承的旧民主主义、新民主主义、社会主义的伟大演义’。”

答：按照《辞海》释义：新民主主义是指“毛泽东提出的关于殖民地半殖民地国家的无产阶级领导的民主革命的理论。1917 年俄国十月社会主义革命的胜利，划分了整个世界的历史。毛泽东指出：‘在这种时代，任何殖民地半殖民地国家，如果发生了反对帝国主义，即反对国际资产阶级、反对国际资本主义的革命，它就不再是旧的资产阶级和资本主义革命的范畴，而属于新的范畴。它就不再是旧的资产阶级和资本主义的世界革命的一部分，而是新的世界革命的一部分，即无产阶级社会主义世界革命的一部分了。’”而“一脉相承”，是指“由一个血统或渊源世代承接流传下来”。

鉴于此，由于旧民主主义与新民主主义两个概念的性质、内涵与外延不同，两者不能一脉相承，故上述“一脉相承的旧民主主义、新民主主义”表述不准确。

## 136. 法国大革命和我国新民主主义革命能相提并论吗？

例句：《词典》（第 904 页）释义：“民主革命　以反封建为目的的资产阶级性质的革命，如法国的大革命和我国的新民主主义革命。”

答：虽然“以反封建为目的”这一点相同，但是两者还有以下四个根本不同。一是领导阶级不同：法国大革命的领导阶级是资产阶级，我国新民

① 正如李行健（1935—　）主编《现代汉语规范词典》（第 2 版）（以下简称《规范词典》）（第 918 页）所释义的：“民主革命　指资产阶级性质的革命。在中国，包括资产阶级领导的反对封建制度的旧民主主义革命和无产阶级领导的反对帝国主义和封建主义的新民主主义革命。”当然该释义所说的新民主主义革命“反对帝国主义和封建主义”，还不完全准确，因为它漏掉“反对官僚资本主义”。

主主义革命的领导阶级是（通过中国共产党领导的）无产阶级。二是革命性质不同：前者是名副其实、地地道道的资产阶级革命，后者是属于“无产阶级社会主义世界革命一部分”的无产阶级革命。三是革命对象不同：前者的革命对象是封建主义，后者的革命对象是帝国主义、封建主义和官僚资本主义。四是革命任务不同：前者的革命任务是建立“博爱、平等、自由”的资本主义社会，后者的革命任务是建立新民主主义社会并逐步过渡到社会主义社会。

鉴于此，《词典》释义将法国大革命和我国新民主主义革命相提并论不准确。

## 137.“推翻满清”这一表述准确吗？

例句：“7月13日6.7版头条《守望中华礼仪之邦》一文说‘孙中山推翻满清以后’。”

答：1956年2月18日国务院发出《关于今后在行文中和书报杂志里一律不用“满清”的称谓的通知》中指出：“‘满清’这个名词是在清朝末年中国人民反对当时封建统治者这一段历史遗留下来的称谓。……为了增进各民族之间的团结，今后各级国家机关、学校、企业，各民主党派、人民团体，在各种文件、著作和报纸刊物中，除了引用历史文献不便改动外，一律不要用‘满清’这个名称。”1987年6月30日，中央宣传部、中央统战部、国家民委《关于在宣传报道和文艺创作中防止继续发生丑化、侮辱少数民族事件的通知》中，重申不得使用“满清”这一称谓。

鉴于此，该句中的“孙中山推翻满清”这一表述不当，按照中国历史上各个朝代的称谓应当顺理成章地将“推翻满清”改为“推翻清朝”。

## 138.“两岸三地”这一表述准确吗？

例句：“组织好在汉堡、罗马、日本举办的中国文化节活动，继续开展‘中国走进课堂’活动，做好驻外中国文化中心的建设，进一步密切两岸三地文化领域的交流合作。”

答：“两岸三地”这一表述不符合《中央对外宣传办公室关于港澳台宣传报道中几个提法的意见》（以下简称《意见》）的规定。该《意见》指出：

“在涉台宣传报道中，还存在其他一些不正确的提法，如把海峡两岸和香港并称‘两岸三地’，……”在此应当把握好：“两岸”是指大陆与台湾（或中国大陆与中国台湾）；与香港、澳门应当是内地与香港、澳门。由此可见，该句中的“两岸三地”这一表述混淆了“两岸”与“内地”之间的准确定位。

鉴于此，应当将该句中的“进一步密切两岸三地文化领域的交流合作”改为“进一步密切大陆与台湾、内地与香港、澳门文化领域的交流合作”①。

## 139.“港澳台人士获国内律师资格”这一表述准确吗？

例句：“1995 年 4 月 13 日《解放日报》一则新闻题为《18 位港澳台人士获国内律师资格》”

答：该句中的新闻题表述不当。因为它把香港、澳门、台湾划分到国外去了。该新闻的导语写道：“港澳台 18 位人士目前顺利通过了内地律师资格考试，成为首批获得内地律师资格的港澳台人士。”该句中用的是两个“内地”，这对港、澳人士颇为恰当，因为香港、澳门确实不在“内地”之列。须知：“国内”与“内地”是两个内涵与外延不同的概念：“国内”是与“国外”相对应；“内地”是与“香港”“澳门”相对应，切不可混为一谈。但它将台湾列为在“内地”之列，则又不当，因台湾与大陆属于同一个中国的“两岸”。

鉴于此，应当将该新闻题《18 位港澳台人士获国内律师资格》改为《18 位港澳台人士获内地和大陆律师资格》。

## 140.“香港、澳门、台湾留学生”这一表述准确吗？

例句：“学校接受外国和港、澳、台湾留学生开展国际文化交流活动的材料。……”

答：《词典》（第 831 页）释义：“留学生 [名]在外国学习的学生。”根据该释义，该句中的“港、澳、台留学生”这一表述不当，因为它针对的

①《规范词典》（第 1542—1543 页）释义：“一国两制 ‘一个国家，两种制度’的简称。即在一个中国的前提下，在大陆坚持社会主义制度，在香港、澳门和台湾保持原有的资本主义制度和生活方式长期不变。”该释义中只讲“在大陆”不准确，应改为“在内地和大陆”，以与“在香港、澳门和台湾”相对应。

内地（指香港、澳门）和大陆（指台湾）（这是该句所要表达的本意），还是进而联想到别的国家去留学，实际上均把香港、澳门、台湾都脱离了中国，乃至说成了“外国”。

鉴于此，应当将“学校接受外国和港、澳、台留学生”改为“学校接受外国留学生和港、澳、台学生”。

## （二）常识性错误

### 141.“历史唯物主义和辩证唯物主义”这一表述准确吗？

例句：“它要求档案工作者以历史唯物主义和辩证唯物主义为指导，不断总结档案利用的经验，运用全面的、历史的、发展的观点，具体地研究分析档案的现实利用价值和长远的科学价值，来判定档案的存毁和保存期限。”

答：按照马克思主义原理，马克思主义哲学分为辩证唯物主义、历史唯物主义，即辩证唯物主义在前，历史唯物主义在后。辩证唯物主义是关于自然界、人类社会和思维发展的一般规律的科学。历史唯物主义是关于人类社会发展的普遍规律的科学，也是将辩证唯物主义的原理应用于研究社会生活。

鉴于此，该句中“以历史唯物主义和辩证唯物主义为指导”这一表述不准确，应当改为“以辩证唯物主义和历史唯物主义为指导”。

### 142.“马克思、恩格斯创建共产党”这一表述准确吗？

例句：“马克思、恩格斯创建共产党，就考虑到了监督的问题。”

答：马克思（1818—1883年）、恩格斯（1820—1895年）《共产党宣言》中首次出现“共产党”这一名称，然而他们创建的不是“共产党”，而是“共产主义者同盟”。共产主义者同盟是国际共产主义运动历史上建立在马克思主义理论基础上的第一个国际无产阶级组织。1847年6月，在英国伦敦召开了共产主义者同盟第一次代表大会，恩格斯出席。同年11月，共产主义者同盟召开了第二次代表大会，马克思、恩格斯出席，受大会委托，他们为共产主义者同盟起草了《共产党宣言》这一革命纲领。

鉴于此，该句中“马克思、恩格斯创建共产党”这一表述不准确，应改为“马克思、恩格斯创建共产主义者同盟”。

## 143.“俄国共产党成立于 1898 年”这一表述准确吗?

例句：“俄国共产党成立于 1898 年，十月革命胜利后成为世界上第一个无产阶级政党。”

答：该句中的成立时间 1898 年没有错，但说当时成立的是俄国共产党是不对的。1898 年 3 月，在白俄罗斯明斯克召开党的第一次代表大会，宣告成立“俄国社会民主工党”，而不是“俄国共产党”。直到 1918 年，才将“俄国社会民主工党”改为“俄国共产党”。

鉴于此，“俄国共产党成立于 1898 年”这一表述不准确，应当改为“俄国社会民主工党成立于 1898 年”。

## 144.“苏联、东欧剧变”这一表述准确吗?

例句：“时至今日，苏联、东欧剧变的历史事实，并没有改变全世界无产阶级和劳动人民对马克思主义的信仰，丝毫没有削弱科学社会主义基本原理及其思想。”

答：该句中“东欧剧变”不错，然而苏联不仅是剧变（由社会主义变成资本主义），而且是解体，即由原先一个主权国家［苏维埃社会主义共和国联盟（The Union of Soviet Socialist Republics），即“苏联”（U.S.S.R.）］分裂为 15 个国家［即俄罗斯（Russia）、乌克兰（Ukraine）、白俄罗斯（Belarus）、爱沙尼亚（Estonia）、拉脱维亚（Latvia）、立陶宛（Lithuania）、摩尔多瓦（Moldova）、亚美尼亚（Armenia）、阿塞拜疆（Azerbaijan）、格鲁吉亚（Georgia）、哈萨克斯坦（Kazakhstan）、吉尔吉斯斯坦（Kirghizstan）、塔吉克斯坦（Tajikistan）、土库曼斯坦（Turkmenistan）和乌兹别克斯坦（Uzbekistan）］。

鉴于此，“苏联、东欧剧变”这一表述不准确，应当改为“苏联解体、东欧剧变”。

## 145.“切尔诺贝利核电站在俄罗斯”这一表述准确吗?

例句：“150 多万俄罗斯人迄今还住在受切尔诺贝利核电站事故污染的

土地上，其中有些人还吃受反射性污染的食品。”①

答：该句中除了应将“反射性”改为“放射性”外，还有一处表述不准确，即切尔诺贝利核电站位于乌克兰境内，1986年发生切尔诺贝利核电站事故时，新闻媒体报道的是苏联切尔诺贝利核电站事故。因为当时乌克兰是苏联的加盟共和国之一。1991年8月24日，乌克兰宣布独立，成为一个主权国家。1991年12月，苏联解体后，俄罗斯联邦成为一个主权国家。切尔诺贝利核电站既然在乌克兰境内，也不可能搬到俄罗斯。

鉴于此，该句中“150多万俄罗斯人”这一表述不准确，应改为“150多万乌克兰人”。

## 146.“英国女皇”这一表述准确吗？

例句：“英国女皇伊丽莎白（1533—1603年）在1578年成立了国家公文馆，负责收藏英国内政和外交档案。”

答：《最新各国概况》（欧洲分册 Europe）指出：“国王，英国世袭的国家元首、立法机关的组成部分、法院的首领、武装部队总司令和英国国教的世俗领袖。国家的一切重要行政措施都用女王的名义发布。但其活动多属于礼仪性质，无实权。”由此可见，英国实行君主立宪制，国家元首是国王，而不是皇帝。

鉴于此，“英国女皇”②这一表述不准确，应改为“英国女王”。

## 147.“英国是英伦三岛”这一表述准确吗？

例句：“2004年12月24日15版《旅英琐记》一开头说道：‘可从未到过英语的母国——英伦三岛’。”

答：“英伦三岛”是英国的代名词，此说由来已久。过去常见常说常用，屡见不鲜，然而近些年来所见所说所用不多了。追溯起来，“英伦三岛”一

① 宇文现主编《报刊逻辑与语言应用病例评析1100例》，首都师范大学出版社2008年版，第74页。

② 说英国（U.K.）女皇不对，应改为英国女王。但在日本（Japan）是“天皇”，而不能说“国王”。埃塞俄比亚（Ethiopia）在1974年前是埃塞俄比亚帝国，国家元首是皇帝海尔·塞拉西一世（Haier Selassie I）（1892—1975年）。

说源于我国清末一些学者对英国国名的翻译。由于英国领土的主体是大不列颠岛，而它包括英格兰（England）、苏格兰（Scotland）和爱尔兰（Ireland）三部分，它们的英文词尾都是“land”，原意是指陆地，当时学者为了翻译得文雅些，就将其转译为“岛”，这三个“land”便成了三个“岛”，于是也就有了“英伦三岛”之说。其实英国国名的全称是：“大不列颠及北爱尔兰联合王国”（The United Kingdom of Great Britain and Northern Ireland），简称“联合王国”（United Kingdom，U.K.），通称英国[①]，位于不列颠群岛上，其国土由大不列颠岛、爱尔兰岛东北部以及附近的众多小岛共同组成。要说大岛，只有两个：一是大不列颠岛，二是爱尔兰的东北部（只是爱尔兰岛的一部分）。要说小岛，又远远不止三个。

鉴于此，倘若坚持沿用“英伦三岛”一说，容易造成英国国土只是由三个岛组成的误解，应当将“英伦三岛”改为“英国”。

### 148. 南欧包括土耳其一部分吗?

例句：《词典》（第 932 页）释义：“南欧 名欧洲南部，包括罗马尼亚、保加利亚、塞尔维亚、黑山、斯洛文尼亚、克罗地亚、波斯尼亚和黑塞哥维那、马其顿、阿尔巴尼亚、希腊、意大利、梵蒂冈、圣马力诺、马耳他、西班牙、安道尔和葡萄牙等国。”[②]

答：南欧包括土耳其一部分。李树藩主编《最新各国概况》（欧洲分册）指出：“南欧包括西班牙、葡萄牙、安道尔、意大利、马耳他、圣马利（应将‘利’改为‘力’——作者注）诺、梵蒂冈、斯洛文尼亚、克罗地亚、塞尔维亚、黑山、波斯尼亚和黑塞哥维那、罗马尼亚、保加利亚、阿尔巴尼亚、马其顿、希腊和土耳其一部分。”将这段话与例句相对照，《词典》释义南欧缺漏“土耳其一部分”。

---

①《新英汉词典》（A New ENGLISH—CHINESE DICTIONARY）（第 395 页）释义：“England [ˈiŋglənd] n. ①英格兰［英国的主要部分］ ②（泛指）英格兰和威尔士 ③（泛指）英国”可见“英国”这一称谓直接来源于“英格兰（England）”。

②《规范词典》（第 945 页）释义：“南欧 名欧洲南部地区。包括希腊、罗马尼亚、意大利、塞尔维亚、黑山、斯洛文尼亚、克罗地亚、波斯尼亚和黑塞哥维那（波黑）、马其顿、阿尔巴尼亚、保加利亚、西班牙、圣马利（应改为“力”——作者注）诺、马耳他、葡萄牙、安道尔、梵蒂冈等国。”与《词典》一样，它也缺漏“土耳其一部分”。

土耳其是世界跨洲际的少数国家之一。土耳其的亚洲部分坐落在小亚细亚半岛上（面积占全国总面积的96.9%），欧洲部分位于巴尔干半岛的东南角（面积仅占全国总面积的3.1%）。一海（马尔马拉海）和二海峡（博斯普鲁斯海峡、达达尼尔海峡）将土耳其领土的亚洲、欧洲部分从中分开。

## 149.80 年代联邦德国＝90 年代联邦德国吗？

例句：《词典》（第1151页）释义："申根协定　1985年6月14日法国、联邦德国、荷兰、比利时、卢森堡五国在卢森堡小镇申根签订的关于协定国之间开放边境、方便人员和货物自由往来、共同打击非法活动的条款。1995年3月26日正式生效。"

答：两者不能"相等、等同"。1945年第二次世界大战，希特勒德国战败，美国、苏联、英国、法国分区占领德国，美国、英国、法国破坏波茨坦协定，执行分裂德国的方针。1947年1月，成立联合占领区，同年9月成立德意志联邦共和国（简称"联邦德国"）（The Federal Republic of Germany）。1949年10月，苏联占领区成立德意志民主共和国（简称"民主德国"）（The German Democratic Republic）。1990年10月两个德国实现统一，国名仍是"德意志联邦共和国"（简称"联邦德国"）（The Federal Republic of Germany）。

鉴于此，为了区别20世纪80年代未实现统一前的联邦德国和90年代实现统一后的联邦德国，应当将该句中的联邦德国加上带括号"（）"的"西德"，即联邦德国（西德），这就不致使人们产生此联邦德国等于、等同于彼联邦德国的误解了。

## 150."法国汉奸"这一表述准确吗？

例句："《环球》杂志1994年第6期刊载有《爱丽舍宫的枪声》一文，文中写道：'法国总统府狩猎局局长，76岁的格罗佛尔年轻时代是一位热血青年，当二次大战的战火烧到了法国，烧到了他的故乡时，他尚在求学，就积极参加了地下抵抗活动，经常躲在学生宿舍书写反对希特勒的标语，并按抵抗运动组织的指示打入汉奸内部（着重号是引者加的，下同），开展地下活动。他还参与制定了逮捕法国汉奸头目雅克·多里奥的计划。’”

答：《词典》（第511页）释义：“汉奸 名 原指汉族的败类，后泛指投靠侵略者、出卖国家民族利益的中华民族的败类。”由此可见，“汉奸”这一概念是专门针对中国人或中华民族中的败类而言的，不能与法兰西民族中的败类混为一谈。

鉴于此，该句中两处“汉奸”表述不当，应都相应地改为“法奸”。

## 151.“古希腊是一个国家”这一表述准确吗？

例句：“2006年5月举办的‘隆可奇’杯第12届CCTV青年歌手大奖赛中的一道综合知识考题，在放过一段关于《木马计》的影片提问：‘这一情节出自哪个国家的哪部文学名著？’关于‘哪个国家’，大屏幕给出的‘正确答案’是‘古希腊’。”

答：该考题要求答的“哪个国家”，而“正确答案”认定的是“古希腊”，这就毋庸置疑地表明：命题者认定古希腊是一个国家。然而历史上的“古希腊”并不等同于现在的希腊这个国家。按照《辞海》的释义，古希腊是“巴尔干半岛南部、爱琴海诸岛及其小亚细亚两岸一系列城市国家（城邦）的总称”。由此可见，古希腊是一个地理范围或地域概念，不能简单地说成是一个国家，更不是现今“希腊”这一国家的概念。

鉴于此，“正确答案”是“古希腊”这一表述不准确，应当改为“正确答案”是“古希腊地区”。

## 152.“印度支那（今越南）”这一表述准确吗？

例句：“2005年8月17日5版头条《‘飞虎驼峰’情绵延六十年》一文说道：‘多次执行了轰炸侵略印度支那（今越南）日军的飞行任务。’”

答：通常说的印度支那这一地域概念是指中南半岛的越南、老挝、柬埔寨三国，不是单指越南。

鉴于此，上述“印度支那（今越南）”这一表述不准确，应改为“印度支那的越南”。

## 153. “大选”是“对国会议员或总统的选举”这一表述准确吗？

例句：“大选　动某些国家对国会议员或总统的选举。”①

答：事实上，一些国家对国家议员或总统的选举，是大选，这并不错。但仅有这些，不准确、不完整了，因为还有一些国家对政府首脑的选举，比如：英国、日本对首相，以色列对总理的选举，也是大选。

鉴于此，应当将“大选　动某些国家对国会议员或总统的选举”改为“大选　动某些国家对国会议员或总统、政府首脑的选举”。

## 154.《词典》对“联盟”的释义准确吗？

例句：《词典》（第 806 页）释义：“联盟　名①两个或两个以上的国家为了共同行动而订立盟约所结成的集团：反法西斯～。②指个人、集体或阶级的联合体：工农～。”

答：该释义部分正确，即它所释义的①②无疑是正确的；但不完整，还遗漏一点，即一个国家也可成为“联盟”。可举两例：一是 1991 年 12 月解体的苏联，它的中文国名全称是：“苏维埃社会主义共和国联盟”，即苏联。它由 15 个加盟共和国组成。它们是：俄罗斯、乌克兰、白俄罗斯、乌兹别克、哈萨克、格鲁吉亚、阿塞拜疆、立陶宛、摩尔多瓦、吉尔吉斯、拉脱维亚、塔吉克、亚美尼亚、土库曼和爱沙尼亚。“苏联”（U.S.S.R.）是“苏维埃社会主义共和国联盟”的简称。二是科摩罗联盟（The Comoros Union）。1912 年它是法属殖民地，1975 年 7 月独立，成立科摩罗共和国，2001 年 12 月更改国名为“科摩罗联盟”。

## 155. 央视春晚使用“炎黄子孙”词语准确吗？

例句：“中央电视台今年‘春节联欢会’②上，三位节目主持人在讲话中两次用了‘炎黄子孙’……”

答：“炎黄子孙”的“炎黄”是我国古代上古时期两个部族的领袖人物：

---

①《词典》，第 246 页。另，《规范词典》（第 252 页）释义：“大选　动某些国家指选举国会议员或总统。”与《词典》的释义相同，也应纠正。

② 指 1995 年中央电视台举办的春节联欢晚会。

一是炎帝，系姜姓，号神农氏，原先居住在陕西姜水流域，后来逐渐向东发展到中原一带。二是黄帝，系姬姓，号轩辕氏，由于带领部族打败炎帝，以及杀死蚩尤，从而成为当时各部族的领袖。由炎帝、黄帝两人为领袖的这些部族长期生活在黄河流域，繁衍生息下来，进而成为华夏族的主体。从历史发展眼光，以及我国广大人民群众当今心理习惯看来，由“炎黄”两帝派生、衍生出来的“炎黄子孙”显然只是汉族。然而，尽管汉族是我国的主要民族，乃至是由56个民族组成的中华民族大家庭的主体，但它毕竟不能等同于中华民族。在中央电视台举办的春节联欢晚会面对的对象是包括汉族在内的全国56个民族以及海外华人华侨，此时此刻只用“炎黄子孙”显然欠妥。

鉴于此，该句中两次使用“炎黄子孙”不当，应当改为“中华民族子孙”。

## 156.“祖国45岁”这一表述准确吗？

例句：“1994年10月4日，中央电视台直播的《祖国万岁》国庆演唱会上，主持人有一句满怀激情的话：祖国45岁了。”

答：《词典》（第1739页）释义：“祖国　名自己的国家。”由此可见，既然说是“祖国”（“自己的国家”），既可指1949—1994年（乃至现今和以后）的中华人民共和国，也可指1912—1949年的中华民国，还可指清、明、元、宋、唐、隋、汉、秦等历朝历代的中国，怎么能说“祖国45岁了”。很显然，该句将“祖国”和“中华人民共和国”两个概念相互混淆了。

鉴于此，“祖国45岁了”这一表述不准确，应改为“中华人民共和国45岁了”。

## 157.“1949年进北平前”这一表述准确吗？

例句：“总结实践经验，1949年进北平前，对档案材料分类工作作了一些调整……”

答：1949年9月27日，一届全国政协一次会议作出决议：定北平为首都，并改名为北京。由此可见，1949年的北平名称可划分为两个阶段：一是1949年9月27日以前的叫“北平”；二是1949年9月27日以后的叫“北京”。结合该句所说的“1949年进北平”，可判断该说法笼统而不准确。首先应划定是1949年9月27日以前才能说进北平。其次结合该句实际表达的是毛泽东率领党中央机关于1949年3月由西柏坡进北平，又应当指明是1949年9月前进北平。

鉴于此，“1949年进北平前”这一表述不准确，应当改为“1949年9月前进北平前”。

## 158.“1949年一届全国政协会议决定国歌”这一表述准确吗?

例句：“当天，会议（即指1949年9月召开的一届全国政协会议——作者注）还通过四项决议案：中华人民共和国的国都定于北平，将北平改名为北京；中华人民共和国采用公元纪年；在中华人民共和国的国歌正式确定前，以《义勇军进行曲》为国歌；中华人民共和国的国旗为五星红旗，象征中国人民革命大团结。”［中共中央党史研究室著《中国共产党历史》第二卷（1949—1978）上册第8页］

答：该句中的“在中华人民共和国的国歌正式确定前，以《义勇军进行曲》为国歌”不准确，应将“国歌”改为“代国歌”。正如作者拙著《说文解错700例》（第39—40页）所说：“《中国革命史辞典》（第663页）释义：‘义勇军进行曲’　歌曲名。田汉词，聂耳曲，作于1935年，原为影片《风云儿女》主题歌，同年5月16日在《电影画报》第一期刊出，后灌制了唱片。它表达了中华民族决心同帝国主义的压迫、奴役作斗争的百折不挠、勇往直前和同仇敌忾的革命精神，极大地鼓舞了革命斗争中的人民。1949年9月27日，中国人民政治协商会议第一届全体会议决议：在中华人民共和国国歌未正式制定前，以该曲为《中华人民共和国代国歌》。1978年集体填入新词后，由中华人民共和国第五届全国人民代表大会第一次会议于同年3月5日通过，成为正式国歌。’《辞海》（中）（第1756页）释义：‘国歌　……中国原以《义勇军进行曲》代国歌。1982年12月4日经中华人民共和国第五届全国人民代表大会第五次会议决议，以《义勇军进行曲》为国歌。’1982年11月26日～12月10日召开的五届全国人大五次会议，通过关于恢复《义勇军进行曲》歌词为中国人民共和国国歌歌词的决议。2004年3月14日十届全国人大二次会议通过的《宪法》（修正案）将第四章的章名‘国旗、国徽、首都’修改为‘国旗、国歌、国徽、首都’，在这一章第一百三十六条中增加一款，作为第二款：‘中华人民共和国国歌为《义勇军进行曲》。’（《宪法和宪法修正案学习问答》第 90 页）赋予国歌的宪法地位，维护了国歌的权威性和稳定性。鉴于此，应将‘国歌’改为‘代国歌’，……”

### 159.“政务院改称国务院”这一表述准确吗？

例句：“《咬文嚼字》2003 年第 10 期《‘国务院’还是‘政务院’》一文说道：‘新中国成立时，最高国家权力机关的执行机关，（最高国家行政机关）称政务院。直到 1954 年 9 月，第一届全国人民代表大会通过《中华人民共和国宪法》和《中华人民共和国国务院组织法》，政务院才改称国务院。’”

答：从我国 1954 年第一部《宪法》，直到现在的《宪法》都明确规定：“中华人民共和国国务院，即中央人民政府是最高国家权力机关的执行机关（即最高国家行政机关）。”政务院，其全称为“中华人民共和国中央人民政府政务院”。1949 年 9 月 27 日，一届全国政协一次会议通过的《中华人民共和国中央人民政府组织法》第三条规定：“在普选的全国人民代表大会召开前，由中国人民政治协商会议的全体会议执行全国人民代表大会的职权，制定中华人民共和国中央人民政府组织法，选举中华人民共和国中央人民政府委员会，并付之于行使国家权力的职权。”第四条规定：“中央人民政府委员会对外代表中华人民共和国，对内领导国家政权。”第五条规定：“中央人民政府委员会组成政务院，以为国家政务的最高执行机关……”第十四条规定：“政务院对中央人民政府委员会负责，并报告工作。在中央人民政府委员会休会期间，对中央人民政府主席负责，并报告工作。”由此可见，当时的政务院是中央人民政府的最高执行机关，还不能说政务院即中央人民政府。它是“国家政务的最高执行机关”，还不能说是最高国家行政机关。

鉴于此，国务院于 1954 年根据《宪法》成立，可以说是由中华人民共和国成立初期的中华人民共和国中央人民政府委员会发展而来，不能说“政务院改称国务院”。

### 160.“国务院修订法律”这一表述准确吗？

例句：“2004 年 12 月 10 日 13 版《加大特殊药品管理的力度》一文说道：‘为此国务院于 2002 年 2 月对《中华人民共和国药品管理法》进行

了修订，并于2002年8月颁布了《中华人民共和国药品管理法实施条例》，从而使我国的药品管理走上了更加规范化的历程。’”

答：该句中关于国务院修订法律一说，既于法无据，又并非事实。全国人大及其常委会行使国家立法权。全国人大制定和修改刑事、民事、国家机构的和其他的基本法律。全国人大常委会制定和修改除应当由全国人大制定的法律以外的其他法律。据此，国务院不能修订《药品管理法》。《立法法》对立法程序作出严格的规定。其中国务院“可以向全国人民代表大会推出法律案，由主席团决定列入会议议程”。“可以向常务委员会提出法律案，由委员长会议决定列入常务委员会会议议程。或者先交有关的专门委员会审议，提出报告，再决定列入常务委员会会议议程。”

鉴于此，该句中国务院对《中华人民共和国药品管理法》进行修订这一表述不准确，应当改为国务院就修订《中华人民共和国药品管理法》向全国人大常委会提出法律案，由全国人大常委会予以修订。

## 161.“国家公务员法”这一表述准确吗？

例句：“特别法 名指适用于特殊时间、特定地区、特定公民的法律。如紧急戒严法、特别行政区基本法、国家公务员法（跟‘一般法’相对）。”①

答：该句中的“国家公务员法”这一表述不准确。应当将“国家公务员法”中的“国家”二字删去。否则，人们则可合乎逻辑地认为：既然有了“国家公务员法”，那么势必应当有相对应的“地方公务员法”。然而事实上，公务员只有冠之于“国家”二字的“国家公务员”，并无“国家”和“地方”公务员之分一样，《公务员法》也并无国家与地方之分。②

鉴于此，应当将“国家公务员法”的“国家”二字删去，由“国家公务员法”改为“公务员法”。

①《词典》，第1273页。

②《规范词典》（第1284页）释义：“特别法 名适用于一国范围特定地区、特定时期、特定人或特定事项的法律。如特别行政区基本法、国家公务员法等。也说特殊法。”该释义中的“国家公务员法”表述不准确，应删去“国家”二字，改为“公务员法”。

## 162.“党和国家领导人的国事访问”这一表述准确吗?

例句:“中华文化在世界上的影响不断扩大。……落实文化‘走出去’战略,积极推动对外文化贸易。配合党和国家领导人的重大国事访问,组织高水平的文化展示活动,文化外交作用显著增强。”

答:《词典》(第497页)释义:“国事访问　一国元首或政府首脑接受他国邀请而进行的正式访问。”就我国而言,目前只有国家主席习近平(1953—　)、国务院总理李克强(1955—　)进行的正式访问,才是“国事访问”。由此可见,该句中的“党和国家领导人的重大国事访问”这一表述有两处不当:一是党的领导人出访不能说是国事访问,即使是习近平、李克强两个人,他们也不能以“中共中央总书记”“中共中央政治局常委”身份进行国事访问;二是国家的领导人只限于国家主席(国家元首)和国务院总理(政府首脑)进行的正式访问。

鉴于此,该句中的“配合党和国家领导人的重大国事访问”这一表述不准确,应当改为“配合国家主席、国务院总理的重大国事访问”。

## 163.“党龄是党员入党后经过的年数”这一表述准确吗?

例句:“党龄　名党员入党后经过的年数。”①

答:《党章》第七条规定:“预备党员的预备期,从支部大会通过他为预备党员之日算起。党员的党龄,从预备期转为正式党员之日算起。”由此可见,按照《党章》的规定,一个人入党后有预备党员和正式党员之区分,在预备期内不计算党龄。只有一年预备期满考察合格,经支部大会讨论通过转为正式党员之日开始计算党龄。

鉴于此,该句“党龄　名党员入党后经过的年数”这一表述不准确,应当改为“党龄　名党员入党后,由预备党员转为正式党员后经过的年数”②。

---

①《词典》,第261页。

②《规范词典》(第268页)释义:“党龄　名具有党员资格的年数▷这位老同志的~比我的年龄还长。”也应改为“党龄　名党员入党后,由预备党员转为正式党员后经过的年数”。

## 164.“我国国土面积960万平方公里”这一表述准确吗？

例句：“2005年4月24日8版头条《事非经过不知难》一文说道：‘放眼九百六十万平方公里国土……”

答：《词典》（第828页）释义：“领土 名在一国主权管辖下的地球表面特定部分，包括陆地、水域及其底土和空气空间，由领陆、领水和领空三部分组成。”鉴于此，国土，既指国家的领土，也指一个国家主权管辖的地域空间，包括领陆、领空、领海、毗邻区、专属经济区和大陆架等。据此，我国国土应当包括两大部分：一是960万平方公里的陆地国土；二是300万平方公里的海洋国土。由此可见，只要讲到国土，不能遗漏海洋领土，如果有特指，也可说“960万平方公里陆地国土”。

鉴于此，“放眼九百六十万平方公里国土”这一表述不准确，应当改为“放眼九百六十万平方公里陆地国土……”

## 165.台湾包括台湾本岛和哪些附属岛屿？

例句：《词典》（第61页）释义：“本岛 名几个岛屿中的主要岛屿，其名称和这几个岛屿总体的名称相同。例如我国的台湾包括台湾本岛和澎湖列岛、绿岛、兰屿等许多岛屿。”

答：参照《中国地图册》（第17页），“台湾全省包括台湾岛、澎湖列岛、钓鱼岛、赤尾岛、彭佳屿、兰屿、绿岛等岛屿。”《中国地图册》出版于1966年。将此与上述《词典》释义对照，后者显然有一个明显的疏漏，即未指明“钓鱼岛”是属于台湾本岛及其附属岛屿不可分割的一部分。

鉴于此，应当将“钓鱼岛”补上，即为“例如我国的台湾包括台湾本岛和澎湖列岛、钓鱼岛、绿岛、兰屿等许多岛屿”。

## 166.“南中国”这一称谓准确吗？

例句：“7月14日《人民日报》6版《潮起北部湾》一文说道：‘面对北部湾经济区，作为南中国的经济增长板块……’”

答：这句中的“南中国”这一概念不规范、不准确。我国疆域广大，版图辽阔，涉及整个国土的部分地区，常有诸如北方、南方、东部、中部、西部，以及东北、华北、华东、中南、西南、西北等地域的称谓。作为“中华人民共和国的”简称“中国”是一个有准确内涵与外延，且所指唯一的专有名词概念，切切不可在“中国”之前再加方位词加以修饰，犹如曾经有过的“南朝鲜”（“韩国”）与“北朝鲜”（“朝鲜”）、“南越”时称“越南共和国”（越南南部）与“北越”时称“越南民主共和国”（越南北部）、“东德”（时称“德意志民主共和国”）与“西德”（时称“德意志联邦共和国”）等。中国只有“中国南部”“中国北部”，切切不可有“南中国”“北中国”之称谓或表述。

鉴于此，该句中的“作为南中国的经济增长板块……”这一表述不准确，应当改为“作为中国南部的经济增长板块……”

## 167.“WTO（World Trade Organization）（世界贸易组织）成员国”这一表述准确吗?

例句：“7月4日《人民日报》3版《多哈回合应立足促进发展》一文说道：‘要让60位WTO成员国的贸易或农业部长在短短几天里克服重重困难，求同存异，达成妥协，几乎是一件难以想象的事情’。”

答：新华社在其公布的第一批新闻报道中禁用词中指出：“有的国际组织的成员中，既包括一些既有国家，也包括一些地区。在涉及此类国际组织时，不得使用‘成员国’，而应当使用‘成员’或‘成员方’，如不能使用‘世界贸易组织成员国’、‘亚太经合组织成员国’，而应当使用‘世界贸易组织成员’、‘世界贸易组织成员方’、‘亚太经合组织成员’、‘亚太经合组织成员方’（英文用member）。”

鉴于此，该句中“WTO成员国”这一表述不准确，应当改为“WTO成员”或“WTO成员方”。

## 168.“十二级龙卷风”这一表述准确吗?

例句：“7月23日《解放日报》第3版上，有一则《十二级龙卷风袭击嘉兴的报道》，……”

答：按照《词典》（第836页）释义：龙卷风是指“风力极强而范围不大的旋风，形状像一个从云中垂下的大漏斗，破坏力极大。在陆地上，能把大树连根拔起，毁坏各种建筑物和农作物；在海洋上，能把海水吸到空中，形成水柱”。按照气象学的说法，尽管龙卷风威力大或破坏力极大，但是它并不分级，当然也就没有所谓十二级龙卷风之说。但是，论及台风，它是发生在太平洋西部海洋和南海海上的热带气旋，是一种极强烈的风暴，中心附近最大风力可达12级或12级以上。由此可见，按照气象学的说法，台风倒是分级的。

鉴于此，“十二级龙卷风袭击嘉兴”这一表述不当，应删去“十二级”，改为“龙卷风袭击嘉兴”。

## （三）用词不当

### 169. 是“杀人犯”还是“犯罪嫌疑人”？

例句：“6月22日《光明日报》4版《真情铸警魂》一文说道：‘蔡美法立即将这一重大线索汇报，杀人犯当天就在新市落网。’”

答：《刑事诉讼法》规定：“未经人民法院依法判决，对任何人都不得确定有罪。”新华社在其公布的第一批新闻报道禁用词中指出：“对刑事案件当事人，在法院宣判有罪之前，不使用‘罪犯’，而应当使用‘犯罪嫌疑人’。”

鉴于此，该句中的“杀人犯”系用词不当，应改为“犯罪嫌疑人”。

### 170. 能将“服法”说成“伏法”吗？

例句：“《人民政协报》1995年8月12日有一篇关于‘监狱模范’的报道，其中有句话说‘罪犯被培养成了认罪伏法、遵守监规、文明礼貌的守法群体’。”

答：《词典》（第397页）释义：“伏法　动（犯人）被执行死刑：罪犯已于昨天~。”（第399页）释义：“服法　动（犯人）服从判决：认罪~。”对照该句，既然是“伏法”之人，亦即被执行死刑的人，怎么又成了“遵守监规、文明礼貌的守法群体”呢？很显然，此处的“伏法”，系“服法”的误用。

鉴于此，该句中的“认罪伏法”系用词不当，应改为“认罪服法”。

## 171. “杀害烈士”说得对吗？

例句：“1995 年 4 月 12 日《中国青年报》上有一篇报道，标题叫做：杀害崔大庆烈士的凶手伏法　于根柱十恶不赦死有余辜”

答：《词典》（第 818 页）释义：“烈士　名①为正义事业而牺牲的人：革命～ | ～陵园。”既然是牺牲（死去）的人，又何来（被）“杀害”？由此可见，“杀害崔大庆烈士”一说，说不通，不合情理，此处“烈士”系用词不当，应删去“烈士”二字。

鉴于此，应将标题改为：“杀害英雄崔大庆的凶手伏法　于根柱十恶不赦死有余辜”。

## 172. “历代世人”说得对吗？

例句：“某报一则《关于征集关公形象美术作品启事》中有一句话说到关羽‘与孔子并称为文武二圣，为历代世人所敬仰和崇拜’。”

答：《词典》（第 1185 页）释义：“世人　名世界上的人；一般的人。”进而可以习惯理解为在世的活人，或者亦即时人，即同时代活着的人。《楚辞·渔父》曰：“世人皆浊我独清，众人皆醉我独醒。”《红楼梦》说：“世人都信，独老祖宗不当说，不当信。”老舍《四世同堂》也说：“牛教授若是肯就职，那就即使是出于迫不得已，也会被世人笑骂。”上述三句所说的“世人”，显然都是指“在世的活人”。针对该句的“历代世人”，望文生义，即为“历代的活人”，这话说得通吗？显然，“历代世人”说不通是因为他们不可能同时都在世。由此可见，世人（即“同时代活着的人”）无疑不能用“历代”加以修饰，成为所谓“历代世人”。

鉴于此，该句中的“为历代世人所敬仰和崇拜”表述不当，“历代”系用词不当，应当改为“历来为人们所敬仰和崇拜”。

## 173. 出身在“宦官之家”说得对吗？

例句：“某报介绍一出戏的情节，说有个富家小姐外出求学，结识了一青年男子，情投意合，终成眷属，但家中的父亲坚决不同意。其中说到这位小姐‘出身在宦官之家’。”

答：什么是“宦官”？即指太监。这在封建王朝由阉割后的男子充任的。既然如此，宦官（太监）难道还可能生儿育女有后嗣吗？纵观历朝历代的宦官或太监，或许会收养义子、义女之类，但绝无有子女之说。此说很可能是一种笔误，也系用词不当。

鉴于此，应将“出身在宦官之家”改为“出身于官宦[《词典》（第479页）释义：‘官宦　<书>名泛指做官的人：~人家’。]之家。”①

## 174.“学历”等同“学力”吗？

例句：“今年5月29日《语文报》中缝刊登了一则招生广告，题为《衡阳文理专科学校招生信息》。文中的‘报名条件’写道：‘报大专专业须具有高中毕业文化程度（或同等学历），报中专专业须具有初中文化程度。’”

答：学历是曾在学校或其他教育、研究机构毕业或肄业。学力是学习达到的程度，或者学问上功夫、造诣的深浅。学历和学力，两者一字之差，其区别在于：前者说的是在校学习求学的经历；后者说的是学习后所具有的能力，两者不能混为一谈。该句中的“同等学历”，即与高（初）中毕业同样的求学的经历。若作“同等学力”，即虽未上过高（初）中，或者未能高（初）中毕业或肄业，但学习程度却已达到高（初）中毕业的水平。由此可见，该句所说的“具有高中毕业文化程度（或同等学历）”，系语病，前后同为“学历”两者重复；若指后者，即“具有高中毕业文化程度（或同等学力）”，不仅是准确的，而且也是作者的本意。

鉴于此，该句中“须具有高中毕业文化程度（或同等学历）”系用词不当，应改为“须具有高中毕业文化程度（或同等学力）”。

## 175.“防止地震灾害”说得对吗？

例句：“1995年1月24日，《解放日报》刊登了一篇题为《日本地震，台胞受惊》的报道，文中有一则小标题是：《加固海堤 防止地震》。”

答：《词典》（第1594页）释义：“预防　动事先防备：~传染病|~旱涝灾害。”（第368页）释义：“防止　动预先设法制止（坏事发生）：~煤

①不过，有人以《孔雀东南飞》《后汉书·杜密传》为佐证，对此说持异议，认为“宦官”与“官宦”在某些情况下意义相同，并非专指太监，因此“宦官”未必无后嗣。

气中毒 | ~交通事故。”可见“预防”“防止”两词词义相近而不尽相同。虽然在一般情况下，“预防”“防止”可以互为通用，比如：对某些事故，既可说“预防事故”，也可说“防止事故”。然而对于台风（或龙卷风）、寒潮、地震之类的自然灾害，只能说“预防”，而不能说“防止”，因为至少就人类目前的科技水平而言，还远远没有达到可以防止它们发生的程度或地步。

鉴于此，该句中的“防止地震”的“防止”系用词不当，应当将标题改为《加固海堤　预防地震》。

### 176.“安全事故”说得对吗?

例句：“一旦发现安全事故和隐患，则及时采取抢救措施，转危为安，确保档案的安全……”

答：《词典》（第7页）释义：“安全　形没有危险；平安：~操作 | ~地带 | 注意交通~。”（第1187页）释义：“事故　名意外的损失或灾祸（多指生产、工作上发生的）：工伤~ | 责任~ | 防止发生~。”该句中的“安全事故”一说，既然是安全，即没有危险。既然是平安，哪又来意外的损失或灾祸，前后联系起来看显然是有矛盾的，没有明确地表达出其本意。如果将“安全”改为“不安全”再与事故连在一起，则可说得通，可以成立了。

鉴于此，该句中的“安全事故”这一表述不当[1]，应加个“不”字，改为“不安全事故”。

## （四）逻辑错误

### 177. 年满16岁的青年是成年人吗?

例句：“10. 峡阳镇的应氏祠堂组织年满十六岁的青年举行成年宣誓仪式。”

① 不过，事实上“安全事故”一说充斥报刊、书籍，乃至出现于中央文件。与此类似的还有“安全隐患”等，但已经屡见不鲜、司空见惯，成了一种普遍现象，可视为约定俗成，不看作错误。

答：成年是指人已经长成。《中华人民共和国未成年人保护法》第二条规定："本法所称未成年人是指未满十八周岁的公民。"该句将"年满十六岁的青年"称为"成年人"，与法定的"成年人"的概念不相符，犯了"误解概念原意"的逻辑错误，应将"年满十六岁"改为"年满十八岁"。

## 178. 西藏拉萨是省会城市吗？

例句："14. 图中包含了西藏自治区一个省会城市（指拉萨市——编者注）。"

答：《词典》（第 1167 页）释义："省会 [名]省行政机关所在地，一般也是全省的经济、文化中心。也叫省城。"（第 1199 页）释义："首府 [名]①旧时称省会所在的府为首府；现多指自治区或自治州人民政府所在地。"鉴于上述释义，该句中的"西藏自治区一个省会城市"一说不妥，犯了"误解概念原意"的逻辑错误，应将"一个省会城市"改为"一个首府城市"。

## 179. 是"约"还是"近"？

例句："3. 北大表示，自 1998 年起，北大加大了从海外引进人才的进度。8 年来，北大从海外引进人才约占全校教师的近 4%。"

答：《词典》（第 1606 页）释义："约 ……❽[副]大概③：~计 | 年~十七八 | ~有五十人。"（第 678 页）释义："近 ……②[动]接近：平易~人 | 年~三十 | 两人年龄相~ | ~朱者赤，~墨者黑。"鉴于上述释义，可见"约"与"近"是意思重叠的两个词，没有必要在一句中重复使用。该句犯了"概念重叠"的逻辑错误。该句有两种改法：一是删去"近"，保留"约"，即为"……8 年来，北大从海外引进人才约占全校教师的 4%"；二是删去"约"，保留"近"，即为"……8 年来，北大从海外引进人才占全校教师的近 4%"。

## 180. "词汇"和"词组"有什么区别？

例句："7. 自主创新，毫无疑问是当下一个最具号召力的词汇。"

答：《词典》（第 212 页）释义：“词汇 名一种语言里所使用的词和固定词组的总称，如汉语词汇、英语词汇。也指一个人、一部作品或一个领域所使用的词和固定词组，如鲁迅的词汇、《红楼梦》的词汇。”“词组 名语义和语法上都能搭配的两个或更多的词的组合，口语中没有句调，书面上没有句末标点（区别于‘词’与‘句子’），如‘新社会、打扫干净、破除迷信’。也叫短语。”鉴于此，该句中的“自主创新”是一个词组，与词汇不搭界，不能将“自主创新”称作“词汇”。该句犯了误用“词汇”这一集合概念的逻辑错误，应将“词汇”改为“词组”。

### 181.“配偶”和“直系亲属”能并列使用吗？

例句：“2. 对已落户的农民工，允许其配偶和直系亲属投靠落户。”

答：《词典》（第 979 页）释义：“配偶 名丈夫或妻子（多用于法律文件）。”（第 1671 页）释义：“直系亲属 指和自己有直接血统关系或婚姻关系的人，如父、母、夫、妻、子、女等（区别于‘旁系亲属’）。”鉴于此，可见“配偶”这一种概念应当是“直系亲属”这一属概念的一部分，该句将“配偶”和“直系亲属”两个概念并列起来，系犯了“划分不当”的逻辑错误。该句有两种改法：一是将“配偶”这一种概念包括在“直系亲属”这一属概念之内，即“直系亲属（包括配偶）”；二是将“配偶”这一种概念与“其他直系亲属”另一种概念并列使用。

### 182.“研究生”和“博士生”能并列使用吗？

例句：“12. 在校本科生 9936 人，研究生 652 人，博士生 50 人。”

答：《词典》（第 1497 页）释义：“研究生 名大学本科毕业（或具有同等学力）后经过考试录取，在高等学校或科学研究机构学习、研究的学生。一般分为硕士研究生、博士研究生两级。有时特指硕士研究生。”鉴于此，可见博士研究生也只是研究生这一属概念之下的一个种概念，两者是隶属关系，不是并列关系。该句所说的“研究生 652 人，博士生 50 人”，将“研究生”（属概念）与“博士生”（种概念）并列起来，犯了“划分不当”的逻辑错误。

该句有两种改法：一是将“博士生”这一种概念包括在“研究生”这一属概念之内，即为“12. 在校本科生 9936 人，研究生为 702 人（包括博士生

50人）”。二是将“研究生”（属概念）分称为“硕士生”（种概念）652人、“博士生”（种概念）50人，即为“12.在校本科生9936人，硕士生602人、博士生50人”。

## 183.能用“部委”政府部门概括“团中央”这一群众团体的概念吗？

例句：“4.团中央、教育部、广电总局（应改为“国家广电总局——作者注”）等六部委早就共同发文，要求各地重视电影的育人作用。”

答：部委，是“国务院所属的部和委员会的合称”。“团中央”是群众团体，不是国务院所属的部委。该句用“部委”这一概念概括“团中央”，犯了“概括不当”的逻辑错误。该句有两种改法：一是可将“部委”改为“单位”，即为“4.团中央、教育部、广电总局等单位早就共同发文，要求各地重视电影的育人作用”。二是如果既要将“团中央”和“部委”“广电总局”相区别或作切割，又要使用“部委”这一概念，可改为“团中央与教育部、广电总局等部委”，即为“团中央与教育部、广电总局等部委早就共同发文，要求各地重视电影的育人作用”。

## 184.是用“问题”还是用“内容”？

例句：“3.对马克思主义哲学基本价值、历史发展、当代形态的探讨，这是《声音》一书上篇的主要问题。”

答：该句中的“主语”是“探讨”，“谓语”是“问题”，两者在外延上不存在相容关系，“主语与谓语不合”，不能构成一个肯定判断。如果将“谓语”“问题”改为“谓语”“内容”，再同“主语”“探讨”相对照，便可发现两者相吻合、相包容，即“主语与谓语相合”，也不会犯“主语与谓语不合”的逻辑错误。应将“这是《声音》一书上篇的主要问题”改为“这是《声音》一书上篇的主要内容”。即为“3.对马克思主义哲学基本价值、历史发展、当代形态的探讨，这是《声音》一书上篇的主要内容”。

## 185.能将“那天”说成“那年”吗？

例句：“6.出车祸那年，王孝红刚过完21岁生日。”

答：该句中所说的“那年”的概念，是指“一年”（365天）的时间概念；所说的“生日”，是指“一天”（24小时）的时间概念。从时间上说，怎么能用作为“365天”的“一年”时间，去作为一天时间的“生日”呢？这显然是说不通的，该句违反“同一律”，犯了“混淆概念”的逻辑错误。应将“那年”改为“那天”。即为“6. 出车祸那天，王孝红刚过完21岁生日”。

## 186. 能说“中老年患有××病”吗？

例句：“2. 中老年（原文如此，应将‘中老年’改为‘中老年人’——作者注）患有关节病（标题）”

答：该标题在未加任何限制的前提下说“中老年患有关节病”，指所有中老年人毫无例外地患有关节病，它表述的是一个全称肯定判断。然而这个全称肯定判断，与事实并不完全相符。虽然有不少中老年人患有关节病，但是这并不等于说所有中老年人毫无例外地患有关节病，该标题犯了“误用全称判断”的逻辑错误。应将未加任何限制的“中老年”改为“不少中老年”。即为“2. 不少中老年患有关节病（标题）”。①

## 187. “各个国际社会”说得对吗？

例句：“5.……要解决这些问题，要需要各个国际社会共同努力。”

答：从该句要表示的意思来说，使用“各个”（“所有的”）这一全称判断是不对的，犯了“误用全称判断”的逻辑错误。因为实际上“国际社会”只有一个，本身就是一个整体，无所谓“各个”之说。所以没有必要在“国际社会”之前加“各个”，应删去“各个”二字，或将“各个”改为“整个”。《词典》（第1659页）释义：“整个　形属性词。全部的：～上午｜～会场｜～社会。”修改该句有两种改法：一是删去“各个”二字，即为“5.……要解决

① 与此类似的说法还有“在旧社会，中国的知识分子都是爱国者”。即在旧社会我国所有的知识分子毫无例外的都是爱国者，但这不是事实。若举典型的例证，抗战期间，作为大知识分子周作人（1885—1967年）、张资平（1893—1959年）就是两个不折不扣的文化汉奸（时称“北周南张”），能说他们两人是爱国者吗？该句也犯了“误用全称判断”的逻辑错误。应将该句改为“在旧社会，中国的绝大多数知识分子都是爱国者”。

这些问题，需要国际社会共同努力”；二是将“各个”改为“整个”，即为“5.……要解决这些问题，需要整个国际社会共同努力”。

## 188. “启示”和“启事”有什么区别？

例句：“1. 英国一些幼儿园和小学里，孩子们谈论的话题，都围绕着这群充满毅力的小精灵。很多人希望可以拾到它们，甚至有人在网上贴出小鸭子的悬赏启示，声明愿意用1000英镑购买一只鸭子。”

答：《词典》（第1022页）释义：“启示 ①动启发提示，使有所领悟：这本书~我们应该怎样度过自己的一生。②名通过启发提示而领悟的道理：影片给了我们有益的~。”“启事 名为了说明某事而登载在媒体上或张贴在墙壁上的文字：征稿~ | 寻人~。”鉴于上述释义，结合该句所说的意思，它实际上表达的是“启事”，而不是“启示”，即使用“启事”，是与其原意相符合的。该句将“启事”写成“启示”，违反同一律，犯了“混淆概念”的逻辑错误，应将“悬赏启示”改为“悬赏启事”。

## 189. 能说“唯一的两个共识”吗？

例句：“关于中国的崛起应如何定性的争论在美国内部还没结束。唯一的两个共识是：中国对美国是21世纪的挑战，而美国现在必须直面中国崛起。”

答：《词典》（第1354页）释义：“唯一 形属性词。只有一个的；独一无二的：这是~可行的办法 | 他是我~的亲人。也作惟一。”鉴于此，该句中的“唯一的两个共识”一说不当。因为既讲了“唯一”，又讲了“两个”，两者是互相矛盾的。正确的说法是，既然肯定“唯一”，那么就得否定“两个”；反过来既然肯定“两个”，那么就得否定“唯一”。由此可见，该句中的“唯一的两个共识”显然是犯了违反“矛盾律”的逻辑错误，应将“唯一的两个共识”改为“仅有的两个共识”。

## （五）其他错误

### 190.“资本”＝“资本家”吗？

例句：“一针见血”专栏所载《“马”“冠”“列”“戴”》一文说道：“列宁说过‘资本家浑身每个毛孔都渗透着血。’这一观点是另一位革命导师提出来的，他在《资本论》中曾说过，‘资本家来到人世间，就是浑身每个毛孔都渗透着鲜血和脏东西’。不能让列宁侵犯马克思著作权。”

答：首先，可以肯定地说，列宁（1879—1924年）没有说过那样的话。其次，该句“资本家浑身每个毛孔都渗透着血”是马克思说的也不准确，因为马克思《资本论》中说的是：“资本来到世间，从头到脚，每个毛孔都滴着血和肮脏的东西。”再次，更关键的是：资本与资本家能等同吗？什么是“资本”？它是带来剩余价值的价值。作为资本物质载体的生产资料和货币本身，只有当它们为资本家占用，并用作剥削手段时才成为资本。资本本身不是物，它是通过物来表现的资本家对工人的剥削。什么是“资本家”（包括产业资本家、金融资本家、商业资本家）？资本家是占有生产资料和货币作为资本，以剥削雇佣劳动获取剩余价值的人。由此可见，资本是资本，资本家是资本家，尽管两者有着密切的关系，但毕竟是不同的概念，不能加以等同，混为一谈。

### 191. 能说“玄奘幼年出家”吗？

例句：“玄奘幼年出家，父母早丧。10岁随哥哥进入佛门，13岁剃度出家，21岁受具足戒。”

答：《词典》（第1582页）释义：“幼年　名指人三岁左右到十岁左右的时期。”该句既说“玄奘”幼年出家，又说“13岁剃度出家”，很显然将“幼年”与“13岁”加以等同。问题是13岁是幼年吗？13岁不是幼年，而归入少年。[《词典》（第1144页）释义：“少年　名①人十岁左右到十五六岁的阶段：~时代。”]显然“玄奘幼年出家”说不通，应改为“玄奘少年出家”。

## 192. 能说“圆周率是七位数”吗?

例句：“6月27日《光明日报》5版头条《学术成果‘爆炸式’增长要不得》一文说道：‘祖冲之：南北朝数学家、天文学家，世界上最早把圆周率数值推算到七位数以上的科学家。”

答：圆周率是圆周长度与圆的直径长度之比，圆周率的值是3.14159265358979323846……其整数部分是一位数（即“3”），绝对不可能是七位数，祖冲之（429—500年）推算出圆周率的值在3.1415926和3.1415927之间，只能说推算到小数点之后的七位数，怎么能简单地说是“七位数”以上呢？须知“数值是七位数”的数学意义是唯一的，既没有也不可能作别的解释。应将“推算到七位数以上”改为“推算到小数点以后的七位数以上”。

## 193. 厄尔尼诺现象是水文现象吗?

例句：“2006年5月举办的‘隆力奇杯’第12届CCTV青年歌手大奖赛中，评委在点评中说到‘厄尔尼诺现象’时，称‘这种水文现象’云云。”

答：按照《辞海》释义：厄尔尼诺现象是位于近赤道东太平洋水域的秘鲁洋流水温反常升高、鱼群大量死亡的现象，“某些海区这种高温现象可持续一年以上，对全球天气气候的短期振动有重大影响。”就学科门类而言，水文现象属于水文学范畴，“传统上，水文学限于研究地球陆地上的降水、蒸发、入湾和径流等水分运动，又称陆地水文学。而大气中的水汽、地下水以及海洋中的水分分别属于气象学、水文地质学和海洋学的研究范畴。”人们通常称厄尔尼诺为海洋、气象术语，由于最终影响的是人们最关注的气候，应当说厄尔尼诺现象不是水文现象，而是气象现象。鉴于此，应将“这种水文现象”改为“这种气象现象”。

## 194. “沿海海面”说得通吗?

例句：“电台在播报华东地区天气情况时，一直使用‘山东南部沿海海面’之类的词句。每当听到这种带有明显语病的句子，心中便有疙疙瘩瘩之感。”

答：该句说“山东南部沿海海面”是“带有明显语病的句子”的批评是对的。什么是沿海？指靠近海的一带，应当是海岸线以内的陆地部分。沿海一词限定、修饰的不是海面，而是陆地；而沿海海面一说，恰恰是说“靠近海的海面”，显然是同“沿陆陆地”即“靠近陆地的陆地”一样自相矛盾，不能成立。应将“山东南部沿海海面”改为“山东南部沿岸海面”或“山东南部海域”等更准确。

## 附 7：几点质疑

### “党内法规”之说能成立吗?

例句：“要坚持改革创新的精神，按照依法治国、依法执政的要求，切实加强以党章为核心的党内法规制度建设，加强国家廉政立法，努力形成反腐倡廉的制度体系。”

答：近些年来，一种类似于该句中的“党内法规”之说颇为流行，值得关注。它不仅时而见诸某些党建文章、论著或报刊中，而且在一些党的权威文件、文献乃至《中国共产党章程》[①]也屡见不鲜。然而，在笔者看来，对“党内法规”之说正确与否，可以且应当提出质疑。

第一，“概念说”。

《词典》（第 352、353 页）对“法”“法律”和“法规”作了如下释义：（1）“法”，是“体现统治阶级的意志，由国家制定或认可，用国家强制力保证执行的行为规则的总称，包括法律、法令、条例、命令、决定等”。（2）“法律”，是“由立法机关或国家机关制定，国家政权保证执行的行为规则的总和。包括宪法、基本法律、普通法律、行政法规和地方性法规等规范性文件”。（3）“法规”，一是“法律、法令、条例、规则、章程等的总称”。二是“法律效力低于宪法和法律的规范性文件，包括国务院制定的行政法规和地方国家权力机关制定的地方性法规”。上述释义表明：无论“法”“法律”，还是“法规”，它们都是由“国家制定或认可，

①《党章》（第 56 页）：“第四十六条　党的各级纪律检查委员会是党内监督专责机关，主要任务是：维护党的章程和其他党内法规，检查党的路线、方针、政策和决议的执行情况，协助党的委员会推进全面从严治党、加强党风建设和组织协调反腐败的工作。”（《中国共产党章程》，中国法制出版社 2017 年版）

用国家强制力保证执行的行为规范”。就国家学说而言，“法”“法律”和“法规”都是作为“阶级统治的工具，同时兼有社会管理职能”的国家的产物或衍生物，它们只是或者只能同国家有关。就建党学说而言，政党，是“代表某一阶级、阶层或集团的利益，并为之而斗争的政治组织”。进而言之，作为我国执政党的中国共产党，它是中国工人阶级的先锋队，同时是中国人民和中华民族的先锋队，是以实现共产主义为最高理想和最终目标的马克思列宁主义政党。

鉴于上述对“法”“法律”和“法规”的释义，以及对“政党”乃至我国“执政党”——“中国共产党”的定义性表述，人们不难作出如下合乎逻辑的推断：“法规”与国家有关，与“政党”（乃至执政党“中国共产党”）无关。既然如此，何有“党内法规”？从法规概念上看，只有国家法规，没有党内法规，“党内法规”之说根本说不通，自然不能成立。

第二，“体系说”。

在我国，作为国家层面的法律行为规范体系的内容包括：（1）宪法，国家的根本大法；（2）基本法律，包括民法通则、刑法等；（3）普通法，包括婚姻法、律师法等；（4）行政法规，即国务院颁布的行政法规、规章，包括条例、办法、章程等；（5）地方性法规，即地方国家权力机关（地方人民代表大会及其常委会）颁布的地方行政法规、规章。作为我国执政党——中国共产党党内行为（纪律）规范体系的内容包括：（1）党章，是我们党为了实现党的纲领而制定的党的总章程；（2）准则（比如：《关于新形势下党内政治生活的若干准则》），是由党的领导机关制定的调整某些方面党内关系的行为规范；（3）条例（比如：《中国共产党党内监督条例》），是指党的领导机关制定的，调整某一方面，或以某种特殊方法调整有关党组织或党员参加的党内外社会关系的行为规范；（4）规定（比如：《关于改进工作作风的八项规定》）是由党中央制定的，党的组织和党员个人在某一特定的党内外生活领域中必须遵守的行为规范；（5）其他，即指上述四种行为规范以外的一些不具有确定形式的，包括“决定”“通知”“通报”“办法”等的行为规范。

综观上述两个体系的内容，可发现有以下三个不同。一是冠名（定性）不同：前者是国家法律行为规范，后者是党内行为（纪律）规范。二是针对

（或实施）对象不同：前者是针对我国全体公民，后者针对党的组织和党员。三是有无“法规”的不同：前者列有国家行政法规和地方性法规，后者则无“法规”。鉴于上述两个体系的内容相比较而言，人们仍可得出如下的共识：法规专属国家所有，却与作为我国执政党的中国共产党不搭界、不沾边。既然如此，又何谓“党内法规”之说？从体系内容上看，“党内法规”之说说不通，自然也不能成立。

第三，“名称说”。

将上述法律行为规范体系的名称，包括宪法，基本法律的民法通则、刑法等，普通法律的婚姻法、律师法等，行政法规的条例、办法、章程等，地方性法规的条例、办法、章程等，和党内行为（纪律）规范体系名称，包括党章（章程）、准则、条例、规定等，加以列述并进行比较性的解读，不难发现一个“无关”和一个“重合”。所谓“无关”是指后者名称，即党章、准则、条例、规定等，同前者名称体系中的，名副其实地冠名于“法”的前三位的宪法、基本法律的民法通则、刑法等、普通法律的婚姻法、律师法等无关，或者说根本不沾“法”的边。所谓“重合”是指后者名称，“党章”（“章程”）“条例”同前者名称体系中的后两位行政法规和地方性法规中的“条例”“章程”有重合之处。由于既与作为法律行为规范体系的主体和非核心部分的前三位名称无关，又与只是作为法律行为规范体系的非主体和非核心部分的后两位“行政法规”“地方性法规”的“条例”“章程”有重合之处（而这种“重合”并不能导致抹去“行政法规”“地方性法规”的“行政”底色，演变成“党内法规”），所以从体系名称上看，“党内法规”之说仍然说不通，自然还是不能成立。

相对于“党内法规之说”说不通，不能成立，倒是“党纪国法”说得通，完全能够成立。值得强调指出的是，中共中央政治局原常委、中央纪委原书记王岐山（1948—　）持有这一观点。2015 年 5 月 8 日王岐山到浙江调研时，他重点阐述了“党纪”与“国法”的概念，他表示，党要管党、从严治党，要靠党章党规党纪。“党纪”与“国法”不是一个概念，不能混同。党纪严于国法。党是政治组织，党规党纪保证着党的理想信念宗旨，是执政党的中国共产党党员的底线。法律体现国家意志，是全体中华人民共和国公民（包括中国共产党党员在内）的底线。多少年来“党纪国法”，或者说“党有党纪，国有国法”，这是人们普遍认同的颇具真理性的共识。我们完全有理由相信，通过既加强“党纪”，坚持党要管党，从严治党，加强党的自身建设，又加强“国法”，坚持依法治国，依宪治国，加强国家的法治建设，就能把我们党和国家领导的中国特色社会主义伟大事业不断推向前进。

## “宪法和法律”之说准确吗？

例句：“任何组织或者个人都不得有超越宪法和法律的特权。”①

答：“宪法和法律”一说正确否？作者对此提出质疑。之所以提出质疑，则是因为：（1）“宪法”和“法律”不能并列；（2）“宪法”更不能列在“法律”之前。

为什么这样说？还得从“法律”的概念说起。《词典》对“法律”所作的权威性释义是：“由立法机关或国家机关制定，国家政权保证执行的行为规则的总和。包括宪法、基本法律、普通法律、行政法规和地方性法规等规范性文件。”逻辑学有一个基本原理或规则是：属概念和种概念之间系隶属、统属关系，种概念不得与属概念平列，更不得列在属概念之前。将上述对“法律”概念的释义以及属概念、种概念相互关系的论述结合起来看，不难发现：“法律”是属概念，而“宪法”“基本法律”“普通法律”“行政法规”和“地方性法律”都是同一层次的种概念。在此，请注意：“宪法”既然是与“基本法律”“普通法律”“行政法规”和“地方性法规”相并列，作为种概念之一，与同属于种概念的“基本法律”“普通法律”“行政法规”和“地方性法规”一样，共同隶属于“法律”这一属概念，它又怎能不仅单独与“法律”并列，而且还列在法律之前？这无论从法学原理，还是逻辑学原理上说，都是讲不通的，或者是不能成立的。

进而言之，我们不妨另举一个类似的通俗例子旁证或说明之。比如：“人”这个属概念，从性别上说，包括“男人”和“女人”两个种概念。从种族上说，包括“白种人”“黄种人”和“黑种人”三个种概念。如果按照“宪法”和“法律”一说可以成立的逻辑，岂不是推导出“男人”和“人”“白种人”和“人”，即不仅“男人”和“人”并列、“白种人”和“人”并列，

①《中华人民共和国宪法》，中国法制出版社2017年版，第8页。

而且“男人”列在“人”之前、“白种人”列在“人”之前的两种说法吗？如此说，它们岂不是进而推导出“大男子主义”“白人至上”（种族主义者）的荒谬观念吗？

行文至此，读者可能对作者是否重视宪法的作用提出质疑。毋庸置疑，作者对宪法作为任何一个国家（在我国也不例外）的根本大法的极端重要性不持任何异议。我们强调依法治国，从一定的意义上说就是依宪（法）治国，这无疑也是完全正确的。然而问题的关键在于：强调宪法的极端重要性只能限定在整个国家法律的总的框架之下，不能强调到突破这一总的框架，将宪法不仅与法律相提并论，而且还列在法律之前。还是列宁说得对、说得好：“真理向前迈出一步，就会走向荒谬。”

多年来，乃至近年来，君不见“宪法和法律”一说不仅显身于各种法律论文、著作中，而且在国家一些法律文献、文件中也屡见不鲜。作者对此早有存疑，不敢苟同。而今，在本书中对“宪法和法律”一说表示否定的态度，不知读者诸君同意否？①

## “科学技术是第一生产力”之说是否存有不当之处？

例句：“马克思说过，科学技术是生产力，事实证明这话讲得很对。依我看，科学技术是第一生产力。”

答：《词典》（第 1160 页）释义：“生产力　名 人类在生产过程中把自然物改造成为适合自己需要的物质资料的力量，包括具有一定知识、经验和技能的劳动者，以生产工具为主的劳动资料，以及劳动对象。其中劳动者是首要的、能动的因素。”鉴于上述释义，可见“生产力”的内涵包括：（1）具有一定知识、经验和技能的劳动者；（2）以生产力工具为主的劳动资料；（3）劳动对象。相比较而言，该句中所说的“科学技术”，可与释义中的（1）具有一定知识、经验和技能的劳动者中的“技能”相对应，而它又只是有“知识、经验和技能”的三者之一。进而言之，该释义还指出：

①2010 年，作者曾就该问题打电话请教中国人民大学法学院资深教授孙国华（1925—2017 年）［1985 年他进中南海给胡耀邦（1915—1989 年）总书记等中央领导同志讲课，被称“进中南海讲课第一人”］。他表示：我的质疑有道理，但多年来这一说法在法律界乃至社会各界业已约定俗成，亦可不改。

“其中劳动者是首要的、能动的因素。”或者说：“具有一定知识、经验和技能（或科学技术）的劳动者是首要的、能动的因素。”我们还可推导出“具有一定知识、经验和技能（或科学技术）的劳动者”是生产力的第一要素。倘若作合乎逻辑的推理的话，那么“以生产工具为主的劳动资料”则是生产力的第二要素，“劳动对象”则是生产力的第三要素。还可如同《词典》（第1160页）对“生产力”所作的进一步释义：“科学技术的广泛运用促进或决定生产力的发展。从这一意义上讲，科学技术是第一生产力。”毋庸置疑，这一加以必要限定的说法，还是可以成立、自圆其说的。

综上所述，第一，笼统地说科学技术是第一生产力，不完全准确，似有以偏盖全之嫌。第二，倘若科学技术是第一生产力，那么我们会合乎逻辑地问道：科学技术是第一生产力，什么是第二生产力？什么又是第三生产力？如此不好回答，还不如采用上述的生产力第一要素、第二要素、第三要素更妥帖。第三，如果非要说科学技术是第一生产力，那么应当加以必要的限定，即“科学技术”的广泛运用促进或决定生产力的发展。从这一意义上讲，科学技术是第一生产力。

另，周诚编著《以文载道咬文嚼字》将“科学技术是第一生产力”列为“当前中国最流行的十大病语”第二，指出：“‘科学技术是第一生产力’这一说法的不当在于：‘生产力’是与‘生产关系’相对应的经济学与哲学定性命题，不可能、不应当区别为第一、第二、第三等部分。可区分的是生产力要求，即我们可把生产力的组成部分区分为‘第一要素’、‘第二要素’等等。这样，这一命题就应当纠正为：‘科学技术是生产力第一要素’。”①

## “实践是检验真理的唯一标准”之说是否存有不当之处？

例句：“实践 ……②人们有意识地从事改造自然和改造社会的活动：～出真知 | ～是检验真理的唯一标准。”②

答：作者对“实践是检验真理的唯一标准”这一表述提出两点质疑。一是检验真理一说不准确。从逻辑上说，既然是检验，就有检验“是”与“非”、

① 周诚编著《以文载道咬文嚼字》，北京出版集团公司北京出版社2010年版，第142页。

②《词典》，第1179页。

“对”与“错”的问题。然而真理就是真理，真理（无论是相对真理或绝对真理）本身就是“是”，就是“对”，无所谓“非”和“错”的问题。然而理论却有“是”与“非”、“对”与“错”的问题，鉴于此，应当将“检验真理”改为“检验理论”。二是“唯一标准”也不妥，因为“唯一”绝对化了，事实上实践检验“理论”，标准不只是一个，唯一的，而可能有几个，实践是检验理论的标准，很重要、太重要或者极端重要，但不能是唯一的，倒应当是“根本的”“主要的”。鉴于此，应将该句改为“实践是检验理论的根本（或主要）标准”。

另，周诚编著《以文载道咬文嚼字》将“实践是检验真理的唯一标准”列为“当前中国最流行的十大病语”第一，指出：“‘实践是检验真理的唯一标准’的提法之所以不合事理，是由于‘实践’是一种行为，行为本身不过是检验真理采取的举措，而只有从多人、多次实践结果的分析、归纳中，方能发现真理与错误所在。从而，‘实践是检验真理的唯一标准’这一提法，应当修正、充实为‘实践是检验真理的唯一途径。实践的结果是检验真理的唯一标准’。如果只用一句话阐述这一命题，则应当是‘实践的结果是检验真理的唯一标准’。”①

---

① 周诚编著《以文载道咬文嚼字》，北京出版集团公司北京出版社 2010 年版，第 142 页。

# 三、解字篇

## （一）对汉字的评价

### 195. 中国人和著作对汉字有哪些肯定性评价？

答：（1）南北朝庾肩吾（487—551年）《书品》曰："开篇玩古，则千载共朝；削简传今，则万里对面。"［即翻开书籍，品味古代文献（字），千百年前的事情让人一目了然；若用竹简交流，当前人们的思想，千万里外的人，可以像面对面似的谈话。或者也可以说，文字可以突破时空的限制，传播人们的思想和话语，把人们想说愿说的话带给不在现场的他人，乃至传给子孙后代。］

（2）《中华文明史》认为："汉字作为中华文明的重要载体，是中华民族重要的发明之一。"

（3）《中华字源》认为："众多的中华汉字承载着人类几千年灿烂文化的积淀，经过历史长河的冲刷，历久弥新，在文化的殿堂里熠熠生辉，是人类智慧不灭的火焰。"

（4）李梵《汉字的故事》认为：

一是"语言文字是一个民族的精神象征，也可以说是一个民族的面孔和灵魂。没有汉字也就不会有辉煌灿烂的中国古代文明，可以说汉字是中华文明之母"。

二是"汉字的诞生，是我们的祖先由蒙昧进入文明时代的标志。汉字的诞生和发展，同汉族人民的社会和文化史是密切相关的，从某种意义上讲，探讨汉字的起源就是探求中国古代文明的缘起"。

三是"可以说汉字是中华文明之母，就这个意义上讲，令国人自豪的四大发明都是汉字这个大发明的衍生物"。

四是"汉字是现今世界上硕果仅存的古老表意文字。古巴比伦的'楔形文字'、古埃及的'圣书字'，以及另外一些古文字都已不知所踪，致使古巴比伦文明、古埃及文化也因为失去文字载体而失传了，唯有汉文化以汉字为载体而一直连续至今”。

五是“汉字从来是中华民族同世界各国、各民族进行交流和传播中华文明的工具。世界上没有任何一种文字像汉字这样承载着最悠久的中华文明而青春常在。汉字是我们祖先给我们留下的极其珍贵的文化遗产”。

六是“汉字创造了在东方遥遥领先的古代文化，记载了先进的文明成果。其他相对落后的民族、国家和地区，通过学用汉字使自己开化进取，进而创造自己的文化，这样很快形成了汉字文化圈”。

（5）佚名人对汉字的肯定性评价。一是“汉字字形是抽象性与形象性、哲理性与艺术性的统一体”。二是“汉字作为记录汉语的文字系统，是我们中国人的杰作，也是审美与实用的结合体，每个字几乎都是美的造型”。三是“汉字是二维的音形意一体的信息，汉字具有平面空间（纸张）最大的表现力，故汉字阅读起来更方便，在一瞥之间就可捕捉其特点，映射其含义，是文字的高级形式”。四是“汉字以其独特的魅力，成为中华文明的载体和基础，以及世界文明宝库中独一无二的瑰宝。独特的方块字，是古代的华夏文明作为世界文明体系中唯一没有间断而延续至今的重要原因之一，它是中华民族智慧的结晶，是有着鲜活生命的物体。它蕴藏着丰富的审美和诗意，有着深厚的文化气蕴和魅力”。五是“汉字已走过几千年的漫长岁月，是世界上唯一留存下来、使用者众多、充满哲理内涵的系列表意文字。汉字历经甲骨文、金文、篆隶、行书、草书、楷书的演变，其字义与字形兼具实用和审美的双重价值和属性。它见证了 5000 年文学辉煌灿烂的中华文明，积累凝聚了丰富浑厚的华夏文化，是中华民族源远流长、富有生命力的载体”。六是“汉字之美，美在形体。你看吧，每个字都有不同的神韵，‘明’是由两个象形字‘日’和‘月’组成的会意字，‘是太阳公公和月亮公公在一起’；汉字之美，美在风骨。在世界文字之林中，中国的汉字用一个个方块字培育了五千年古老的文化，维系了一个统一的大国的存在，不管这块东方的土地上有多少种不同的语言讲着多少互相听不懂的方言，但这汉字的魅力却成了交响乐队的总指挥；汉字之美，美在精髓。是电脑接受了汉字，而不是电脑改变了汉字。正因为如此，汉语成了当前世界上使用人口最多的语言文字，目前地球上使用汉字的人口大约超过 14 亿人，占世界人口的 26%”。七是汉字组词能力太强大，还可以触类旁通，记忆量大减。八是“真庆幸，我们生在中国而不是美国。一句话：做中国人——爽！想想看，美国人学习了3 ~ 5万个单词，他能享受的信息还很有限，每年还要学上万个新词。中国人学习三四千个汉字，就可享受几乎全部信息”。九是“汉语认字少，组字简单科学，字形达意，掌握1500个汉字后，就能达到不学而知、无师自通、触类旁通、融会贯通”。

（6）其他人对汉字的肯定性评价，主要是：

一是江泽民（1926—　）说：“中国是靠汉字统一的国家，中华文化能够使大家统一起来。”

二是安子介说：“我们靠汉字统一中国。中国从黑龙江到云南，汉字全通。欧洲不同，即相邻的法、德文字距离已很大。西方的字母，根据历史也是由象形而来，后来变成拼音，结果把欧洲分成大小十数个国家，各国文字不相同，相互联络的纽带断了，如果中国早年也走这一条路，早已出现江苏国、广东国了。我们方言这样多，汉字和读音无法在‘语音学’上统一。汉字对汉族产生了不可估量的凝聚作用。元朝统治中国近百年，无法用蒙文代替汉文，清代以来，中国不断受外族侵略，但是撼山易，撼汉字难。中华文明连绵不断，是用‘汉字’记载的。”又说：“汉字是中国的第五大发明。”“21世纪是汉字发挥威力的时代。”

三是范徐丽泰（1945—　）说：“香港现在最大的优势是背靠祖国。中国的国际影响力在增强，连美、英、法、德等国的人都在学汉字和普通话。我们香港有‘近水楼台’的优势，为何不抓住机会？”

四是许嘉璐（1937—　）说：“对于统一的国家或统一的民族来说，其用字规范与不规范是衡量这个国家或民族文明程度的尺度。这是古今中外的一条规律。特别是像我们中国这样的大国，有12亿人口，960万平方公里的土地，方言又那么复杂，而我们却能维护统一的局面，政令畅通，信息准确，我们靠的是什么？靠的就是基本规范的汉字。”

五是刘兆玄（1943—　）（中国台湾）说：“汉字是现存唯一的视觉辨识文字系统，产生了独特的视觉美感。同时汉字也是五千年中华文化的载体。对于世界产生了广泛而深远的影响。目前全世界有超过三千万外国人在积极学习中文，我希望汉字所承载的中华文化复兴能为21世纪创造新的普世价值，这是非常重要的民族使命。”

六是江蓝生、张国宪说：“任何一个统一的国家，都需要有统一的或通用的语言文字。语言文字的规范和统一关系到国家的统一和稳定。中国历史悠久、地域广大，却始终没有分裂，什么原因？除了政治、社会的因素外，中国自秦始皇以来就有统一的文字是一个很重要的因素。”

七是陈鹏举（1940—　）说：“中国人的伟大先辈里，有一位是最不能忘记的。他不是别人，他是仓颉。文字之父，中国人谁也不能忘记。他创造了世界上最梦幻，或者是最写意却最接近世界本源、祖国本相和中国人内心本真的中国字。中国字的内核是诗情，外表是书法。诗情和书法都是极其中国的。这‘情’这‘法’，便是中国人个人和社会、国家和天地之间所有关系的基石。”“中国字塑造了中国人。五千年来，每个中国人的额头，沐浴在中国字的光辉里。”

八是宣永光（1886—1960年）说：“中国文字，具有世界各种文字的特长。无论平行直行，左行右行，均无不可。中国字，一字一音，所以组成文章，不但句段整齐，并且和声叶韵。看几行名家的字，读一篇名家的文，真能增人美感，提人精神。无论什么外国的文字，也没有这种特色。英国麦克乃路Mcccit先生说中国文字为世界最精美的，实在是一句公平话。”

九是20世纪二三十年代诗人朱湘（1904—1933年）说过，中国的文字最适合作诗，每个汉字本身就是一首诗。

十是王大有（1944—　）说：“中国文字的本质：天人全息的文化符号。”“在世界上中国的汉文字，是真正意义上的文字，而西方人的拼音文字，恰恰是尚未发展成熟的落后文字。”

### 196. 外国人和外媒对汉字有哪些肯定性评价？

答：可举以下五例：

（1）印度前总理尼赫鲁（1889—1964年）曾对他女儿［即曾担任过总理的甘地夫人（1917—1984年）］说：“世界上有一个伟大的国家，它的每一个字都是一首优美的诗，一幅美丽的画，你要好好地学习，我说的这个国家就是中国。”

（2）法国前总统德斯坦（1926—　）说：“中国的这种统一”，“是由语言加固的，不是因地区而异的口语，而是书面语，即那些在中国到处都绝对一致的著名汉字。”

（3）英国李约瑟（1900—1995 年）认为，汉字这一伟大的发明是中华民族对人类知识和力量的总和所做出的贡献。汉字产生的影响，对推进世界文明进步的伟大作用不是局部的，而是全面的；不是暂时的，而是永远的。中华民族的灿烂文化主要通过汉字文献传播到全世界。

（4）英国王储查尔斯（Charles）（1948—　）呼吁英国人学些中文（汉字），他认为，现今东南亚，尤其是中国经济增长突飞猛进，英国人要跟随大势所趋，必须学好中文（汉字）。

（5）韩国《中央时报》发表《汉字是东北亚经济圈的催化剂》一文，指出：“在形成某种形式的东北亚经济圈的过程中，起到催化剂作用的首要重要因素是作为这个地区共同文化遗产的汉字的使用。”

## 197. 中外人士对汉字有哪些负面性评价？

答：（1）中国人的负面性评价。

一是古代人的负面评价，比如：宋代邓肃（1091—1132 年）说：“外国之巧，在文书简，故速。中国之患，在文书繁，故迟。”比如：经历明末清初的方以智（1611—1671 年）说：“字之纷也，即缘通与借耳。若事属一字，字各一义，如远西因事乃合音。因音而成字，不重不共，不尤愈乎？”

二是近现代人的负面评价，比如：鲁迅的极端言论：“汉字不灭，中国必亡。”比如：瞿秋白（1899—1935 年）的上纲上线：“受十月革命影响，肯定文字有‘阶级性’，汉字是奴隶主和地主的文字，跟无产阶级格格不入。”比如：钱玄同“曾喊出‘打倒古文！打倒汉字！打倒国粹！’的口号”。五四运动后，第一批知识分子痛感并痛批汉字的“三多五难”：“三多”：字数多、笔画多、读音多；“五难”：难认、难读、难写、难记、难用。比如：李逸三（1906—2003 年）《汉字为什么急需改革》一文指出：“因为汉字的大多数有声旁，人们把汉字叫做形声字，是名实相符的。由于汉字表音过粗，给学习带来很大的困难，差不多每个字是要逐个地死记字音，不像拼音文字那样，看了字形，就能念出字音。这是汉字的最大缺点。”“还有，汉字形体复杂，也是个大问题，这表现在下列三个方面：1. 笔画过多……2. 偏旁太杂……3.组字原则，模糊不清……”再比如：平木《关于汉字改革的几个问题》一文中指出：“另一方面，汉字也存在着严重缺点。它们一个字一个样子，看了样子不能读出音来，能读出音来，不见得写出来，看了样子和读出音来不见得能懂得它的意思。只有一个字一个字去死记……它的难认、难写、难记，在儿童教育、成人教育和扫除文盲工作中形成了一个沉重的负担。”

（2）外国人的负面性评价。

一是利玛窦[①]说：“中国人必须致力于精通文字，因此耗尽精力，妨碍了学习其他的知识。”二是李明（盈按，原名为L. Le Comte）指出：“这些繁多的字，是中国人无名的来源。”三是英国军人Anson“Anson’s Voyage Roand the World”一文中论及中国文化，指出：“说到中国字，他们（中国人）的固执和荒谬则更令人惊讶，经过这么长的历史，在众多国家中，只有中国仍用那些粗糙的符号，他们必须精通一大堆超过人类记忆所能负荷的字，书写起来也需要奇异的功力，没有人能够完全精通它。”

## （二）字义

以“人”“性”“男”“女”“父”“母”“夫”“妻”“兄”“弟”“姐”“妹”“伯”“叔”“婶”“侄”“舅”“甥”“儿”“孙”“春”“夏”“秋”“冬”“东”“西”“南”“北”“上”“下”“左”“右”“古”“今”“中”“外”“鼠”“牛”“虎”“兔”“龙”“蛇”“马”“羊”“猴”“鸡”“狗”“猪”和“〇”“一”“二”“三”“四”“五”“六”“七”“八”“九”“十”，以及“个”“拾”“百”“千”“万”“亿”“兆”字等为例，对它们的字义加以解读。

### 198. 怎样解读“人”字？

答：《说文解字》曰：“人，天地之性最贵者也。此籀文像臂胫之形。凡人之属皆从人。”对“人”字的基本解读是：“人”的总称是人类。这是将“人”与“动物”相对而言，指动物可分为高等动物和低等动物，其中

① 利玛窦（Matteo Ricci），1552—1610年，明末来中国传播天主教的耶稣会传教士。

能制造工具并使用工具进行劳动的高等动物，为人类；而不能制造工具并使用工具进行劳动的低等动物（诸如牛、马、羊、狗等），均为动物类。在“人”这一汉字造字过程中，古人特别强调“手”与“足”两部分：强调“手”部，是因为人能运用手制造和使用工具；强调“足”部，是因为人能直立行走。故此，古人在造“人”字时便以侧面站立的人为人字的形体。

对“人”字的非基本解读是：（1）指某种性别的人，即男人、女人。（2）指某种族的人，即黄种人、白种人、黑种人。（3）指某种身份或职业的人，比如：工人、军人、主人、客人，以及电影（或电视）人、媒体人等。（4）指每人、一般人、普通人，比如：人手一册、人尽其才、人所共知。《史记·平准书》曰：“人给家足。”（5）指某个民族或国家的人，比如：汉（族）人、满（族）人、蒙古（族）人等，中国人、外国人，美国人、俄罗斯人等。（6）指别人、他人（与“我”“己”相对），比如：待人诚恳、为人处世、人云亦云、“人不犯我，我不犯人”等，《论语·学而》曰：“不患人之不己知。”（7）指成年人，当今指年龄18周岁以上的人，《荀子·儒效》曰：“［周］成王冠，成人。”（8）指人民，无论过去、现在和将来都是以劳动群众为主体的社会基本成员，《后汉书·皇甫规传》曰：“夫君者，舟也；人者，水也。”（9）指人才，既有才智又有高尚品德的人，《晋书·任旭传》曰：“秀（孙秀）坐事被收，旭狼狈营送，秀慨然叹曰：‘任功曹，真人也。’”（10）指人的品质、性格或名誉，《孟子·万章下》曰：“颂其诗，读其书，不知其人可乎！”（11）指人事，即人的意识的对象，《史记·扁鹊仓公列传》曰：“简子疾，五日不知人。”（12）指人的身体健康状况，比如：这两天人不大舒服。（13）指人的意识，如送到医院人已经昏迷过去，不省人事了。（14）指人道，即男女交合之事，《史记·樊郦滕灌列传》曰：“荒侯市人病不能为人。”（15）指人手，比如：人浮于事，此处正缺人。（16）指果仁，《尔雅·释木》曰：“桃李丑核。”郭璞（276—324年）注：“子中有核人。”（17）指姓，比如：明代有人杰。

## 199. 怎样解读“性”字？

答：《说文解字》曰：“性，人之阳气。性善者也。从心生声。”对“性”字的基本解读是：（1）性别，通常指动物的雌、雄两性的区别，涉及人，指男性、女性的区别。（2）有关生物的生殖或性欲，比如：性器官（男性、雄性的睾丸和阴茎，女性和雌性哺乳动物的子宫和阴道或阴门），性行为（包括人、动物在内的生物为繁殖后代、涉足性欲等而进行的与性有关的行为），性生活（指人性交的过程，多指夫妻配偶之间的性交）。

对“性”字的非基本解读是：（1）人的性格，比如：人的个性、天性、耐性等。《韩非子·观行》曰：“西门豹之性急，故佩韦以自缓。”（2）人的本性，《论语·阳货》曰：“性相近也，习相远也。”（3）生命、生机，《左传·昭公八年》曰：“民力凋尽（竭尽——作者注）……莫保其性。”（4）性格、性情，《世说新语·忿狷》曰：“王蓝田性急。”（5）物质所具有的性能、物质因含有某种成分而产生的性质，比如：药性、黏性、碱性、酸性、油性、弹性等。（6）表示名词（以及代词、形容词）的类别、语法范畴。比如：人称代词“他”与“她”就有“男性”与“女性”的区别。英语中的“He（他）”“His（他的）”与“She（她）”“Her（她的）”也有男性与女性的区别。需要说明的是语法上的性与事物的自然性别有时有关，有时无关，比如：俄语名词有阳、阴、中三性。（7）指在思想感情或组织上的表现，比如：“党性”“阶级性”“组织性”“纪律性”“积极性”等。（8）指事物的本质特性，《孟子·告子》曰：“是岂水之性哉？”

## 200. 怎样解读“男”字？

答：《说文解字》曰：“男，丈夫也。从田从力，言男用力于田也。凡男之属皆从男。”饶炯注：“男从田力会意，谓甚力任田事。”古代社会发展到以农业为主的农耕社会，由于体力的原因，男子成为从事农业生产的主要承担者。俗话说：“男主外，女主内。”在古人看来，干农活是男子的事。从“男”字创造上可见一斑。在甲骨文、金文中，“男”的写法都是左为“田”，右为一种耕田农具的形状，即“耒”，故“男子力于田”是“男”字的本义。到了篆书阶段，字形由左边架构变成上下结构。隶书阶段沿袭了上下结构，不过上面的“田”不变，而下面的“耒”变成“力”，“男”字基本定型了。

对“男”字的基本解读是：（1）男性，《诗经·小雅·斯干》曰：“乃生男子。”（2）男子，与“女”相对，晁错（前200—前154年）《论贵粟疏》曰：“故其男不耕耘，女不蚕织。”（3）男人，《荀子·富国》曰：“男女之合，夫妇之分。”

对“男”字的非基本解读是：（1）儿子，《史记·文帝本纪》曰：“太仓公无男，有女五人。”（太仓公，指太仓令淳于意——作者注）杜甫《石壕吏》诗曰：“一男附书至，二男新战死。”是儿子对父母的自称。（2）古称能在田中出力劳动的壮丁。《礼记·内则》曰：“三十而有室，始理男事。”郑玄注：“男事，受田给政役也。”（3）爵位之一，指古代五等爵位的最末一等——男爵。《礼记·王制》曰：“王者之制禄爵，公、侯、伯、子、男，凡五等。”（禄爵，指俸禄和爵位——作者注）。（4）欧洲封建时代的爵位名之一男爵，11—13世纪为国王或大封建主的直接附庸，也是世袭的封建领主。王权加强后男爵成为贵族的爵衔之一，位于子爵之下。

## 201. 怎样解读“女”字？

答：《说文解字》曰：“女，妇人也。象形。王育说。凡女之属皆从女。”“女”字是一个古态的象形字。甲骨文中的“女”字像一个女子双手交叉，弯曲双腿，跪坐在那里。之所以如此，正是与突出强调男子以农耕为职业的特征相类似，强调古代女子主内持家的特点。父系社会形成后，女子在家庭中的地位下降，她们的主要任务是从事家务劳动。从甲骨文到金文，“女”字形象变化很大，头身相连了，腿脚拉直了，坐姿消失，整个字横斜过来，篆书沿袭了这种变化，到了隶书阶段，“女”字业已基本定型，象形意义大为减少。

对“女”字的基本解读是：（1）女人，与“男”相对，《诗·郑风·出其东门》曰：“出其东门，有女如云。”（2）女性，《诗经·小雅·斯干》曰：“乃生女子。”（3）妇女，《周易·序卦》曰：“有男女，然后有夫妇。”

对“女”字的非基本解读是：（1）女儿，古乐府《木兰诗》曰：“不闻爷娘唤女声。”（爷，指父亲——作者注）（2）特指未婚女子，《诗经·周南·关雎》曰：“窈窕淑女，君子好逑。”（逑，指配偶——作者注）（3）以女嫁人，《国语·越语》曰：“请句践女女于王，大夫女女于大夫，士女女于士。”（4）指柔弱、柔嫩，前者意即“女好”，指柔婉貌，《荀子·赋》曰：“此夫身女好，而头马首者与？”（即蚕体柔婉，头像马头——作者注）。后者意即“女桑”，指小桑树，初生柔弱之桑，《诗·豳风·七月》曰：“猗彼女桑。”（5）指乳，通“汝”，即“你”“你们”。《汉书·外戚传下》曰：“女自知之。”颜师古（581—645年）注：“女读曰汝。”（6）亦称“须女”“婺女”，星宿名，二十八宿之一，玄武七宿的第三宿。有星四颗，即宝瓶座中的四星。（7）女真，我国古代东北地区的一个民族，曾建立金国，后成为满族的主要组成部分。（8）姓，春秋时晋有女叔宽。

此外，对“女”字还可作如下补充性解读：（1）表示非女性的字：姓[①]、如、嫡、娖、婼、姗、始、嬗、嫖、嬔、姁、娵、嬉、婺、妥、婴等。（2）表示女性的字。又可分为：①表示对妇女不褒不贬的字：她、妈、娘、婆、妇、媪、嫂、婶、姑、姥、奶、姐、姊、妹、妻、姑、妯、娌、姨、媳、妊、嫁、媵、嫔、如等。②历史上有过一段母系社会古姓氏带“女”字旁的姓：姒、妘、姬、姜、姚、妫、嬴等。③表示褒义的带“女”字旁的字：好、妙、姣、娇、媱、媄、婻、婠、婉、婳、媞、嫿、娟（婵娟）、婷、妩（媚）、妍等。④表示贬义的直接针对女性的带“女”字旁的字：奸（姦）、娶、妄[②]、孬、婪、娼、姘、嫉、妒、嫜（固执）、媸（相貌丑）、嬲（戏弄、纠缠）、妓、妖、婊、耍、嫖、奴、婝（形容词，不能决定的样子）等。⑤表示贬义间接针对

①“姓”字有一重要解释是姓氏，旧时有《百家姓》，北宋（960年），收入单姓408个，复姓30个，共438个。

②妄，会意字，由“亡”和“女”上下组合而成，“亡”兼表音。妄表示女子胡思乱想。妄的本义是“乱”，即没有凭据地胡思乱想或行动。

女性的骂人口头禅："女流之辈""他妈的"①（此乃过去或现在不少人的司空见惯的使用频率最高的骂人口头禅之一，被鲁迅列为"国骂"）"他娘的"［乃至类同的蒋介石（1887—1975年）带有浓浓宁波（奉化）腔的骂人口头禅："娘希匹"］"他奶奶的"，以及北方人表示气愤时脱口而出的"姥姥"等。

## 202. 怎样解读"父"字？

答：《说文解字》曰："父，矩也。家长，率教者。从又举杖。"意思是"父"作为一个坚持规矩的人，是一家之长，也是引导教育子女的人。在甲骨文中，"父"字字形像一只手抓住一柄刀斧或棍棒的人。在原始社会父系时代，石斧、棍棒是主要的武器和工具，而手持石斧或棍棒与敌人作战，或从事艰苦的野外劳动的人即为成年男子，是父亲的责任，故而"父"字的本义为"父亲"。

对"父"字的基本解读是：（1）父亲，《韩非子·五蠹》曰："父母之爱不足以教子。"（2）对男性长辈的通称，即祖父、伯父、叔父、舅父、姨父等。

---

① 说起被鲁迅称之国骂"他妈的"，作者耳闻目睹的以及刊载文章的四则趣闻可以一说：一是何应钦（1890—1987年）任湖南省代省长时，某年清明节，何去岳麓山为其母亲扫墓，湖南省长沙市各报均刊登这一新闻。按正常，新闻标题是《何省长昨日去岳麓山扫其母之墓》，但有十家进步报纸刊登这一新闻的标题时，将"其母"改为"他妈的"，新闻标题变成《何省长昨日去岳麓山扫他妈的墓》，何应钦看到这则标题气急败坏，而老百姓却拍手称快。二是"文革"中，中国人民大学有人给著名哲学教授肖前（1924—2007年）贴攻击性大字报，其标题是《地主资本家孝子贤孙肖前拿他妈的定息》。三是"文革"中，时任山西省副省长黄克诚（1902—1986年）被红卫兵捉回北京进行批斗。每次批斗性格倔强的黄克诚都奋力反抗。有一次他不惜以死抗争。几天后，一些红卫兵又来围攻黄克诚，有人竟然肆无忌惮地骂他是"混进党内的反革命"。此时，满腔怒火的黄克诚再也无法控制自己的情绪，也愤而骂道："你他妈的懂个屁，你不知道我们从旧社会究竟怎么走过来的。"四是一位省部级高官无论平日或开会场合，"他妈的"口头禅常不离口。在某学会一次会议上他讲话达一个小时左右，有人为他做了粗略统计，共讲了21个"他妈的"。对上述四例稍加分析，第一例，报纸编辑巧改标题，一语双关地使用"他妈的"，来讥讽亲日派何应钦，令人刮目相看。第二例，固然充满对肖前的诬蔑、攻击，但仍不失有一点黑色幽默与调侃，因为肖前的母亲（或"他妈的"）确实拿过"定息"，此处的"他妈的"，可称作是一箭双雕、一石二鸟的双关语。第三例"他妈的"，事出有因，情有可原，此处一骂实在是出于一种革命的义愤与无奈的抗争。第四例此位仁兄身为高官文明涵养甚差，其曲不离口、脱口而出的国骂"他妈的"，只能成人们茶余饭后的谈资。

对“父”字的非基本解读是：（1）对老年男人的尊称，如田父，《史记·冯唐传》曰：“（文帝问冯唐）曰：‘吾居代时，吾尚食监高祛数为我言赵将李齐之贤……父知之乎？”（2）称从事某种职业的老年男子，柳宗元（773—819年）《钴潭西小丘记》曰：“农夫渔父过而陋之。”（过，即路过。陋，即看不起——作者注）（3）国外从事宗教事业的男子，比如：神父，通常指天主教、东正教一个教堂的负责人，职位于主教之下，称为司铎，尊称为神父。（4）古代在男子名字下加的美称，《史记·齐太公世家》曰：“封师尚父于齐营丘。”（即将齐国营丘这块地方封给师尚父——作者注）。

## 203. 怎样解读“母”字？

答：《说文解字》曰：“母，牧也。从女，象裹子形。一曰：像乳子也。”母亲给了我们生命，也给了我们生命中美好的一切。甲骨文中的“母”字像一个敛手屈膝的女子，胸部突出的两点代表乳房，本意不言自明，即为母亲。后来“母”字形象发生很大变化，但代表母乳的两点一直保留着。这是作为母亲的突出特征。这就顺应民间的一句俗语：“有奶便是娘。”

对“母”字的解读是：（1）母亲，《诗经·邶风·凯风》曰：“有子七人，莫慰母心。”（2）泛指女性的长辈，如伯母、姑母、舅母、姨母等。《礼记·内则》曰：“择于诸母与可者，必求其宽裕、慈惠、温良、恭敬、慎而寡言者，使为子师。”（诸母，众妾也——作者注）（3）老妇的通称，《史记·淮阴侯列传》曰：“信钓于城下，诸母漂。”（漂：洗衣——作者注）（4）指乳母，《国语·越语上》曰：“生三人，公与之母。”（5）雌性的，《孟子·尽心上》曰：“五母鸡，二母彘。”（6）根源，《商君书·说民》曰：“慈、仁，过之母也。”（7）泛指可能有所滋生的事物，如酒母、字母、母金、母校、工作母机等。

## 204. 怎样解读“夫”字？

答：《说文解字》曰：“夫，丈夫也。从大，一以象簪也。周制以八寸为尺，十尺为丈。人长八尺，故曰丈夫。凡夫之属皆从夫。”古代称身高一丈的男子为“丈夫”，表示“大男子”的意思。男子成年始成婚配，故“夫”可引用为“丈夫”，女子的配偶，与“妇”“妻”相对。甲骨文、金文中的

“夫”字从“大”到一，“大”为人，“一”表示用来束发的簪子，整个字形像一个束发插簪的人形，其本意指成年的男子。

对“夫”字的基本解读是：（1）成年男子的统称，《孟子·梁惠王下》曰：“内无怨女，外无旷夫。”（2）丈夫，女子的配偶，《庄子·让王》曰：“于是夫负妻载。”

对“夫”字的非基本解读是：（1）旧指从事体力劳动或被奴役的人，如村夫、民夫、人夫、火夫、渔夫、车夫、马夫、轿夫、船夫、脚夫、樵夫、挑夫、屠夫（旧时指以宰杀牲畜为生的人）、扛夫（旧时指出殡抬灵柩之人）。（2）古代井田制，一夫受田百亩，故以百亩为夫，《周礼·地官·小司徒》曰：“九夫为井。”（3）古代对男子的尊称。李白（701—762年）《赠孟浩然》诗曰：“吾爱孟夫子，风流天下闻。”（4）老夫，年老男子的自称。（5）学生称老师，《论语·微子》曰：“子路问曰：夫子乎？”（6）犹“彼”，《左传·襄公二十六年》曰：“夫独无族姻乎？”（7）犹“此”，《左传·成公十六年》曰：“夫二人者，鲁国社稷之臣也。”（8）犹“凡”，杜预（222—284年）曰：“夫人，犹人人也。”（9）指示代词，那，柳宗元（773—819年）《捕蛇者说》曰：“以俟夫观人风者得焉。”（10）语气词，用在句首，表示要发议论，《左传·庄公十年》曰：“夫战，勇气也。一鼓作气，再而衰，三而竭。”（11）语气词，用在句尾，表示感叹，《论语·子罕》曰：“子在川上曰：‘逝者如斯夫！不舍昼夜’。”①

## 205. 怎样解读“妻”字？

答：《说文解字》曰：“妻，妇，与夫齐者也。从女，从中，从又。又，持事，妻职也。”在甲骨文中，“妻”字左边是一个跪跽的女子形象，右上方有一只手伸向女子的头部，可见“妻”字是一个会意字，生动地描绘了上古社会中抢婚的风俗［顺带说一下“娶”字，《说文解字》曰：“娶，取妇

① 对“夫”字的补充解读：一是亲属关系称谓：姐夫、妹夫、姑夫、姨夫；二是男女关系称谓：前夫［男女离婚后男子是女子的前夫，也指死去的丈夫（对现在的丈夫而言）］、情夫（男女两人，一方或双方已有配偶，他们保持情爱关系，男方是女方的情夫）、姘夫（非夫妻关系发生性行为的姘居的男子）；三是普通人称谓：千夫（众多的人）、匹夫（一个人，泛指平常人）、拉夫（旧时抓壮丁）、庸夫（没有作为的人）；四是非指人用词：闲工夫、工夫、功夫、若夫（助动词，一般用在句子的开头）。

也。从女、从取，取亦声。”“取”与“女”的会意是“把女子抢（或接）到自己的身边为‘妻’”。其中，“女”表示“取”的对象。取既表示“娶”的行为，又表示读音］；随着时间推移，“妻”字的原始意义越来越模糊了。“妻”指“配偶”，与“夫”相对，又可以引申为动词使用，指小女嫁人或娶别人的女子为妻。据《礼记·典礼》记载：只有老百姓的妻子叫妻子（其他的，天子即皇帝的妻子叫“后”，诸侯的妻子叫“夫人”，大夫的妻子叫“孺人”，士的妻子叫“妇人”）。

对“妻”字的解读是：（1）男子的配偶，与“夫”相对。《诗经·卫风·硕人》曰：“齐侯之子，卫侯之妻。”今有“夫妻”“妻室”“妻小”“未婚妻”“妻离子散”等说。（2）妻子，《战国策·秦策一》曰：“妻不以我为夫……父母不以我为子。”另，口头语，即将妻子称作“老婆”。（3）以女嫁人，《论语·公冶长》曰：“以其兄之子妻之（子：女儿——作者注）。”邢昺疏：“以其兄之女与之为妻也。”

## 206. 怎样解读“兄”字？

答：《说文解字》曰：“兄，长也。从儿，从口。凡兄之属皆从兄。”李孝定（1918—1997年）说：“卜辞恒言‘兄某’，乃兄弟字，与许训同。”对“兄”字的基本解读是：（1）哥哥，《诗经·邶风·泉水》曰：“女子有行，远父母兄弟。”（2）亲戚中同辈而年龄比自己大的男子，比如：表兄、堂兄、叔伯兄。

对“兄”字的非基本解读是：（1）对朋友的尊称，多用于书信，柳宗元《与萧翰林俛书》曰：“兄知之，勿为他人言之。”（2）对同学、校友的尊称，比如：学兄。（3）对男性朋友的尊称，比如：老兄、仁兄、贤兄。（4）对女性朋友的尊称，比如：鲁迅与许广平（1898—1968年）婚前通信时，鲁迅称广平为“广平兄”[①]（见鲁迅《两地集》）。

## 207. 怎样解读“弟”字？

答：《说文解字》曰：“弟，韦束之次弟也。从古字之象。凡弟之属皆

①2016年10月14日《中国档案报》，本报记者屈建军《周令飞：还原一个更真实亲切的鲁迅》。

从弟。”对“弟”[1]字的基本解读是：（1）弟弟，与“兄”相对，《左传·隐公元年》曰：“蔓草犹不可除，况君之宠弟乎！”（2）次序、等第，《汉书·朱博传》曰：“以高弟入为长安令。”（3）亲戚中同辈而年龄比自己小的男子，比如：表弟、妻弟、堂弟。

对“弟”字的非基本解读是：（1）古时称妹为“弟”或“女弟”，《史记·陈丞相世家》曰：“樊哙，帝之故人也，功多，且又乃吕后弟吕媭之夫，有亲且贵。”（2）称年轻人，《仪礼·乡射礼》曰：“命弟弟设丰。”（丰：一种器皿——作者注）（3）朋友相互间的谦称（多用于书信），比如：愚弟，与贤兄相对；或者贤弟，与愚兄相对。（4）对同学或校友的称呼，比如：学弟，与学妹相对。（5）弟弟顺从兄长，《论语·学而》曰：“孝弟（这个意义后来写作“悌”——作者注）也者，其为仁之本与？”（与：语气词，即“吧”——作者注）

## 208. 怎样解读“姐”字？

答：《说文解字》曰：“姐，蜀谓母曰姐。”意思是，“姐”系四川人对母亲的称谓。对“姐”字的基本解读是：（1）姐姐，即同父母（或只同父，或只同母）而年龄比自己大的女子，比如：大姐、二姐。（2）姐，与妹相对。

对“姐”字的非基本解读是：（1）同辈而年龄比自己大的女子（一般不包括可称作嫂的人），比如：表姐、堂姐、叔伯姐、远房姐等。（2）称呼年轻的女子，比如：杨三姐、空姐，以及天津人见面习惯称年轻女子为“姐”，比如：“王姐”“张姐”等。（3）本作“怚”，娇，嵇康（224—263年）《幽愤诗》曰：“恃爱肆姐，不训不师。”（4）同紫，见“彡姐”，即为复姓，《汉书·冯奉世传》曰：“陇西羌彡姐旁种反。”颜师古注：“今西羌尚有此姓。”（5）姓。

## 209. 怎样解读“妹”字？

答：《说文解字》曰：“妹，女弟也。从女，未声。”对“妹”字的基

---

① 弟，系象形字，像接顺序缠绕的意思。

本解读是：（1）妹妹，同父母（或只同父，或只同母）而年龄比自己小的女子，比如：姐妹、兄妹。（2）亲戚中同辈而年龄比自己小的女子，比如：表妹、堂妹、叔伯妹、远房妹。

对“妹”字的非基本解读是：（1）对年轻女子或女孩子的称呼，比如：外来妹、农家妹等。（2）谈恋爱中的女子，比如：歌曲《妹妹你大胆地往前走》。（3）古邑名，一作“沬”（mèi 昧），在今河南淇县，殷自武乙以后以此为别都。（4）“妺喜”，有施氏之女。夏桀攻有施氏，有施氏以女嫁桀，为桀所宠。商汤灭夏，与桀同奔南方而死。

## 210. 怎样解读“伯”字？

答：《说文解字》曰：“伯，长也。从人，白声。”对“伯”字的基本解读是：（1）父亲的哥哥，比如：大伯、二伯，杜甫《醉歌行别从侄勤落第归》诗曰：“汝伯何由发如漆？”（2）伯父，与伯母相对，比如：大伯父、表伯父。（3）伯兄，在弟兄排行的次序里代表老大。《诗经·小雅·何人斯》曰：“伯氏吹埙，仲氏吹篪。”（哥哥吹埙，弟弟吹篪，埙、篪，古时乐器名——作者注）（4）对父辈戚友的通称，比如：老伯、世伯。

对“伯”字的非基本解读是：（1）古时领导一方的长官，《周礼·春官·大宗伯》曰：“九命作伯。”（2）古爵位名，为五等爵位的第三等，直至清代仍沿用。《礼记·王制》曰：“王者之制禄爵，公、侯、伯、子、男，凡五等。”（3）欧洲封建时代的爵位名：“伯爵。”（4）通“霸”，春秋时诸侯的盟主，《韩非子·难四》曰：“桓公，五伯之上也。”“伯主”即“霸主”，“五伯”即“五霸”。（5）通“佰”，数目单位，《孟子·滕文公上》曰：“或相什伯，或相千万。”（6）旧时对文章品德足为表率者的尊称，杜甫《暮春陪李尚书湖亭泛舟》诗曰：“海内文章伯。”（7）姓，春秋时有伯州犁（？—前 541 年）。

## 211. 怎样解读“叔”字？

答：《说文解字》曰：“叔，拾也。从又，尗声。”傅云龙（1840—1901 年）注：“叔从又，又，手也。”本义是拾取。对“叔”字的基本解读是：（1）称父亲的弟弟，文天祥《指南录后序》曰：“数吕师孟叔侄为逆。”

（数：指责。吕师孟，人名。逆：叛逆——作者注）（2）叔父，二叔、表叔。（3）泛称与父亲同辈而年龄比父亲小的男子，比如：王叔叔、工人叔叔、解放军叔叔、警察叔叔。

对“叔”字的非基本解读是：（1）丈夫的弟弟，小叔子，《尔雅·释亲》曰：“夫之弟为叔。”（2）兄弟间排行第三的，古代兄弟多以伯、仲、叔、季排行，柳宗元《哭连州凌员外司马》曰：“仲叔继幽沦。”（二弟、三弟相继死亡，幽沦：死亡——作者注）（3）[叔末][叔世]末世，《后汉书·党锢传》曰：“叔末浇讹。”《左传·昭公六年》曰：“三辟之兴，皆叔世也。”（4）拾取，《诗·豳风·七月》曰：“九月叔苴。”（5）姓。

## 212. 怎样解读“婶”字？

答：对“婶”字的解读是：（1）叔母。（2）婶母。（3）称呼与父母亲辈分相同而年龄最小，无亲属关系的妇女，比如：王大婶、张二婶。（4）对夫弟之妻的称呼。

## 213. 怎样解读“侄”字？

答：《说文解字》曰：“姪（侄），兄之女也。从女至声。”对“侄”字的解读是：（1）侄子。（2）兄弟的儿子，比如：叔侄、子侄。（3）同辈亲友的儿子，比如：表侄、内侄、侄子。

## 214. 怎样解读“舅”字？

答：《说文解字》曰：“舅，母之兄弟为舅，妻之父为外舅。从男、臼声。”对“舅”字的基本解读是：舅父，即母亲的兄或弟。《左传·昭公十九年》曰：“丝以告其舅。”（丝：人名——作者注）

对“舅”字的非基本解读是：（1）妻的兄弟，妻舅。《战国策·楚策四》曰：“李园不治国，王之舅也。”（李园：人名——作者注）（2）公公，丈夫的父亲，《礼记·檀弓下》曰：“昔者吾舅死于虎，吾夫又死焉，今吾子又死焉。”（3）丈人，妻子的父亲，《礼记·坊记》曰：“昏礼，壻（婿）亲迎，见于舅姑，舅姑承子以授壻。”（4）古时天子称异姓大邦诸侯为伯舅，异姓小邦诸侯为叔舅，见《仪礼·觐礼》。又诸侯称异姓大夫为舅，《国语·晋语三》曰："舅所病也。"

## 215. 怎样解读"甥"字？

答：《说文解字》曰："甥，谓我舅者，吾谓之甥也。从男，生声。"对"甥"字的基本解读是：（1）外甥。（2）姊妹之子，《诗·齐风·猗嗟》曰："展我甥兮。"

对"甥"字的非基本解读是：（1）女婿。《孟子·万章下》曰："舜尚见帝，帝馆甥于贰室。"①（2）古代为姑之子、舅之子、妻之兄弟、妹妹之夫的通称，可见《尔雅·释亲》。而郝懿行（1757—1825年）义疏："此四甥字并'生'之声借……古来有此称，今所不行。"

## 216. 怎样解读"儿"字？

答：《说文解字》曰："兒，孺子也。从儿，象小儿头囟未合。"本义是婴儿。《吕氏春秋·察今》曰："有过于江上者，见人方引婴儿而欲投之江中。"（即有人从江边路过，看见一个人正抱着一个婴儿，要把他投入江中。）对"儿"字的基本解读是：（1）儿子，古乐府《木兰诗》曰："阿爷无大儿，木兰无长兄。"（2）儿童，《史记·扁鹊传》曰："闻秦人爱小儿，即为小儿医。"

对"儿"字的非基本解读是：（1）子女对父母的自称，古乐府《孔雀东南飞》曰："兰芝惭阿母：'儿实无罪过。'"（2）古时年轻女子自称，元稹（779—831年）《莺莺传》曰："玉环一枚，是儿婴年所弄。"（3）年轻的人，多指青年男女，比如：男儿、健儿、儿女英雄。王勃（约650—约676年）《杜少府之任蜀州》诗曰："无为在歧路，儿女共沾巾。"（4）雄性的，比如：儿马、儿狗。

---

①《新华大字典》（第804页）对该句作了如下的解读："《孟子·万章下》中曾有'舜尚见帝，帝馆甥于贰室'之语。后人对此极为迷惑不解，因为帝尧和舜本是岳父与女婿的关系，孟子为何会说帝尧称舜为甥呢？后来，赵岐解释道，远古时的礼仪称妻子的父亲为外舅，舅舅当然会称女婿为甥了。帝尧许配女儿给舜，所以帝尧与舜是舅甥关系，孟子的说法无误。众人恍然大悟。后人因以甥馆称丈人家给女婿住的房屋，也用作女婿的代称。"

## 217. 怎样解读“孙”字？

答：《说文解字》曰：“孙，子之子曰孙。从子，从系。系，续也。”对“孙”字的基本解读是：（1）按甲骨文、金文、小篆的字形，“孙”字从子从系，字是小儿形，系是绳索形，绳索有牵系之义，表示子孙连续不断之义。其本义是孙子，即儿子的儿子[①]。《尔雅·释亲》曰：“子之子为孙。”（2）重孙，指孙子的儿子，亦称重孙子。（3）孙子以后的各代，《汉书·曹参传》曰：“至哀帝时，乃封参玄孙之孙本始为平阳侯。”（本始：人名——作者注）。从“孙”字字形，人们很容易联想起《列子·汤问》中愚公移山的故事。该故事中，当智叟对愚公的做法是否值当提出质疑时，愚公坦然地回答道：“虽我之死，有子存焉；子又生孙，孙又生子；子又有子，子又有孙；子子孙孙无穷匮也，而山不加增，何苦而不平？”（4）姓，比如：孙文（孙中山）（1866—1925 年）。

对“孙”字的非基本解读是：（1）与孙子同辈的同姓或异姓的亲属，比如：侄孙、外孙。（2）植物再生或孳生的，比如：稻孙，苏轼（1037—1101 年）《撷菜》诗曰：“芦菔生儿芥有孙。”（3）再生的，细小的，嵇康《琴赋》曰：“乃斫孙枝。”（斫：砍去——作者注）

① 由此作者想起两则有趣的往事。一则，1963 年 6 月我在中国人民大学历史档案系学习（大三），与同班同学去北京市大兴县大红门中朝友好人民公社参加夏收劳动。历史档案系党总支副书记宗生前往探望同学们。在休息娱乐时，她给我们讲了有关父亲、儿子、孙子的两个小笑话：一是有一天，孙子淘气不听话，父亲打了孙子一记耳光，没承想此时儿子打了自己一记耳光，父亲很奇怪问儿子：“你为什么打你自己一记耳光？”儿子回答说：“既然你能打我的儿子，我为什么不能打你的儿子？”二是有一天，孙子对儿子说：“爸爸，我要同奶奶结婚。”听完此话，儿子认为这小子太荒唐，就问他为什么这样胡说八道，孙子坦然地说：“爸爸，既然你能和我妈妈结婚，我为什么不能和你妈妈结婚？”二则，2011 年我与时在北京中关村二小读五年级的孙子王子涵有一段颇有幽默感的对话。一天傍晚，次子王若凡带王子涵来家探望。在吃过晚饭至 7：30 左右，我照例外出散步，刚要出门，就对孙子说：“王子涵，再见。”不承想，孙子不直接对我说：“爷爷，再见。”而是来个“曲线救国”式地对次子王若凡说：“爸爸，和你爸爸再见。”在场的谁都没有想到他会说这句话，王若凡对此没有马上作出反应。此时孙子又进而指名道姓地说道：“王若凡，和你爸爸再见。”话一说完，我，次子王若凡，还有我老伴何凤华顿时反应过来，无不为王子涵对父亲、儿子、孙子三者关系颇为准确表述的机敏幽默话语哈哈大笑。

## 218. 怎样解读“春”字？

答：《说文解字》曰：“萅，推也。从艸屯，从日，艸，春时生也。屯声。”在甲骨文中，“春”字的形体是三个“木”，一个“日”，一个“屯”，其中“屯”（zhūn）既代表春字的读音，又是草木嫩芽的象形。清代诗人高鼎《村居》诗曰：“草长莺飞二月天，拂堤杨柳醉春烟。儿童散学归来早，忙趁东风放纸鸢。”读罢该诗，人们不禁感叹：整个“春”字乃至春天表达出来的意思即为阳光普照，草木萌生，一派生气勃勃、欣欣向荣的景象。楷体的“春”字形隶变以后，除了“日”以外，其余部分都看不出来了。

对“春”字的基本解读是：（1）春季，亦称春令，比如：春天景色，温暖如春。（2）一年四季第一季，阴历正月至三月，或者习惯从立春到立夏的三个月时间。《荀子·王制》曰：“春耕、夏耘、秋收、冬藏，四者不失时，故五谷不绝。”

对“春”字的非基本解读是：（1）指一年，牛僧孺（779—848年）《席上赠刘梦得》诗曰：“粉署为郎四十春，今来名辈更无人。”（2）泛指年，高适（704—765年）《人日寄杜二拾遗》诗曰：“一卧东山三十春。”（卧：居住——作者注）（3）节日名：春节，阴历正月初一。（4）节气名：立春、春分。（5）生机、生意，《宋史·乐志七》曰：“阳和启蛰，品物皆春。”（6）春情，《诗·召南·野有死麕》曰：“有女怀春，吉士诱之。”（7）酒名，杜甫《拨闷》诗曰：“闻道云安麹米春，才倾一盏即醺人。”（8）姓。

## 219. 怎样解读“夏”字？

答：《说文解字》曰：“夏，中國之人也。从夊，从頁，从臼。臼，两手；夊，两足也。”小篆的“夏”字，也从“页”，从“臼”，从“夂”，其中“页”代表人头，“臼”代表双手，“夂”代表两足。整个字形像一个头身手足俱全的人，这个形体比起汉字中其他表示“人”的各种形态的字来说，所描述、描绘的确实是仪表堂堂。古人、先人借用这个美好的字眼作为民族（华夏）的用字，后来才用它引申出表示季节（夏季）的用字。

对“夏”字的基本解读是：（1）四季第二季夏季，亦称夏令，指农历四、

五、六三个月，习惯从立夏到立秋的三个月，《尚书·洪范》曰：“日月之行，则有冬有夏。”（2）我国古代对中原地区的称呼，也称“华夏”“诸夏”。《荀子·儒效》曰：“居楚而楚，居越而越，居夏而夏。”

对“夏”字的非基本解读是：（1）大，《诗经·秦风·权舆》曰：“於我乎夏屋渠渠。”（渠渠：即高大——作者注）（2）高大的房屋，屈原《九章·哀郢》曰：“曾不知夏之为丘兮。”（丘：废墟——作者注）（3）节气名，立夏、夏至。（4）朝代名（约前2070—前1600年），第一代君主禹。（5）姓，比如：作者高中班主任夏纫茝。

## 220. 怎样解读“秋”字?

答：《说文解字》曰：“秋，禾谷孰也。从禾，龝省声。”提起“秋”字，人们不禁想起唐代诗人刘禹锡（772—约842年）的一首《秋词》：“自古逢秋悲寂寥，我言秋日胜春朝。晴空一鹤排云上，便引诗情到碧霄。”该《秋词》把秋天的景致、心绪表达得淋漓尽致。古人在创造“秋”字时，把秋天的主要特点表现得细致入微。在甲骨文中，“秋”字有两种写法：一是像一只蟋蟀的形状，上面是蟋蟀的触角，背上突出的部分是蟋蟀的翅翼，蟋蟀在秋天鸣叫，又叫秋虫，故古人将蟋蟀鸣叫的季节叫“秋”。二是在前一个“秋”字下加个“火”而成，是个会意字。秋天，除了秋虫鸣叫这一特征外，还有一个显著特征是禾谷成熟了，而成熟的禾谷似火一般，故古人将在前一个“秋”字的基础上加个“火”构成另一个“秋”，其本意是禾谷成熟了。

对“秋”字的基本解读是：（1）一年四季第三季，秋季、秋令，阴历七（孟秋）、八（仲秋）、九（季秋）三个月。（2）秋天，比如：初秋、深秋、秋风、秋色、秋景、秋水、秋汛、秋雨、秋高气爽、秋凉、秋试[①]，《管子·四时》曰：“秋聚收，冬闭藏。”（3）收成，《尚书·盘庚上》曰：“若农服田力穑，乃亦有秋。”（服田：从事耕作。穑：收割庄稼——作者注）

对“秋”字的非基本解读是：（1）庄稼成熟或成熟时节，比如：大秋、麦秋。（2）<书>指一年的时间，比如：千秋万岁、“一日不见，如隔三秋。”《韩非子·显学》曰：“今巫祝之祝人曰：‘使若千秋万岁。’”（3）节名，

① 秋试又称“秋闱”，明清两代科举制度，乡试在秋季举行，故称秋试。

中秋节，阴历八月十五日。（4）节气名：立秋、秋分。（5）日子、时期（多指不利的），比如：多事之秋、危急存亡之秋。曹植（192—232年）《七启》曰："此宁子商歌之秋。"（6）指秋天成熟的农作物，比如：收秋、护秋。（7）飞貌、腾跃貌，《汉书·礼乐志》曰："飞龙秋，游上天。"颜师古注："秋，飞貌也。"（8）姓，近代秋瑾（1875—1907年）。

## 221. 怎样解读"冬"字?

答：《说文解字》曰："冬，四时尽也。从仌从夂，夂，古文终字。"本义是一年四季的最后一季，即冬季。在甲骨文中没有"冬"字，但在商周的甲骨文卜辞中有一个与"冬"字有关的字："终"。古时"冬""终"相同相通，将"冬"作"终"用。甲骨文中的"终"字像一挂丝线用到尽头，表示终极、终结之意。会意时序终了，已进入寒冷季节之意。"冬"字整个字形就像太阳被锁在一间封闭的房间里，表示冬天天气是寒冷的，后来用作季节名称。

对"冬"字的基本解读是：（1）冬季，亦称冬令，比如：隆冬、严冬、寒冬、冬眠。（2）一年四季的第四季，阴历十、十一、十二月，习惯指从立冬到立春的三个月。

对"冬"字的非基本解读是：（1）鼕亦作咚，象声，咚咚，一指鼓声，陆游（1125—1210年）《二月二十四日作》诗曰："棠梨花开社酒浓，南村北村鼓冬冬。"二指叩门声，白居易（772—846年）《初与元九别后，忽梦见之，及寤，而书适至，因以此寄》诗曰："觉来未及说，叩门声冬冬。"（2）节气名：立冬、冬至。

## 222. 怎样解读"东"字?

答：《说文解字》曰："东，动也。从木，官溥说，从日在木中。凡东之属皆从东。"饶炯注："东方主春，万物蠢动，以音为训。"在甲骨文中，"东"字的形状是"日高未出树之顶梢"。即太阳升起的地方，表示东方。

对"东"字的基本解读是：（1）方位词，四个主要方向之一，太阳升起的一边（跟“西”相对），比如：东边、东宫[①]、东床[②]、东风、东城、东四（北京）、东单（北京）、东直门（北京）、东便门（北京）、城东、大江东去。《史记·历法》曰：“日归于西，起明于东。”（2）东方，指亚洲。

对“东”字的非基本解读是：（1）主人，古时主位在东，宾位在西，故主人称“东”。如客东、房东、东家、股东。（2）东道，我做东，请你们吃饭。（3）姓，元代东良会（？—1357年待考）。

## 223. 怎样解读“西”字？

答：《说文解字》曰：“西，鸟在巢上。象形。日在西方，而为鸟棲。故因以为东西之西。凡西之属皆从西。”甲骨文中，西字像一个鸟巢之形。小篆的“西”字在鸟巢上添一个象形曲线，表示鸟在巢上之意。“西”字本义是鸟巢，又有栖息之意。百鸟归巢栖息，一般黄昏太阳落山之时，故“西”字又用作方位词，指太阳落下的地方——西方，与东相对。

对“西”字的基本解读是：方位词，四个主要方向之一，太阳落下去的一边（跟“东”相对），比如：西边、河西、西城、西四（北京）、西单（北京）、西直门（北京）、西便门（北京）、西宫[③]、往西去、夕阳西下。《史记·历法》曰：“日归于西。”

对“西”字的非基本解读是：（1）西洋，内容属于西洋的，比如：西餐、西医、西服、西式、西学、西乐、西历（旧时指公历）、西画、西化、学贯中西。（2）西天，一是我国古代佛教徒称印度（印度古称“天竺”，在我国西南方）。二是佛教徒的极乐世界。（3）西方，指欧美国家。（4）古时宾师所居的一方，因即以宾师的地位。（5）姓，明代有西鸣岐。

① 东宫，封建时代太子住的地方。

② 东床，《词典》（第309页）释义：“名东晋太尉郗鉴派一位门客到王导家去选女婿。门客回来说：‘王家的年轻人都很好，但是听到有人去选女婿，都拘谨起来，只有一位在东边床上敞开衣襟吃饭的，好像没听到似的。’郗鉴说：‘这正是一位好女婿。’这个人就是王羲之。于是把女儿嫁给他（见于《晋书·王羲之传》）。因此，后来也称女婿为东床。”

③ 西宫，封建时代妃嫔住的地方，借指妃嫔。

## 224. 怎样解读“南”字？

答：《说文解字》曰：“南，艸木至南方，有枝任也。”甲骨文中的“南”字像“钟”“铸”一类，用于悬挂敲击的乐器之形，其本义是指古代南方少数民族特有的一种乐器，用以代指南方的一种音乐，后来引申为南方，成为一个方位词。

对“南”字的基本解读是：方位词，四个主要方向之一，清晨面对太阳时右手的一边（跟北相对），比如：南边儿、南头儿、南方、南风、南来北往、坐北朝南。

对“南”字的非基本解读是：（1）古代南方音乐的名称，《诗·小雅·鼓钟》曰：“以雅以南。”（2）南部地区，①我国通常指长江流域及其以南的地区，比如：江南、南味、南糖、南货。②省级地区，比如：河南（省），相对于河北（省）。③省内地区，比如：江苏省以长江分界，苏南包括：苏州、无锡、常州等，相对于苏北。④城市之间，比如：南京，相对于北京。⑤城市内，比如：（北京）南锣鼓巷，相对于北锣鼓巷；南河沿，相对于北河沿；南兵马司，相对于北兵马司等。（3）南无，佛教用词，表示对佛尊敬或皈依。（4）姓，唐代南霁云（712—757年）。

## 225. 怎样解读“北”字？

答：《说文解字》曰：“北，菲也，从二人相背，凡北之属皆从北。”甲骨文中，“北”字字形像两个人相背而立的样子，其本义是向背、背离、违背。所谓“乖”是指两人之间的关系不协调，有矛盾，其本义是“背靠背”，即违背之意。徐灏（1919—1999年）《说文解字注笺》曰：“北，背古今字。”“北”字后来假借用来表示方向“北”面，使用频率很高，不再作“背”字讲，因而古人在“北”字下加一个“月”（古作“肉”）便是背字。

对“北”字的基本解读是：（1）四个主要方向之一，清晨面对太阳时左手的一边（与南相对），如北方、北风、北面、北边、北辰、北国、城北。《史记·项羽本纪》曰：“将军战河北，臣战河南。”（古代可活用为动词，表示向北去——作者注）（2）北部地区，包括：在我国通常指黄河流域及其以北的地区，如：北味、北货（北方所产的食品，如：红枣、核桃、柿饼等）。

对“北”字的非基本解读是：（1）败走、败逃，比如：屡战屡北。现代合成词“败北”用此义。《左传·桓公九年》曰：“以战而北。”杜预（222—285年）注：“北，走也。”（2）通“背”，乖违，相背，《尚书·舜典》曰：“庶绩咸熙分北三苗。”孔颖达（574—648年）疏：“善留恶去，使分背也。”（3）姓。

## 226. 怎样解读“上”字？

答：《说文解字》曰：“上，高也。此古文上，指事也。”徐灏注：“上下无形可象，故一画作识，加于上为上，缀于下为下，是谓指事。”古义：（1）帝王。《史记·陈涉世家》曰：“扶苏以数谏故，上使外将兵。”（2）通“尚”，崇尚，尊重提倡。《汉书·匡衡传》曰：“治天下者，审所上而已。”

通义：（1）位置在高处的，与“下”相对。《荀子·劝学》曰：“西方有木焉……生于高山之上。”（2）等级地位高的，《史记·陆贾传》曰：“足下位于上相。”特指帝王。（3）质量高的，上等的、上好的，《韩非子·内储说左上》曰：“有能徙此南门之外者，赐之上田上宅。”（4）次序在前的，《汉书·晁错传》曰：“窃观上世之君。”（5）登上，由低处到高处，杜甫《兵车行》诗曰：“哭声直上干云霄。”（6）姓，汉代有上雄。

## 227. 怎样解读“下”字？

答：《说文解字》曰：“下，底也。指事。”张舜徽（1911—1992年）注：“许书无低字，底即低也。低则在下，高则在上，故许君以高低说上下。”对“下”字的基本解读是：（1）位置在低处，与“上”相对。《周易·乾》曰：“上不在天，下不在田。”（2）次序，等级在后的，王充（27—约97年）《论衡·问孔》曰：“案贤圣之言，上下多相违。”（3）旧指在下位的人，《北史·齐文宣帝纪》曰：“推诚接下。”（4）退让，屈己尊人，《三国志·吴书·孙和传》曰：“好学下士。”（5）低，与“高”相对。《老子》曰：“高下相倾。”（6）从高处到低处。《左传·庄公十年》曰：“下视其辙。”（7）颁布、下达。《史记·孙子吴起列传》曰：“趣使使下令。”（8）攻克、攻下。李白《梁甫吟》诗曰：“东下齐城七十二。”（9）少于，低于。

晁错《言守边备塞疏》曰："要害之处，通川之道，调立城邑，毋下千家。"（10）降落、落下。屈原《楚辞·九歌·湘夫人》曰："洞庭波兮木叶下。"

对"下"字的非基本解读是：（1）从高处到低处：下山、下楼。（2）降落：下雨、下雪、下霜。（3）发布：下命令、下战书。（4）退场：篮球赛时，首钢队的5号下、9号上。（5）放入：下面条儿，下本钱，下网捞鱼。（6）作出（言论、判断）：下结论、下定义。（7）使用，开始使用：下功夫、下力气、下笔，对症下药。（8）攻陷：连下数城。（9）到规定时间结束日常工作或学习：下班、下课①。

## 228. 怎样解读"左"字？

答：《说文解字》曰："左，手相左助也，从𠂇工，凡左之属皆从左。"甲骨文中的"左"字是一个左手的形状，"左"的本义是左手。"左"字最初本是一个象形字，到金文时，在手形下加"工"，"工"，有人认为是"斧""铸"之类的工具，可见左的本义是左手执"斧""铸"等工具干活。后来"左"专门用来指作"左右"的"左"。人们在"左"字的左边加一个单人旁"亻"成为"佐"，以表示"佐助"。

对"左"字的基本解读是：（1）方位词，如面向南时，西为右，东为左。地理上以东为左（跟"右"相对）。左方、左手、向左转。山东称"山左"。（2）形偏、邪、不正常：左脾气、左道旁门。（3）错，不对头：想左了、说左了、"左"倾机会主义。（4）相反：意见相左（意见相反）。（5）形进步的、革命的：左派、左翼作家。

对"左"字的非基本解读是：（1）左边，《孙子兵法·虚实》曰："备左则右寡，备右则左寡。"（2）古代尊崇右，故以右为较尊贵的地位，而以左为较低的地位。柳宗元《送李渭赴京师序》曰："过洞庭，上湘江，非有罪左迁者罕至。"（左迁：降职——作者注）（3）不正，邪僻，《礼记·王制》曰："执左道以乱政。"成语"左道旁门"。（4）不便、不顺，《左传·昭公四年》曰："不亦左乎。"杜预注："左，不便。"（5）证据、证人，《新唐书·刘知几传》曰："举十二条左证其谬。"（6）乖僻，比如：左脾气、

---

① 现今对"下课"另有一解读：在体育竞技运动中，由于成绩不佳或身体不适或其他原因导致某个运动队主教练辞职或被解职，也称作"下课"。

左性子。（7）邪：不正派。（8）姓，近现代有左权（1905—1942 年）。

## 229. 怎样解读“右”字？

答：《说文解字》曰：“右，助也。从口，从又。”段玉裁注：“又者，手也。手不足，以口助之，故曰助也。”甲骨文中“右”像一只向右边伸出的手形。“右”的本义是指右手，引申为方位名词，凡在右手一边的皆称“右”，与“左”相对。

对“右”字的基本解读是：（1）方位词，面向南时靠西的一边（跟“左”相对），右方、右边、右手。（2）方位词，地理上以西为右，钟会（225—264 年）《檄蜀文》曰：“姜伯约属出陇右。”山西（太行山以西的地方，过去也专指山西省）。（3）较高的位置或等级（古人以右为尊），无出其右。《史记·廉颇蔺相如列传》曰：“位于廉颇之右。”（4）< 书 > 崇尚：右文。（5）政治思想上属于保守的、反动的：右翼、右派、右倾机会主义。

对“右”字的非基本解读是：（1）右边，《孙子兵法·虚实》曰：“备左则右寡，备右则左寡。”（2）古代尊崇右，以右为较尊贵的地位，《新唐书·柳冲传》曰：“凡郡上姓第一，则为右姓。”（3）亲近，赞助，《战国策·魏策二》曰：“右韩而左魏。”（4）通“侑”。劝人饮食。《周礼·春官·大祝》曰：“以享右祭祀。”郑玄注：“右读为侑，侑劝尸食而拜。”（5）姓，汉代右公弼。

## 230. 怎样解释“古”字？

答：《说文解字》曰：“古，故也。从十、口。识前言者也。凡古之属皆从古。”徐锴注：“古者无文字，口相传也。”周代早期的金文中的“古”字，上部不是甲骨文“”中的“中”，而是“十”，表示“多”义，下部是“口”（古），合起来表示世世代代口口相传叫作“古”。小篆中的“古”字形体，上部也是“十”，下部的口字，与甲骨文、金文基本相同。另一说：“古”字中的“十”表示纵横，古代东西为横，南北为纵，而一竖表示以往极其久远的年代。一横意味以往各时代包罗万象的史实。“口”指人说话的主要器官，“十”“口”合起来的意思是那些距今年代久远的无数事实都要靠人、嘴巴（口）一代一代转述下来。

对“古”字的解读是：（1）早已过去的年代（跟“今”相对），《韩非子·五蠹》曰：“夫古今异俗，新古异备。”（2）远古。厚古薄今。（3）经历多年的：古画、古董、古城、古迹、古玩、古穴、古墓。（4）具有古代风格的：古拙、古朴、古雅。（5）真挚淳朴：人心不古。（6）古体诗的简约：五古、七古。（7）旧、原来，《诗·邺风·日月》曰：“乃如之人兮。逝不古处。”郑玄笺：“其所以接及我者，不以故处。”（8）姓，古代有古霸，近代有古柏（1906—1935年）。

## 231. 怎样解读“今”字?

答：《说文解字》曰：“今，是时也。从亼从7。7，古文及。”对“今”字的基本解读是：（1）现在、现代（与“古”相对）：当今、现今、今人、今生、今世、厚今薄古、古为今用。陶潜（陶渊明，约365—427年）《归去来兮辞》曰：“觉今是而昨非。”（2）当前的（年、天及其部分）：今朝、今年、今日、今天、今晨、今晚、今夜、今宵、今冬明春。（3）<书>代此。这：今番、今次。

对“今”字的非基本解读是：（1）现在。《诗经·小雅·采薇》曰：“昔我往矣，杨柳依依。今我来思，雨雪霏霏。”（2）即，就。《战国策·韩策一》曰：“十日之内，数万之众，今涉魏境。”

## 232. 怎样解读“中”字?

答：《说文解字》曰：“中，内也。从口，丨，上下通。”商代时，人们常用“主旗”以观察风向，古代的旌旗是由多条叫作“斿”（yóu）的飘带组成，飘带有多有少、或多或少，其中以王的飘带最多，共有十二斿。甲骨文中的“中”字像一杆多斿的旗。旗杆中段束扎以木块，以加强旗杆的抗折强度，由于木块位处旗杆中部，把斿中分为上斿、下斿，所以中的本义是“当中”“中间”。

对“中”字的基本解读是：（1）方位词：跟四周的距离相等：中心、中央、华中、居中。（2）指中国：中文、中医、中药、中外。（3）方位词：范围内，内部：心中、怀中、家中、山中、江中、河中、湖中、水中、队伍中。（4）位置在两端之间的：中指、中锋、中秋、中年、中午、中途。（5）等级在两端之间的：中农、中学、中级、中档、中篇、中盘、中期、中型。（6）不偏不倚、无过无不及：中庸、适中，《旧五代史·选举志》曰：“务在酌中，以为定制。”（7）中人、中介、做中。（8）适于、合于：中用、中看、中听。（9）通“忠”，《全石古文·汉荡阴令张君碑》曰：“中謇于朝。”（10）方言（河南）形容词：成、行、好：“中不中？中！”（11）方位词，用在动词后表示持续状态（动词前多有“在”字）：列车在行进中、飞机在飞行中、谈判在进行中。（12）正对上，恰好合上：中选，猜中了，三枪都打中了目标。（13）受到、遭受：中毒、中暑、中了一枪。

对“中”字的非基本解读是：（1）内、里。《周礼·考工记·匠人》曰：“国中九经九纬。”（2）半。一半。《战国策·魏策四》曰：“中道而反。”（3）不高不低，中等。《史记·游侠列传》曰：“状貌不及中人。”（4）众，符合、适合。《荀子·赋篇》曰：“圆者中规，方者中矩。”成语有：“正中下怀。”（5）中伤，诬蔑别人使受损（伤）害，《汉书·何武传》曰：“显怒，欲以吏事中商。”（显、商：人名——作者注）（6）古代称档案为“中”，西周始称档案为“中”。江永（1681—1762年）《周礼疑义举要》曰：“凡官署簿书谓之中，故诸官言治中、受中、中司冠断庶民讼狱之中，皆谓簿书，犹今之案卷。”（7）姓，汉代有中京。

## 233. 怎样解读“外”字？

答：《说文解字》曰：“外，远也。卜尚平旦，今夕卜，于事外矣。”对“外”字的基本解读是：（1）方位词。外边（与“内”“里”相对）：外伤、外壳、体外、门外、窗外、车外、出外、课外活动。（2）指不是自己所在地或所属单位的：外地、外埠、外省、外市、外区、外县、外乡、外村、外校。（3）外国：外文、外语、外货、外教、外患、中外、对外贸易。（4）称母亲、姐妹或女儿方面的（亲属）：外家、外祖母（外婆）、外祖父（外公）、外甥、外孙。（5）关系疏远的：外人、见外。（6）另外：外加、外带。（7）方位词：以外、此外、除外、六百里外。（8）地名：外滩（上海）、外白渡桥（上海）。（9）机构：外交部、对外联络部、驻外使领馆。（10）非正式的、非正规的：外号（绰号）、外传（《儒林外传》）、号外（1964年10月16日，我国第一颗原子弹爆炸，《人民日报》发号外）。

对“外”字的非基本解读是：（1）外面、外部，与内相对，《左传·成公十六年》曰：“自非圣人，外宁必有内忧。”（2）外表，《法言·修身》曰：“其为中也弘深，其为外也肃括。”（3）疏远，《韩非子·爱臣》曰：“此君人者所外也。”（4）除去，《淮南子·淑真训》曰：“达则嗜欲之心外矣。”高诱注：“外，弃也。”（5）称父系血缘之外的亲属，如“外父”（岳父）“外祖”（母亲之父）“外甥”（姐妹之子）“外孙”（女儿之子）。（6）旧时妻子称丈夫为外，如刘令娴有《答外诗》。

## 234. 怎样解读“鼠”字？

答：《说文解字》曰：“鼠，穴虫之，緫名也。象形。凡鼠之属皆从鼠。”“鼠”作为人的十二生肖之首，历来人们众说纷纭，但认为老鼠精灵善变是大家的共识。古代文学作品中，常有将人与鼠相提并论之说。《诗经》曰：“相鼠有皮，人而无仪，人而无仪，不死何为！”意即鼠还有皮，而人却不讲面子，还不如鼠。另，《诗经》的《硕鼠》篇曰：“硕鼠硕鼠，无食我黍，三岁贯女，莫我肯顾。”此处将统治者比作大老鼠，将其贪得无厌的面目暴露无遗。

《词典》（第1208页）对鼠的释义是：“鼠　名哺乳动物，种类很多，一般身体小，尾巴长，门齿很发达，没有犬齿，毛褐色或黑色，繁殖力很强，有的能传播鼠疫。通称老鼠，有的地区叫耗子。”

“鼠”字常用作贬义词。比如：“鼠辈”“鼠子”，指微不足道的人（骂人的话）。比如：“无名鼠辈”，何足挂齿。比如：“鼠目寸光”，即形容有的人眼光短，见识浅。再比如：“鼠窃狗盗”，小偷小摸，比喻进行不光明的活动等。

## 235. 怎样解读“牛”字？

答:《说文解字》曰:“牛，大牲也。牛，件也;件，事理也。象角头三、封、尾之形。凡牛之属皆从牛。”《词典》（第953页）对“牛”的释义是：“牛　①名哺乳动物，反刍类，身体大，肢端有蹄，头上长有一对角，尾巴尖端有长毛。力气大，供役使、乳用或乳肉两用，皮、毛、骨等都有用处。我国常见的有黄牛、水牛、牦牛等。②形固执或骄傲：~脾气|~气。

③＜口＞形本领大，实力强：～人 | 这个球员简直太～了，打败了所有对手。④二十八宿之一。⑤名姓。”

由“牛”组成的语词带贬义的有：一是“钻牛角尖”，比喻在无法解决的问题或不值得研究的一些小问题上枉费力气。二是“吹牛皮”，比喻说大话是一种浮夸的行为。三是“牛头马面”，指传说中阎王手下恶鬼，用来形容各种丑恶现象等。

## 236. 怎样解读“虎”字？

答：《说文解字》曰：“虎，山兽之君。从虍，虎足像人足。象形。凡虎之属皆从虎。”《词典》（第549页）对虎的释义是：“虎 ①名哺乳动物，头大而圆，毛黄色，有黑色横纹。听觉和嗅觉都很敏锐，性凶猛，力气大，善游泳，不善爬树，夜里出来捕食鸟兽，通称老虎。②用于比喻，形容勇猛威武：～将 | ～～有生气。③＜方＞动露出凶相：～起脸。④名姓。”

“虎”除了表示威武强健外，还往往用来比喻残暴凶恶。比如：“虎视眈眈”，指贪婪而凶狠地注视着。比如：“虎狼之心”，比喻人的心肠很狠毒、残忍。再比如：“为虎作伥”，用来比喻充当坏人、恶人的帮凶等。此外，由“虎”的凶猛联想开去，在一些带有“虎”字的词语中还含有潜在的危险、困难的意思，诸如“养虎遗患”“放虎归山”“前怕狼后怕虎”等。

## 237. 怎样解读“兔”字？

答：《说文解字》曰：“兔，兽名。象踞，后其尾形，兔头与㲋头同。凡兔之属从兔。”《词典》（第1320页）对兔的释义是：“兔 名哺乳动物，头部略像鼠，耳大，上唇中间分裂，尾短而向上翘，前肢比后肢短，善于跳跃，跑得很快。有家兔和野兔等。毛可供纺织，毛皮可制作衣物。通称兔子。”“菟”，通兔，兔子。屈原《天问》曰：“厥利维河，而顾菟在腹。”另，“嫦娥奔月”传说故事中包含有兔子奔上月的解释。

有关“兔”的成语很多，其中有以下六则：一是“兔起鸢举”“兔起鹘落”等，极言兔子行动敏捷、迅速。二是“龟毛兔角”，比喻并不存在的事物。三是“兔死狗烹”，比喻事情成功后，把曾经出大力、立过功的人杀掉。四是“兔死狐悲”，比喻因同类的死亡而感到悲伤。五是“狡兔三窟”，比喻藏身的地方有多处。六是“守株待兔”，用来讽刺一些人死守狭隘经验或不作主观努力而希望侥幸得到成功的心理。

## 238. 怎样解读“龙”字？

答：《说文解字》曰：“龙，鳞虫之长。能幽，能明；能细，能巨；能短，能长，春分而登天，秋分而潜渊。”《词典》（第836页）对“龙”字的释义是：“龙 ①名我国古代传说中的神异动物，身体长，有鳞，有角，有脚，能走，能飞，能游泳，能兴云降雨。②封建时代用龙作为帝王的象征，也用来指帝王使用的东西：~颜 | ~廷 | ~袍 | ~床。③形容像龙的或装饰有龙的图案的：~舟 | ~灯 | ~车 | ~旗。④古生物学上指古代某些爬行动物，如恐龙、翼手龙等。⑤名姓。”

对“龙”字的解读是：（1）“龙”指变化多端的水族首领。（2）“龙”可用来比喻英雄才俊。《三国志·蜀书·诸葛亮传》曰：“徐庶见先主，先主器之，谓先主曰：‘诸葛孔明者，卧龙也，将军岂愿见乎？’”（3）“龙”有威严、伟岸之意，常与“虎”“凤”并提，诸如形成“龙蟠虎踞”“龙潭虎穴”“龙腾虎跃”“龙跃凤鸣”“龙飞凤舞”等词语。（4）“龙”在古代指骏马，《周礼·夏官·庾人》曰：“马八尺以上为龙。”（5）以“龙”与“钟”并提，熟语有“老态龙钟”，有衰老行动不灵活之意，贯休《寄中条道者》诗曰：“常恨龙钟也，无因接话言。”

## 239. 怎样解读“蛇”字？

答：《说文解字》曰：“蛇，它或从虫。”《词典》（第1146页）对“蛇”字的释义是：“蛇 名爬行动物，身体圆而细长，有鳞，没有四肢。种类很多，有的有毒。吃青蛙等小动物，大蛇也能吞食大的兽类。”

对“蛇”字的解读是：（1）蛇是长寿动物，故人们常用“蛇龟”比喻长寿。（2）以蛇与蝎并提为“蛇蝎”一词，比喻狠毒之人。（3）以“蛇”与“虺”（huǐ，古书上说的一种毒蛇——作者注）合说，也用来比喻凶残狠毒之人［比如：三国时代陈琳（？—217年）替曹操（155—220年）写檄文称袁绍（？—202年）为“蛇虺”——作者注］。（4）蛇与其他一些字（或词）还组成了诸如“贪蛇忘尾”“打草惊蛇”“春虫引秋蛇”“龙蛇飞动”“惊蛇入草”等词语。

## 240. 怎样解读“马”字?

答:《说文解字》曰:“马,怒也。武也。象马头,髦、尾、四足之形。”饶炯注:“说解云怒也者,释马之情状;云武也者,释马之用能。”《词典》(第 861—862 页)对“马”字的释义是:“马 ①名哺乳动物,头小,面部长,耳壳直立,颈部有鬣,四肢强健,每肢各有一蹄,善跑,尾生有长毛。是重要的力畜之一,可供拉车、耕地、乘骑等用。②大:~蜂|~勺。③名姓。”

对“马”字的解读是:(1)古代交通主要靠马,故有“马车”“马道”①［另,一次周恩来(1898—1976 年)接见美国记者,美国记者问:“总理阁下,中国人为什么把人走的路叫作马路?”周机智、幽默地说:“我们走的路是马克思主义的路,简称马路。”］“马站”之称,即使古时供传递文书者中途更换马匹或休息、住宿之处——驿站的“驿”也是“马”字旁。(2)“马”是作战工具之一,故不少词语可窥见马与军事有关,比如:“马首是瞻”“马到成功”“金戈铁马”“马革裹尸”“戎马倥偬”等。(3)以马含有大之意,以称呼虫类及草类特大者。章炳麟《新方言·释言》曰:“古人于人物辄冠‘马’字,马蓝、马蓼、马蜩、马蚿是也。今淮南山东谓大枣为‘马枣’,广东谓大豆为‘马豆’。通言谓大蚁为‘马蚁’。”(4)现代汉语中还有一些含有“马”字的词语,诸如“马后炮”“马大哈”“马前卒”“马屁精”等作为修辞方法而运用。

## 241. 怎样解读“羊”字?

答:《说文解字》曰:“羊,祥也。从𦍌,象头角足尾之形。孔子曰,牛羊之字,以形举也。凡羊之属皆从羊。”《词典》(第 1505 页)对“羊”字的释义是:“羊 名①哺乳动物,反刍类,一般头上有一对角,种类很多,如山羊、绵羊、羚羊、黄羊、岩羊等。②姓。”

---

①即使到了近现代,等同于“马道”的城市中行驶车辆的“马路”,乃至还有片名含“马路”二字的 20 世纪 30 年代电影《马路天使》［由赵丹(1915—1980 年)、周璇(1920—1957 年)主演］。

对“羊”字的解读是：(1)羊，表示吉祥，《汉元嘉刀铭》曰：“宜侯王，大吉羊。”（2）“羊”通“杨”，《艺文类聚》曰：“将郭令鄙其开金，羊田陋其产玉。”此处的“羊田”取材于干宝著《搜神记》中杨伯雍田中玉之事，“羊”与“杨”同音通假。(3)“羊”通“蝇”，《方言》第十一卷曰：“蝇，东齐谓之羊。”(4)“羊”在古代也可作姓，比如：《战国策》有“羊干”；《左传》中有“羊斟”；三国时代有“羊祜”，均姓羊。(5)现代汉语中，羊的隐含义有变化，羊成了温顺、听话、较弱、多被欺的象征。

## 242. 怎样解读“猴”字？

答：《说文解字》曰：“猴，夒也。从犬侯声。”《词典》(第541页)对“猴”字的释义是：“猴　①(～儿)名哺乳动物，种类很多，外形略像人，身上有毛，多为灰色或褐色，有尾巴，行动灵活，好群居，口腔有储存食物的颊囊，吃果实、野菜、鸟卵和昆虫等。通称猴子。②<方>形乖巧；机灵(多指孩子)：这孩子多～啊！③<方>动像猴子似的蹲着：他～在台阶上嗑瓜子儿。④名姓。”

对“猴”字的解读是：(1)由于猴子生性好动，在一些歇后语中可以找到例证：“猴子爬竹竿——上蹿下跳”“猴子跳圈——蹿来蹿去”“猴子的屁股——坐不住”“猴子看戏——干瞪眼”等。(2)由于猴子在人们心目中是极其聪明、机智的印象，在一些方言中成了形容人乖巧、机灵的代称，比如：“他是猴子托生的，鬼着呢！”“这孩子多猴！”(3)由于“猴”还是“瘦”的近义字，在汉语中有“瘦猴”一说，至于“尖嘴猴腮”更是对“瘦猴”的一种形容。

## 243. 怎样解读“鸡”字？

答：《说文解字》曰：“雞，知时畜也。”《词典》(第598页)对“鸡”字的释义是：“鸡　名①家禽，品种很多，嘴短，上嘴稍弯曲，头部有红色的肉冠。翅膀短，不能高飞。也叫家鸡。②姓。”

对“鸡”字的解读是：(1)鸡能报时。(2)“鸡”隐含卑微和渺小之意，便形成诸如“宁为鸡口，无为牛后”“杀鸡焉用牛刀”等成语。(3)由于鸡与狗联系颇多，故又形成将“鸡”“狗”连在一起的若干成语：“鸡鸣狗盗”“鸡飞狗跳”“鸡犬之声相闻”“嫁鸡随鸡、嫁狗随狗”“鸡犬不宁”等。

## 244. 怎样解读“狗”字？

答：《说文解字》曰：“狗，孔子曰：‘狗，叩也，叩气吠以守。’”《词典》（第 460 页）对“狗”字的释义是：“狗 名哺乳动物，嗅觉和听觉都很灵敏，舌长而薄，可散热，毛有黄、白、黑等颜色。是人类最早驯化的家畜，种类很多，有的可以训练成警犬，有的用来帮助打猎、牧羊等。也叫犬。”

对“狗”字的解读是：（1）狗能看守，对此一些文献早有记载，《玉篇》曰：“狗，家畜。以吠守。”（2）旧时那些有钱有势者往往养上几只凶狗，作为欺侮他人的工具，由于主人的纵容，这些狗变得更加凶狠，于是有了“狗仗人势”一说。此外，由于狗肺是有毒的，于是人们就用“狼心狗肺”比喻心肠狠毒、贪婪。（3）还有其他一些与“狗”相关的不好的说法：一是将专门在背后出谋划策干坏事者称为“狗头军师”；二是形容坏人的行为偷偷摸摸、鬼鬼祟祟为“狗头狗脑”；三是形容那些阿谀拍马奉承的媚态为“狗颠儿屁股”等。

## 245. 怎样解读“猪”字？

答：《说文解字》曰：“猪，豕而三毛丛居者。从豕，者声。”《词典》（第 1697 页）对“猪”字的释义是：“猪 名哺乳动物，头大，鼻子和口吻都长，眼睛小，耳朵大，四肢短，身体肥，生长快，适应性强。肉供食用，皮可制革，鬃可制刷子和做其他工业原料。”

对“猪”字的解读是：（1）家畜名，《墨子·法仪》曰：“以此莫不羊，豢犬猪。”（2）通“潴”，水汇聚停聚，《尚书·禹贡》曰：“大野既豬（猪），东原底平。”（3）用“猪”字组成的词语中，大多带贬义，比如：“猪仔（崽）”原指小猪，但被用来指那些被收买、利用的人，民国初期用“猪仔国会”“猪仔议员”，指袁世凯（1859—1916 年）称帝时被收买、利用的国会和那些议员。此外，“猪猡”作为一些方言中对猪的称呼，在一些场合用来骂人等。

## 246. 怎样解读“〇（零）”字？

答：“〇”起源于古印度，公元前2000年至前1500年，印度最古老的文献《吠陀》已见“〇”的应用。古代，不少国家和民族采用空位的方法表示“〇”。在印度，“〇”读作“苏涅亚”，表示“空的位置”之意，指把一个数中缺位的数字称之为“苏涅亚”。当“〇”传入阿拉伯后，被译为“契弗尔”，仍表示“空位”的意思。后来，“〇”又从阿拉伯传入欧洲，英语中的“Cipher”为“〇”的意思。《新英汉词典》（第203页）释义：“Cipher [saifə] In. ①零（即0）。”

我国古代本无“〇”这个数码。在遇到表示“〇”时，则用“不写”或“空位”解决之。旧《唐书》《宋史》讲到历法时，均用“空”字表示天文数据。南宋蔡沈（1167—1230年）《律吕新书》中把“一一八〇九八”写作“十一万八千□□九十八”，把“一〇四九七六”写作“十□万四千九百七十六”。据数学史家考证，13世纪40年代，南宋数学家李冶在河北，秦九韶在浙江，他们在各自著作中开始使用“〇”，表示数字的空位。

“〇”指数的空位，同“零”，多用于数字中，比如：二〇〇五年、三〇六号等。1998年，于光远（1915—2013年）致函国家语言文字工作委员会，建议在汉字字典中增加一个“〇”字，三个月后得到的答复是：“〇”不完全具备字的条件。但是事实并非如此。1978年的《词典》已将“〇”归属于“难字检查表”一笔“囗”（围）的部首之中，作为准汉字成为汉字的一员，并注释为：“数的空位（同零），多用于数字中。”1992年曹先擢[①]《汉字文化漫谈》中的《〇的突破》一文指出：“《康熙字典》、《中华大字典》以及近年来出版的《汉语大字典》，均以收汉字多著称，然而都没有‘〇’。现在《新华字典》、《现代汉语词典》在ling音节里收入一个赫然的‘〇’”[②]，“这是一个突破”。1990年重排本《新华字典》收入了“〇”。

---

① 曹先擢（1932— ），《词典》第5版审订委员会主任，第6版的顾问之一。

②《词典》（第823页）释义：“〇 数数的空位，同‘零’（多用于数字中）：三～六号 | 二～～五年。”《规范词典》（第837页）释义：“〇 数同‘零’，在用汉字的小写数字书写数目时，表示数的空位▷三～一医院 | 公元二～～～年。”

对“〇（零）”字的解读是：（1）古义：一是落（雨），《诗经·鄘风·定之方中》曰：“灵雨既零。”引申为像雨一样落下。此外，成语“感激涕零”亦用此义。二是（草木）凋落，《楚辞·远游》曰：“悼芳草之先零。”三是古代常把“〇”作为一种韵音符号使用，比如：《康熙字典》就用“〇”作为字母切韵。（2）今义：数的空位，比如：三百零（“〇”）三。也指零头，比如：三百有零（“〇”）。

## 247. 怎样解读“一”字？

答：《说文解字》曰：“一，惟初太始，道立于一，造分天地，化为万物。凡一之属皆从一。”“一”字在甲骨文、金文、篆文中都是一横。清段玉裁说：“一之形于六书为指事。”意思是“一”字按照六书的分析为指事字。亦即“一”是古人记数符号，可能画的是一道横杠，也可能是一个筹码，可见“一”字的本义是最小的正整数。古人赋予“一”字极其丰富的内涵，认为“一”是至高无上的，是万物的开端，正是因为有了“一”，才派生出个整个世界。正如老子（前571—前471年）《道德经》曰：“道生一，一生二，二生三，三生万物。”又曰：“天得一以清，地得一以宁，神得一以灵，谷得一以盈，万物得一以生，侯王得一以为天下贞。”正是这个道理。

对“一”字[①]的解读是：

①20世纪60年代，周恩来总理观看京剧《霸王别姬》，曾用带“一”字的六个成语或词组，对项羽和该剧主要剧情作了精辟、概括的评论：一是“一言堂”，刘邦（前256—前195年）发兵攻打项羽（前232—前202年），项羽召集文臣武将在大堂议事，他不听众人劝说，执意发兵与刘邦对抗，周评论说：“一言堂。”二是“一家之长”，项羽回宫中后，虞姬劝说他不要发兵，以免中了刘邦之计，他答道：“孤意已决，明日发兵。”周评论说：“一家之长。”三是“一意孤行”，项羽出兵后，又不听谋士计策，固执己见，周评论说：“一意孤行。”四是“一筹莫展”，项羽发兵与刘邦打仗，果然中了刘邦之计，陷入重围，被困垓下，周评论说：“一筹莫展。”五是“一曲楚歌”，当项羽借酒浇愁，以解内心苦闷，唱起那首“力拔山兮气盖世”的“垓下曲”时，周评论说：“一曲楚歌。”六是“一败涂地”，项羽最终在四面楚歌声中，眼睁睁地看着自己心爱的女人虞姬自刎而尽，自己也兵败身亡，周评论说：“一败涂地。”

（1）一般释义，一是数词，指一，[①]《孟子·梁惠王上》曰："吾何爱一牛。"二是一样、相同，《孟子·离娄下》曰："先圣后圣，其揆一也。"三是副词，都、一概，《史记·曹相国世家》曰："参代何为汉相国，举事无所变更，一遵萧何约束。"四是统一、一致，《史记·秦始皇本纪》曰："一法度衡石丈尺。"五是副词，乃、竟，《战国策·齐策一》曰："靖郭君之于寡人，一至此乎！"

（2）古义，一是副词，都、一概，《荀子·劝学》曰："君子之学也，著乎心，……一可以为法则。"二是动词，统一，杜牧（803—约852年）《阿房宫赋》曰："六王毕，四海一。"三是形容词，专一，《荀子·劝学》曰："用心一也。"四是相同、一样，范缜（约450—515年）《神灭论》曰："名殊而体一也。"

（3）今义，表示所修饰的动词是短暂的，或者含有试试的意思，比如："歇一歇""看一看""瞧一瞧""想一想""说一说""笑一笑""唱一唱""晃一晃""闪一闪""住一住""试一试""做一做""称一称"等。

（4）其他解读：①表示最小的整数：一人一册；②表示第一：首屈一指；③表示同一：万众一心；④表示统一：言行一致；⑤表示每一：一字千金；⑥表示任一：一事无成；⑦表示专一：一心一意；⑧表示单一：一家之主；⑨表示短暂：昙花一现；⑩表示都、全：一如既往；⑪表示刚才：一触即发。

## 248. 怎样解读"二"字？

答：《说文解字》曰："二，地之数也。从偶一。凡二之属皆从二。"古人云："积画为数。"与"一"一样，古人将画的两道杠或两个筹码表示

---

① 在此补述"一"字诗五则：一是唐代王建（768—835年）《古谣》："一东一西垄头水，一聚一散天边路，一去一来道上客，一颠一倒池中树。"二是元代无名氏《散曲》："一年老一年，一日没一日，一秋又一秋，一辈催一辈。一聚一离别，一喜一伤悲。一榻一身卧，一生一梦里。寻一夥相识，他一会咱一会，都一般相知，吹一会，唱一会。"三是清王士禛《题秋江独钓图》："一蓑一笠一扁舟，一丈丝纶一寸钩；一曲高歌一樽酒，一人独钓一江秋。"四是清何佩玉（女）："一花一柳一鱼矶，一抹斜阳一鸟飞。一山一水中一寺，一林黄叶一僧归。"五是清侯善渊《一剪梅》："一个尘劳一个忙，一自别离，一得真常。一天精秀一天凉。一点清光，一代凝阳。一气相交一气张。一结神舟，一命延长。一灵透人一云房。一对金童，一引仙乡。"

“二”。在甲骨文、金文中“二”的字形没有变化。“二”为指事字，本义为数字“二”。

对“二”字的解读是：

（1）一般释义，包括：一是一加一后所得的数目。二是两样：不二价、不二法门、心无二用。三是独一无二的二，即天下无双的意思。《汉书》曰：“天下少双，海内寡二。”四是不专心：二心、三心二意。

（2）古义，包括：一是数词，《荀子·劝学》曰：“问一而告二谓之囋。”（囋：啰嗦——作者注）。二是表示序数，即第二的意思，杜牧《山行》诗曰：“停车坐爱枫林晚，霜叶红于二月花。”三是再次、两次，《宋史·吴璘》曰：“此孙膑三驷之法，一败而二胜也。”四是不专一、不一致，《汉书·王陵传》曰：“毋以老妾故持二心。”（妾：古时女子对自己的谦称——作者注）。

（3）对“二”字的其他解读：“二”与“两”意思的不同，比如：两个人、两头牛、两棵树，一般不说“二个人”“二头牛”“二棵树”。比如：两字可作一斤的十分之一，或者表示“几个”（如“过两天”不一定真是两天）等，都是“二”字所没有的。

## 249. 怎样解读“三”字？

答：《说文解字》曰：“三，天、地、人之道也。从三数。凡三之属皆从三。”《史记·淮阴侯列传》曰：“此所谓功无二于天下。”观察天地、日、月、星辰，以及人类社会，常以“三”为法，比如：“三才”：天、地、人。“三光”：日、月、星。三代：夏、商、周的合称。三皇：伏羲、神农、黄帝。我国道教以及从印度传来的佛教对“三”字情有独钟。老子《道德经》曰：“道生一，一生二，二生三，三生万物。”三教：儒家、道教、佛教。道教的最高神称为“三清”：玉清元始天尊、上清灵宝天尊、太清道德天尊。道教将宇宙分为上界、火界、水界。将时间分为无极界、太极界、现世界。佛教将世界分为天堂、人间、地狱。佛教的经典分为三藏：经、律、论。佛教对信徒提出“三皈依”：皈依佛、皈依法、皈依僧。佛教三宝：佛、法、僧。道教三宝：道、经、师。此外，还有：

（1）乾隆“三希堂”：王羲之《快雪时晴帖》、王献之（344—386年）《中秋帖》、王珣（349—400年）［王导（276—339年）之子］《伯远帖》

（三种稀世墨宝的命名）。

（2）“三杰”（人物）：①“三家村”：邓拓（1912—1966年）、吴晗（1909—1969年）、廖沫沙（1907—1991年）。②“沈门三杰”：沈士远（1881—1955年）、沈尹默（1883—1971年）、沈兼士（1887—1947年）（同为北京大学教授，时称北大“三沈”）。

（3）三部曲（trilogy），源于古希腊，指情节连续的三部悲剧，又称三联剧：①高尔基（1868—1936年）：《童年》《在人间》《我的大学》。②明冯梦龙（1574—1646年）三言：《喻世明言》《警世通言》《醒世恒言》。③巴金（1904—2005年）：激流三部曲：《家》《春》《秋》，爱情三部曲：《雾》《雨》《电》，抗战三部曲：《火》一、二、三部。④茅盾（1896—1981年）农村三部曲：《春蚕》《秋收》《残冬》。⑤过士行（1952—　）“闲人三部曲”：《鸟人》《棋人》《鱼人》。⑥傅斯年（1896—1950年）（三篇檄文）：《这样子的宋子文非走开不可》《宋子文的失败》《论豪门资本之必须铲除》。

（4）三民主义：民族主义、民权主义、民生主义。

（5）三派：左派、中派、右派。

（6）三杰女：①宋家三姐妹：宋蔼龄（1889—1973年）、宋庆龄（1893—1981年）、宋美龄（1898—2003年）。②章太炎（1869—1936年）三女：大女：㠭（zhàn，“展”的古代写法）、二女：“叕（zhuó）”、三女：“㗊（jiāo）”。③中国近代女界三杰：秋瑾、尹锐志、尹维峻（两尹为姐妹）。

（7）黄埔三杰：蒋先云（1902—1927年）、贺衷寒（1900—1972年）、陈赓（1903—1961年），时云：“蒋先云的笔，贺衷寒的嘴，灵不过陈赓的腿。”

对“三”字的解读是：

（1）一般释义，包括：一是数词（实指），二加一后所得的数目，比如：“三光”，是指太阳、月亮、星星；“三伏”，是指初伏、中伏、末伏；“三军”，古时指上军、中军、下军，现在指陆军、海军、空军；“三生有幸”中的“三生”，指佛教里说的前生、今生和来生。二是表示多数或多次（虚指），比如：“三人行必有我师焉”“三个臭皮匠，赛过诸葛亮”“三缄其口”“孟母三迁”“大禹治水三过家门而不入”等。三是姓。

（2）古义，包括：一是数词，三，《三国志·蜀书·诸葛亮传》曰：“孙权据有江东，已历三世。”二是序数词，第三，李白《扶风豪士歌》曰：“洛阳三月飞胡沙。”三是再三，多次，《战国策·赵策三》曰：“鲁仲连辞让者三。”今有俗话：“三思而后行。”

## 250. 怎样解读“四”字?

答：《说文解字》曰：“四，阴数也，象四分之形。凡四之属皆从四。”注曰：“谓口象四方，象征阴阳之气，散布四方，八象八也。”（八报俱分）“四”是一个数目字，古时先人“积画为数”。“四”与“一”“二”“三”一样，都是叠起的横线。只是到了秦篆阶段，又借用了金文中发“四”的口型，再经过简化，便演变成为现今的“四”字。

中国古代文化历来与数字“四”有关：中国古代四大发明：造纸术、指南针、火药、印刷术。祥瑞四灵：麒麟、凤凰、乌龟、龙。儒家四德：孝、悌、忠、信。古代妇女四德：妇德、妇言、妇容、妇功（即妇女的品德、辞令、仪态、女红）。四部：我国古代把图书按经部、史部、子部、集部划分为四大部类，合称四部，后又因分库储藏，又叫四库。苏东坡楷书四大名碑：《罗池庙诗碑》《表忠观碑》《醉翁亭记》《丰乐亭记》。

（1）人称四杰：战国时期四公子：齐国孟尝君、赵国平原君、楚国春申君、魏国信陵君。宋代四大书法家：苏（东坡）、黄（庭坚）、米（芾）、蔡（襄）。吴门四杰：文徵明、沈周、唐伯虎、仇英。江南四大才子：文徵明、唐寅、祝枝山、徐祯卿。清四家：①刘墉、刘墉、翁方纲、铁保，②翁方纲、刘墉、梁同书、王文治。民国初期四公子：孙科（1891—1973年）、张学良（1901—2001年）、段宏业（段祺瑞之子）、卢筱嘉（浙江督军卢永祥之子）。创造社“四大金刚”：郭沫若、张资平、郁达夫（1896—1945年）、成仿吾。民国时期张家四姐妹：张元和——周传玠（著名昆曲演员）、张允和——周有光（1906—2017年）、张兆和——沈从文（1902—1988年）、张充和——傅汉思（德裔美籍汉学家）。抗战时期重庆四大话剧名旦：白杨（1920—1996年）、秦怡（1922—　）、舒绣文（1915—1969年）、张瑞芳（1918—2012年）。

（2）四大名胜：佛教中四大菩萨：观音菩萨、地藏菩萨、普贤菩萨、文殊菩萨。佛教四大名山：山西五台山、浙江普陀山、四川峨眉山、安徽九华山。道教四大名山：江西龙虎山、湖北武当山、安徽齐云山、四川青龙山。四大书院：应天书院、石鼓书院（也有嵩阳书院另一说）、岳麓书院、白鹿洞书院。

（3）四时节：春、夏、秋、冬。

（4）四美：良辰、美景、赏心、悦事；或者音乐、饮食、文章、言语之美。刘琨《答卢湛诗》曰："音以赏奏，味以殊珍，文以明言，言以畅神，之子之往，四美不臻。"

（5）中国古代四大神兽：东方青龙、西方白虎、南方朱雀、北方玄武。

（6）人生四喜：久旱逢甘霖、他乡遇故知、洞房花烛夜、金榜题名时。

（7）四大名著：《红楼梦》《三国演义》《水浒》《西游记》。

（8）政治术语：①国民党四大元老：李石曾（1881—1973年）、蔡元培、张静江（1877—1950年）、吴稚晖（1865--1953年）；②"四大家族"：蒋（介石）、宋（子文）（1894—1971年）、孔（祥熙）（1880—1967年）、陈［立夫（1900—2001年）、果夫（1892—1951年）］。"四人帮"：王洪文（1935—1992年）、张春桥（1917—2005年）、江青（1914—1991年）、姚文元（1931—2005年）。

对"四"字的解读是：（1）数词，三加一后所得的数目。（2）我国民族音乐音阶上的一级，乐谱上用作记音符号，相当于简谱的"4"。

### 251. 怎样解读"五"字？

答：《说文解字》曰："五，行也。从二。阴阳在天地间交午也。凡五之属从五。"甲骨文、金文、小篆的古文字中的"五"字，从"二"，从"乂"，象二物交错之形。"二"代表"天地"，"乂"表示相互交错。"五"的本意是"交错"。"五"在古籍中常与"午"字相通用，本意为"交午，纵横交错"。后借用为数目名称。

中国古代文化历来与"五"相关：五帝：尧、少昊、喾、颛顼、黄帝。汉末五大家：曹操、崔瑗、崔实、张芝、张昶。五经：儒家五部经典：《周易》《尚书》《诗经》《礼记》《春秋》。五种道法：父义、母慈、兄友、弟恭、子孝。五伦：君臣、父子、夫妻、兄弟、亲友。五岳：东岳泰山、西岳华山、南岳衡山、北岳恒山、中岳嵩山。五行：古代构成物质的五种元素：水、火、木、金、土，如《尚书·洪范》曰："一曰水，二曰火，三曰木，四曰金，五曰土。"五服：古时丧服按跟亡者关系的亲疏分为五种：高祖父、曾祖父、祖父、父亲、自身五代。五方：东、西、南、北、中。五金：金、银、铜、铁、锡。五彩：青、黄、蓝、白、黑。五味：酸、辣、苦、咸、甜。五谷：稻、黍、稷、麦、豆。五官：耳、目、口、鼻、身。五脏：心、肝、脾、肺、肾。五毒：蜈蚣、蛇、蝎子、壁虎、蟾蜍①。五刑：我国古代五种主要刑罚：商周时期：墨、劓、剕、宫、大辟，隋以后时期：笞、杖、徙、流、死。五常：仁、义、礼、智、信，如《荀子·非十二子》曰："案往旧造说，谓之五行。"杨京注："五行，五常，仁、义、礼、智，信也。"五戒（佛教）：不杀生、不偷盗、不邪淫、不妄语、不饮酒。五代：唐以后，后梁、后唐、后晋、后汉、后周先后在中原地区建立政权。五胡：匈奴、鲜卑、羯、氐、羌（五个胡人游牧部落）。五食相：日食或月食时全食有初亏、食既、食甚、生光、复圆五种食相。爵位五等：公、侯、伯、子、男。五岭：大庾岭、骑田岭、都庞岭、萌渚岭、越城岭。

对"五"字的解读是：（1）数词，四加一后所得的数目。（2）姓。（3）我国民族音乐音阶上的一级，乐谱上用作记音符号，相当于简谱的"5"。

## 252. 怎样解读"六"字？

答：《说文解字》曰："六，易之数阴，变于六，正于八。从入，从八。凡六之属皆从六。"在甲骨文、金文、小篆的古文字中，"六"的字形像一间结构简陋的房屋，故"六"的本义是指"草庐"，是一种建于田间或郊野作为临时居住的房子，"六"作为"庐"的本字，由于读音相近的缘故，"六"借用为数目字，故另造了一个"庐（盧）"声的字来代替它的本义。

中国古代文化与"六"有关：六书：古人分析汉字而归纳出来的六种构成方法：象形、指事、会意、形声、转注、假借。六艺：古代指礼（礼仪）、乐（音乐）、射（射箭）、御（驾车）、书（识字）、数（计算）。六种科目：《诗》《书》《礼》《乐》《易》《春秋》六种儒家经书，始见于《庄子·天运》曰："血治《诗》、《书》、《礼》、《乐》、《易》、《春秋》六经。"

①"五毒"另有二说：一是佛教称"贪、嗔、痴、爱、恶"；二是"骗、赌、帮、烟、娼"五种社会丑恶现象。

古代中央组织机构有六部：吏部、户部、礼部、兵部、刑部、工部。（时代名）六朝：三国的吴和东晋、宋、齐、梁、陈先后建都于建康（吴名建业，今南京），史称六朝。六学：阴阳、儒、墨、名、法、道德六个学派。六正行：读诵、观察、礼拜、称名、赞叹、供养。六“波罗蜜”：布施、持戒、忍辱、精进、禅定、般若（智慧）。六欲：佛教指色欲、形貌欲、威仪姿色欲、言语音声欲、细滑欲、人想欲。六法戒：不淫、不盗、不杀、不妄语、不饮酒、不非时食。六畜：猪、牛、羊、马、鸡、狗。六神：心、肺、肝、肾、脾、胆。六亲：父、母、兄、弟、妻、子。六根：佛教为眼、耳、鼻、舌、身、意，六根是罪孽的根源，因为六根与六尘（色、声、香、味、触、法）相接而产生种种欲念而导致种种烦恼。六泉：镇江金山寺的中冶泉、无锡惠山的惠泉、苏州虎丘的观音泉、杭州虎跑的虎跑泉、扬州平山堂欧阳修读书处附近的清泉、庐山上的招隐泉。六子全书：《老子》《庄子》《列子》《荀子》《扬子》《方中子巾说》。六礼：纳采、问名、纳吉、纳征、请期、亲迎。六义：风、赋、比、兴、雅、颂。清末戊戌六君子：谭嗣同（1865—1898年）、康广仁（1867—1898年）、林旭（1875—1898年）、杨深秀（1849—1898年）、杨锐（1857—1898年）、刘光第（1859—1898年）。袁世凯兄弟六人：袁世昌、袁世敦、袁世廉、袁世凯、袁世辅、袁世彤。“六不”总理（段祺瑞）（1865—1936年）：不抽、不唱、不嫖、不赌、不贪、不占。

对“六”字的解读是：（1）数词，五加一后所得的数目。（2）我国民族音乐音阶上的一级，乐谱上用作记音符号，相当于简谱“6”。

## 253. 怎样解读“七”字？

答：《说文解字》曰：“七，阳之正也，从一，微阴。从中，衺出也。凡七之属皆从七。”在甲骨文、金文、小篆古代文字中，“七”字是一横画中间加一竖画，表示划物为二，从中切断之义。“七”本为“切”的本字，后来借用为数目字，于是在“七”的基础上再加刀旁，以作物切断的专字。随着金文的出现，甲骨文和金文中的“七”字，与甲骨文中的“甲”和小篆中的“十”字非常相像，容易混淆不清，到了小篆阶段，便把甲骨文和金文中的“十”字的竖笔的下半截变成了“竖弯钩”，于是以小篆为基础，便相应发展成为而今的“七”。

中国古代文化与“七”相关：

（1）“战国七雄”：齐、楚、燕、韩、赵、魏、秦。

（2）“七子”：①汉建安七子：孔融、陈琳、王粲、徐干、阮瑀、应玚、刘桢。②晋竹林七贤：嵇康、阮籍、山涛、向秀、刘伶、王戎、阮咸[①]。③明代嘉靖“后七子”：李攀龙、王世贞、谢榛、宗臣、梁有誉、徐中行、吴国伦[②]。

（3）乐谱有七音符：1、2、3、4、5、6、7（多、来、咪、发、梭、拉、西）。

（4）“七出”：我国古代封建时代休妻的七种理由：一是无子、淫邪、不事舅姑、口舌、盗窃、嫉妒、恶疾，“七出者：无子，一也。淫佚，二也。不事舅姑，三也。口舌，四也。盗窃，五也。妒忌，六也。恶疾，七也。”二是不顺父母、无子、淫、妒、恶疾、多言、盗窃，如《大戴礼记·本命》曰：“妇有七者。不顺父母者，无子者，淫者，妒者，有恶疾者，多言者，窃盗者。”

（5）“七情”：喜、怒、哀、惧、爱、恶、欲。

（6）“七彩”：红、橙、黄、绿、蓝、靛、紫。

此外，古代先人具有运用“七”这个数字的民族心理，则归源于“七”在人体及天地万物的客观存在及其规律性。《易经》曰：“反复其道，七日来复，天行也。”王弼（226—249年）注：“阳气始剥尽至来复，时凡七日。”孔颖达疏：“天之阳气绝灭之后，不过七日阳气复生，此乃天之自然之理，故曰天行。”

国外有：

（1）七艺：欧洲古希腊、古罗马和中世纪的学校教育的七门学科：文法、修辞、逻辑、算数、几何、音乐和天文，前三科称“三艺”（拉丁文 Trivium），后四科称“四艺”（拉丁文 Guadrivium）。

---

① 在此补述国外的希腊“七贤”：米利都的哲学家泰勒斯、密提利那的统治者庇达利卡斯（Pittacus）、雅典的政治家梭伦（Solon）、林都斯的诗人克利奥布拉斯（Cleobulus）、科林斯的政治家柏立安得（Periander）、曾里安的拜阿斯（Bias）、斯巴达的开伦（Chilon）。

② 补述近代“七君子”：邹韬奋（1895—1944年）、沈钧儒（1875—1963年）、李公朴（1902—1946年）、王造时（1903—1971年）、章乃器（1897—1977年）、沙千里（1901—1982年）、史良（1900—1985年）。

（2）七星诗社，即文艺复兴时期法国诗歌的一个流派，由龙沙、杜·倍雷、左台尔、狄亚尔、巴依夫、贝罗、多拉七位人文主义诗人组成。

对“七”字的解读是：（1）数词，六加一后所得的数目。（2）旧俗人死后每隔七天祭奠一天，直到第四十九天为止，共分七个“七”。（3）姓。

## 254. 怎样解读“八”字？

答：《说文解字》曰：“八，别也。象分别相背之形。凡八之属皆从八。”“八”字的本义是将物分开，这一解释与古代“七不出门，八不还家”的说法相吻合。具体而言，所谓“七不出门”，指古代每月逢“七”的日子，即初七、十七、二十七均不出门做生意、跑买卖，因为逢七出门不吉利。所谓“八不还家”，指每月逢“八”的日子，即初八、十八、二十八，凡是游历、游学在外的人不宜归家，因为逢“八”这一天是分离的日子。由此可见，“八不还家”这一民俗的形成，或许是古代先人造“八”字时的心理反应。“八”字的本义是分别，后来假借为表示数目字。当“八”假借表示数目字后，便失去了它的本义，致使人们只知道表示数目，而不知其本义是“分”“分别”。

中国古老文化与“八”有关：

（1）八仙：即神话中的八个神仙：汉钟离、张果老、吕洞宾、铁拐李、韩湘子、曹国舅、蓝采和、何仙姑。

（2）八股：即明清科举制度的一种考试文体，段落有严格规定，每篇有：破题、承题、起讲、入手、起股、中股、后股、束股，其中都有两股相互排比的文字，共为八股。

（3）八节：立春、春分、立夏、夏至、立秋、秋分、立冬、冬至八个节气。

（4）八识：佛教唯识宗对人内在的心识的分类：眼识、耳识、鼻识、舌识、身识、意识、末那识、阿赖耶识。

（5）八卦：“乾”（☰）“坤”（☷）“巽”（☴）“坎”（☵）“离”（☲）“艮”（☶）“兑”（☱）“震”（☳）。

（6）中国古代法律现象，八种人犯罪行（“十诫”附录）可减少刑罚的一种特别制度，即八议或八辟：议亲、议故、议贤、议能、议功、议贵、议勤、议宾。

（7）八旗：正黄、正白、正红、正蓝、镶黄、镶白、镶红、镶蓝八旗。

（8）八景：既有“（宋代）潇湘八景”：平沙雁落、远浦帆归、山市晴岚、江天暮雪、洞庭秋月、潇湘夜雨、烟寺晚钟、渔村夕照，又有（元、明二代）“燕京八景”：居庸叠翠、玉泉趵突、太液秋风、琼岛春阴、蓟门烟树、西山晴雪、卢沟晓月、金台夕照。

（9）八杰：①蜀之八仙：容成公、李耳、董仲舒、张道陵、严君平、李八百、范长生、尔朱先生。②唐宋古文八大家：韩愈、柳宗元、欧阳修、苏洵、苏轼、苏辙、王安石、曾巩。③扬州八怪：郑板桥、汪士慎、李鱓、黄慎、金农、高翔、李方膺、罗聘。

对“八”字的解读是：（1）数词，七加一后所得的数目。（2）表示多数或多次，比如：八辈子，这件事我说了八百遍了。（3）姓。

## 255. 怎样解读“九”字？

答：《说文解字》曰：“九，阳之变也。象其屈曲究尽之形。凡九之属皆从九。”甲骨文、金文中的“九”字，像人的手臂弯曲的形状，指手肘。“九”的本义是指“手肘”。古人造数目字从一开始造到九，认为“九”是最终的数，而数到最终会发生变化，便借用“肘”的弯曲变化之形表示“九”，就是被借用的数目字。“九”除专指“9”这一特定的数目外，还可虚指多数，以及“至大”“至高”的意思。

中国古老文化与“九”有关：

（1）由于“九”是个位数中的最大的数，故其基本意义是表示“多”与“全”：一是过去行政区划有“九州”，《尚书·禹贡》称：冀、兖、青、徐、扬、荆、豫、梁、雍。二是行政机构有“九卿”：周以少师、少傅、少保、冢宰、司徒、宗伯、司马、司寇、司空为九卿。秦以奉常、郎中令、卫尉、太仆、廷尉、典客、宗正、治粟内史、少府为九卿。明大九卿为礼、户、吏、兵、刑、工六部尚书、督御史、大理寺卿、通政使。三是官位等级有“九品”（上上、上中、上下、中上、中中、中下、下上、下中、下下）。四是“九河”：《尔雅·释水》称：徒骇、太史、马颊、覆釜、胡苏、简、洁、勾盘、鬲津，九河。五是“九服”：指京畿以外的九等地区，即侯服、甸服、男服、采服、卫服、蛮服、夷服、镇服、藩服九服。六是“九思”：《论语·季氏》曰：“君子有九思：视思明，听思聪，色思温，貌思恭，言思忠，事思敬，疑思问，忿思难，得思义。”七是“九怀”：《楚辞》而名，追思屈原之辞，有《匡机》《通路》《危俊》《昭世》《尊嘉》《蓄英》《思忠》《陶壅》《株昭》九章。八是“九夏”（古乐名）：《周礼·春官·钟师》曰：“凡乐事，以钟鼓奏九夏：《王夏》、《肆夏》、《昭夏》、《纳夏》、《章夏》、《齐夏》、《族夏》、《祴夏》、《骜夏》。”九是“九川”：《史记·夏本纪》司马贞《李隐》以弱、黑、河、漾、江、沇、淮、渭、洛为九川。十是“九山”：《淮南子·地形训》以会稽山、泰山、王屋山、首山、太华、岐山、太行山、羊肠山、孟门山为九山。十一是“九流”：儒家、道家、阴阳家、法家、名家、墨家、纵横家、杂家、农家。十二是“书法九势”：落笔、转笔、藏锋、藏头、护尾、疾势、掠笔、涩势、横鳞竖勒。十三是“九宫”：黄钟宫、仙吕宫、正宫、中吕宫、南吕宫、五宫双调、大石调、越调、商调。十四是“九属”：玄孙、曾孙、孙、子、身、父、祖父、曾祖父、高祖父。

（2）“九”在中国阴阳学说中，是一个代表“阳”的数（阴阳学视奇数为阳，偶数为阴——作者注），比如：九月九日，月、日皆逢九，故曰“重九”。

（3）“九”既为阳数，又引出了象征“天”与“帝”的意义：一是象征天，中国古代经常用“九”暗指天，乃至将“天”的生日定为九日，正如《清嘉录》曰：“俗以七日为人日，八日为谷日，九日为天日。”过去每逢正月初九，中国民间都要设道场斋天，以庆祝皇天生日。二是象征帝，皇帝历来有“九五之尊”之说，此说出自《易经》“乾”卦：“九五，飞龙在天，利见大人。”飞龙者，皇帝也。于是“九”便成了皇帝的专用数字，乃至连宫廷中的器物和建筑被称为“九龙杯”“九龙壁”“九桃壶”，以及北京皇宫紫禁城①有九百九十九间半房等。

（4）“九”还有神奇、善变的意思。中国古书上常见带“九”字的奇异动物，比如：吃人的九尾狐，滴血的九头鸟，凶猛的九头龙，人面兽身的

①1925 年成立“故官博物院”。

九头凤、九婴，行动诡秘的九头蛇、九尾龟等[①]。

对“九”字的解读是：（1）数词，一加八后所得的数目。（2）从冬至起每九天为一个“九”，从“一九”数起，“二九”“三九”，直至“九九”为止，比如：数九、冬练三九、九尽寒尽。（3）表示多次或多数，汉司马迁《报任安书》曰：“若九牛亡一毛。”比如：九霄、九死一生、三弯九转等。（4）《易经》中称阳爻为九，比如：初九、九五。（5）时令的名称，即“九九”。

## 256. 怎样解读“十”字？

答：《说文解字》曰：“十，数之具也。一为东西，丨为南北，则四方中央备矣。凡十之属皆从十。”甲骨文中“十”为一竖画，是个指事字。甲骨文中的“十”字，反映了古人记数的方法，以一横作为数字的开始，以一竖作为数字的结束。满了“十”又从“一”开始。由此可见，早在夏商年代我们的先人开始有了“十进位”的概念。“十”的本义是表示数目，由于“十”是自然数最大、最末的一个数，所以古人将“十”称为满贯之数，由此又引申出“十”为完满的意思。

中国古老文化与“十”有关：

（1）十方，佛教用语，指东、西、南、北、东南、西南、东北、西北、上、下十个方位。

（2）十恶不赦，形容罪大恶极，不可饶恕（十恶：古代刑法指不可赦免的十种重大罪名：谋反、谋大逆、谋叛、恶叛、不道、大不敬、不孝、不睦、不义、内乱）。

---

① 在此补述梁启超九子（女）皆才俊：长女梁思顺（1893—1966 年）文史学者、长子梁思成（1901—1972 年）著名建筑学家、次子梁思永（1904—1954 年）著名考古学家、三子梁思忠（1907—1932 年）毕业于美国西点军校，英年早逝、次女梁思庄（1908—1986 年）著名图书馆学家、四子梁思达（1912—2001 年）著名经济学家、三女梁思懿（1914—1988 年）社会活动家、四女梁思宁（1916—2006 年）新四军女战士、五子梁思礼（1924—2016 年）火箭控制系统专家。再补述有关“九老”的幽默精彩调侃：“知错而认错——老实；拿不准对错而认错——老练；明知拿得准而认错——老到；明知有错而不认错——老婆；明知没有错而认错——老公；他人错却认自己错——老兄；自己错而认他人错——老板；自己错也知他人错——老师；不知自己错却推由不知他人错——老土。”（摘自网络）

（3）十等人，元代统治者把各界人士分为十等：一等为官、二等为吏、三等为僧、四等为道、五等为医、六等为工、七等为猎、八等为民、九等为儒、十等为丐。

（4）十大考古新发现。2016年度全国十大考古新发现评选结果2017年4月12日揭晓：宁夏青铜峡鸽子山遗址、贵州贵安新区牛坡洞洞穴遗址、湖北天门石家河遗址、福建永春苦寨坑原始青瓷窑址、陕西凤翔雍山血池秦汉祭祀遗址、北京通州汉代路县故城遗址、浙江慈溪上林湖后司岙唐五代秘色瓷窑址、上海青浦青龙镇遗址、山西河津固镇宋金瓷窑址、湖南桂阳桐木岭矿冶遗址。

近代则有十进制，即一种记数法：采用0、1、2、3、4、5、6、7、8、9十个编码，逢十进一。体育方面有十项全能，田径综合性比赛项目之一，指运动员要在两天内依次完成100米跑、跳远、铅球、跳高、400米跑、110米跨栏、铁饼、撑杆跳高、标枪、1500米跑。军事方面有十大元帅：朱德（1886—1976年）、彭德怀（1898—1974年）、林彪（1907—1971年）、刘伯承（1892—1986年）、贺龙（1896—1969年）、陈毅（1901—1972年）、罗荣桓（1902—1963年）、徐向前（1901—1990年）、聂荣臻（1899—1992年）、叶剑英（1897—1986年）。十个大将：粟裕（1907—1984年）、陈赓、徐海东（1900—1970年）、罗瑞卿（1906—1978年）、许光达（1908—1969年）、肖劲光（1903—1989年）、黄克诚、谭政（1906—1988年）、王树声（1905—1974年）、张云逸（1892—1974年）。

对“十”字的解读是：（1）数词，九加一后所得的数目。（2）表示达到顶点，比如：十足、十分。（3）通“什”，即“十锦”，又称“什锦”，指杂取各种不同事物或不同样式配合成的一个整体，比如：“十锦菜”“十锦橱”。元白珽《西湖赋》曰：“亭连栋为十锦，碑蚀苔以千言。”（4）姓。

## 257. 怎样解读“个”字？

答：《说文解字》曰：“箇，竹枚也。从竹固声。”“个”是一，它是标准规范字，另有繁体字“個”、异体字“箇”。对“个”字的解读是：第一，非数概念，包括：一是“厢房”，正如《礼记·月令》曰：“天子居青阳居左个。”（青阳，古代诸侯朝见天子的地方，叫“明堂”，共分四室，青阳指明堂的东室——作者注）。二是“这”“些”，正如李白《秋浦歌》曰：“白发三千丈，缘愁似个长。”（缘：即因为——作者注）第二，数的概念，包括：一是表示量，即用于没有专门量词的名词（有的名词除了用专用量词外也用“个”），比如：一个理想、两个星期、三个人、四个学校等。二是量词，先用于竹，比如：《史记·货殖列传》曰：“竹竿万个。”

## 258. 怎样解读“拾”字？

答：《说文解字》曰：“拾，掇也。从手，合声。”《史记·货殖列传》曰：“俯有拾，仰有取。”

第一，非数概念，包括：一是拾起、捡起，正如《世说新语·德行》曰：“饭粒脱落盘席间，辄拾以噉之。”二是收拾、敛聚，正如《论衡·别通》曰：“萧何入秦，收拾文书。”三是射，古代射箭时用的皮革护袖，正如《诗经·小雅·车攻》曰：“决拾既佽，弓矢既调。”

第二，数的概念，即指数字“十”的大写，正如《敦煌变文集·伍子胥变文》曰：“手垂过膝，拾指纤长。”

## 259. 怎样解读“百”字？

答：《说文解字》曰：“百，十十也。从一、白。”“百”大写为“佰”，旧读 bó（伯）。《广韵》曰：“一百为一佰。”古时军队编制单位，百人为“佰”，又称管辖百人的长官，正如《史记·陈涉世家》曰：“蹑足行伍之间，俛（俯）仰阡陌之中。”（参加到队伍里处于什长、佰长这样人的中间——作者注）。另，佰（mò）又通“陌”，即田间小路，正如《汉书·匡衡传》曰：“南以闽佰为界。”（闽：田界的名称——作者注）

作为数的概念，第一，“百”表示实指，包括：一是指十个十。二是“百子”，图中即有实实在在的一百个小孩子。“百寿图”，图中有一百个“寿”字。第二，“百”表示虚指，包括：一是表示很多，比如：“百货”“百科全书”“百花齐放”“百家争鸣”“百闻不如一见”等。二是指或者不到一百，或者超过一百，都只举个数一百来说。比如：一百条河，即称“百川归海”。《百家姓》①，其实有400多个姓。百官，古时多少个官，或许有成千上万个，可一说上口，就成了百官。“家有百口，主事一人”，过去人口多，大家庭，上上下下有几十口、上百口人，说个成语，即“家有百口”。

## 260. 怎样解读“千”字？

答：《说文解字》曰：“千，十百也。从十从人。”“千”大写为“仟”。古时候泛指千的整数，《汉书·食货志》曰：“商贾……无农夫之苦，有仟佰之得。”通“仟佰”，又通“阡陌”，即指田间小路，正如《汉书·食货志》曰：“孝公用商君……开仟佰，东雄诸侯。”

千，作为数的概念，有实指和虚指两说。一是实指，意即“千”为十个百。二是虚指，意即表示很多，比如：千方百计、一刻千金。《千家诗》，并非一千首。万紫千红，并非春天一定有一千朵红花。相近似的还有：千载一时，载是年，时是次，并非一千年只碰到一次。《史记》曰：“智者千虑，必有一失。愚者千虑，必有一得。”“千虑一得”乃是人们自谦之词，并非只有一千次考虑才有一得。

## 261. 怎样解读“万”字？

答：《说文解字》曰：“萬，虫也。从厹，象形。”“万”大写为“萬”。古时“万”字是蝎子的象形，因为甲骨文中“万”就是货真价实的蝎子的形状。作为数目字的“万”字，可以说是“本无其字，依声托事”，是以蝎子的象形字假借而来的。卜辞中有“一万”“三万”，都有“万”字，都是合

---

①2016年11月7日《老年文摘》摘自2016年11月2日《人民日报·海外版》载文，指出“百姓”原指奴隶主：“大约5000年前的上古时代，生活在黄河流域的黄帝族、炎帝族、夷族和九黎族等几个部落连年征战，最后黄帝族、炎帝族和夷族联盟，打败了九黎族。黄帝族、炎帝族、夷族等形成的部落大联盟大约100个氏族，每个氏族以地名或封号作为自己的姓，故称‘百姓’；抓获的九黎族俘虏则被称作‘黎民’。这个时候的‘百姓’和‘黎民’就是奴隶主和奴隶的代名词。

春秋末年，宗族世袭制被打破，出现了土地私有制，特别到了战国以后，封建制取代了奴隶制，‘百姓’的地位逐渐降低，他们中的大部分人也降到黎民中来，这时候黎民和百姓统一称谓了，‘百姓’才真正变成了普通老百姓，变成了平民的通称。”

文。从西周到战国的青铜器，凡用铭文大多用一个“万”，比如：“其万年永宝用”“其万年永用”“其万年子子孙孙永宝用享”“其万年无疆”“万年无期”，乃至“万年眉寿无疆”等都是当时常用的套话。此外还有称“万亿年”“万人”“万岁”，用得也很广泛。其中“万岁”本来是一个欢呼词，并非实指万岁，而且不一定用在天子、皇帝、国君身上。然而到了秦代，开始定下规矩，只有皇帝才能称万岁，由此“万岁”既成了见皇帝时专用祝颂词，又有时借来直接表示皇帝。

对“万”字的释义，一是作为数词，指十个千，《左传·襄公三十年》曰：“然则二万六千六百有六旬也。”二是表示数量多，程度高，柳宗元《古东门行》曰：“万金宠赠不如土。”三是指绝对，韩愈《柳子厚墓志铭》曰：“且万无母子俱往理。”四是指古代一种舞名。《左传·庄公二十八年》曰：“为馆于其宫侧而振万焉。”五是指作为副词指“极”“很”“绝对”，比如：“万全之策”“万不得已”。五是姓，比如：万里（1916—2015年）。

## 262. 怎样解读“亿”字?

答：《说文解字》曰：“亿，安也。从人，意声。”“亿”，一是数词，一万万，古时也将十万叫作亿。《尚书·泰誓上》曰：“受有臣亿万。”（受：商纣王——作者注）二是数目很大，贾谊《过秦论》曰：“据亿丈之城，临不测之谿以为固。”（谿：山涧——作者注）三是安，《左传·昭公二十一年》曰：“心亿则安。”四是指推测通“臆”，《论语·先进》曰：“亿则屡中。”《旧唐书·李道宗传》曰：“不可亿度。”①

## 263. 怎样解读“兆”字?

答：《说文解字》曰：“𠧞，灼龜，坼也。从卜。兆，象形。”“兆”

① 春联横批为“一”至“亿”吉祥数字：“一元复始、二气调和、三阳开泰、四季平安、五福临门、六合同春、七星高照、八节康宁、九九归一、十分春色、百福并臻、千祥云集、万方同乐、亿万斯年。”

一是数词，古代以“百万”或“万亿”为兆。[①]常用来表示极多，屈原《九章·惜诵》曰：“又众兆之所雠。”（雠：仇怒——作者注）。二是预兆、征兆，指事情发展前的迹象。《商君书·算地》曰：“此亡国之兆也。”三是开始，《左传·哀公元年》曰：“能布其德，而兆其谋。”（布：施；谋：谋略，计策——作者注）。

## （三）字序

字序是字与字之间的顺序或排序。为节省篇幅和集中说明、说清问题，在此仅以两个字、三个字、四个字、五个字为例，阐述字序。

### 264. 两个字有哪些字序？

答：主要有：

（1）体现对立关系的字序：

矛盾、是非、攻守、好坏、新旧、生死、黑白、真假、爱憎、正反等。

（2）体现对应关系的字序：

出入、冷热、长短、高低、文武、天地、进退、公私、呼吸、买卖、快慢、分合、福祸、输赢、纵横等。

（3）体现对称关系的字序：

大小、上下、左右、深浅、里外、死活等。

（4）体现人际关系的字序：

师生、师徒、朋友、邻居、医患、警民、军民等。

（5）体现家庭、家族称谓的字序：

夫妻、父亲、母亲、父子、母子、父女、母女、兄弟、姐妹、祖父、祖母、外公、外婆、婆媳、妯娌、叔侄、舅甥、姑父、姑母、舅父、舅母、表兄、

① 元代数学家朱世杰（1249—1314 年）在《算学启蒙》大数之类中说：“凡数之大者，天莫能盖，地莫能载，故谓之大数也。”“一、十、百、千、万、十万、百万、千万、万万曰亿，万万亿曰兆，万万兆曰京，万万京曰秭，万万秭曰杼，万万杼曰壤，万万壤曰均，万万均曰澗，万万澗曰正，万万正曰载，万万载曰极，万万极曰恒河沙，万万恒河沙曰阿僧祇，万万阿僧祇曰那由他，万万那由他曰不可思议，万万不可思议曰無量数。”由此可见，“不可思议”在古代是一个数量单位，相当于 10 的 64 次方。

表弟、表姐、表妹、堂兄、堂弟、堂姐、堂妹、伯父、伯母、姥爷等。

（6）体现职位职务关系的字序：

主席、总理、部长、署长、主任、司长、局长、处长、科长、科员、书记、秘书、干事、总裁、董事、经理等。

（7）体现空间、时间的字序：

中外、国内、国外、省内、省外、校内、校外、家内、家外；古今、过去、现在、未来、昨天、今天、明天等。

（8）体现职业关系的字序：

工人、农民、军人、教师、医生、护士、商人、职员、警察、会计、出纳、律师、法官、司机、保安等。

（9）体现季节、节气、气候关系的字序：

春天、夏天、秋天、冬天，立春、雨水、惊蛰、春分、清明、谷雨、立夏、小满、芒种、夏至、小暑、大暑、立秋、处暑、白露、秋分、寒露、霜降、立冬、小雪、大雪、冬至、小寒、大寒，天晴、天阴、台风等。

（10）体现方向关系的字序：

东方、西方、南方、北方、东西、南北、东北、华北、华东、华南、中南、西南、西北等。

（11）体现性别关系的字序：

男女、雌雄。

（12）体现递进关系的字序：

一二、三四、五六、七八、九十等。

对以上两个字不同的字序作了概述外，在此还可补述三点：一是两个字字序前后不可颠倒或互换，比如：宦官≠官宦；事情≠情事；一万≠万一；亲近≠近亲；下放≠放下；指示（指给人看）≠示指（紧挨着拇指的手指头）等。二是两个字字序前后可颠倒或互换，比如：道地＝地道；喷嚏＝嚏喷；力气＝气力；刚才＝才刚；适合＝合适；健康＝康健；缩微＝微缩（台湾）等。三是两个字字序尽管不颠倒或互换，但也有前后表达的意思不尽相同，比如：好看既可以＝好看（这个姑娘真好看，前后两个好看都表达同一个“这个姑娘真好看”的意思）；好看又可以≠好看，前一个“好看”（这出戏特别“好看”），而后一个“好看”（你让我上台表演，这不是要我的“好看”吗？）。

（13）两个字重复字序：

①体现家庭、家族称谓：爸爸、妈妈、爷爷、奶奶、姥姥、哥哥、弟弟、姐姐[①]、妹妹、叔叔、姑姑、舅舅、婶婶、爹爹、娘娘等。

②其他：谢谢、宝宝[②]、乖乖、飘飘、本本、脉脉、艾艾[③]等。

（14）两个字姓（人）名等字序：

一是两个字不重姓名字序：朱德、林彪、贺龙、陈毅、粟裕、陈赓等。

二是两个字重复人名等字序：人名：方方（全国侨联原副主席）、徐徐（北京电影制片厂乐团原团长）、六六（作家）、元元（中央电视台主持人）、文文（北京电视台“书香北京”主持人）、楚楚（电影《红樱桃》女主角）、侃侃（歌手）、整整、钱钱、田田、香香（宋代辛弃疾之姬妾）。笔名：飞飞（周恩来）。爱称：卿卿（代表夫妻之间的爱称）。昵称：亲亲（梁实秋对夫人韩菁清的昵称）、露露（中国人民大学学生对原校长陈雨露的昵称）。绰号：毛毛（中国老女排队员对队长张蓉芳的绰号）。民族名：僾僾（边疆少数民族）。校名：成成（山西太原一所中学）。小说名：《绣绣》（林徽因）。书名：《嘟嘟》（马未都）。电影名：《翠翠》。舞名：恰恰。社名：星星（诗刊社）。幼儿园名：佳佳。熊猫名：盼盼（北京亚运

①《四朝闻见录》说，南宋高宗（1127—1162年）赵构想立妃子吴氏为皇后，便对她说：“俟姐姐归，当举行。”此处指等姐姐从北方归来的时候，即举行册封皇后的典礼。这里所说的“姐姐”指的是赵构的母亲韦太后。可见当时的“姐姐”指母亲。

②“宝宝”一词的由来，最早出自晚明文人田艺蘅（1524—？）《留青日札》一书。现今人们爱惜其子，大多称作“宝宝”，即如同珍宝。然而早先，“宝宝”，也称“保保”，即保抱护持之义。追溯之，“保保”系元代人尊重之称。按照田艺蘅的说法，用“宝宝”指小孩子、小朋友，大抵自明代始。其源头则可追溯到元代，按照当时的语言，“保保”是“尊重”之称，到了汉语中逐渐演变成“宝宝”。

③《新华大字典》（第4页）［字的故事］［艾艾］：“三国时魏国的邓艾口吃，说话常常‘艾艾’。司马懿开他玩笑说：‘卿云艾艾，定是几艾？’即到底有几个艾。他回答说：‘凤兮凤兮，故是一凤。’意思是，正如说：‘凤兮凤兮’指的还是一只凤一样，我虽说‘艾艾’，指的也是一个艾。后用艾艾指口吃，说话不清楚。”

会吉祥物），贝贝、晶晶、欢欢、迎迎、妮妮[①]（谐音：“北京欢迎你”）（北京奥运会吉祥物）。髢髢（方言，假发）等。

三是词性两个字重复字序：①名词：猩猩、头头。②动词：叨叨、喳喳、拜拜（英语 bye 汉译音）、嘞嘞。③形容词：佼佼、赫赫、虎虎、炎炎、幽幽、欣欣、遥遥、奕奕。④副词：亟亟、仅仅、狠狠、踽踽、潇潇、涟涟、涓涓、朗朗、源源。⑤量词：回回、节节。⑥其他：<书>形容词：伈伈、恹恹、施施、熠熠、殷殷、訚訚、虢虢、濯濯；<方>名词：套套；<名>方位词：上上、下下；<方>兮兮；<书>伾伾、狉狉、冉冉、芃芃、骎骎、融融；拟声词：镳镳、沥沥、唧唧、隆隆、霍霍、咪咪、琅琅。

## 265. 三个字有哪些字序？

答：主要有：

（1）前二字重。包括：

一是前二字为名词：婆婆嘴、娃娃亲、窝窝头等。

二是前二字为动词：说说看、讲讲话、吹吹风、唱唱歌、跳跳舞、洗洗手、动动脑、喝喝水、聊聊天、唠唠嗑、歇歇脚等。

三是前二字为形容词：急急风、嘻嘻乐、悄悄话、麻麻亮、毛毛雨、小小说、哈哈镜等。

四是人名：达达赫，毛里塔尼亚总统；加加林（1934—1968 年），苏联首任宇航员；佐佐格，苏联间谍；德德玛，中国女歌唱家。

五是小说名：《圆圆魂》《哈哈笑》。

六是词名：《声声慢》［李清照（1084—约 1155 年）］。

七是鸟名：渡渡鸟。

八是草名：芨芨草。

九是河名：沱沱河。

十是店名：餐餐乐、久久鸭。

---

① 在此补述两个字相重的两副叠字字联：一是杭州九溪十八涧的一副字联：“重重叠叠山，曲曲环环路；东东丁丁泉，高高下下树。”二是浙江永康的西津桥（建于清康熙年间）桥头的一副字联：“风风雨雨，寒寒暑暑，满满潺潺，潇潇洒洒；岁岁年年，朝朝暮暮，恩恩怨怨，憩憩悠悠。”

十一是货物名：爬爬裤、兜兜裤。

十二贷款名：人人贷、拍拍贷（互联网金融贷款名称）。

十三玩具名：碰碰车、跷跷板。

十四是其他：代代花、面面观、啦啦队、捻捻转等。

（2）后二字重。包括：

一是后二字为名词：老爷爷、老奶奶、老公公、老婆婆、姑奶奶、姨奶奶、好宝宝、洋娃娃、黑猩猩等。

二是后二字为动词：眼睁睁、明闪闪、明晃晃、直瞪瞪等。

三是后二字为形容词：雾蒙蒙、黑茫茫、暖洋洋、颤悠悠、白皑皑、泪汪汪等。

四是后二字为虚词：黏乎乎、乐呵呵、干巴巴、气呼呼等。

五是姓名。国家领导人：沈跃跃（1957— ），十二届、十三届全国人大常委会副委员长。外国领导人：卡瓦瓦，坦桑尼亚总理。科学家：屠呦呦（1930— ），2015年诺贝尔生理学或医学奖获得者。全国政协委员：李东东（1951— ），原新闻出版总署副署长。外交人员：陈明明，外交部公共外交咨询委员会委员；吴珉珉，中国驻叙利亚大使。校长：李元元，吉林大学校长；毕京京，国防大学副校长。教授：胡彬彬，中南大学教授；张依依，台湾世新大学教授。作家：张抗抗。主播：王端端，中央电视台中文国际频道主播。记者：陈楚楚、孔琳琳、齐莉莉、杨珊珊，中央电视台记者。电影电视演员：高圆圆、范冰冰、李冰冰、宋丹丹、朱媛媛、严珊珊。电视剧女主角名：花蕾蕾，电视剧《你是我兄弟》女主角；牛一一，电视剧《幸福请你等等我》女主角。既是电影名又是女主角名：李双双。运动员：王珊珊，中国女足队员；段莹莹、郑赛赛，中国网球女选手。歌手：陈思思、汪正正、藏苗苗、金婷婷。电影导演：高希希。名人之后：毛东东，毛泽东的重孙；三女刘平平、四女刘亭亭、五女刘潇潇，刘少奇（1898—1969年）、王光美（1921—2006年）之女。齐桥桥、习安安，习仲勋（1913—2002年）、齐心（1926— ）之女；范苏苏，范长江（1909—1970年）之子；李特特，李富春（1900—1975年）、蔡畅（1900—1990年）之女。青楼女子：张师师、刘香香、钱安安，以及李师师、陈圆圆。其他：夏娘娘（革命母亲）、董冬冬（音乐人）、马友友（大提琴家）等。

六是其他。《摘星星》，童声合唱曲。《月团团》，民谣。琳丁丁（美国演电影犬名）、兰花花（餐厅名）、亮晶晶（洗车店名）、娃哈哈（矿泉水名）等。

（3）第一字与第三字重。包括：

一是第二个字是“一”字：坐一坐、看一看、让一让、歇一歇、说一说、唱一唱、闯一闯等。

二是第二个字是“对”字：面对面、背对背、刀对刀、枪对枪等。

三是第二个字是“上”字：人上人、天上天、楼上楼、好上好等。

四是第二个字是“下”字：人下人、楼下楼等。

五是第二个字是“中”字：园中园、国中国、苦中苦、乐中乐等。

六是第二个字是“是”字：一是一、二是二、我是我、你是你、他是他、好是好、坏是坏等。

七是第二个字是“的”字：老的老、小的小、好的好、差的差、笑的笑、哭的哭、美的美、丑的丑等。

八是第二个字是“不”字：是不是、好不好、累不累、男不男、女不女、要不要等。

九是第二个字是“了”字：看了看、说了说、唱了唱等。

十是人名：克拉克，新西兰原女总理等。

十一是电视剧名：《劫中劫》等。

十二是歌曲名：《手拉手》（*Hand in Hand*），1988 年汉城奥运会主题歌曲名。

十三是小品名：《扶不扶》，2014 年中央电视台春晚小品。

十四是饭店名：楼外楼、天外天等。

十五是其他：山连山、浪打浪、亲加亲、不得不、谁怕谁、谁服谁、头打头、手把手、大哥大、大姐大、硬碰硬等。

（4）三个字重。

比如：十二个门“洞洞洞”相通。笑起来总是“嘿嘿嘿”。

此外，还有：一是姓名，比如：乐乐乐，传说一个私塾招了一个叫“乐乐乐”的学生，上课时私塾老师老秀才拿起点名册，叫道“乐乐乐（yue yao yao）”，无人应答，又叫“乐乐乐（yao yao le）”，还是无人应答。

此时还是该学生主动举手，站起来说自己叫“乐乐乐（yue yao le）”，我姓“乐（yue）”名“乐（yao）乐（le）”，（乐）即喜好快乐之意，赢得课堂一片善意的笑声。二是组织名，比如：K .K. K（ku klux klan 的缩写），美国反动恐怖组织。三是小说名：《爸爸爸》《女女女》（韩少功著）。四是歌曲名：《踩踩踩》（由九月奇迹演唱）。五是美国电影片名：《虎虎虎》。六是轮船名、药名：既有“买买买”号邮轮号，又有“买买买”孤独新解药名，还有2017年5月14日、15日“一带一路”高峰论坛各国政要夫人去北京“虹桥市场”“买买买”。七是歌词：“辣辣辣”（《辣妹子》）。八是“嗽嗽嗽”（北京汇文中学140周年校庆宣传口号）。九是流行语：“刷刷刷”（随着磁卡使用越来越普及，上班族早上刷卡乘车，到公司刷卡签到，中午刷卡进餐，下班刷卡购物，回家刷卡开门，一天就在“刷刷刷”中度过）。十是微信名称：“佛佛佛”。十一是“笃笃笃”（老上海民间卖糖粥挑担的敲竹声）。十二是课程表，比如：“错错错”。

（5）三个字不重，包括：

一是姓名：毛泽东、邓小平、江泽民、胡锦涛（1942—　）、习近平等。

二是成语：一窝蜂、一言堂、下马威、煞风景、东道主、眼中钉、执牛耳、闭门羹、敲门砖等。

三是小说名：《三国志》《水浒传》《西游记》《红楼梦》等。

四是电影名：《红高粱》《地道战》《桃李劫》《红旗谱》等。

五是其他：真善美、假恶丑等。

另，在此还须指出的是：三个字不重的字序，还有两种情况应加以注意。一是如上所述三个字，字序不能颠倒或互换。比如：“我看他”不能颠倒或互换为“他看我”，因为两者的意思不同，正好相反。比如：“撤他职”也不能颠倒或互换“撤职他”。再比如：“他开刀”，只能说（给）他开刀，却不能颠倒互换说成“开刀他”，根本讲不通。二是可以颠倒互换，而且其表达的意思一样，比如：（唐山话）“不知道”可以颠倒或互换为“知不道”，说得通。

## 266. 四个字有哪些字序？

答：主要有：

（1）第一二字重的字序。

包括：

一是前二字为名词：人人自危、心心相印、官官相护、星星之火、亭亭玉立等。

二是前二字为形容词：恋恋不舍、茫茫无际、耿耿于怀、洋洋大观、泛泛而谈、遥遥无期、小小不言、高高在上、多多益善等。

三是前二字为数词：九九归一等。

四是前二字重的人名：尼尼斯托（芬兰总统）等。

五是前二字重的地名：齐齐哈尔、可可西里等。

六是其他：历历在目、赳赳武夫、察察而明等。

（2）第一二字相对应的字序：

左右为难、文武双全、玉石不分、爱憎分明、日月如梭等。

（3）第一二三字重的字序：

比如：《了了了歌》：

“退休了，不干了，革命生涯到站了。解放了，轻松了，不用按点出工了。养老了，休闲了，待着也能挣钱了。自由了，随便了，全凭自己心愿了。天南了，地北了，大好河山玩美了。参观了，饱览了，艺术珍品开眼了。诗歌了，小说了，古今名著看多了。电脑了，微信了，老夫与时俱进了。上网了，刷屏了，生活缺它不灵了。购物了，旅行了，花钱不再心疼了。高铁了，民航了，出国也挺平常了。体验了，开悟了，参透人生之路了。不比了，不攀了，日子过得简单了。杂粮了，稀饭了，饮食讲究清淡了。鞋帽了，服装了，只求舒适健康了。腰弯了，背驼了，量量身高又矬了。骨软了，筋短了，遛弯走不多远了。膝僵了，腿疼了，不拄拐棍不行了。耳背了，声大了，老来学会打岔了。头晕了，眼花了，瞧着老伴像妈了。牙少了，胃小了，刚吃几口就饱了。烟戒了，酒减了，没喝二两上脸了。尿频了，觉少了，喜欢清静怕吵了。过年了，团圆了，孩子一闹又烦了。肩痛了，臂麻了，这手啥也别拿了。活少了，病多了，难受劲儿甭说了。这疼了，那疼了，自己忍着不嚷了。排队了，挂号了，整天忙着吃药了。检查了，化验了，无可奈何住院了。养生了，保健了，想想还是被骗了。理财了，炒股了，终于当上分母了。两虚了，三高了，当年豪气全消了。夕阳了，傍晚了，青春一去不返了。不野了，不疯了，小伙变成老翁了。不争了，不吵了，双手一握和好了。谁胜了，谁赢了，相逢一笑扯平了。想开了，无怨了，只要活着就赚了。说白了，点破了，老友听着都乐了。”（摘自网络）

（4）第一二字重、第三四字重的字序：

认认真真、踏踏实实、马马虎虎、实实在在、吵吵闹闹、热热闹闹、欢欢喜喜、稀稀拉拉、熙熙攘攘、磕磕碰碰、星星点点、来来回回、仔仔细细、唯唯诺诺①等。

（5）第一二四字重的字序：

将将之将②。

（6）第一三字重的字序。

包括：

一是第一三字为名词：人山人海、虎头虎脑等。

二是第一三字为动词：有声有色、有血有肉、知己知彼、载歌载舞、见仁见智等。

三是第一三字为副词：不卑不亢、不伦不类、不三不四、不折不扣、不知不觉、亦步亦趋、亦庄亦谐等。

四是第一三字为数词：一心一意、一心一计、一板一眼、一举一动、一草一木、一唱一和、一朝一夕、一模一样、一颦一笑、一丝一毫、一张一弛、十全十美、百发百中、百战百胜、百依百顺等。

五是第一三字为（人称）代词：我行我素等。

六是第一三字为形容词：美轮美奂、好心好意、老夫老妻、大慈大悲、大摇大摆、大彻大悟、大仁大义、大是大非、大风大浪、大手大脚、大起大落、大恩大德、大吉大利等。

---

①再举一个刊物名《说说唱唱》。

②著名军事家蒋百里（1882—1938年），又名蒋方震，人称“将将之将”。比如：曹聚仁（1900—1972年）著《将将之将：蒋百里评传》。另，蒋百里系钱学森（1911—2009年）的夫人蒋英（1919—2012年）的父亲。

七是第一三字相重的饮料名：可口可乐等。

八是第一三字相重的电影名：《不见不散》《没完没了》。

九是其他：何去何从、合情合理、所作所为、徒子徒孙等。

（7）第一三字相对应的字序：

夫唱妇随、上行下效、天罗地网、日新月异、古为今用、白纸黑字、早出晚归、男盗女娼、东拼西凑、南腔北调、南辕北辙、南征北战、前俯后仰等。

（8）第一三字相对应、第二四字重的字序：

好说歹说、买空卖空等。

（9）第一三字重、第二四字对应的字序：

半真半假等。

（10）第一三字对应、第二四字对应的字序：

你死我活、承上启下、承前启后、外柔内刚、里进外出、前因后果、喜新厌旧、阳奉阴违、有头无尾、吐故纳新等。

（11）第一四字重的字序：

忍无可忍、玄之又玄、园中有园、好上加好、精益求精、见所未见、日甚一日、少之又少、头痛医头、脚痛医脚等。

（12）第二三字重的字序：

春风风人、夏雨雨人、不了了之、言人人殊等。

（13）第二四字重的字序：

人云亦云、得过且过、骑驴找驴、骑马找马、眼到手到、种豆得豆、种瓜得瓜、将计就计、将错就错、出尔反尔、听之任之、一错再错等。

（14）后二字重的字序。

包括：

一是后二字为名词：无所事事、板上钉钉等。

二是后二字为形容词：两手空空、兴致勃勃、得意扬扬、来势汹汹、气息奄奄、忧心忡忡等。

三是企业名：阿里巴巴。

四是电影名：《白马飞飞》。

五是人名：淳于珊珊（电视剧《五号特工组》何坚的扮演者）。

六是其他：惟余莽莽等。

（15）后二字对应的字序：

明辨是非、老泪纵横、只争朝夕、生育儿女等。

（16）四个字重的字序。

比如：当当当当，20世纪50年代初、中期北京“当当车”（有轨电车），司机不停地踩脚下铃铛，发出“当当当当”的响声。

（17）四个字不重的字序。

包括：

第一，成语：爱不释手、白面书生、布衣之交、才疏学浅、赤子之心、触类旁通、德才兼备、独具匠心、丰功伟绩等。

以上说的四字成语的字序一般是不能颠倒或互换其字序的，但也有例外，可颠倒或互换字序的成语主要有：

一是1—3：第1字与第3字互换（下同）：发聋振聩—振聋发聩。

二是1—2、3—4：胼手胝足—手胼足胝、水滴石穿—滴水穿石。

三是1—4：日以继夜—夜以继日。

四是2—4：难分难解—难解难分、难分难舍—难舍难分、零敲碎打—零打碎敲。

五是3—4：梨园子弟—梨园弟子。

六是3、4—1、2：天涯海角—海角天涯、海誓山盟—山盟海誓、千钧一发——发千钧、鹤发童颜—童颜鹤发、配套成龙—成龙配套、天香国色—国色天香、星移斗转—斗转星移、万水千山—千山万水、天翻地覆—地覆天翻、露宿风餐—风餐露宿、厉兵秣马—秣马厉兵、马翻人仰—人仰马翻、惜老怜贫—怜贫惜老、龙潭虎穴—虎穴龙潭、正大光明—光明正大、三教九流—九流三教。

非成语的四字互换字序的字句可视阐述或强调的重点不同，以“又快又好”改为“又好又快”为例：2007年10月16日，中共中央总书记胡锦涛参加十七大江苏省代表团讨论时对此作了如下的说明：“……改革开放之初，我们一直强调加速发展，注重经济增长速度；后来我们又提出‘又快又好’发展，去年中央经济工作会议，我们又讲‘又好又快’。这是立足基本国情，不断适应发展要求提出的。这不仅仅是文字表述的变化，而且是有深刻内涵的，就是要走生产发展、生活富裕、生态良好的文明发展道路。”（《胡锦涛文选》第二卷第 549 页）。

第二，姓名，比如：欧阳中石（书法家）、欧阳夏丹（中央电视台新闻联播主播）、欧阳奋强（电视连续剧《红楼梦》贾宝玉的扮演者）、司马文森（1916—1968 年）（20 世纪 60 年代中国驻印度尼西亚大使馆文化参赞）、司徒雷登（1876—1962 年）（美国原驻华大使）。

## 267. 四个字还有哪些第一三字相重的字序？

答：可举以下三例。

（1）第一三字为“一”的字序。

一鞍一马、一班一辈、一班一级、一板一眼、一悲一喜、一彼一此、一步一鬼、一步一趋、一草一木、一长一短、一倡一和、一唱一和、一成一旅、一弛一张、一重一掩、一酬一酢、一吹一唱、一搭一档、一打一拉、一箪一瓢、一旦一夕、一刀一枪、一德一心、一递一句、一递一声、一点一滴、一分一毫、一根一板、一鼓一板、一毫一丝、一壑一丘、一还一报、一晦一明、一家一当、一家一火、一家一计、一举一动、一夔一契、一拉一推、一来一往、一厘一毫、一鳞一甲、一鳞一爪、一龙一蛇、一龙一猪、一马一鞍、一模一样、一年一度、一喷一醒、一颦一笑、一瓶一钵、一起一落、一琴一鹤、一丘一壑、一日一夕、一觞一咏、一身一计、一生一代、一生一世、一时一刻、一式一样、一手一脚、一手一足、一丝一毫、一死一生、一替一句、一天一地、一五一十、一物一主、一夕一朝、一笑一颦、一心一德、一心一腹、一心一计、一心一力、一心一路、一心一意、一言一动、一言一泪、一言一行、一言一语、一吟一咏、一饮一啄、一迎一合、一咏一觞、一早一晚、一张一弛、一朝一夕、一针一线、一枝一节、一枝一栖、一肢一节、一字一板、一字一泪、一字一珠、一坐一起。

（2）第一三字为“不”的字序。

不卑不亢、不睬不瞅、不茶不饭、不痴不聋、不偢不睬、不瞅不睬、不存不济、不得不尔、不毒不发、不阿不挠、不悱不发、不愤不启、不丰不俭、不丰不杀、不干不净、不尴不尬、不公不法、不古不今、不瞽不聋、不管不顾、不哼不哈、不慌不忙、不惠不夷、不荤不素、不饥不寒、不即不离、不急不徐、不稼不穑、不见不散、不见不闻、不间不界、不骄不诌、不骄不躁、不今不古、不矜不盈、不紧不离、不紧不慢、不经不觉、不亢不卑、不郎不秀、不稂不莠、不冷不热、不凉不酸、不磷不缁、不伶不俐、不砻不错、不伦不类、不蔓不支、不蔓不枝、不忙不暴、不明不白、不男不女、不挠不屈、不挠不折、不偏不党、不偏不徇、不破不立、不偏不倚、不清不白、不清不爽、不情不绪、不屈不挠、不人不鬼、不仁不义、不日不月、不茹不吐、不三不四、不塞不流、不止不行、不僧不俗、不衫不履、不上不落、不上不下、不生不灭、不生不死、不声不吭、不声不气、不声不响、不识不知、不死不活、不死不生、不疼不痒、不痛不痒、不吐不茹、不温不火、不文不武、不闻不问、不问不闻、不咸不淡、不挟不矜、不徐不疾、不言不语、不依不挠、不夷不惠、不阴不阳、不愠不火、不折不扣、不折不挠、不支不蔓、不枝不蔓、不知不怪、不知不觉、不知不识、不知不罪、不忮不求、不做不休。

（3）第一三字为“无”的字序。

无背无侧、无边无际、无边无涯、无边无沿、无边无垠、无大无小、无党无偏、无得无丧、无适无莫、无颠无倒、无冬无夏、无对无双、无法无天、无父无君、无根无绊、无根无蒂、无挂无碍、无罣无碍、无毁无誉、无家无室、无间无隔、无尽无穷、无尽无休、无旧无新、无咎无誉、无拘无碍、无拘无缚、无拘无束、无靠无依、无了无休、无虑无思、无明无夜、无偏无陂、无偏无党、无偏无颇、无偏无倚、无亲无故、无情无彩、无情无义、无情无绪、无穷无尽、无拳无勇、无声无息、无声无臭、无时无刻、无始无终、无事无非、无束无拘、无思无虑、无天无日、无头无尾、无相无作、无馨无臭、无形无影、无休无了、无休无止、无依无靠、无影无踪、无忧无虑、无尤无怨、无缘无故、无怨无德、无怨无悔、无昼无夜、无踪无影。

### 268. 五个字有哪些字序？

答：主要有：

（1）第一二字重的字序：

行行出状元等。

（2）第一二字、第四五字重的字序：

惺惺惜惺惺等。

（3）第一三四字重的字序：

豆本豆豆奶等。

（4）第一四字重、第二五字对应的字序：

所答非所问等。

（5）第一四字重的字序：

隔行如隔山等。

（6）第一四字对应，第二五字重的字序：

大鱼吃小鱼、小巫见大巫等。

（7）第一四字重、第二五字重的字序：

一物克一物、一物降一物等。

（8）五个字不重、不对应的字序，包括：

一是带数字的字序：

一言以蔽之、一碗水端平、天字第一号、无官一身轻、二一添作五、三一三十一、三七二十一、三下五除二、天打五雷轰、如五雷轰顶等。

二是成语：二桃杀三士、无风不起浪、无巧不成书、温良恭俭让、东风吹马耳、东风射马耳、可望不可即、自以为得计、功到自然成、皮笑肉不笑、旧瓶装新酒、民以食为天、杀人不见血、杀人不眨眼、名不见经传、先下手为强、军令如山倒、更上一层楼、时势造英雄、岁寒知松柏、贵人多忘事、临时抱佛脚、热锅上蚂蚁、快刀斩乱麻、八九不离十、一问三不知、欲速则不达等。

三是人名：季米特洛夫（1882—1949 年）（前共产国际总书记）、中曾根康弘（1918—　）（日本前首相）、勃烈日涅夫（1906—1982 年）（前苏共中央总书记）、普列汉诺夫（1856—1918 年）（俄国早期马克思主义者）、赫拉克利特（前 540—前 470 年）（古希腊哲学家）、柴可夫斯基（1840—1893 年）（俄国作曲家）、艾森豪威尔（1890—1969 年）（美国前总统）等。

以上说的无论成语还是人名，都是不可颠倒或互换的五个字字序，但也有例外，亦即人们通常所说的“回文”。在此可举两例回文。

一是回文五字诗句。

①清代张奕光《梅》：

“香暗绕窗纱，半帘疏影遮。霜枝一挺干，玉树几开花。傍水笼烟薄，隙墙穿月斜。花梅喜淡雅，永日伴清茶。”可倒读为：“茶清伴日永，雅淡喜梅花。斜月穿墙隙，薄烟笼水傍。花开几树玉，干挺一枝霜。遮影疏帘半，纱窗绕暗香。”

②回头诗（句）：“池莲照晓月，幔锦披朝风。”可倒读为“风朝披锦幔，月晓照莲池。”[①]

二是回头五字句。

①人过大佛寺——寺佛大过人；

②郎中王诺俪——俪诺王中郎；

③客上天然居——居然天上客；

④贤出多福地——地福多出贤；

⑤僧游云隐寺——寺隐云游僧；

⑥人中柳如是——是如柳中人。[②]

（摘自网络）

**269. 进入21世纪以来，以江泽民同志为核心的中央第三代领导集体提出了“三个代表”重要思想。该句中哪里的字序错了？**

答：按照《党章》的准确、规范表述，该句应改成“以江泽民同志为核心的党的第三代中央领导集体”（该句中还漏掉“党的”二字——作者注），两者一对照，便可发现该句“中央”与“第三代”的字序错了，应将“中央”置于“第三代”之后。可将该句改为“进入21世纪以来，以江泽民同志为核心的第三代中央领导集体提出了‘三个代表’重要思想”。

---

①再举六字句可以互换字序，类似于绕口令的，其字句基本意思都说得通的一个特例：“钱是没有问题”，在互换字序后可转换为：“问题是没有钱、没有钱是问题、钱没有是问题、是有钱没问题、是没钱有问题、是钱没有问题、有问题是没钱、没问题是有钱、没钱是有问题。”（摘自网络）

②再举回文九字句六例：一是上海自来水来自海上；二是香山碧云寺云碧山香；三是山东落花生花落东山；四是山西悬空寺空悬西山；五是黄山落叶松叶落山黄；六是海南护卫舰卫护南海。（摘自网络）

**270. 河南省档案局干部、职工认真学习江泽民、讨论总书记的“三个代表”重要思想……该句中哪里的字序错了？**

答：该句中“学习江泽民、讨论总书记”不妥，“江泽民”与“总书记”不能分隔，应当连在一起，鉴于此，应将“学习江泽民、讨论总书记”改为“学习、讨论江泽民总书记”，连起来的完整一句话应当是：“河南省档案局干部、职工认真学习、讨论江泽民总书记的‘三个代表’重要思想……”①

**271. 档案管理学所以成为档案学的一门分支学科，是因为务，它具有自己的研究对象，承担我国档案工作实践赋予它的特殊任并且已构成专门的学科内容和与之相适应的学科知识体系。该句中哪里的字序错了？**

答：该句中的“它的特殊任”之后缺一个“务”，而该“务”却在其之前的“是因为务”中。将“任”与“务”分隔两处即为字序错了，应将“是因为务”，改为“是因为”，将“务”置于“它的特殊任”之后，即为“它的特殊任务”。

① 在此补述改字序事例四则：第一，巧改字序抨击“四人帮”。1976年1月8日周恩来总理逝世，全党全国人民万分悲痛，然而“四人帮”大造舆论，妄图篡党篡政夺权。一天晚上在上海南京路上，“四人帮”的爪牙刷了一个大标语：“强烈要求张春桥当总理！”人们一看，无不义愤填膺。此时只见一个老工人将糨糊未干的标语中的“张春桥”三个字揭下来移到最前面，将字序调整了一下，变成了“张春桥强烈要求当总理！”第二，广告：一是央视关于父子亲情的广告词：“老爸从小就教我下棋……”，应改为“从小老爸就教我下棋……”；二是一个美女对医生说：“我想丰胸，不知手术后会有怎么样的效果？”医生说：“一般会有四种效果：大不一样；不大一样；一样不大；不一样大。”第三，一个县长只会写“同意”和其姓名“胡不字”5个字。据说此位仁兄天天练写这5个字。后被推选为县书法协会主席。一次，县里组织书法考察团赴日本参观考察，该县长亲任团长。赴日考察中，日方请他题词，他写下：“字同意不同，意同字不同，同意不同字，同字不同意。”四行字，落款：“胡不字”。第四，某领导人在题写林则徐的“苟利国家生死以，岂因祸福避趋之”条幅时，不慎将“国家”误写成“家国”，成了“苟利家国生死以，岂因祸福避趋之”。

## （四）字形

### 272. 合体字有哪些字形结构？

答：合体字的字形结构主要有：

（1）左右结构。

包括：一是左右相等，比如：顺、艄、飘（飃）[①] 等左右平立。北、非等左右相背。

二是左大右小，比如：赵、勉、敬、数、戳等。

三是左小右大，比如：项、堆、快、沥、提、艚[②] 等。

四是左长右短，比如：叙、细、叔等。

五是左短右长，比如：呼、鸣、明等。

（2）左中右结构。

包括：一是左中右相等，比如：街、树、膨、辙、獭、糊等。

二是左中右不等，有的左边大，比如：龇；有的中间大，比如：澎；有的右边大，比如：滩。

（3）上下结构。

包括：一是上下相等，比如：歪、忍、眦等。二是上大下小，比如：照、些、峦、墨、墅、堡等。三是上小下大，比如：筐、苹、鸳等。四是上宽下窄，比如：宙、军、春等。五是上窄下宽，比如：杰、盂等。

（4）上中下结构。

包括：一是上中下相等，比如：答、意、急、密、曼、冀等。

二是上中下不相等，比如：馨（上偏旁“殸”大）、塞（中偏旁“共”大）、莩（下偏旁“子”大）等。

（5）全包围结构。

包括：一是长方全包围结构，比如：团、围、囿、国、圀、圄、固、圃、困、圈、图、圆、圊、圉、圜、圝等。

① 飘字的左右可换即“飃”，通用。

② 艚，该字左右互换位置成“艚”，《辞海》（上）第201页释义：“艚同‘艚’。”

二是正方全包围结构，比如：困、回、团、囚、因、囡、囫等。

（6）半包围结构。

包括：一是上左包围，比如：历、厉、厕、厌、压、厍、厘、厦、厥、虒、雁、仄、厚、厢、疾、庙等。

二是下左包围，比如：这、建、毡、起等。

三是上右包围，比如：习、司、虱等。

四是上左下包围，比如：巨、匹、叵、匡、匜、匾、匠、匝、区、匣、匪、医、匳等。

五是左下右包围，比如：画、凶、函、幽、凼等。

六是左上右包围，比如：周、冋、风、网、冈（岡）、冏、同、罔等。

（7）交叉连接结构。

比如：人、入、匕、刀、力、大、之、手等。

（8）对称结构。

比如：巫、坐、爽、噩等。

（9）品字形结构。

比如：品、众、晶、磊、森、焱、垚、猋、姦（奸）、淼、犇、矗、毳、鑫等。

## 273. 合体字有哪些声旁和形旁结构？

答：合体字的声旁和形旁结构主要有：

（1）左形右声，比如：妈、惜、岖、梧等。

（2）左声右形，比如：顶、攻等。

（3）上形下声，比如：罟、草、宇、篇等。

（4）上声下形，比如：驾、装、盒等。

（5）外形内声，比如：围、固、病等。

（6）外声内形，比如：闷、闻等。

（7）形居一角，比如：荆、匙、颖、修等。

（8）声居一角，比如：徒、徙、爬、旗等。

（9）形被拆开，声居中间，比如：衙、裹、衷等。

（10）声被拆开，形居中间，比如：瓣、辩、辨等。

## 274. 一个合体字的结构有哪些类型？

答：一个合体字结构的类型主要包括：

（1）左右对称。

比如：卯、林、从、双、比、孖、艸（草）、槑、弜、弱、竹、羽、竝、甡、皕、兟、兢、赫、喆、劦、絲（丝）、䡩（巔）、囍、虤等。

（2）上下对称。

比如：二、吕、多、昌、圭、炎、戔（戋的繁体字）、棗（枣的繁体字）等。

（3）上上下下对称。

比如：翌、琵、嚣等。

（4）上上中中下下左右对称。

比如：爨。

（5）左中右两边对称。

比如：班、斑、粥、弼、嬲、辦（办的繁体字）、辩、辨、辫、辡、䶗（嚣的异体字）、讎（雠）、讟（䜊）。

（6）半内左右对称。

比如：麻。

（7）半内上下对称。

比如：痰。

（8）上部左右对称。

比如：韭、丛、琹（琴）、堃、習（习的繁体字）、嬰、畱（留）、兕、辈、榮（荣的繁体字）、勞（劳的繁体字）、質（质的繁体字）、單（单的繁体字）、翠、瑟、雙（双的繁体字）、棘、燚。

（9）下部左右对称。

比如：丽、罪、兹、龂、靡、聂、轰、矗、癙、鑫。

（10）下部上下对称。

比如：些、枣、爹、篘。

（11）左部上下对称。

比如：雛、俎、剗（划）、欸。

（12）右部左右对称。

比如：绯、嚇、翙、翩。

（13）右部上下对称。

比如：淡、啖、锬。

（14）右部右上角左右对称。

比如：糶（粜）、糴（籴）。①

## 275. 单个合体字有哪些重叠字?

答：单个合体字的重叠字主要有：

（1）二字重叠（亦称“双胞胎”）。

包括：

一是左右重叠，比如：从，双“人”为从。奻，双“女”为奻。比，双“匕”为比。吅，双“口”为“吅”。艸，双“屮”为艸（意为草）。㹜，双“犬”为㹜。林，双“木”为林。幵，双“干”为幵。所，双“斤”为所。朋，双“月”为朋。孖，双“子”为孖（意成对）。㚘，双“夫”为㚘。双，双“又”为双。玨，双“王”为玨。竝，双“立”为竝（并的异体字）。屾，双“山”为屾。竹，双“个”为竹。羽，双“习”为羽。甡，双“生”为甡（形容众多）。皕，双“百”为皕（意二百）。䀠，双“目”为䀠。喆，双“吉”为喆（用于人名）。誩，双“言”为誩。槑，双“呆”为槑（梅的异体字）。聑，双“耳”为聑。兢，双“克”为兢（兢兢业业）。競，双“竞”为競（竞的繁体字，竞争、竞赛）。秝，双“禾”为秝。蚰，双“虫”为蚰。弜，双“弓”为弜（意强、重）。拜，双“手”为拜。弱，双“弓”为弱（意势力小）。辡，双“辛”为辡。祘，双“示”为祘（算的异体字）。赫，双“赤”为赫。囍，双“喜”为囍。絲，双“糸”为絲（丝的繁体字）。臸，双“至”为臸。兟，双“先”为兟（出自《康熙字典》）。兓，双“兂”为兓。𠪚，双“厚”为𠪚（出自《康熙字

① 根据《新华大字典》字形（结构）还有以下两类：一是独体：八、才、大、二、飞、夹、禾、几、开、龙、毛、内、乓、七、冉、三、天、王、西、与、之等；二是特殊：哀、褒、本、七、衰、裹、畿、衮、裒、奭、爽、巫、亵、衷等。此外，字形不详有：乙、乎、蒇、伞、疌等；形义不详的有：介、由、甲、壬、氏、再、于、笑、告、朕、曾、春、真、夏、捞、滔等。

典》）。⿰劦劦，双“劦”为⿰劦劦（出自《康熙字典》）。⿰區區，双“區”为⿰區區（出自《康熙字典》）。竸，双“竞”为“竸”（出自《康熙字典》）。⿰僉僉，双“佥”为⿰僉僉（出自《康熙字典》）。虤，双“虎”为“虤”①（老虎发怒的样子）等。

二是上下重叠，比如：二，双“一”为二。吕，双“口”为吕。昌，双“日”为昌。畕，双“田”为畕。多，双“夕”为多。出，双“山”为出。圭，双“土”为圭。炎，双“火”为炎。戔，双“戈”为戔（戋的繁体字）。棗，双“束”为棗（枣的繁体字）。⿱魚魚，双“魚”为⿱魚魚等。

（2）三字重叠（亦称“三胞胎”）。

主要包括：

一是上中下重叠，比如：三，三个“一”为三。

二是左中右重叠，比如：川，三个“丨”为川。

三是上一下二重叠，比如：众，三个“人”为众。叒，三个“又”为叒。劦，三个“力”为劦。刕，三个“刀”为刕。尛，三个“小”为尛。厽，三个“厶”为厽。品，三个“口”为品②。垚，三个“土”为垚。壵，三个“士”为壵。骉，三个“马”为骉。孨，三个“子”为孨。晶，三个“日”为晶。瞐，三个“目”为瞐。芔，三个“中”为芔。森，三个“木”为森。掱，三个“手”为掱（扒）。赑，三个“贝”为赑。皛，三个“白”为皛。毳，三个“毛”为毳。蟲，三个“虫”为蟲（虫的繁体字）。羴，三个“羊”为羴。淼，三个“水”为淼。鑫，三个“金”为鑫。聶，三个“耳”为聶（聂的繁体字）。轟，三个“車”为轟③（轰的繁体字）。鱻，三个“魚”为鱻（鲜）。⿱兔⿰兔兔，三个“免”为⿱兔⿰兔兔。麤，三个“鹿”为麤（粗）。矗，三个“直”为矗。⿱空⿰空空，三个“空”为⿱空⿰空空。厵，三个“原”为厵。灥，三个“泉”为灥。⿱秦⿰秦秦，三个“秦”为⿱秦⿰秦秦。飝，三个“飛”为飝。⿱雲⿰雲雲，三个“雲”为⿱雲⿰雲雲。⿱虎⿰虎虎，三个“虎”

① “虎”字，不仅能双“虎”成“虤”，而且还能三“虎”成“⿱虎⿰虎虎”。

② “口”既有双胞胎：“吕”，又有三胞胎：“品”，还有四胞胎：“㗊”（léi）[《辞海》（中）第1718页]。

③《新华大字典》（第332页倒数第3行—第333页第6行）[字的故事][轰字三个车]：“据《字触》载：陈询被贬官外地，在同僚为他举行的饯行宴席上，陈询作酒令：‘轟字三个车，余斗字成斜，车车车，远上寒山石径斜。’话中流露出对自己遭贬的抑郁心情。一时之间，酒席上安静极了。此时同僚高谷迅速接令道：‘品字三个口，水酉字成酒，口口口，劝君更尽一杯酒。’这一接令，马上就道出了自己对陈询的惜别之情，冲淡了酒席中的抑郁气氛。”

为𧆲；雥，三个“隹”为雥。

（3）四字重叠（四胞胎）

主要包括：㗊，四个“口”为㗊。叕，四个“又”为叕。㸚，四个“乂”为㸚。㠭，四个“工”为㠭。𠁥，四个“中”为𠁥。燚，四个“火”为燚。𣛕，四个“束”为𣛕。春，四个“春”为䒤。

## （五）字音

### 276. 一个字读音只有一个字母的有哪些字？

答：一个字读音只有一个字母的字主要有：

（1）a

7个字：ā 吖、阿、啊、呵、锕、腌，á 嗄。

（2）e

包括：

一是 ē 4个字：阿、婀、屙、婀。

二是 é 14个字：讹、吪、囮、俄、莪、哦、峨、涐、娥、睋、锇、鹅、蛾、额。

三是 ě 1个字：恶。

四是 è 28个字：厄、扼、苊、呃、轭、咹、垩、姶、恶、饿、鄂、阏、谔、堨、萼、遏、遻、崿、愕、颚、噁、腭、碍、鹗、锷、颚、噩、鳄。

五是 e 1个字：呃。

六是 ê̄ 1个字：欸。

七是 ế 1个字：欸。

八是 ê̌ 1个字：欸。

九是 ề 1个字：欸。

（3）m

包括：

一是 m̄ 1个字：姆。

二是 ḿ 2个字：呒、呣。

三是 m̀ 1 个字：呣。

（4）n

包括：

一是 ń 2 个字：唔、嗯。

二是 ň 1 个字：嗯。

三是 ǹ 1 个字：嗯。

（5）o

包括：

一是 ō 2 个字：喔、噢。

二是 ó 1 个字：哦。

三是 ǒ 1 个字：嚄。

四是 ò 1 个字：哦。

## 277. 一个字读音有多少个字母组成？

答：主要有：

（1）一个字读一个字母音的。

包括：ā 吖、阿。è 呃。ō 喔。

（2）一个字读两个字母音的。

① a，包括：āi 哎。ān 安。āo 凹。

② b，包括：bā 八、bī 逼、bó 孛、bù 不。

③ c，包括：cā 擦。cī 刺、cū 粗。

④ d，包括：dā 嗒、dé 得、dǐ 氐、dú 毒。

⑤ e，包括：ēn 奀、ér 儿。

⑥ f，包括：fā 发、fū 夫。

⑦ g，包括：gā 胳、gē 戈、gū 估。

⑧ h，包括：hā 哈、hē 诃、hū 乎。

⑨ j，包括：jī 几、jū 车。

⑩ k，包括：kā 咔、kē 苛、kū 矻。

⑪ l，包括：lā 旮、lē 肋、lī 哩、lū 撸。

⑫ m，包括：mā 孖、me 么、mī 咪、mó 无、mù 木。

⑬ n，包括：nā 那、ne 呐、ńg 唔、ní 尼、nú 奴。

⑭ o，包括：ōu 区。

⑮ p，包括：pā 葩、pī 丕、pō 朴、pū 仆。

⑯ q，包括：qī 七、qū 区。

⑰ r，包括：rě 若、rì 日、rú 如。

⑱ s，包括：sā 仨、sè 色、sī 厶、sū 苏。

⑲ t，包括：tā 他、tè 忑、tī 体、tū 凸。

⑳ w，包括：wā 凹、wō 挝、wū 兀。

㉑ x，包括：xī 夕、xū 讦。

㉒ y，包括：yā 丫、yē 耶、yī 一、yō 育、yū 迂。

㉓ z，包括：zā 扎、zé 则、zī 仔、zū 租。

（3）一个字读三个字母音的。

包括：

① a，比如：áng 卬。

② b，比如：bái 白。

③ c，比如：cāi 偲。

④ d，比如：dǎi 歹。

⑤ e，比如：ēng 鞥。

⑥ f，比如：fán 凡。

⑦ g，比如：gāi 该。

⑧ h，比如：hāi 咍。

⑨ j，比如：jiā 加。

⑩ k，比如：kāi 开。

⑪ l，比如：lái 来。

⑫ m，比如：mái 埋。

⑬ p，比如：pāi 拍。

⑭ q，比如：qiā 掐。

⑮ r，比如：rán 蚺。

⑯ s，比如：sāi 思。

⑰ t，比如：tái 台。

⑱ w，比如：wāi 歪。

⑲ x，比如：xiā 呷。

⑳ y，比如：yān 咽。

㉑ z，比如：zāi 灾。

（4）一个字读四个字母音的。

① b，比如：bāng 邦。

② c，比如：cāng 仓。

③ d，比如：dǎng 挡。

④ f，比如：fāng 方。

⑤ g，比如：gāng 冈。

⑥ h，比如：hāng 夯。

⑦ j，比如：jiān 戋。

⑧ k，比如：kāng 康。

⑨ l，比如：lāng 啷。

⑩ m，比如：māng 牤。

⑪ n，比如：náng 囊。

⑫ p，比如：pāng 乒。

⑬ q，比如：qiān 千。

⑭ r，比如：rēng 扔。

⑮ s，比如：shāi 筛。

⑯ t，比如：táng 饧。

⑰ w，比如：wāng 尢。

⑱ x，比如：xiān 先。

⑲ y，比如：yāng 央。

⑳ z，比如：zhāi 斋。

（5）一个字读五个字母读音。

① c，比如：cháng 长。

② g，比如：guāng 光。

③ h，比如：huáng 皇。

④ j，比如：jiāng 姜。

⑤ k，比如：kuāng 匡。

⑥ l，比如：liáng 良。

⑦ n，比如：niáng 娘。

⑧ q，比如：qiǎng 抢。

⑨ s，比如：shāng 伤。

⑩ x，比如：xiāng 乡。

⑪ z，比如：zhàng 涨。

（6）一个字读六个字母读音的有：

①s，比如：shuāng 双、泷、漴、骦（驦）、鹴（鷞）、霜、孀、骦、礵、鹴。shuǎng 爽、塽。

②z，比如：zhuāng 妆、庄、桩、装，zhuǎng 奘，zhuàng 壮、状、僮、撞、幢、戆。

## 278. 一个字有几个读音？

答：主要有：

（1）一个字有一个读音。

包括：

①a，包括：ā 吖、锕、腌。á 嗄。

②e，包括：ē 妸、屙、婀。é 讹、吪、囮、俄、莪、哦、峨、涐、睋、锇、鹅、蛾、额。è 厄、扼、苊、呃、轭、咹、垩、姶、饿、鄂、谔、堨、萼、遏、遌、崿、愕、颏、噁、碍、腭、鹗、锷、颚、鳄、鳄。e 呃。ê 欸；ě 欸；è 欸。

③m，包括：一是 m 1 个字：姆，二是 ḿ 1 个字：呒。

④n，包括：一是 ń 1 个字：唔。

⑤o，包括：一是 o 1 个字：噢。

（2）一个字有两个读音。

包括：

①a，比如：

艾[4]：ài，<书>美好、漂亮：少艾，即年轻漂亮的人，多指女子。yì，指惩治：惩艾。

广：ān，同“庵”，多用于人名。guǎng，指广东、广西。

②b，比如：

搒，bàng，< 书 > 摇橹使船前进；划船。péng，< 书 > 用棍子或竹板子打。

瀑：bào，瀑河，水名，在河北。pù，瀑布。

③c，比如：

藏：cáng，一是躲藏、隐藏；二是收存、储藏；三是姓。藏[2]：zàng，一是西藏；二是藏族。

④d，比如：

磍：dá，一是 < 方 > 卵石：磍石，地名，在广东；二是古代用石头修筑的水利设施。tǎ，磍石，地名，在浙江。

弹：dàn，一是弹子；二是枪弹、炮弹、炸弹。tán，指由于一物的弹性作用使另一物射出去等。

⑤f，比如：

冯：Féng，姓。píng，一是暴虎冯河，比喻有勇无谋、冒险蛮干；二是古同"凭"：既指（身子）靠着，又指倚靠、倚仗。

⑥g，比如：

扛：gāng，一是用两手举（重物）；二是抬东西。káng，一是用肩膀承担物体；二是 < 口 > 支撑、忍耐。

革：gé，一是去了毛并且加工过的兽皮；二是改变；三是开除、撤除；四是姓。Jí，< 书 >（病）危急。

⑦h，比如：

亢：háng，< 书 > 同"吭"。kàng，一是高；二是高傲；三是过度、极、很；四是二十八宿之一；五是姓。

⑧j，比如：

期：jī，< 书 > 一周年、一整月。qī，一是预定的时日、日期；二是一段时间；三是用于分期的事物；四是约定时日；五是等候所约的人，泛指等待或盼望。

给：jǐ，一是供给、供应；二是富裕充足。gěi，使对方得到某些东西或某种遭遇等。

⑨ k，比如：

龂：kè，< 书 > 同“嗑”。qiā，咬，比喻相斗：龂架。

⑩ l，比如：

腊：là，一是古代在农历十二月合祭众神，叫作腊，因此农历十二月叫腊月；二是冬天（多在腊月）腌制后风干或熏干的（鱼、肉、鸡、鸭等）：腊肉、腊鱼、腊味；三是姓。xī，< 书 > 干肉。

⑪ m，比如：

亹：mén，亹源，地名，在青海。wěi，亹亹，一是形容勤勉不倦；二是指向前推移、行进。

⑫ n，比如：

鸟：niǎo，一是脊椎动物的一大类；二是姓。diǎo，同“屌”，旧小说中用作骂人的话。

⑬ p，比如：

匹[2]：pǐ，一是用于马、骡等；二是用于整卷的绸或布。yǎ（疋）< 书 > 同“雅”。

曝：pù，< 书 > 晒。bào，曝光，比喻隐秘的事（多指不光彩的事）显露出来，被众人知道。

⑭ q，比如：

栖：qī，本指鸟停在树上，泛指居住或停留。xī，栖栖，形容不安定。

其[3]：qí，后缀：极其、尤其。jī，用于人名，郦食其（？—前 203 年），汉朝人。

⑮ r，比如：

喏：rě，同唱喏，指作揖。（喏[1]）nuò，叹表示让人注意自己所指示的事物。

⑯ s，比如：

刹：shā，一是止住（车、机器等）；二是比喻停业或制止。chà，佛教的寺庙。

⑰ t，比如：

提：tí，动垂手拿着（有提梁、绳套之类的东西）等。dī，即同“提防”“提溜”。

⑱w，比如：

凹：wā，同“洼”（用于地名）：茹凹，在河南。āo，形低于周围（跟凸相对），如凹地等。

万：wàn，一是十个千；二是表示很多；三是极、很、绝对。四是姓。mò，万俟，用于姓。

⑲x，比如：

呷：xiā，<方>动喝。gā，见呷呷，同“嘎嘎”。

纤：xiān，指细小。qiàn，<书>名拉船用的绳子。

⑳y，比如：

阏：yān，阏氏，汉代匈奴称君主的正妻。è，<书>一是堵塞；二是闸板。

㉑z，比如：

曾：zēng，一是中间隔两代的亲属关系；二是姓。céng，曾经。

喳：zhā，一是旧时仆役对主人的应喏声；二是形容鸟叫等声音。chā，喳喳，形容小声说话的声音。

（3）一个字有三个读音。

①参[3]：cān，指探究并领会（道理、意义等）。cēn，见下，参差、参错。shēn，指二十八宿之一：参商。

②单：chán，一是单于，匈奴君王的称号；二是姓。dān，形只有一个的（跟“双”相对）等。shàn，一是单县，地名，在山东。二是名姓。

③轧：gá，<方>动一是挤；二是结交；三是核算、查对。yài，一是动指碾、滚压。二是排挤。三是姓。zhá，动压（钢坯）。

④乐：lè，快乐、乐于、笑。姓。yuè，音乐，姓（与lè不同姓）。lào，用于地名，河北乐亭。

## 279. 一个字同一个读音的有哪些抑扬顿挫？

答：主要有：

（1）a，比如：

啊：ā、á、ǎ、à。

（2）b，比如：

绷：bēng、běng、bèng。

别：bié、biè。

（3）c，比如：

采：cǎi、cài。

叉：chā、chá、chǎ、chà。

（4）d，比如：

打：dá、dǎ。

待：dāi、dài。

（5）e，比如：

恶：ě、è。

（6）f，比如：

发：fā、fà。

菲：fēi、fěi。

（7）g，比如：

个：gě、gè。

艮：gěn、gèn。

（8）h，比如：

哈：hā、hǎ、hà。

（9）j，比如：

几：jī、jǐ。

夹：jiā、jiá。

（10）k，比如：

闶：kāng、kàng。

倥：kōng、kǒng。

（11）l，比如：

唠：láo、lào。

啰：luō、luó、luo。

（12）m，比如：

呣：ḿ、m̀。

嫚：mān、màn。

（13）n，比如：

那：nā、nǎ、nà。

难：nán、nàn。

（14）o，比如：

沤：ōu、òu。

噢：ōu、óu、ǒu、òu。

（15）p，比如：

喷：pēn、pèn。

铍：pī、pí。

（16）q，比如：

妻：qī、qì。

抢：qiāng、qiǎng。

（17）r，比如：

嚷：rāng、rǎng。

娆：ráo、rǎo。

（18）s，比如：

塞：sāi、sài。

散：sǎn、sàn。

（19）t，比如：

台：tāi、tái。

趟：tāng、tàng。

（20）w，比如：

哇：wā、wa。

王：wáng 、wàng。

（21）x，比如：

鲜：xiān、xiǎn。

相：xiāng、xiàng。

（22）y，比如：

研：yán、yàn。

燕：yān、yàn。

（23）z，比如：

脏：zāng 、zàng。

缯：zēng 、zèng。

## （六）繁体字

### 280. 从简体字查繁体字各有多少笔（画）？

答：从简体字查繁体字有：2—25 笔（中间缺 24 笔），共 23 个。以下举例说明。

2 笔：厂（廠）。3 笔：干（乾、幹）。4 笔：丰（豐）。5 笔：击（擊）。6 笔：玑（璣）。7 笔：寿（壽）。8 笔：玮（瑋）。9 笔：贰（貳）。10 笔：艳（艷）。11 笔：焘（燾）。12 笔：靓（靚）。13 笔：耢（耮）。14 笔：瑷（璦）。15 笔：耧（耬）。16 笔：耩（耀）。17 笔：藓（蘚）。18 笔：鳌（鰲）。19 笔：攒（攢）。20 笔：瓒（瓚）。21 笔：鼍（鼉）。22 笔：鹳（鸛）。23 笔：趱（趲）。25 笔：镬（钁）。

### 281. 从繁体字查简体字各有多少笔（画）？

答：从繁体字查简体字有：7—32 笔（中间缺 31 笔），共 25 个。以下举例说明。

7 笔：車（车）。8 笔：長（长）。9 笔：剋（克）。10 笔：馬（马）。11 笔：責（责）。12 笔：貳（贰）。13 笔：項（项）。14 笔：瑪（玛）。15 笔：億（亿）。16 笔：璣（玑）。17 笔：耬（耧）。18 笔：耮（耢）。19 笔：鶓（鹋）。20 笔：瓏（珑）。21 笔：耀（耩）。22 笔：鬚（须）。23 笔：瓚（瓒）。24 笔：鬢（鬓）。25 笔：韉（鞯）。26 笔：驥（骥）。27 笔：闤（阛）。28 笔：鸛（鹳）。29 笔：驪（骊）。30 笔：鸝（鹂）。32 笔：籲（吁）。

### 282. 有哪些字已经简化作偏旁时要同样简化？

答：根据 1964 年 3 月 7 日中国文字改革委员会、文化部、教育部《关于简化字的联合通知》的规定，下列92个字已经简化，在作偏旁时应当同样简化。它们是：

愛—爱。罷—罢。備—备。筆—笔。畢—毕。邊—边。參—参。倉—仓。嘗—尝。蟲—虫。從—从。竄—窜。達—达。帶—带。黨—党。動—动。斷—断。對—对。隊—队。爾—尔。豐—丰。廣—广。歸—归。龜—龟。國—国。過—过。華—华。畫—画。匯—汇。夾—夹。薦—荐。將—将。節—节。盡—尽。進—进。舉—举。殼—壳。來—来。樂—乐。離—离。歷—历。麗—丽。兩—两。靈—灵。劉—刘。盧—卢。虜—虏。鹵—卤。録—录。慮—虑。買—买。麥—麦。黽—黾。難—难。聶—聂。寧—宁。豈—岂。氣—气。遷—迁。親—亲。窮—穷。嗇—啬。殺—杀。審—审。聖—圣。時—时。屬—属。雙—双。歲—岁。孫—孙。條—条。萬—万。爲—为。烏—乌。無—无。獻—献。鄉—乡。寫—写。尋—寻。亞—亚。嚴—严。厭—厌。業—业。藝—艺。陰—阴。隱—隐。猶—犹。與—与。雲—云。鄭—郑。執—执。質—质。

## 283. 有哪些偏旁已经简化独立成字时同样要简化?

答：同样根据上述一委两部的《关于简化字的联合通知》，下列40个偏旁已经简化，在独立成字时同样应当简化（需要说明的是“言”“食”“糸”“金”一般只作左偏旁时简化，它们独立成字时不得简化）。它们是：

貝—贝。賓—宾。産—产。長—长。車—车。齒—齿。芻—刍。單—单。當—当。東—东。發—发。風—风。岡—冈。會—会。幾—几。戔—戋。監—监。見—见。龍—龙。婁—娄。侖—仑。羅—罗。馬—马。賣—卖。門—门。鳥—鸟。農—农。齊—齐。僉—佥。喬—乔。區—区。師—师。壽—寿。肅—肃。韋—韦。堯—尧。頁—页。義—义。魚—鱼。專—专。

## 284. 从繁体字到简化字有哪些简化方法?

答：从繁体字到简化字的简化方法主要包括：

（1）左右取左舍右：

剋—克。殺—杀。殼—壳。離—离。號—号。畝—亩。親—亲。類—类。糴—籴。糶—粜。啟—启等。

（2）左右取右舍左：

條—条。係—系。録—录。務—务。捨—舍。捲—卷。傢—家。硃—朱。餘—余。錶—表。謄—誊。誇—夸。虧—亏。隸—隶。睏—困。複—复。鏇—旋。麵—面。鹹—咸。鞦—秋。緻—致。蠛—蔑等。

（3）左右重叠取一半：

競—竞等。

（4）上下取上舍下：

鞏—巩。塗—涂。製—制。禦—御等。

（5）上下取下舍上：

鼕—冬。鬆—松。嚮—向。鬍—胡。窪—洼。雲—云等。

（6）左中右取左中舍右：

灕—漓 。櫬—榇等。

（7）左中右取中舍左右：

術—术 等。

（8）左中右舍中取左右：

滌—涤等。

（9）上中下取上下舍中：

奪—夺。奮—奋。曇—昙。蠱—蛊。糞—粪。纍—累。虜—虏。慮—虑等。

（10）上中下取上中舍下：

築—筑等。

（11）草书楷体化：

車—车。為—为。樂—乐。書—书。門—门。興—兴。會—会。時—时等。

（12）同音替代：

蔔—卜。薑—姜。瞭—了。葉—叶。闆—板。隻—只。醜—丑。後—后等。

（13）全部改造：

驚—惊。眾—众。護—护。舊—旧。萬—万。體—体。歲—岁。叢—丛。響—响。頭—头。龍—龙。臺—台等。

（14）其他（取部分）：

迴—回。飛—飞。籬—篱。氣—气。趕—赶。霧—雾。醫—医。豐—丰。盤—盘。籙—箓。婦—妇。習—习。陽—阳。曠—旷。從—从。懇—恳。閣—

合。開—开。滅—灭。薌—芗。廣—广。麼—么。慤—悫 等。

## 285. 有多少 2 个繁体字、3 个繁体字、4 个繁体字简化为 1 个简化字？

答：（1）2 个繁体字简化为 1 个简化字的有：

复：複、復。获：獲、穫。纤：縴、纖。团：團、糰。系：係、繫。脏：髒、臟。钟：鐘、鍾。当：當、噹。汇：匯、彙。尽：儘、盡。历：歷、曆。卤：鹵、滷。摆：擺、襬 等。

（2）3 个繁体字简化为 1 个简化字的有：

蒙：濛、矇、懞等。

（3）4 个繁体字简化为 1 个简化字的有：

蛔：蚘、蛕、痐、蛔等。

# （七）异体字

## 286.《通用规范汉字表》中有哪些规范字和异体字相对应？

答：据刘又辛（1913—2010 年）统计，“在六万左右的汉字字库中，至少有三万多异体字。”（《汉语汉字答问》，商务印书馆 1997 年版）《汉语大字典 · 异体字表》，“共收约 11900 组异体字”，可见其数量之多。现仅将通用规范汉字表中规范字与相对应的异体字列述如下。除一个规范字与一个异体字相对应外，还有：

（1）一个规范字和两个异体字相对应：

乃（迺、廼）、丫（椏、枒）、丐（匄、匃）、扎（紥、紮）、升（昇、陞）、仇（讎、讐）、仑（崙、崘）、只（衹、秖）、匆（怱、悤）、卯（夘、戼）、宁（甯、寧）、扬（颺、敭）、再（再、甬）、帆（帆、颿）、仿（倣、髣）、伞（傘、繖）、污（汙、汚）、弄（衖、挵）、却（卻、郄）、花（苍、蘤）、苏（甦、蘓）、佛（彿、髴）、刨（鉋、鑤）、泛（氾、汎）、启（啟、啓）、局（跼、侷）、驱（駈、敺）、抵（牴、觝）、杯（桮、盃）、郁（鬱、鬰）、昆（崑、崐）、和（龢、咊）、兔（兎、兔）、法（灋、灋）、视（眎、眡）、隶（隸、隷）、帮（幫、幇）、挂（掛、罣）、柳（栁、桺）、砖（甎、塼）、尝（甞、嚐）、哄（鬨、閧）、骂（罵、傌）、秋（烁、穐）、俊（儁、雋）、叙（敘、敍）、迹（跡、蹟）、炮（砲、礮）[1]、剃（鬀、薙）、绒（羢、毧）、艳（豔、豓）、盏（醆、琖）、捣（擣、檮）、蚊（螡、蟁）、乘（乗、椉）、俯（頫、俛）、凄（淒、悽）、效（傚、効）、烟（煙、菸）、涩（澁、濇）、袜（韈、韤）、琉（瑠、璢）、梅（楳、槑）、野（埜、壄）、衔（啣、銜）、焊（銲、釬）、淫（滛、婬）、寇（寇、冦）、葬（塟、葬）、棋（棊、碁）、厨（厨、廚）、喂（餵、餧）、锄（鉏、耡）、鹅（鵞、鵝）、策（筞、筴）、皓（暠、皜）、裙（帬、裠）、强（強、彊）、鉴（鑒、鑑）、蜂（蠭、螽）、稚（穉、稺）、毁（燬、譭）、愈（瘉、癒）、猿（猨、蝯）、廉（亷、廉）、镰（鎌、鐮）、裸（躶、臝）、剿（剿、勦）、熙（熈、煕）、瞅（矁、田）、糊（粘、餬）、操（搃、掾）、赞（賛、讚）、磷（燐、粦）、糠（穅、粇）、翻（繙、飜）、糯（稬、稬）、厄（戹、阨）、札（剳、劄）、伫（佇、竚）、羌（羗、羗）、帙（袟、袠）、毡（氊、氈）、瓮（甕、罋）、咩（哶、咩）、莅（莅、涖）、钵（缽、盋）、倏（倐、儵）、皋（皐、臯）、绦（絛、縚）、麸（粰、粰）、敕（勅、勑）、厩（廐、廏）、啮（齧、囓）、啖（啗、噉）、恿（慂、惥）、赍（齎、賫）、粳（秔、秔）、楠（柟、枏）、碇（矴、椗）、嗥（嘷、獋）、榷（搉、榷）、膻（羶、羴）[2]。

（2）一个规范字和三个异体字相对应：

干（乾、乹、乾）、斗（閗、鬪、鬭）、并（併、並、竝）、戚（慼、慽、鏚）、欢（讙、驩、懽）、韧（靭、韌、靱）、劫（刦、刧、刼）、岩（巖、巗、嵒）、恤（卹、邮、賉）、留（畄、畱、甾）、酬（酧、醻、詶）、暖（煖、暝、煗）、叠（疊、曡、疉）、坛（壜、罈、墰）、蕊（橤、蕋、蘂）、奁（匳、匲、籢）、雕（彫、琱、鵰）、碗（椀、盌、瓮）、斫（斲、斵、斮）、袅（嫋、嬝、褭）、粗（麁、麤、麄）。

① 炮，除了砲、礮外，还有一个异体字：“䶆”。

② 一个规范字对应两个异体字的补充两个：一是《说文解字·人部》的“仙”字有两个异体字：一是“仚”；二是“僊”。二是同样《说文解字》的“仁”字也有两个异体：一是“忎”；二是“忈”。

（3）一个规范字和四个异体字相对应：

橹（樐、艣、艪、艣）、回（廻、迴、囘、囬）、携（攜、擕、攜、擕）、萱（萲、蕿、藼、藼）、蛔（蚘、蛕、痐、蛔）。

（4）一个规范字和五个异体字相对应：

亩（畂、畮、䱘、畆、畝）、窗（窓、窻、窻、牕、牎）。

## 287.《第一批异体字整理表》淘汰的哪15个异体字被确认为规范汉字？

答：1988年3月25日，国家语言文字工作委员会和新闻出版署颁发的《关于发布〈现代汉语通用字表〉的联合通知》规定，确认1955年公布的《第一批异体字整理表》淘汰的，被《印刷通用汉字字形表》收入的15个异体字为规范字，并收入《现代汉语通用字表》，不再作为淘汰的异体字。这15个字是："翦""邱""於""澹""骼""彷""菰""溷""徼""薰""黏""桉""愣""晖""凋"。

对为什么作出这一改变，《关于发布〈现代汉语通用字表〉的联合通知》作了如下的说明："由于社会用字近年来发生了较大变化，1965年1月中华人民共和国文化部和中国文字改革委员会联合发布的《印刷通用汉字字表》（收入6196字）已不能适应实际使用需要。""《现代汉语通用字表》是在《印刷通用汉字字形表》的基础上制订的，字形标准未作新的调整。""根据近年来汉字应用的实际情况，删去《印刷通用汉字字形表》中的50字，增收854字，其中包括尚需使用的《第一批异体字整理表》（1955年12月22日由中华人民共和国文化部和中国文字改革委员会联合发布）中淘汰的异体字15个（即上述'翦''邱''於''澹''骼''彷''菰''溷''徼''薰''黏''桉''愣''晖''凋'——作者注）"。

## 288. 有哪些异体字习惯被看作简化字？

答：按照上述《关于简化字的联合通知》，有以下38个异体字习惯被看作简化字，现列述如下（其括弧里的字是仍然使用的异体字）。

（1）一个简体字对一个异体字：

布（佈） 痴（癡） 床（牀） 唇（脣） 雇（僱） 挂（掛） 秸（稭）

杰（傑）　巨（鉅）　捆（綑）　泪（淚）　厘（釐）　麻（蔴）　脉（脈）
猫（貓）　栖（棲）　弃（棄）　笋（筍）　它（牠）　席（蓆）　凶（兇）
绣（繡）　锈（鏽）　岩（巖）　异（異）　涌（湧）　岳（嶽）　韵（韻）
灾（災）　占（佔）　周（週）　注（註）。

（2）一个简体字对两个异体字：

哄（閧、鬨）　迹（跡、蹟）　升（昇、陞）　札（剳、劄）　扎（紥、紮）。

## 289. 异体字转换为标准字有哪些方法？

答：异体字转换为标准字的方法主要有：

（1）上下换左右：

羣—群　鞌[①]—鞍　峝—峒　畧—略　昆—昆　峩—峨　岺—岭
峯—峰等。

（2）上下换右左：

棊—棋　㕭—吣　㘒—坉　胷—胸等。

（3）左右换上下：

㟁—岸　崕—崖　昞—昺　㧱—拿等。

（4）左右换右左：

夠—够　翄—翅等。

（5）右左换左右：

咊—和等。

（6）多一点换少一点：

决—决　冲—冲　沍—冱　凉—凉　凑—凑　净—净　宂—冗　凄—凄
凌—凌　羌—羌　厢—厢　厦—厦　羡—羡等。

（7）少一点换多一点：

囯—国等。

（8）少一横换多一横：

帽—帽　冒—冒等。

---

① 鞌，既是“鞍”的异体字，也可不作为异体字，单独用于古地名：“鞌之战”（《词典》第 7 版第 9 页）。

（9）多一横换少一横：

眘—昚 等。

（10）廴换辶：

辿—辿　廹—迫　廵—巡等。

（11）去亻：

併—并　偹—备　佈—布 等。

（12）去一火：

歘—欻 等

（13）一点换位置：

几—凡 等。

（14）去一横：

飱—飧 等。

（15）双重叠字换标准字：

竝—并　秝—算　槑—梅等。

（16）三重叠字换标准字：

犇—奔　羴—膻　鱻—鲜　麤—粗等。

## （八）错、别字

### 290. 与规范字相对照，错在多一点、少一点的错字有哪些？

答：主要包括：

（1）错在多一点的错字，主要有：

一是“礻”字旁多一点的错字：祝—祝　神—神　社—社　视—视　初—初　祖—祖　礼—礼等。

二是“冫”字旁多一点的错字：冰—冰　冷—冷　冲—冲 等。

三是“⺗”字旁多一点的错字：添—添　慕—慕 等。

四是其他多一点的错字：庆—庆　仓—仓　痕—痕　闰—闰　脏—脏　爱—爱　驮—驮　类—类　达—达　写—写　避—避　晓—晓等。

（2）错在少一点的错字，主要有：

一是“衤”字旁少一点的错字：补—补　袍—袍　袄—袄　裙—裙　裕—

裕　衫—衫　被—被　袖—袖等。

二是“厂”字内少一点的错字：压—圧　厌—厌等。

三是“穴”字下少一点的错字：突—突 等。

四是其他少一点的错字：原—原　劣—劣　低—低　球—球　国—国　流—流等。

## 291. 与规范字相对照，错在多一横、少一横的错字有哪些？

答：主要包括：

（1）错在多一横的错字，主要有：

一是“日”字内多一横的错字：昨—昨　暗—暗等。

二是“刂”字旁的多一横的错字：刷—刷　剔—剔等。

三是其他多一横的错字：策—策　残—残　吃—吃　踢—踢　县—县等。

（2）错在少一横的错字，主要有：

一是“目”字少一横的错字：盼—盼　睡—睡等。

二是“直”字少一横的错字：直—直　置—置等。

三是其他少一横的错字：勤—勤　微—微　揚—揚等。

## 292. 与规范字相对照，错在多一捺、少一捺，以及多一撇、少一撇的错字有哪些？

答：主要包括：

（1）多一捺的错字，主要有：

听—听　染—染　步—步　边—边等。

（2）少一捺的错字，主要有：

省—省　少—少等。

（3）多一撇的错字，主要有：

武—武　长—长　仰—仰　迎—迎　预—预　龙—龙　变—变　式—式等。

（4）少一撇的错字，主要有：

茅—茅等。

## 293. “亻”旁的别字有哪些?

答：主要有：

侍—待（侍卫—待卫） 倭—矮（倭寇—矮寇） 侮—诲（侮辱—诲辱） 侥—绕（侥幸—绕幸） 侵—浸（侵略—浸略） 倾—顷（倾向—顷向）等。

## 294. “氵”旁的别字有哪些?

答：主要有：

泼—拨（活泼—活拨） 沏—彻（沏茶—彻茶） 汹—凶（气势汹汹—气势凶凶） 沉—沈（沉默—沈默） 漱—嗽（漱口—嗽口） 滑—猾（光滑—光猾） 汇—会（汇款—会款）等。

## 295. “扌”旁的别字有哪些?

答：主要有：

捐—损（捐款—损款） 抠—扣（抠字眼—扣字眼） 抗—炕（抗旱—炕旱） 撤—撒（撤销—撒销） 拆—折、析（拆开—折开、析开） 抑—仰（抑制—仰制）等。

## 296. “讠”“忄”旁的别字有哪些?

答：主要包括：

（1）“讠”旁的别字，主要有：

诉—祈（告诉—告祈） 谐—协（和谐—和协） 诣—脂（造诣—造脂）①等。

（2）“忄”旁的别字主要有：

恒—坦（永恒—永坦） 憾—撼（遗憾—遗撼） 怜—邻（可怜—可邻）

①2016年5月17日《中国剪报》刊登的《文洁若与萧乾“打笔仗”》一文说：“文洁若比萧乾小17岁，两个人在人民文学出版社相识之后，文洁若从事日文编辑和翻译工作，而萧乾是英文翻译。回忆起和萧乾的婚姻岁月，文洁若说两人不会吵架，如果翻译有分歧，那也是‘只打笔仗，不打嘴仗’。文洁若幸福地笑着回忆，一次她给萧乾写信，写了个错别字，把‘造诣’写成‘造脂’，萧乾就回复她说，不要‘造脂’了，我已经够胖啦！”

恰—洽（恰当—洽当） 悔—诲（悔过—诲过）等。

## 297.“阝”“心”旁的别字有哪些？

答：主要包括：

（1）“阝”的别字，主要有：

隘—溢（狭隘—狭溢） 隐—稳（隐瞒—稳瞒） 陆—睦（大陆—大睦） 险—俭（险要—俭要）等。

（2）“心”旁的别字，主要有：

恕—怒（宽恕—宽怒） 忽—匆、怱（忽然—匆然、怱然） 惑—感（疑惑—疑感）等。

## 298.“辶”“日”旁的别字有哪些？

答：主要包括：

（1）“辶”旁的别字，主要有：

逐—隧（逐渐—隧渐） 遣—遗（遣送—遗送） 迹—绩（痕迹—痕绩）等。

（2）“日”旁的别字主要有：

晌—响（晌午—响午） 旷—矿（旷课—矿课） 早—旱（早晨—旱晨）等。

## 299.“土”“页”“⺮”旁的别字有哪些？

答：主要包括：

（1）“土”旁的别字，主要有：

埋—理（埋怨—理怨）等。

（2）“页”旁的别字，主要有：

颂—颁（歌颂—歌颁） 项—顶、顷（项目—顶目、顷目）等。

（3）“⺮”旁的别字，主要有：

籍—藉（书籍—书藉）等。

## 300. “贝”“钅”旁的别字有哪些?

答：主要包括：

（1）“贝”旁的别字，主要有：

货—贷（货物—贷物） 贬—眨（贬值—眨值）等。

（2）“钅”旁的别字，主要有：

钧—钓、钩（千钧一发—千钓一发、千钩一发） 销—锁（推销—推锁）等。

## 301. “口”“目”“月”旁的别字有哪些?

答：主要包括：

（1）“口”旁的别字，主要有：

鸣—呜（鸣放—呜放） 喝—渴（喝茶—渴茶） 喧—暄（喧宾夺主—暄宾夺主） 呈—逞（呈现—逞现） 启—起（启发—起发）等。

（2）“目”旁的别字，主要有：

睦—陆（和睦—和陆） 睛—晴（眼睛—眼晴）等。

（3）“月”旁的别字，主要有：

胄—胃（甲胄—甲胃） 肾—贤（肾脏—贤脏）等。

## 302. “木”“纟”“禾”旁的别字有哪些?

答：主要包括：

（1）“木”旁的别字，主要有：

概—慨（概念—慨念） 枪—抢（枪支—抢支） 框—眶（门框—门眶）等。

（2）“纟”旁的别字，主要有：

缕—褛（千丝万缕—千丝万褛） 纪—记（纪念—记念）等。

（3）“禾”旁的别字，主要有：

稚—雅（稚气—雅气） 税—悦（税收—悦收）等。

## 303. 还有哪些别字?

答：主要有：

闺—闰（闺女—闰女） 狠—恨（狠心—恨心） 衔—弦（衔接—弦接）需—须（必需品—必须品） 鄙—卑（鄙人—卑人） 敞—敞（敞处—敞处）辩—辨（辩证法—辨证法） 并—併（并且—併且） 牌—碑（布告牌—布告碑） 疲—皮（疲乏—皮乏） 牡—杜（牡丹花—杜丹花） 矛—予（矛盾—予盾） 戴—载（戴花—载花） 蹈—踏（舞蹈—舞踏） 敲—鼓（推敲—推鼓） 鼓—敲（鼓舞—敲舞） 歉—欠（歉收—欠收） 羞—差（羞愧—差愧） 辛—辜（辛苦—辜苦） 形—型（形式—型式） 象—向（象征—向征） 戊—戍（戊戌变法—戊戍变法） 戍—戌（卫戍—卫戌）趾—址（趾高气扬—址高气扬） 炙—灸（脍炙人口—脍灸人口） 炸—诈（炸弹—诈弹） 州—洲（锦州—锦洲） 掌—撑（掌握—撑握） 助—肋（互助—互肋） 庄—压（庄稼—压稼） 衷—哀（衷心—哀心） 斥—斤（斥责—斤责） 辰—晨（星辰—星晨） 趁—乘（趁早—乘早） 敞—敝（敞亮—敝亮） 崇—祟（崇高—祟高） 师—帅（教师—教帅） 矢—失（无的放矢—无的放失） 牲—姓（牲口—姓口） 束—朿（拘束—拘朿）龄—令（年龄—年令） 归—扫、妇（归还—扫还、妇还） 砍—坎（砍柴—坎柴） 勘—堪（勘误—堪误） 酣—甜（酣睡—甜睡） 亨—享（亨通—享通） 花—化（花钱—化钱） 即—既（即使—既使） 届—屈（届时出席—屈时出席） 赳—纠（雄赳赳—雄纠纠） 菅—管（草菅人命—草管人命） 监—鉴（监督—鉴督） 践—贱（实践—实贱） 卷—券（试卷—试券） 竟—竞（究竟—究竞） 歧—岐（分歧—分岐） 耍—要（玩耍—玩要） 栽—裁（栽种—裁种） 匆—勿（匆忙—勿忙） 仓—仑（仓库—仑库） 肆—肄（放肆—放肄） 义—叉（义务—叉务） 已—己（已经—己经） 业—叶（事业—事叶） 厌—庆（讨厌—讨庆） 未—末（未必—末必） 网—纲（网络—纲络） 顽—玩（顽皮—玩皮） 妄—忘（妄想—忘想） 园—圆（公园—公圆）等。

## 304.《词典》有哪些别字?

答：主要有：

（1）应将“违反”改为“违犯”。

例句（第107页）：“不法 形属性词。违反法律的：~行为|~分子。”应将“违反”改为“违犯”，“反”是个别字。[①]

（2）应将“他们”改为“它们”。

例句（第1737页）：“租界 名帝国主义国家强迫半殖民地国家在通商都市内‘租借’给他们做进一步侵略的据点的地区。”

应将“他们”改为“它们”，“他”是个别字。

## 305.下列标语有哪些别字?

答：（1）“科学致贫、精准扶贫、有效脱贫。”应将“致贫”改为“治

① 该例原在作者拙著《说文解错700例》（以下简称《700例》）的第328页。它得到《词典》第7版的肯定与认同：第107页：“不法 形属性词。违犯法律的：~行为|~分子。”此外，拙著《700例》还有七处也得到《词典》第6、7版的肯定与认同：一是《700例》第329页：“旁人问他，‘拿你的矛来刺你的盾怎么样？’”，应改为“旁人问他：‘拿你的矛来刺你的盾怎么样？’”（将逗号“，”改为冒号“：”）《词典》第6版第877页：“旁人问他：‘拿你的矛来刺你的盾怎么样？’”二是《700例》第312页：“邓小平理论 ……是以邓小平为代表的中国共产党人……”应改为：“邓小平理论 ……是以邓小平为主要代表的中国共产党人……”《词典》第7版第276页：“邓小平理论 ……是以邓小平为主要代表的中国共产党人……”三是《700例》第312页：“毛泽东思想 ……是以毛泽东为主要代表的中国共产党……”应改为：“毛泽东思想 ……是以毛泽东为主要代表的中国共产党人……”《词典》第7版第881页：“毛泽东思想 ……是以毛泽东为主要代表的中国共产党人……”四是《700例》第315页：“闯红灯 车辆遇到红灯信号不停下来……”应改为：“车辆或行人遇到红灯信号不停下来……”《词典》第7版第205页：“闯红灯 车辆或行人遇到红灯信号不停下来……”五是《700例》第319页：“大选 动某些国家对国会议员或总统的选举。”应改为：“大选对国会议员或总统、总理（或首相）的选举。”《词典》第7版第247页：“大选 动某些国家对国会议员、总统等的选举。”六是《700例》第322页：“特别法 ……国家公务员法”，应改为：“特别法 ……公务员法。”《词典》第7版第1281页：“特别法 ……公务员法。”七是《700例》第327页：“安排 ……分先后地处理（事物）……”应改为：“安排 ……分先后地处理（事务）……”《词典》第7版第7页：“安排 ……分先后地处理（事务）……”

贫”，“致”是个别字。

（2）“加强党的领导，惊心组织，保障村党组织换届选举工作圆满完成。”应将“惊心”改为“精心”，“惊”是个别字。

（3）“我夹的表叔数不清。”应将“我夹的”改为“我家的”，“夹”是个别字。

（4）“禁止做人，后果自负。”应将“做人”改为“坐人”，“做”是个别字。

（5）“加速金融扶贪，开展双基共建。”应将“扶贪”改为“扶贫”，“贪”是个别字。

（6）“上坟烧纸注意失火，谁防火，谁坐牢。”应将“防火”改为“放火”，“防”是个别字。

（7）“坚持以人为本，执政为名。”应将“为名”改为“为民”，“名”是个别字。

（摘自网络）

## 306.“当家作主”的“作”是别字吗？

答：《词典》（第1744—1745页）释义：“作　①起：振～|日出而～|一鼓～气|枪声大～。②做某事；从事某种活动：～孽|自～自受。③写作：著～|～曲|～书（写信）。④作品：佳～|杰～|成名～|成功之～。⑤装：～态|装模～样。⑥动当成；作为：～保|～废|认贼～父。⑦〈书〉动写成；写为（多用于校勘和辞书）：古书中‘伏羲’又～伏牺、宓羲等。⑧发作：～呕|～怪。⑨同‘做’④—⑥。”（第1743页）释义：“作　作坊：石～|小器～。”另，从“作案”到“作准”的67个多字条目中却无一个“作主”的分释义。（第1748页）释义：“做　动①制造：～衣服|用这木头～张桌子。②写作：～文章。③从事某种工作或活动：～工|～事|～买卖。④举行庆祝或纪念活动：～寿|～生日。⑤充当；担任：～母亲的最疼爱孩子|～官|～教员|～保育员|今天开会由他～主席。⑥当作：树皮可以～造纸的原料|这篇文章可以～教材。⑦结成（某种关系）：～亲|～对头|～朋友。⑧假装出（某种模样）：～样子|～鬼脸|～痛苦状。”另，从“做爱”到“做作”的38个多字条目有一个多字条目是：“做

主”，并释义（第1749页）：“做主 动对某项事情负完全责任而做出决定：当家～|这事我做不了主。”[①] 鉴于上述释义，作者多年来一直主张应当将“当家作主”改为“当家做主”。

然而，事实上无论文章或著作，使用“当家作主”业已司空见惯，屡见不鲜，尤其是在一些权威性理论著作、中央文件、《江泽民文选》和《党章》上，都有“当家作主”说。

例句一：《中国共产党历史》第二卷（1949—1978）上册（第3页第1—4行）：“从1949年10月中华人民共和国成立到1956年基本完成社会主义改造，在中国共产党的领导下，我国相继实现了从半殖民地半封建社会到民族独立、人民当家作主的新社会，从新民主主义到社会主义的两个历史性转变。”

例句二：《党的十六届四中全会〈决定〉学习辅导读本百问》（第11页第10—12行）《中共中央关于加强党的执政能力建设的决定》：“五、坚持党的领导、人民当家作主和依法治国的有机统一，不断提高发展社会主义民主政治的能力。”

例句三：《江泽民文选》第一卷（第112页第21—22行）：“党对国家政治生活的领导，最本质的内容就是组织和支持人民当家作主。”

例句四：《党章》（第11页第17行—第12页第3行）：“坚持党的领导、人民当家作主、依法治国有机统一，走中国特色社会主义政治发展道路，扩大社会主义民主，建设中国特色社会主义法治体系，建设社会主义法治国家，巩固人民民主专政，建设社会主义政治文明。”

原来对上述例句中的“当家作主”，作者都主张改为“当家做主”。然而近一二年来，作者对此思想有所动摇，认识有所转变，主要原因和理由有二：一是多年来面对司空见惯、屡见不鲜的“当家作主”，而“当家做主”极少的现实，可否请《词典》编者来个“顺从民意”兼“顺从官意”，约定俗成，承认“当家作主”的合法存在；二是拜读具有同样、同等权威性的《规范

① 沈国祥《常见别字认定》指出：“在现代汉语中，‘作’和‘做’往往没有严格的分工，但它们的区别主要是：作的宾语通常是动词，比如：作安排、作处理、作分析、作调整、作秀等，做的宾语通常是名词或代词，比如：做人、做工、做事、做梦、做客、做律、做女婿、当家做主等。”

词典》（第2版）（第1765—1767页）有的“作”的释义，列有从“作案”到“作准”的70个多字条目中，赫然有“作主”一条，释义：“作主 动 对事情负责并作出决定▷这事由我～｜当家～。”

鉴于此，依作者拙见，《词典》可否对“做主”的释义作出相应的调整，即参照《词典》（第906页）对“名符其实”“名副其实”的释义：“名符其实 名副其实。”“名副其实 名称或名声与实际相符合。也说名符其实。”改作如下的释义：“当家作主 当家做主。”“当家做主 也说当家作主。”

## （九）多、少字

### 307. 为了配合会议的召开，国家档案局举办“全国档案资料工作展览会”，反映全国档案事业的成绩和先进单位、个人的的事迹。该句中多了什么字？

答：该句中的“个人的的事迹”多了一个“的”[①]字，应删去。应将“个人的的事迹”改为“个人的事迹”。

### 308.（十九）在全国人民代表大会闭会期间，如果遇到国家遭受武装侵犯或者必须履行国际间共同防止侵略的条约的情况，决定战争状态的宣布。[②]该句中多了什么字？

答：《词典》（第614页）释义：“际 ……③彼此之间：国～|星～旅行。……”该句中的“国际间”一说不妥。既然“际”作“之间”的释义，那么“国际间”即为“国家之间之间”，此处的两个之间系“之间”重复使用的“叠床架屋”。可见该句中的“国际间”的“间”是一个多余的字，应

①1958年，毛泽东的《介绍一个合作社》在《红旗》杂志上发表时，文中“已经普遍使用起来了”一句后多一个“的”字。毛泽东发现此错后，不仅立即把多了一个的“的”删去，而且还在该期《红旗》封面上给该杂志总编辑陈伯达（1904—1989年）写了几句话，不仅郑重指出“第四页第三行多了一个‘的’字”，而且还建议将杂志中的错讹字，“列一个正误表，在下期刊出。”

②《中华人民共和国宪法》，中国法制出版社2018年版，第26页。

删去。[《咬文嚼字》编辑部公布“2014年十大语文差错之四：”APEC会议报道中的一个病态词语：“国际间”。（《〈咬文嚼字〉合订本2015》第1期第5页）]即为“（十九）在全国人民代表大会闭会期间，如果遇到国家遭受武装侵犯或者必须履行国际共同防止侵略的条约的情况，决定战争状态的宣布。”

**309. 孙中山领导的辛亥革命，推翻统治中国几千年的君主专制制度，对中国社会进步具有重大意义，但也未能改变中国半殖民半封建的社会性质和人民的悲惨命运。该句中少了什么字？**

答：该句在“半殖民”与“半封建”之间少了一个“地”[①]字，应将“半殖民半封建”改为“半殖民地半封建”。

① 更有甚者，可举20世纪50年代的两例：一是有一次中央关于镇压反革命的指示文中有一句是“一般不杀”。但是在发电报时，有关人员马虎大意，漏掉一个“不”字，把“一般不杀”变成了“一般杀”。幸亏该电报发出后有的地方来问，才发现了问题，得以及时纠正未造成严重后果。二是一家中央级权威报纸，头版大标题“中共中央关于镇压反革命的指示”漏掉一个“反”字，把“镇压反革命”说成“镇压革命”，造成严重政治问题。当日早晨发现错漏后对未售出的报纸收回重印，经济损失暂且不说，在社会上造成严重恶劣的影响。

**310. 由于历史的原因，我馆所藏档案破损情况较为严重，多年来我们一直在进行修复，仅 1987、1988 和 1989 三年，修复的档案就有 200 余万张。该句中少了什么字？**

答：该句中的“1989”与“三年”之间少了一个“年”①，应将“1987、1988、1989 三年”改为“1987、1988、1989 年三年”②。

①1997 年 2 月 19 日，我国改革开放总设计师邓小平同志不幸逝世。一天，时任《中国档案报》总编辑的作者去报社加班，同报社同人赶出本报沉痛悼念邓小平同志逝世的专版。经过多人多次反复校阅，当晚 9：00 左右终于定稿。此时，我对标题仍不放心，翻开四个版的标题通览一遍，突然发现第二、三版的通栏大字标题：“敬爱的邓小平同志永远在我们心中”，少了一个既要害又要命的“活”字，我瞪着眼看了好几遍，确认确实少一个“活”字，马上叫人加上“活”字，避免犯一个严重的政治错误。

② 一般说，如上所述少字是不行的，但有例外，少字也说得通：一是三字少一字：拍马屁＝拍马、讨人嫌＝讨嫌、使性子＝使性、轻骑兵＝骑兵、浑天仪＝浑仪、现大洋＝现洋、酒吧间＝酒吧、晌午饭＝晌饭、晌午觉＝晌觉、开间房＝开房、何苦来＝何苦。二是四字少一个字：果不其然＝果不然、黄道吉日＝黄道日、刎颈之交＝刎颈交、掌上明珠＝掌上珠、惹是生非＝惹是非、黄粱美梦＝黄粱梦。三是四字少两字：首先起义＝首义、画蛇添足＝蛇足。四是五字少一字：庐山真面目＝庐山真面。五是六字少二字：买办资产阶级＝买办阶级。

# 四、逸闻逸事篇

## (一)造字

### 311. 武则天“造”了什么字?

答:据传说,武则天(武后,684—704年在位)一生造了19个字。“圀”字是其中之一。其实,细究之“圀”字并非“则天之字”,而是古而有之。① 有两个例证:(1)汉代崔骃(?—92年)撰写的《樽铭》中的“献酬交错,万圀咸欢”句子中有“圀”字。(2)南朝梁代顾野王(519—581年)撰写的《玉篇·口部》也收录此字,并作注道:“圀,古文國字。”此外,“国”字还有两种俗体写法:一是《玉篇》所收的“囶”,突出国家广有八方之土;二是《龙龛手鉴》所收的“囯”。可见,武则天所谓造“圀”字并非名副其实,只是复古而已。

### 312. 宗秦客为武则天名字造了什么字?

答:唐代武则天时期(武后称帝,改国号为“周”),有个叫宗秦客的人,凭借他是武则天亲戚的特殊身份,在朝廷谋了个掌管宫廷门户的凤阁侍郎(由中书侍郎改置)的要职。此人善于窥测武则天的心理,为了奉承讨好她,千方百计、挖空心思地造了12个字进献。当喜欢标新立异,爱好造字、改字的武则天获悉宗秦客为自己造字,甚为高兴,立即召见了他。宗秦客为武则天造字的12个字中,有个“曌”字,武则天非常欣赏和喜欢,于是将

① 与武则天造“圀”字实际上并非她造相类同,据说“櫺”字为乾隆(1736—1795年)所造。棂星门是山东曲阜孔庙的第一道门,其石牌坊额坊上刻有1748年乾隆题写的“櫺(棂)星门”三字。导游解说,“櫺(棂)星门”的“櫺”字,其繁体字是“欞”,当时乾隆题写时觉得笔画太多,故将其下部的“巫”省去了,把“欞”变成了“櫺”。也就等于造了一个新字“櫺”。其实,此言差矣。可举两例:一是东汉许慎《说文解字》收录“欞”字,解释道:“楯(shǔn)间子也。从櫺声。”二是唐代孙过庭(646—691年)所书的三国何晏(?—249年)《景福殿赋》中,也有“櫺槛披张”的字句。

它作为自己的名字。

据《集韵》所释，“曌”，指“明”。具体而言，“曌”字的上部为“明”，它由“日”“月”二字组成，表示武则天像日、月一样，永远熠熠生辉，普照大地。它的下部为“空”，即无边无际的天空。武则天之所以选“曌”字为名字，所包含的意思是：“日月当空，普照大地。”《词典》（第1647页）收入“曌”字，并释义：“曌　同‘照’，唐代女皇帝武则天为自己名选用的新造字。”①

## 313. 王安石造了一个什么字？

答：王安石造了一个“囍”字。当年王安石年轻时赴京城赶考。在经过马家镇时看见马员外家门的走马灯上写着这样的上联：“走马灯，灯走马，灯熄马停步。”王安石边看边叫好。由于赶考事急没有停留细看下联写的是什么。到了京城考试完后，按规定主考官还要对考生面试。当轮到王安石时，主考官指着厅前的飞虎旗念道：“飞虎旗，旗飞虎，旗卷虎藏身。”要王安石当场对出下联，只见王安石脑子一闪，计上心来，“走马灯，灯走马，灯熄马停步”的下联脱口而出。主考官一听，满脸笑容，连声称好。赶考回来，王安石又路过马家镇，经过马员外家，他用主考官出的上联“飞虎旗，旗飞虎，旗卷虎藏身”来对马员外的下联，马员外甚喜（“喜”字在甲骨文中上面部分像一面“鼓”，下半部分是一个“口”，整个字形像笑得合不拢嘴的人用击鼓的方式表达内心的喜悦之情），当即决定将爱女许配给王安石为妻。此时王安石方才明白，原来那“走马灯”的对联是马员外的择婿婚联。正当王安石新婚之日，恰是传来他金榜题名的大好消息之时。喜上加喜，双喜临门，于是王安石灵机一动便执笔欣然写下一个“囍”字，至此，一个新字——“囍”字便问世了。

①《新华大字典》（第1139页）［字的故事］［“曌”与“瞾”］指出：“武则天为自己名字造的字，希望借此表示自己当朝就像日月当空，永放光芒。骆宾王后来在《为徐敬业讨武瞾檄》中以‘瞾’代替‘曌’。‘瞾’是指猫头鹰之类猛禽凶恶的眼睛，骆宾王以此攻击武则天所建的周朝并非日月当空，而这位当朝者不过是一位长着如同猛禽般凶恶、贪婪的眼睛的暴虐之君。”

## 314. 刘半农造了一个什么字?

答：刘半农，语言文字学家，历任北京大学教授、中法大学国文系主任、中央历史语言研究所特约研究员、辅仁大学教授、北平大学文理学院院长等。他于 1926 年造了一个“她”字，用作指称女性的第三人称代词。

追溯起来，早在 1918 年 8 月，周作人在《新青年》的一篇译文按语中曾透露刘半农的一个设想：白话文兴起，再加上翻译介绍外国文学作品骤增，第三人称代词使用频繁，却笼统地使用“他”来表达，甚不方便。1926 年，刘半农果然造了一个“她”字了却他本人的一个设想与心愿，也颇受学界和社会公众的好评。“她”字成为女性的专用字，是首次从传统文化中将女性从男性的附庸下解放出来，显示出女性的独立性。“她”是一个会意字，从“她”字的结构上说，左偏旁是“女”，代表“女性”；右边的“也”既是声符，又是意符，或者可以说声符、意符两者兼而有之。许慎《说文解字》曰：“也，女阴也。”即“也”是女性生殖器的象形字，由“女”加上“也”构成“她”，以专指女性的第三人称[①]。

刘半农为自己创造的“她”字，还写了一首《教我如何不想她》的歌词，由赵元任（1892—1982 年）谱曲，百代唱片公司发行，成为流行歌曲。当时有个颇为喜欢这首歌曲的青年猜想，词作者或许是一位风流倜傥的才子，很想一睹风采，这位“粉丝”便不请自到地去赵元任家打听探望，探个究竟。恰好那天刘半农正在赵府，赵便欣然介绍道：“这位就是刘半农先生。”那青年一看刘半农颇具老态，与自己想象的风流倜傥的才子形象大相径庭，便出人意料地惊呼：“原来是个老头？”惹得当场众人满堂哄笑。后来刘半农为此事专门写了如下的打油诗自我调侃道：“教我如何不想她，请进门来喝

① 在此补充《万事由来手册》（第 252 页）对刘半农造“她”字的一段文字说明：“‘她’是在 1926 年才由刘半农先生创造出来的。从前，文章里的第三人称代词男女不分，都称为‘他’，《五·四》（原文如此，应将《五四》改为‘五四运动’——作者注）以后，有用‘伊’字代替女性的‘他’。但‘伊’与‘他’并用，常造成混乱。于是刘半农先生创造了一个‘她’字。‘她’与‘他’读音相同，而且是符合口语习惯，很快得到各界人士的称赞和公认。”

杯茶，原来如此一老叟，教我如何再想他！”①

## 315. 杜定友造了一个什么字？

答：杜定友（1898—1967年），先后担任广东省图书馆馆长、复旦大学图书馆馆长和上海市图书馆学会会长。1928年，他造了一个“圕”字，代替“图书馆”三个字。后来，“圕”字传到了日本，尔后该字被简写为“囗”字。在我国，先简化为“国”字，进而写成“圖”字（繁体字），而今又写成“图”字（简体字）。

## 316. 鲁迅造了一个什么字？

答：20世纪30年代，苏联一位翻译家拟将鲁迅著名小说《故乡》译成俄文，没承想遇到了一个难题。《故乡》中有这样一句话：“有一个十一二岁的少年，项带银圈，手捏一柄钢叉，向一匹猹尽力的刺去，那猹却将身一扭，从他的胯下逃走了。”问题来了，这“猹”到底是一种什么动物？该翻译家查阅了不少有关动物学方面的书籍，没有找到准确的答案。甚至连《康熙字典》都查了，也说不清楚。于是，情急之下，他只好转而求教于鲁迅本人。原来，“猹”字是鲁迅创造的，因而当时字典上查不到。其实，“猹”与“渣”同音（chá），属于“獾”一类的动物。于是鲁迅新造了一个“猹”字。据说后来有人曾经专门向鲁迅小说《故乡》主人公闰土的孙子调查，证明“猹”的确是一种“獾猪”。“猹”似猪又非猪，以往字典中并无收入。为适应需要，解决有物无名的问题，鲁迅运用“形声法”创造的“猹”字，得到社会公众的认可，且被正式收入字典。比如：《词典》（第137页）释义：“猹　名野兽，像獾，

---

① 现今，有人对刘半农造了一个“她”字提出异议。毕新伟《“她”字的来源与女性主体性——评“她”字的文化史》一文指出，其一，古文献出现的“她”并非指第三人称女性“她”的称谓，即“……诚然，在南朝梁代的《玉篇》等古文献中，都曾有过‘她’这样一个文字符号。但其字或谓乃古文‘姐’的异体，或谓乃‘母也’的异体……”其二，是第三人称女性“她”的称谓，据黄先生（即《“她”字的文化史——女性新代词的发明与认同研究》一书作者黄兴涛——作者注）考证，“最早用‘她’，指女性进行书写实践的是康白情，1919年5月20日，他在《晨报》发表的《北京学生界男女交际的先声》一文中使用两次‘她’字，用以标示一个在公共场合所发言并显示性别色彩的女性”。

喜欢吃瓜（见于鲁迅小说《故乡》）。”①

## 317. 邓小平“造”了一个什么字？

答：1955年，由中国文字改革委员会起草的《汉字简化方案（草案）》向中央呈报审批，当时绝大多数中央领导同志都画圈表示同意。但是时任国务院副总理的邓小平持有一点异议，他坦诚地对中国文字改革委员会主任吴老（玉章）（1878—1966年）说：“吴老啊，你把汉字这么一简化，我都不认识了。”吴老坦然地说：“小平同志，你别说都不认识了，你对哪个字的简化有意见，可以具体地提嘛。”邓小平随即就说：“别的不说，就说我这个‘鄧’字吧——左边一个‘丁’，右边一个‘阝’，不好看。第二笔往左边拐，第三笔还得回到右边写，也别扭。”确实如此，当时向中央呈报的《汉字简化方案（草案）》是将部件“登”类推都简化为“丁”，把“燈”（繁体字）简化为“灯”（简体字），于是以此类推地把“鄧”简化为“邛”②。吴老进而问道：“那你看这个‘鄧’字怎么简化好呢？”邓小平倒也开诚布公地说：“‘鄧’字如此简化，还不如写成左边一个‘又’，右边一个‘阝’呢。草书的‘鄧’就是左边一个‘又’，‘又’的第二笔下边拐一个小弯嘛。”

事情至此并未结束。吴老带着邓小平的意见向周恩来总理汇报。周总理对此持谨慎态度，以商榷的口气，对吴老说：“让你的工作人员查一下，宋版书上的‘鄧’字有没有这样简化的？”吴老当时打电话给了张瑞泉（当时在中国文字改革委员会任职，后任陕西省语委办主任，直至退休），张当即去有关图书馆查询，果然在宋版书上看到有把“鄧”字简化为“邓”字。获悉此信息后，周总理立即让秘书把张瑞泉请到中南海总理办公室，张当面将这册宋版书呈给总理看。周总理看完放心了。尽管如此，周总理仍然十分慎重，并未马上作出决断，还是将此事向毛泽东汇报请他定夺。此时，只见毛泽东不无幽默地调侃道：“他姓邓的不是对这个字有意见吗？这个字听他的，其他的不变了！”

---

① 补充一个例证：《规范词典》（第136页）释义：“猹 名指一种獾类野兽（见于鲁迅《呐喊·故乡》）统读chá，不读zhā。”

② 虽然“邛”字未成“鄧”的简体字，但它仍收入《规范词典》，第1308页释义：“邛 tíng 名姓。”

1956年初，国务院公布的《汉字简化方案》中，果然“鄧”字被简化为“邓”。从一定意义上说，邓小平正是“邓”这个简体字的“造”字人。

## 318. 还有哪些人造了字？

答：（1）造了字但不知是什么字。比如：《三国志·吴书》注引《吴录》载吴主孙休（258—264年）为四个儿子的名，分别造了八个很怪的字（究竟八个什么怪字不详）。王观国（？—1140年）批评道：“孙氏为四男立名字，欲其难犯易避。夫古字之难犯易避者多矣，不同古字，而乃妄意撰造，自为之音，而不言其偏旁所从之义，徒欲立异，而失先王制字之法，兹所谓好异而不为异者乎？”（《学林》卷十，第316页）

（2）唐睿宗（710—712年）名旦，为避讳“旦”，他下令造另一个“𡆠”代替“旦”字。

（3）五代南汉国君刘岩（889—942年）为自己的名字造了一个“龑”字，取自《周易》的“飞龙在天”之意。《词典》（第1498页）收录“龑”，释义：“五代时南汉刘龑为自己名字造的字。”

（4）钱玄同为繁体字“響”造了一个简体字“响”。

（5）杨立三（1900—1954年）（曾任八路军前总副参谋长兼后勤部部长）改造了一个“饻”字。当年一个“饻”所包含的实物包括：中等小米2斤，中等小麦1斤，油盐各5钱，中等白土布1方尺（土布面宽一般为一尺），中等家用煤1.5斤。《词典》（第1390—1391页）释义：“饻（餘） 量 老解放区（如陕甘宁边区、晋察冀边区）使用过的一种计算货币的单位，一饻等于若干种实物价格的总和。”

（6）广东人为粤语方言造了一个方言字“冇”（mǎo 冒），《词典》（第877页）收录“冇”字，释义：“<方>❶ 动 没有①—⑤。❷ 副 没有⑥⑦。”

（7）汪忍凌（1900—1965年），傈僳族农民，创制一种汉字型的傈僳文，被称为“傈僳音节字”。汪忍凌编写的《傈僳语文》共有1330个字，其中重复的300多字，在流传本中还有21个有用的字，共有961个音节字。

（8）新造化学汉字，即新造元素新字：“氢”“氮”“氯”“碳”“氟”“氖”，以及104号元素“𬬻”（“鑪”）（古字专用）、第105

号元素“鉳”。此外，“矽”也是一个新造化学元素字，由于它与“锡”“硒”同音，为避免混淆，改为“硅”字。

（9）1953年蔡方荫发明“砼”（tóng）字，代替“混凝土”。他先用“人工石”代替“混凝土”；后来将“人工石”进一步合成为“砼”字。1955年7月，中国科学院编译出版委员会名词室审定颁布《结构工程名词》一书，明确推荐“砼”与“混凝土”可以并用。1985年，中国文字改革委员会正式批准“砼”与“混凝土”同义、并用的法定地位。《词典》（第1307页）释义：“砼 名混凝土。”

（10）2017年5月9日，中国科学院、国家语言文字工作委员会、全国科学技术名词审订委员会联合召开发布会，正式向社会各界公布113号、115号、117号、118号元素的中文名称。依次为“鉨（nǐ）”“镆（mò）”“鿬（tián）”“鿫（ào）”。其中“鉨”“鿬”“鿫”三个字为新造字。

## （二）改字

### 319. 杨坚为什么改“隨”为“隋”？

答：起初，隋朝原来称为“隨（随）朝”，后来将“隨”改为“隋”，系隋文帝（581—604年）杨坚所为。公元581年，杨坚搞阴谋、耍手段，迫使北周静帝（579—581）让位，自立为皇帝，史称“隨文帝”。追溯之，杨坚之父杨忠，曾被封为“隨国公”（“隨国”在现今湖北随州一带）。杨坚子继父业，继承了这一爵位。他目睹齐、魏、周、齐天下不稳，动荡不安，联想自己也可能会遭遇同样的命运，于是他甚为忌讳“隨”字中的“辶”的字义（《说文解字》曰：“隨，从也。”所谓“从”即跟从、随从，跟着别人走），认为它太不吉利，于是他当上皇帝后不久下令将“隨”改为“隋”，即他坐的江山不能、不会随着别人走。正如王观国《学林》（卷十）曰：“隋文帝本封隨国之爵，及帝即位，乃去‘隨’之为‘隋’，以为国号。”又曰：隋文帝“以魏、周、齐不遑宁处，恶之，遂去走，单书隋字”。不过，事情发展并未遂杨坚所愿，隋朝只经“文帝”“炀帝”“恭帝”三朝（581—618）37年，成为我国历史上若干短命王朝之一。

## 320. 武则天怎样改“国”字？

答：众所周知，“国”[①]字的繁体字是“國”。《说文解字》曰：“國，邦也。从囗（wéi），从或。”段玉裁注曰：“或，邦也。古‘或’‘國’同用。”明代《正字通》记载，武则天当上皇帝后，当时幽州有个书生，为了迎合武则天，上书建言，“國”字里的“或”，与疑惑的“惑”相通，含有“不安定”的意思，当今圣上姓武，是武姓之国，宜将方框中的“或”改为“武”，这样既上承天意，又下承民意。于是武则天下令将“國”改为“圀”，即国内有我武则天的“武”字，只要用武力镇压，不就安定了吗？改后不久，又有人对她说：“‘囗’字像个监狱，‘武’在‘囗’内好像是囚犯，意思不好。”武则天听后，觉得有道理，于是她又下令将“圀”字改为“圀”，即我大周朝天下很大，拥有四面八方的土地。只是可惜这个“圀”字也是个短寿命，没有行得通。

## 321. 为什么将诉状中的“江南无青天”改为“江南有青天”？

答：杨乃武（1841—1914年）与小白菜案件是清代四大冤案之一。杨乃武是浙江余杭人，由于他本人为人耿直，行事正直，得罪余杭知县刘锡彤、杭州知府陈鲁，以及其他一些地方劣绅恶棍，于是他被诬陷与民女小白菜通奸，谋妻杀夫。这一冤案已沉冤三年，杨乃武的姐姐杨淑英以及发妻詹彩凤决心赴京申冤告状。在赴京途中经过扬州到了杨乃武世交李耿堂府上，李看了杨乃武在狱中写的诉状，其中有一句话是“江南无青天”，李略作思索后觉得此处“无”字用得不妥，认为直说“江南无青天”可能波及官场面太大，反倒于事无补，对赴京申冤告状不利，他提笔将“无”改为“有”，如此将“江南无青天”改为“江南有青天”，缓和了紧张气氛。事实上如此一字之改对后来此案的胜诉还真起到了一定的作用。

---

①1956年6月1日，国务院颁布的简化字中将“國”（繁体字）简化为“国”。为什么简化为“国”？参加文字改革的古文字学者们认为，我国的玉文化历史悠久，加上“玉”是兼有硬玉和软玉的物体，质地细腻、光泽温润，可用来制作装饰品或做雕刻的材料，既是珍宝，也是美好事物的象征，从玉颇得人心，故以“囗”内加上“玉”替代繁体字“國”的简体字。而“国”字在六朝碑文中即已出现。可见，其实简体字“国”字，古已有之。

## 322. 毛泽东改过什么字？

答：可举两例。

（1）改“贼”为“氏”。

1936年5月5日，由毛泽东、朱德代表中共中央联名致电南京国民政府以及各党派、团体，在《停战议和一致抗日通电》（毛泽东起草）中呼吁：“‘以兄弟阋于墙外御其侮’的精神，在全国范围首先在陕、甘、晋停止内战，双方互派代表，磋商抗日救国具体办法。”值得注意的是，在《通电》中没有再提“讨蒋”“反蒋”口号，只提“停止内战”“一致抗日”，而且更令人瞩目的是毛泽东将旧称“蒋贼”改为“蒋氏”，即将具有骂意的“贼”改为平常、中性意思的“氏”，体现了中国共产党人为建立抗日民族统一战线捐弃前嫌的博大胸怀，这一字之改在全国各界引起巨大反响。

（2）改“夷”为“彝”。

彝族是我国人口较多的少数民族之一，主要分布在四川、云南、贵州和广西等省、自治区。周代，中国（中原地区）之外的民族皆被蔑称为“夷”。《玉篇》曰：“夷，蛮夷也。”《左传·成公十六年》孔颖达疏：“夷为四方之总号。”杨世勋疏：“四夷者，东夷、西戎、南蛮、北狄之总号也。”在中华人民共和国成立前对“彝族”这个少数民族带有轻蔑意思地称为“夷族”。大家都觉得不妥、不好，但一时不知改成什么好。毛泽东知道此事后，他说：改称“彝族”好了，“彝”是宫殿里置放东西的器皿，“房子底下有‘米’又有‘系’，有吃有穿，日子富裕了。”由此就将“夷族”改称为“彝族”。

## 323. 吴晗为什么不改“红军”为“民军”？

答：1941年，时任西南联大历史系教授的吴晗应国立编译馆之约撰写一部《明史》，为了不耽误出书，吴晗先把写好的前四章手稿寄了出去。尔后时间不长，前四章手稿原样退回，其内夹了一个字条，上面写着：“红军起义，拟改为‘民军起义’，以下一律照改。只要改了这一字，书就可以出版了。”追溯之，原来元末农民战争中，有几支农民起义军头上包扎一块红布，当时被称为“红军”或“红巾军”。国立编译馆认为，该书《明史》写了“红军”，就有类同或等同于当今中国共产党领导的“红军”之嫌，故要求作者将“红军”一律改为“民军”。然而吴晗对此颇不以为然，他看了字条后，很气愤地说：“国民党怕共产党领导的红军，连将近600年前的红军都怕，怕得好，就让你一直怕下去，我宁可不出书，这个字千万不能改。”倘若作进一步推敲，“民军”在元末各地的武装，专门与当时跟农民起义等的“红军”作对，如将“红军”改为“民军”，怕把两支敌对的军队混为一谈，这不是颠倒黑白、混淆是非了吗？鉴于此，吴晗坚持自己的主见，复信表示：宁可此书不出版，也绝不会将“红军”改为“民军”。

## 324. 是“一往无前”还是“一往直前”？

答：宋原放[①]在《误改毛泽东的“一往无前”》一文中回忆了以下这么一件事。

1945年我在苏中出版社从事编校工作已经三个年头。有一天，出版社领导交给我一个重要任务，即去印刷厂校阅毛泽东的《论联合政府》的清样。

由于这是首次接触、读到毛泽东的书稿，心中既兴奋又紧张。当时我特别认真地、逐字逐句地校阅《论联合政府》清样。当读到“这个军队具有一往无前的精神……”一句时，不知怎么的，读来读去，仔细琢磨，总觉得“一往无前”可疑，心想：既然是共产党领导的人民军队，怎么会“无前”呢？当时刚二十出头的我，胆大妄为，居然大笔一挥，把毛泽东笔下的“一往无前”改为“一往直前”。由于当时书稿校对工作不像现今这么严格有序。一般只是由印刷厂初校，出版社再通读一遍就正式交付印刷了。我回到出版社，既没有向有关领导汇报改动情况，也没有设法查对新华总社原稿——当时重要文章或重要文件均由新华总社使用明文电码发给各分社的。就这样，由于我的无知，苏中出版社的《论联合政府》中有将“一往无前”改为“一往直前”的一处误改。这一字错改的教训，让我终生感到遗憾，并且始终牢记一辈子。

## 325. 何其芳[②]为什么不改“光昌流丽”？

答：20世纪60年代，毛泽东在修改《不怕鬼的故事·序》时加了一句话，

① 宋原放（1923—2005年），《简明社会科学词典》（上海辞书出版社1982年版）主编。

② 何其芳（1912—1977年），时任中国作家协会理事、书记处书记，中国科学院哲学社会科学部委员、文学研究所所长。

其中用了“光昌流丽”一个（四个字）词组。这句话是：“难道我们越怕‘鬼’，‘鬼’就越喜欢我们，发慈悲心，不害我们，我们的事业就会忽然变得顺利起来，一切光昌流丽，春暖花开了吗？”当时负责改稿的是何其芳。何从未见过用“光昌流丽”这四个字组成的词组及其用法，不免心中存有疑虑，不甚放心，乃至怕出硬伤，贻笑大方。当他正在考虑是否改这“光昌流丽”四个字时，突然想起按照惯例，他本人有什么重要文章发表，一般都向有关老同志、老先生请教，请他们把把关。于是何其芳便打电话给俞平伯（1900—1990年），询问有无“光昌流丽”一说，俞老说：“有。”此时何其芳不仅更为佩服毛泽东学问的高深，而且也为自己避免错改“光昌流丽”这四个字而庆幸。①

## 326. 孙犁对编辑的错改②有什么感想？

答：孙犁（1913—2002年）在《论校对工作》一文中，谈到对手操对作者文字生杀大权的编辑，胡改乱改文字的两点感想。

一是“那是短短的一篇文言文，两千多字，其中一句是：‘余于所为小

① 由此引起作者联想，再补充两例。一是1965年7月18日，巴金致夫人萧姗（1917—1972年）信中，有句话说：“我还看了两次嘲剧。”责任编辑看到这句话引起怀疑，认为“嘲剧”二字有误。他翻遍《中国大百科全书》等权威性工具书，获知全国有300多个戏曲剧种，并无“嘲剧”一说，却有流行于广东一带的“潮剧”。想到这里，责任编辑自认为这大概是巴老的笔误了。然而该责任编辑并未擅自改动，而是给巴老写信求教。巴老回信说，当时看的是“越南嘲剧”。由于这位责任编辑的谨慎，避免了一次误改。二是曾任人民文学出版社总编辑的王任叔（1901—1972年），以“巴人”笔名写过一篇短文《况钟的笔》，该文开头一句话便是：“看了昆剧《十五贯》，让我念念不忘的是那支三落三起的笔。”王在此用“三落三起”四个字，既是对剧情的准确概括，也是对剧中主人公况钟心态的深刻揭示，因为舞台上的况钟那支笔最后是提起来而不是落下去。而正是这“三落三起”成了《十五贯》中况钟形象塑造得很得意、很得力的一笔。岂知一位不知轻重、见识肤浅的编辑，想当然地觉得“三落三起”读起来拗口，于是自以为是地改成“三起三落”。后来王任叔非常不满意，且不无感慨地说：“这一改动，可要人头落地啊！”

② 周德茂写过一篇《多一字则少二十年》短文，表达对编辑乱改、错改的不满，全文如下：“数词廿，读niàn，由其读音又形成念字的另一种意义，即二十的又一种写法。一九九五年下半年，我写过一篇文章《来自小全张的报告》，介绍国内外小型张邮票，交国内一家邮报发表。文中提到了我国东北邮电管理局一九四七年五月三十日发表的一枚《五卅念二周年纪念》小型张。谁知编辑不理解‘念’字的含义，以为是作者漏写了一字，就想当然在‘念’字前添了一个‘纪’字，改为‘五卅纪念二周年’。谁知这一改，不仅票名出现谬误，而且五卅运动的发生时间也‘推迟’了二十年。”

说，向不甚重视珍惜。’‘所为’误为‘所谓’。好像我不是对自己所作小说，而是对一切小说，都不重视珍惜了。为什么这样改，我还想得通，可能是编者只知‘所谓’一词，不知‘所为’一词所致”。

二是“令人费解的是，文中的文言的‘亦’字，全部改为白话的‘也’字，共有六处。这显然不只是排错，也不是抄错，而是改错的。这岂不是胡闹？”

说完上述两处错改，孙犁还作了如下自我嘲讽式的调侃：“我亦曾自我检讨：现在，你弄什么有‘复古’倾向的文言文？这很可能是对你的一种惩罚！”

## 327. 周恩来为什么将“叫”改为“请”？

答：周恩来总理经常教导从事外交、外事工作的同志，一定要摒弃大国主义。他要求外交部礼宾司的同志待人热情谦虚，平等待人。在接待国宾、外宾会见和会谈时，通常在中方陪同人到齐后再请外宾。有一次会见中方陪同人员到齐了，礼宾司一位工作人员向周恩来报告说：“总理，我方陪同人员到齐了，我去叫外宾吧！”周总理听到此话，脸色一变，眼睛一瞪，很生气地批评他说：“什么‘叫’？应该是‘请’。”问题很清楚：“叫”字是上对下，带有命令式的；“请”字是平等、对等意思的客气、文明用语。

## 328. 王金玉为什么将“千丈架阁法”改为“千文架阁法”？

答：北宋仁宗（1023—1063年）时期，江南西路转运使周湛鉴于地方档案文件繁多和管理混乱，他在该地架阁库中创制了“千丈架阁法”来保管州县案牍。“千丈架阁法”这一误说流传800年之久，直到20世纪90年代，郑州大学文博学院档案系教授王金玉对此提出质疑。1992年4月，王金玉从北宋《隆平集》一书中发现，周湛创制的架阁库管理方法不是“千丈架阁法”，而是“千文架阁法”。为此，他先后撰写、发表《“千文架阁法”非“千丈架阁法”》《“千丈架阁法”再探》《宋代档案管理中的分类编排——“千文架阁法”》《宋代“千文架阁法”辨析》诸文，既对“千文架阁法”的内容从其出现的主客观原因和科学性，作了较全面、系统、深入的阐述，又有力地论证了“千文架阁法”是历史的真实。至此王金玉将“千丈”的“丈”字改为“文”，并将“千丈架阁法”改为“千文架阁法”，在我国档案界得到公认。

## 329. 一些名胜古迹、游览胜地有哪些似错非错、似别非别的名人题词、题字？

答：由于书法上的书写习惯，以及古时也有一些字曾经有过不同写法，致使一些名胜古迹、游览胜地的名人题词、题字，存在一些文字缺胳膊少腿的现象，并曾被一些游览、观赏者乃至导游误认为错、别字的。现将那些似错非错、似别非别的名人题词、题字，举出以下 10 例（为节省篇幅，不解释原因）与读者共赏共析之。

（1）江西庐山东林寺前聪明泉，由北宋黄庭坚（1045—1105 年）题写的“聪明泉”，其中“聪”字的右边的“总”写成“忩”，“明”字的左边的“日”写成“目”。

（2）江苏扬州大明寺的平山堂“风流宛在”匾额，由北宋欧阳修（1007—1072 年）题写，其中“流”写成了“流”（少了一点），而“在”写成了“在”（多了一点）。

（3）湖北宜昌葛洲坝下游处镇江阁的匾额“鎮江阁”，由北宋米芾（1051—1107 年）题写，其中“镇”字中“真”写成了少了一横的“真”。

（4）北京房山云居寺第六藏经洞门楣上一方刻石上的“蔵宝”二字，由明代董其昌（1555—1636 年）题写，其中“藏”字写成“蔵”，少了“爿”的左边部件。

（5）杭州西湖“苏堤春晓”，康熙（1662—1722 年）题写为“蘓隄春晓”，其中“蘓”将繁体字“蘇”的草字头下的“魚”和“禾”对调了位置，“堤”字的“土”旁写成了“阝”旁。

（6）曲阜孔府大门门联：“与国咸休安富尊荣公府第　同天並老文章道德圣人家”，由纪晓岚（1724—1805 年）题写，其中上半联中的“富”字写成宝盖头“宀”缺一点的“冨”，下半联中的“章”字下半部的“早”写成“甲”而成“章”。

（7）西安碑林中轴线上有一座重檐四角亭。在四层飞檐的中央悬挂一块“碑林”匾额，由林则徐（1785—1850 年）题写，其中“碑林”的“碑”字写成少了一撇的“碑”。

（8）湖南衡山香炉峰下抗日烈士纪念陵园——“忠烈祠”，由蒋介石题写，其中“烈”字写成少了一点的“烈”。

（9）还原后的“国立西南联合大学”的校名，由陈立夫题写（待考），其中的“南”字写成少一横的“南”。

（10）西安半坡遗址博物馆1957年建成，1958年对外开放。其馆名“半坡遗址”由郭沫若题写为“半坡遗趾”，其中“址”的“土”字旁写成“⻊”旁，成“趾”①。

## （三）改错、别字

### 330. 毛泽东是怎样对待错、别字的？

答：可举三例：

（1）1938年8月，《鲁迅全集》（精装20卷本）在上海出版，毛泽东托人通过地下党组织买了一套。毛泽东收到这套《鲁迅全集》后，异常高兴，爱不释手，一直把它放在办公室，忙中偷闲，经常抽时间秉烛夜读。他在阅读中，对原书中文字排版颠倒、错字、漏字之处均认真地加以纠正。比如：《二心集》中的《唐朝的盯梢》这一针对时弊的500字杂文中，鲁迅引用晚唐著名词人张泌《浣溪沙》调十首“其九云”：“晚逐香车任凤城，东风斜揭绣帘轻，慢回娇眼笑盈盈。消息未通何计从，便须佯醉且随行，依稀闻道太狂生。”查看《鲁迅全集》（1938年版）也正是这么印的。该诗中的“消息未通何计从”的“从”字，倘若单从词义上说，或许谁也不会认为它是一个讹字，然而从词律的音韵平仄来看，它确实是错了。酷爱并精通古诗词的毛泽东读到此处，敏锐地认定鲁迅引用的这个“从”字错了。于是毛泽东随

① 列举10例后，作者余兴未尽，在此再补述将“德”写成少一横的“德”的三例：一是北京老字号“全聚德”店名中的“德”，就是缺“一”横，成了“全聚德”；二是北京鼓楼一带的“望德楼”饭庄由刘炳森（1937—2005年）题写的“德”字同样少一横，成了“望德楼”；三是上海市南京西路414号“功德林”饭庄［赵朴初（1907—2000年）题］还是少一横。历代书法家也是“德”“德”并用。较典型的，王羲之笔下无“一”横，苏轼笔下有“一”横，而郑板桥（1693—1765年）笔下有时有“一”横，有时无“一”横。顺便说一句，查《汉语大字典》，“德”的异体字有9个，其中包括：“德”（少一横）“悳”“惪”“悳”“惪”等。

手将这个“从”字改为“是”。后经《毛泽东与鲁迅》一书作者易严重查阅《全唐诗》（中华书局出版），“消息未通何计从”的“从”字，确系“是”字之误。

（2）有一次，毛泽东在读《晋书·谢安传》过程中，他看一个注释中，发现“濉汉”的“汉”错了，应改为“溪”，即将“濉汉”改为“濉溪”。

（3）1948年，毛泽东在《对晋绥日报编辑人员的谈话》中指出：“例如，报上常有错字，就是因为没有把消灭错字认真地当作一件事情来办。如果采取群众路线的方法，报上有了错字，就把全报社的人集合起来，不讲别的，单讲这件事，讲清楚错误的情况，发生错误的原因，消灭错误的办法，要大家认真注意。这样讲上三次五次，一定能使错误得到纠正。”

## 331. 毛泽东是怎样改自己的错字的?

答：可举一例①：

1949年4月25日，毛泽东除致函于《北平解放报》编辑，就同日发表他的《五四运动》一文存在的几处文字的错误，附上更正表要求予以更正外，还对同日广播的《中国人民解放军布告》中的两个错字作了更正：

“（一）第三条‘当承认其所有权’，‘当’字误为‘均’字。（二）第七条‘农村中的封建的土地所有权制度是不合理的’，‘村’字误为‘民’字。以上两点务请各广播电台各报纸予以更正。各人民解放军政治机关印发这个布告时，务请更正为盼。”②

① 由此作者联想起两件事：一是中国共产党创始人之一的李大钊（1889—1927年）1927年4月在即临就义前写的一篇一百多字的绝命文，其中有一个错字，他“还认认真真地改掉了”。二是《咬文嚼字》主编郝铭鉴（1944—　）在1995年第5辑《咬文嚼字》发表《向读者致歉书》，就本刊存在错别字作自我批评，并向广大读者致歉，说：“亲爱的读者：在编发本辑时，第二辑已和各位见面。我们的目标，是想编一本没有错别字的读物，遗憾的是，这一目标还没有达到。在已出的两辑中，除了拼音问题和外文问题外，还有一个明显的别字：第二辑封底《敬告读者》中，‘编辑部’的‘辑’字误作了‘缉’。这是不可原谅的。全体编辑和编辑部同人感到十分内疚。在此，我谨以主编的名义，向各位表示深深的歉意。”

② 见王梦奎（1938—　）编《怎样写文章》（新增订本），中国言实出版社2003年版，第8—9页。

## 332. 周恩来怎样纠正别字？

答：1964 年的一天，正在昆明的周恩来总理在云南省委书记陪同下，来到圆通公园。当时公园内樱花盛开，灿若云霞，美景如画。一群学生正在樱花树下追逐嬉戏，一见到周总理，便拥向前来，兴高采烈，欢呼雀跃。此时，周总理突然问身边的学生：“你们语文老师来了没有？”这时一位姓何的老师快步走到总理面前。周总理指着樱树花树下的说明牌说：“请语文老师帮忙看一下，‘樱花’的‘樱’字能这样写吗？”原来说明牌上写的不是“樱”而是“桜”。何老师认真仔细地看了一下，回答说：“不能。这是一个不规范的简体字。”他一边说着，一边又一笔一画地写下了一个“樱”字。听到何老师的回答，周总理很高兴，他随即对同学们说：“老师说得很对，‘樱’字不能这样写，国务院公布的简化字表里，没有这个‘桜’字，我们国家地方很大，人口很多，凡是不规范的字，就不能在公开场合使用。”

## 333. 鲁迅是怎样纠正梁启超错字的？

答：1926 年 3 月 18 日发生“三一八”惨案，清华大学学生韦杰三（1903—1926 年）和女师大学生刘和珍（1904—1926 年）等不幸牺牲。过了一段时间，清华大学师生为韦杰三编辑印发专刊《韦烈士纪念集》，以作永久纪念。同年 10 月 29 日，其封面题笺者，是清华大学国学研究院四大导师之首梁启超。在专刊目录页之后还有梁启超题写的一首陆游诗，也是引用来纪念韦杰三烈士的。此外，其题末还写有如下的文字注明：“陆放翁送芮司业诗借题韦烈士纪念集”“甲寅暮春”“启超”。

当鲁迅看到由梁启超既题笺封面，又题写陆游诗，还写了一些文字注明，进而在“甲寅暮春”四个字中找到差错，即梁启超将 1926 年当年的干支纪年“丙寅”搞错了，误写成“甲寅”。此系梁启超的笔误本来似乎不值得大惊小怪，但问题是恰恰这一字之误居然发生在梁启超这位国学大师身上，鲁迅专门为此写了一篇题为《丙和甲》的 400 字短文，进行一番调侃式的纠错。鲁迅纠正梁启超的“丙寅”误作“甲寅”的一字之错，不妨可看作我国近代文字史上的一个趣闻。

## 334. 蒋介石是怎样改错字的?

答：抗战期间，有一次国民政府军令部呈上一份将级军官训练审检名单，请委座蒋介石审阅。其中，有一名将级军官的保选人署名为青海省主席“马鸿达”。蒋介石阅后皱起眉头，颇感奇怪，不可理喻。因为当时实际情况是青海省主席是马步芳（1903—1975年），宁夏省主席是马鸿逵（1892—1970年），并非马鸿达。此时蒋介石一想便知此“逵”与“達”（系“达”的繁体字——作者注）一字之错，系幕僚们疏忽大意所致，于是挥笔批示道：“马鸿逵写成马鸿達，情有可原，宁夏主席错为青海主席，足见办事糊涂也。”

## 335. 郭沫若是怎样改错字的?

答：郭沫若在担任中国科学院院长期间，该院的一些文件、报告，都有他认真阅读、仔细修改的墨迹，连一个错字，或者一个使用不当的标点符号也逃不过。比如：编辑组对《理水》中的“弩机”未加注释，郭沫若特意为此写了200多字的注释。除主文内容外，他还注意到文中的每一个错别字，在打印稿上有几处“无”误写为“旡”，郭沫若均一一改正，且另一处“麋”鹿误为“糜”鹿，他也一并改之，没有放过。

## 336. 朱镕基是怎样改错、别字的?

答：1988年4月下旬，朱镕基（1928— ）当选为上海市市长后不久，他在市政府办公厅机关干部大会上的讲话中，对与会者提出几点希望和要求。最后，他颇有感慨、语重心长地说：“我再向同志们提个小小的要求，就是你们不要再让我做‘语文老师’了。我在国家经委时经常做‘语文老师’，白天开会，晚上批改文件，从语言文字，到标点符号，牵扯了不少精力。”

有一次，朱镕基赴北京开会，当时上海市政府将出台一份改革猪肉销售价格，即将暗补改为明补的文件，文稿作为紧急件发到北京请朱镕基市长签批。在阅文签批过程中，朱镕基除审读内容外，还发现了三个错别字，均一一加以改正。其中有句“职工瞻养家庭人口系数”的“瞻养”的“瞻”字，应当是“贝”字旁，却打印成“目”字旁，“赡养”变成了“瞻养”。在改了三个错别字后，朱镕基还在文稿上半带批评、半带调侃地批示道：“注意，你们把错别字送到北京来了。”①

## （四）测字

### 337. 宋高宗赵构怎样测“春”字？

答：南宋年间，有一天宋高宗赵构（1107—1187年）兴致勃勃地微服私访来到杭州（时称临安）西湖。见到一个测字先生，出于好奇心，赵构随手写了一个“春”字，便询问测字先生道：“请看一看国家大事如何？”

此时测字先生仔细端详这个“春”字，只见上半部的“𡗗”写得很大，而下半部的“日”却写得很小，于是皱着眉、摇摇头，解说道：“秦头太重，压日无光。”

说者（测字先生）或许并无深意，然而听者（赵构）心有灵犀一点通，听出了弦外之音：当下偏安朝廷正值奸相秦桧（1090—1155年）专权，横霸朝野之时。高宗赵构心领神会，甚为佩服测字先生的测字本事，却又不便声张，于是给了测字先生厚厚赏钱，默默地走人了事。

### 338. 刘墉怎样替人测“休”字？

答：清代乾隆年间，朝廷派刘墉（1719—1804年）（雅号“刘罗锅”）赴南京主持破获“一枝花”叛逆集团的“谋逆造反”大案。为了深入侦查其案情，刘墉乔装打扮成算命先生，在热闹市井处替路人测字算卦。

---

①凤阳县小岗村分田到户的协议（合同）

1978年12月　地点　严立华家

我们分田到户，每户户主签字盖章，如以后能干，每户保证完成每户的全年上交和公粮，不在（再）向国家伸手要钱要粮，如不成，我们干部作（坐）牢割头也干（甘）心，大家社员也保证把我们的小孩养活到十八岁。

上述由严宏昌（1949—　）等21人签订的协议（合同）共有80多个字，却有错别字“在”（再）“作”（坐）和“干”（甘）3个。由于这份协议（合同）是由文化水平不高的农民所订所写，虽然也有3处瑕疵，但并不影响它成为我国农村率先实行家庭联产承包责任制的历史见证，具有极大的教育与文物价值，现珍藏于中国革命历史博物馆。

这说明，在特殊时代、特殊场合，对存有错别字现象也要具体问题具体分析，切不可一概而论，不可以有无错别字为唯一标准用来衡量一份公文或一份合同的优劣、得失。

一天，一位年方二十余岁的青年来到此处找刘墉测字。此时刘墉对此人已有了一定的了解，实际上他正是“一枝花”叛逆集团中的一员干将。此人误入歧途，但他心地善良，刘墉有心帮助他迷途知返。此时该青年随手写了一个“休”字，对刘墉说：“请先生测测我的生平。”刘墉端详“休”字片刻，郑重其事地说：“按这个‘休’字来看，其意吉凶参半。‘休’乃一人依木之象，草木属阴，看来先生幼年早孤，你家中只有孀母与你相依为命，可是否？”青年一听颇为吃惊，频频点头称是。刘墉接着说：“木乃东方青龙之象，一人依木原是生发之象，只是木属阴，属静，令堂贞静贤惠，只是口齿不便利。”青年听罢，联想起自己聋哑母亲为了养育自己所付出的艰辛，顿时潸然泪下，说道：“先生说得都对，请继续讲。”刘墉继续侃侃而言：“请莫怪我直言，这‘休’字不成‘体’字，恐怕你小时候不成体统，是个浪荡儿。但‘休’有‘止’的意思。何时而止？‘休’可拆开十八成人。十八岁以后，你才立志改过，浪子回头。可惜此时令堂人已就木了。”青年听到此处，更加感觉心痛，他已是泪流满面，泣不成声。刘墉见此乘势而下，说道：“你不必难过，将来必有后福，可报先慈于地下。”青年转而好奇地问道：“何以见得？”刘墉又不慌不忙地把纸递给青年，说道：“请看纸的背面。”青年见过写着字的纸的背面，竟然写着一个“兵”字，于是刘墉又继续开导这个青年说：“‘兵’字原是立人之象，你既不在行伍，则是个谙熟兵刃的好汉，必定身有武功。你再看：这‘兵’字实系横倒之‘木’，人卧倒木上，虽树倒，而先生自可无恙。后半生的事业恐在其中了。”

该青年对刘墉的一番测字如此这般的说法颇为赞赏，后来他果然下定决心，改邪归正，脱离“一枝花”叛逆集团，归降了朝廷，并在刘墉手下当差，成为一名颇有作为的得力干将。

### 339. 宦官怎样替崇祯测字？

答：明朝末代皇帝崇祯（1628—1644 年）在位末期，曾经让一个宦官扮成平头百姓，走出紫禁城到前门一带找一个占卜异常灵验的测字先生，询问国家和朝廷的前途究竟如何。此宦官随口说了一个“有”字，测字先生在纸上写了“有”字惊讶地说道：“大明江山不得矣！‘有’字是‘大’字去掉一捺，‘明’字去掉‘日’而成，暗示江山已丢了一半。”宦官一听很不吉利，心中甚为慌乱，马上改口说他要测的不是“有”而是朋友的“友”字，而测字先生听后慌神又神色凝重地说：“‘反’字出头，朝不保夕啊！”宦官一听更是没有了主意，又匆忙改口道：“我说错了，原本想测的是酉时的‘酉’字。”此时测字先生进一步摇摇头说：“九五之尊割头去尾，倾覆在即啊！”宦官听完测字先生大肆渲染的不吉祥的话语后，马上赶回紫禁城向崇祯如实禀报，崇祯听完此番言论，甚为惊讶沮丧，认为天意如此，便彻底失去抵御李自成起义军的斗志。其实，此测字先生是由起义军人士装扮的，不承想此番似是而非的测字侃谈，居然对攻破崇祯帝的心理防线还起到一定的作用。

## （五）拆字

### 340. 汉末民谣“千里草，何青青，十日卜，不得生”作什么解释？

答：这是一个拆字谜。其意思是指汉末献帝（190—220 年）刘协在位，奸相董卓（？—192 年）僭位权倾朝野，专横跋扈，无论朝廷或民间无不怨声载道，民怨沸腾。实际上，这首民谣中的“千里草”和“十日卜”，即为“董”“卓”两个字的拆字。

### 341. 珍妃怎样巧拆“明”字？

答：晚清光绪皇帝（1875—1908 年）载湉名义上为皇帝，实际上是个傀儡，其朝廷大权牢牢地掌握在慈禧太后（1835—1908 年）手中。而慈禧为了握牢权力，时常派遣一些太监、宫女窥视、监视光绪的言行。在一个月明星稀的夜晚，光绪好不容易摆脱慈禧耳目的跟踪，得以与倾心相爱的珍妃（1876—1900 年）幽会于树林中。两人相互说了不少离愁别绪的话语，说到动情之处，光绪便口中吟道：“二人土上坐。”珍妃听了既大吃一惊，又无限悲恸，更甚感不安。因为光绪用拆字法将“坐”字拆成“二人土”，即他要珍妃同自己平起平坐。珍妃心想，自己只是一个妃子，是臣下，何德何能岂敢岂能与皇帝并肩同坐、平起平坐呢？于是她思考一会儿后便对应地答道：“一月日边明。”光绪听后颇感欣慰，十分赞赏珍妃的聪明和谦恭。其实，珍妃也是巧用拆字法，将“明”字拆成“日”“月”二字，她把光绪比作太阳，自己比作月亮，表示自己只是借太阳光绪皇帝的光芒来照亮自己的，颇为切合君臣之间的礼数和关系。《易·系辞下》曰：“日往则月来，月往则日来，日月相推而名生焉。”可见它既反映一种日月生辉是天象，也说明古人正是基于这种自然现象与原理而造的“明”字，其本意是“明镜”“光明”，进而引申为“明白”“明确”等意义。

## 342. 相国小姐怎样拆字[①]择夫婿？

答：相传古时有位既有美貌又颇有才华的相国小姐，不少人为她说媒，替她提亲，她都不中意。其理想是找一个颇具真才实学的才子夫婿。她提出，一不要彩礼，二不论贫富，只要能圆满地对出她所出上联的下联即可。她出的上联是：“寸土为寺，寺旁言诗，诗曰：‘明月送僧归古寺。’”

此上联不仅“寸土为寺”“寺旁言诗”即为拆字法，“寺”和“寺”，“诗”和“诗”，是顶真法，而且“月”又是“明”的一部分，是拆字法，而“明月送僧归古寺”是一句唐诗，是用典，末一字为“寺”，与第一句末的“寺”重出，互为照应。过了一段日子，也无人能对出下联。她的父母和家人都规劝小姐不要任性、固执，不要难为自己，但她仍不灰心，耐心地等待有一天她所心仪的、能对出下联的夫婿上门，与她结成百年之好。

## 343. 倪家少女怎样拆字择夫婿？

答：从前有一位才貌出众的倪家少女，到了谈婚论嫁的年龄，向她求婚的人络绎不绝。但是这位倪家少女是一位有思想、有主见的人，为了招到一位称心如意的郎君，她在自家门外写了一副上联，声称：对上上联者方可同

① 在此补述拆字诗句、字句五则：

一是：“日月明朝昏，山风岚自起。石皮破乃坚，古木枯不死。可人何当来，千里重意若，永言咏黄鹤，志士心不已。”

二是：“水有虫则浊，水有鱼则渔，水水水，江河湖淼淼。木之下为本，木之上为末，木木木，松柏樟森森。”

三是：“冻雨洒窗，东二点，西三点。切瓜分客，横七刀，竖八刀。”

四是：“天下口天上口志在吞吴，人中王人边王意图全任。”

五是：“冯二马驯三马冯驯五五诸侯，伊有人尹无人伊尹一人元宰。”

（摘自网络）

本姑娘谈论婚嫁之事。其上联是："妙人儿，倪家少女。"该上联内，文字拆开颇为巧妙："妙"是"少女"之合，"人儿"是"倪"字之分。

有位姓李的书生前来求婚，他见到姑娘出的上联，便欣然提笔对出下联："钟（鐘）山寺，峙立金童。"该下联内，文字拆开也颇为巧妙："峙"是"山寺"之合，"金童"又是"鐘"字之分。

倪家少女见了下联，颇感欣慰，于是召见该书生。两人一见钟情，顿生爱意，遂成婚配结为夫妻。

### 344. 佛印怎样拆字妙对苏小妹？

答：北宋年间，有一天苏小妹与其兄苏东坡的好友佛印和尚（1032—1098 年）以拆字方式，采用对联开了一个颇有文采的玩笑。苏小妹写的上联是："人曾是僧，人弗能成佛。"佛印和尚看了后，知道这位才华横溢的苏小妹在寻他开心，开他玩笑，他略作思索，挥笔对一下联，发出会心的一笑，"反戈一击"。其下联是："女卑为婢，女又可称奴。"在旁的苏东坡一看，连声称好。

### 345. 怎样将"吴省钦"拆字入联？

答：清代乾隆年间，直隶学政吴省钦（1729—1803 年）这个贪官在主持科举考试期间，私受贿赂，以权谋私，中饱私囊。当时许多参加科举考试的士子，尤其是一些家境贫寒的士子对这一腐败现象极为愤怒，对吴省钦的恶行恨之入骨。其中有一位贫寒士子无钱贿赂，自知考中无望，在激愤之下，以拆字法写就一副对联，张贴在科举考试考场的大门两侧。其上联是："少目焉能评文字"；下联是："欠金安可望功名。"横批是："口大欺天。"在这副对联中，这位士子巧妙地将"吴省钦"姓名三字分拆、嵌入于横批（"口大欺天"的"口""天"相叠为"吴"），以及上联（"少""目"相叠为"省"）与下联（"欠""金"相合为"钦"），对这一贪官作了绝妙的讽刺与有力的抨击。

### 346. 怎样拆字对“古文故人做”的另一半副对联？

答：历史上曾经流传过这样半副对联：“古文故人做。”这是半副构思极为奇特、巧妙的合字联。它包含以下两层意思：一是先有“古文”合成“故”，二是后有“故人”合成“做”。该半副对联文意通顺，即历时久远的文章皆由已故的人所撰写的。据说，由于难度甚大，很长时间未有理想的对联下半联出现。当然，偶尔有人对此对出下半副对联，比如：“八刀分米粉”不甚理想。

## （六）猜字

### 347. 杨修猜个什么字？

答：三国时期，有个聪明过人的谋士杨修（175—219 年）在曹操手下担任主管。有一次曹操派人建造一座花园。竣工后，曹操亲临查看。看完他一言不发，只向手下人要来笔墨，在门上写了一个醒目的“活”字便一走了之。此时在场众人目睹此景都是丈二和尚摸不着头脑，不知曹操怎么想，葫芦里究竟卖的什么药。于是他们请来杨修，便问曹操写这个“活”字到底是什么意思。杨修见后便明确答道：“曹相国的意思不是很清楚吗？他嫌门太宽，因此在门上写了一个‘活’字，这就是‘闊’字。”众人一听，都恍然大悟觉得杨修说得颇有道理。后来这个花园重新改建后又请曹操来看，这次曹操果然很满意。

### 348. 苏轼让和尚猜个什么字？

答：据说，苏轼和寺庙中的和尚相处非常好，关系甚密。有一次，苏轼让书童戴上草帽，穿上木鞋，到寺庙去取一样东西。书童问：“取什么东西？”苏轼说：“和尚一见到你就知道了。”果不其然，和尚一见书童头戴草帽、脚穿木鞋的打扮，便猜到苏轼让书童要取的东西，脑海中闪过一个“茶”字。于是便将苏轼想要的东西交给书童。书童打开一看，原来苏轼让他取的是“茶”。

### 349. “要女的走开”猜个什么字？

答：有一天，一对夫妻去县城拜访亲友，来到一个岔路口，不知该朝哪个方向走。丈夫去询问路边一位老者：“老人家，去县城怎么走？”老者随即一说：“要女的走开。”丈夫不解其何意，但也顺水推舟地叫妻子离开一点距离，然后又问道：“老人家，去县城怎么走？”老者仍然是那句话：“要女的走开。”丈夫疑惑地说道：“我妻子已经走开了。”此时老者笑着告诉丈夫：“我已经告诉你怎么走了。”丈夫一听先愣了一下，后再一琢磨，方才恍然大悟，猜出老者“要女的走开”这句话的意思，实际上将“要”字的下半部分的“女”字去掉，不就是一个“西”字？于是夫妻二人就朝西继续赶路了。

## （七）解字

### 350. 武则天怎样解“青鹅”二字？

答：唐代武则天女皇帝当朝，对汉字颇感兴趣，也有一些研究。据说徐敬业（636—684 年）在江苏扬州起兵谋反时，曾策划让骆宾王（约 638—684 年）想方设法拉拢中书令裴炎（？—684 年）作为内应。为此，骆宾王专门编了一首“一片火，两片火，绯衣小儿殿上坐”的童谣，唆使京城以及裴炎家乡的孩童们传唱。

当这首童谣传到裴炎耳中时，骆宾王便找到他密谈，神秘地、蛊惑地解释道：“绯衣合起来是个‘裴’字，两片火是‘炎’字，殿上坐是南面称王。这就是说你裴炎要南面称王了。”两人密谈谈得颇为投机，一拍即合，最后裴炎答应为徐敬业起兵谋反作内应。

为与徐敬业勾通，裴炎给他写了一封密信。不承想此信被武则天的手下截获。他们打开信一看只有“青鹅”二字。此事在朝廷中传开，众臣见“青鹅”二字十分不解，不知道是什么意思。于是就将此信递呈武则天，武则天看了“青鹅”二字，稍作思考，便解释道：“青者，十二月，鹅字乃‘我自与’（繁体字‘鵝’——作者注）三字组成，这就是相约在十二月起兵，裴炎自会在朝中作内应的意思。”

鉴于此，武则天立即下令将裴炎斩首，并发兵讨伐徐敬业。而徐敬业被其副将诛杀，徐敬业起兵谋反终以失败告终。

## 351. 武则天怎样解“射”字？

答：有一天，武则天若有所思，偶有灵感，对众臣说：“我发现，射字由‘身’和‘寸’构成，这不是个‘矮’字吗？矮字由‘矢’和‘委’构成，‘委’原是发放之意，把‘矢’（箭）发出去，这不是射吗？所以我说，矮、射两字应该互相换过来使用，大家说对吗？”众臣听了武则天如此这般的一番宏论，无不盛赞圣皇的金口玉言。

## 352. 刘墉怎样解“夫”字？

答：有一次乾隆（1736—1795 年）下江南，看见一个农夫荷锄而过，便问左右道：“此为何人？”随侍左右的和珅（1750—1799 年）答道：“是个农夫。”乾隆继而问他说：“这农夫的‘夫’字怎么写？”和珅心想，这不很容易写吗，便随口答道：“农夫的夫字，即两横一撇一捺。与轿夫的夫、孔夫子的夫、夫妻的夫、匹夫的夫同一写法。”乾隆听后很不满意，边摇头边训斥道：“你身为宰相，纵无经天纬地之才，如何连个‘夫’字都不能解？”和珅一听羞愧有加，惶恐不已。然后乾隆转身又问刘墉道：“你来说说，农夫的‘夫’字当作何解？”只见胸有成竹的刘墉侃侃而谈：“农夫是刨土之人，故而上为土字，下加人字。轿夫是肩扛竹竿之人，应先写人字，再加两根竿子。孔夫子上通天文下知地理，当作天字出头之夫。匹夫乃天下百姓之谓也，可载舟也可覆舟，是位巍巍然大丈夫也，现应在大字上加以横才对。用法不对，写法自当有别，岂可混为一说？”乾隆听后，龙颜大悦，笑着称赞道：“真不愧为大学士也。”尽管和珅听后心中不是滋味，也只得言不由衷地附和道：“刘中堂解得有趣，实在有趣。”

## 353. 纪晓岚怎样解“老头子”三字？

答：纪晓岚是清代乾隆年间的一介重臣，也是颇受皇帝和众臣喜欢的大才子。乾隆素知纪晓岚体胖怕热，夏天酷暑炎热总是喜欢脱衣纳凉，于是想戏弄他一番。一天，纪晓岚与众臣正在办公，此时他正赤裸上身，忽然听到

"圣上驾到"，纪晓岚猝不及防，衣不蔽体，情急无奈之中，不由自主地钻入案底躲避起来。此时乾隆心知肚明，明知纪晓岚藏于桌下，虚晃一枪，假意要走。纪晓岚不知就里向众臣问道："老头子走了没有？"不料想此话让乾隆听得一清二楚，逮个正着。乾隆坐了一个时辰，既不走，也不说话。纪晓岚趴在地上，屏气凝神，心中发慌，加上天热也已大汗淋漓。这时乾隆忍俊不禁地笑道："纪晓岚，你如此无礼，说出这样的轻薄话。你给我解释清楚，'老头子'是怎么回事。"纪晓岚答道："臣还没穿衣服，怎么回圣上的话呢？"乾隆让太监给纪晓岚穿上衣服，调侃道："亏你还知道跟我说话要穿衣服。"

趁穿衣服的时候，纪晓岚已琢磨好怎么解释"老头子"三字的说辞。于是他有模有样、十分恭敬地对乾隆说："皇上万寿无疆，还不是老吗？万物之首，皆为'头'，您老人家顶天立地，是百姓之'头'呀！帝王以天为父，以地为母，对天地来讲就是'子'，而且'子'乃圣人之称，孔子、孟子皆称'子'，连在一起便是'老头子'。"才华横溢的纪晓岚急中生智，他对"老头子"三字的诠释全是一片好话，中听悦耳的话，乾隆听后龙颜大悦，哈哈一笑。纪晓岚也松了一口气，心想："日后可不敢随意称'老头子'了。"

## 354. 张作霖怎样解"黑"字？

答：一天，大军阀东北王张作霖（1875—1928年）应邀出席一个酒会。席间，一个日本名流拿出笔墨请张作霖赏幅字画。其实此人用心险恶，他明知张作霖出身绿林，没有什么文化，肚中没有多少墨水，只是想用求字画羞辱他一下，出出他的洋相。不料想张作霖倒还胸有成竹，挥手写了一个大大的"虎"字，然后落款"张手黑"。张作霖写完掷笔而起，众人观此字画一顿喝彩。此时倒是张作霖的秘书凑近告诉张："大帅，你的'墨'[①]字少了个'土'成'手黑'了。"张作霖眼珠一瞪，大声说道："我还不知'墨'字下面有土，这是给日本人的，不能带土，这叫作'寸土不让'。"此语一出，在座众人皆为张大帅粗中有细，且有爱国情怀而叹服。

---

①墨，是个会意兼形声字。它从土、从黑，黑亦声。其本义是指书画所使用的黑色颜料，由松烟等制成。黑字的小篆字形，上面是古"囱"字，即"烟囱"；下面是"炎"（火）字，即焚烧出烟之旺盛。将两者合起来表示烟火熏黑之意，本义为黑色。

## 355. 毛泽东怎样解“蒋”“毛”二字?

答：1945 年 8 月 29 日—10 月 10 日国共两党重庆谈判期间，毛泽东的一首词《沁园春·雪》在报纸上发表，在山城文艺界以及社会其他各界引起极大轰动。当时文艺界的名流借谈判的空隙，盛请毛泽东作了一次演讲。演讲结束后，有人问毛泽东：“假如这次谈判失败，国共全面开战，毛先生有没有信心战胜蒋先生？”毛泽东认真地答道：“国共两党的矛盾，是代表不同利益的矛盾。至于我和蒋先生嘛……”此时毛泽东故意拖了拖腔，接着说：“蒋先生的‘蒋’字，是‘将’字头上加一棵草，他不过是一个草头将军而已。”说着说着，他情不自禁地发出爽朗、豪放的笑声。“那毛……”不等有人问完，毛泽东接着又侃侃而谈：“我的毛字，可不是毛手毛脚的‘毛’字，而是一个‘反’手。”其意思是说：代表大多数中国人民根本利益的中国共产党，要战胜代表少数人利益的国民党易如反掌。毛泽东的智解侃谈，深为与会者所赞赏和叹服。

## 356. 李大钊怎样解“家”字?

答：李大钊在北京一所女子大学教书时，对“家”字作了如下颇有见地的解释：

“宀”是“家”的门，“豕”是“猪”，“宀”和“豕”合在一起成了“家”。其主要意思是把妇女关在家里喂猪，不让她们出去参加社会活动。由此他号召广大妇女都要站起来，走出家门，自强自立，积极参加社会解放的斗争。

## 357. 周恩来怎样解“射阳”二字?

答：“文革”初期，江苏省射阳县一些红卫兵，强烈要求改“射阳”县名。其理由是：“射阳，箭指红太阳，矛头直指伟大领袖毛主席①。”在当地解决不了问题的情况下，他们派代表进京，请求周恩来总理支持他们。在听了他们的申诉意见后，周总理说：“‘射阳’两个字，我看就不要改了。”

① 在“文革”那个风行个人崇拜、个人迷信的疯狂年代，毛泽东主席被称为“红太阳”——作者注。

他进而耐心地开导他们说："红卫兵小将们，你们为什么就不能从积极方面看问题？我说'射阳'二字很好嘛，我的看法不是射箭射太阳，而是红太阳光芒四射，你们说对不对？"听到这里，大家豁然开朗，深表满意，当天就离开北京返回射阳了。

### 358. 郭沫若怎样解"喜寿""米寿""白寿"的"喜""米""白"三字？

答：古人对年迈和高寿者往往给予美称，比如：七十岁为"古稀"，八十、九十岁为"耄耋"，百岁为"期颐"。那么如果不到整十，只有"七十七岁""八十八岁""九十九岁"又该如何称之？1978年初，郭沫若同华罗庚（1910—1985年）探讨过有关寿称的问题。郭老对华罗庚说，要解决这个问题，恐怕用得上数学和文字学知识了。说着说着，郭老进一步解释道："实际上这是三则字谜：一是'喜寿'，可称为七十七岁，因为'喜'的草体字，便是由'七十七'三个字组成。二是'米寿'可猜为八十八岁，因为'米'字便是'八十八'三个字组成。三是"白寿"可称为九十九岁，因为'白'字是百里缺一。"[①] 听完郭老的一番宏论，华罗庚豁然开朗，欣然同意，连声说道："言之有理，言之有理。"于是两人欣慰地哈哈大笑起来。

## （八）读字

### 359. 王敬文怎样读错"涪"字丢官？

答：1915年袁世凯复辟称帝后，蔡锷（1882—1916年）命令其部属顾品珍（1883—1922年）军长率部入蜀，驱逐北洋兵。顾军长将其表弟王敬文介绍给四川省民政厅，请考核录用。省民政厅厅长金利客见王敬文能言善辩、外表精干，便委派他到涪（fú）州（今四川省涪陵地区）任知州。一天，省民政厅向上任官员颁发任职委任状，按照惯例，凡受令任职者均须当场自我介绍并作一番表态性的讲话。当轮到王敬文时，只见这位仁兄接过委任状一

① 郭沫若还解读过"茶寿"，指108岁寿辰。"茶"字拆开，"艹"字头近似"廿"（"二十"）下面的"人木"形近"八十八"，两者相加等于108，故称之。

看，便趾高气扬地说道：“陪州知州王敬文，愿效犬马之劳！”省民政厅厅长金利客见王敬文将“涪”（fú）读成“陪”（péi），甚为吃惊，但仍面带微笑地提醒道：“请看清楚是什么州？”他的话音刚落，引得王敬文将委任状重看一遍说道：“哦，倍（bèi）州！”他的话音刚落，引得众人哄堂大笑。金利客厅长不无幽默地说：“你目不识涪，怎能糊糊涂涂去做官？”“鄙人贱名利（lì）客，望兄不要认成‘刺（cì）客’！”[①]说到此，众人再次哄堂大笑起来。

事后，金利客厅长和王敬文同去见顾品珍军长，顾军长获知情况后，既拍掌大笑，又甚为可惜，只得将王敬文遣归乡里，而王敬文本人也是甚为羞愧，表示今后要好好学习文化，努力修炼。

## 360. 毛泽东怎样帮助护士正音？

答：毛泽东平素酷爱唐诗宋词，他不仅喜欢背诵，而且还时常让身边工作人员朗读。有一次，毛泽东让护士孟锦云朗读唐代诗人王维（701—761年）的《九月九日忆山东兄弟》诗：“独在异乡为异客，每逢佳节倍思亲。遥知兄弟登高处，遍插茱萸少一人。”当孟锦云读完最后一句后，毛泽东笑出声来。他让孟锦云再读一遍，她仍然读成“遍插‘朱须’少一人”。原来，孟锦云将“茱萸”读成“朱须”。看着愣在一旁的孟锦云，毛泽东并没有马上读出正确读音，而是在纸上写下“茱萸”二字，让孟锦云查字典。她翻阅一

① 在此补述一个省长和一个大学校长读（念）别（白）字的事例：一是2016年底，云南省省长阮成发（1957—　）在一个公开场合将“滇（diān）越铁路”读成“镇（zhèn）越铁路”，顿时引起哄堂大笑，而且迅即传至网络，网友纷纷发表评论，予以抨击。现将两位网友的评论转述如下：“请云南省那位把滇（diān）读作镇（zhèn）的省长亲属，悄悄地提醒省长大人改过来吧，太丢面子了！”“如果你是云南省省长，你可以不认识中国所有的字，唯独不能不认识滇字。不认识滇字，怎么到云南做官？不认识滇字，何以做云南一省之长？”二是一次，国民党名誉主席连战（1936—　）来到厦门大学参观，连战有感于厦门大学授予其名誉法学博士学位，他高兴地发表即席演讲。演讲后，厦门大学校长朱崇实（1954—　）请连战题词，连战欣然题写“泱泱大学止至善，巍巍黉宫立东南”。令人遗憾的是厦大校长当场念了白字，将“黉宫立东南”念成“皇宫立东南”，台下还一片掌声、赞叹声，实际上是闹了一个大笑话。须知：“黉门”是学校的古称，“黉”的古音与“宏”相同，读成普通话应与“红”（hóng）同音。古有“身入黉门，天子门生”之说，堂堂一位著名大学校长，竟然对我国教育领域的古称“黉门”一无所知，在大庭广众之下念了白字，也不奇怪了。（摘自网络）

本大字典，查了好一会儿终于查到了“萸”这个冷僻字，才知道它应读成“yú”（鱼），而不读“xū”（须）。此时，孟锦云再把正确的读音读了一遍，毛泽东和气地点点头笑了，并解释道：“这茱萸是落叶乔木，还是一种药材呢。插上茱萸，可以辟邪，小时候，在我的故乡，我就看见过插茱萸的。”①

## 361. 胡锦涛怎样读“不亦乐乎”的“乐”（lè 还是 yuè）字？

答：2005 年 4 月 28 日，中国语文现代化学会副会长兼秘书长袁钟瑞（1946— ）忽然接到国家语委语用司司长杨光（1955— ）的电话，说：“老袁，有朋自远方来，是不亦乐（lè）乎，还是不亦乐（yuè）乎？”袁顺口答道：“是不亦乐（lè）乎。”听了袁的回答，杨光说道：“你说了不算，赶快告诉我几个专家的电话！”袁疑惑地问道：“什么事啊？这么简单的读音我说了还不行？”杨司长说：“刚才中办秘书局给袁贵仁同志来电话，问这个字的读音，袁部长（教育部部长——作者注）问我，你赶快给我几个大专家的电话！”放下电话，袁钟瑞迅速查寻手机通信录，不一会儿找到北京大学教授苏培成（1935— ）、王理嘉（1931— ），国家语委原副主任陈章太（1932— ），以及《规范词典》主编李行健四位专家的电话号码，告诉杨司长。杨与这四位专家联系，苏培成、王理嘉、李行健三位均不在家，只有陈章太在家。于是杨打电话答复中办秘书局，可以请教陈章太有关“不亦乐乎”的“乐”字的准确读音。

翌日（4 月 29 日）下午，中央电视台直播中共中央总书记胡锦涛会见中国国民党主席连战，胡锦涛在致欢迎词中有一句话：“中国有句古话——

①左大玢（1943— ）是电视剧《西游记》中观音菩萨的扮演者，也是湘剧表演艺术家。1956 年田汉（1898—1968 年）带着湘剧训练班一群小演员去北京给毛泽东汇报演出，时年 13 岁的左大玢也在其中。后来左大玢被派去给毛泽东唱戏，以及陪他跳舞。有一次，毛泽东问左大玢：“你为什么姓左不姓右呀？”左不知如何回答，只得呆呆地回答：“我爸姓左，我也姓左。”毛泽东又问：“你怎么又叫左大分了呢？”左大玢便说：“主席，您念了白字，这个字应该念‘bin’，而不是‘fen’。”毛泽东哈哈大笑起来，说：“娃娃，你回去问问你爸爸，这个字是多音字，也可以念‘芬’呢！”《词典》（第 89 页）释义：“玢 bīn 〈书〉玉名”。另见第 383 页“fēn”。

有朋自远方来，不亦乐（lè）[1] 乎？”至此，袁钟瑞恍然大悟，昨天杨光司长来电话请教专家有关“不亦乐乎”“乐”字的读音，原来是为了胡锦涛和连战的会见。

## 362. 成仿吾怎样纠正红卫兵读别（白）字？

答：“文革”期间，时任山东大学校长的成仿吾理所当然地成了“走资本主义道路当权派”。有一次，在全校“批判修正主义教育理论大会”上，红卫兵把“反革命修正主义分子”牌子挂在成仿吾胸前，他很气愤地把牌子扯掉。见此情景红卫兵借大声朗读毛泽东诗词“独有英雄驱虎豹，更无豪杰怕熊罢（罴）！”以助声威。已被扭作“喷气式”的成老听了将“罴”错读成“罢”，忘了当时挨批斗的险恶处境，竟然当起了语文老师，高声纠正道：“那个字不念‘罢’（bà），那个字念‘罴’（pí）！”并慢条斯理地读出“罴”字的汉语拼音“P-í-Pí”，以对那个“罢”（bà）字读音来个以正视听，引起全场哄堂大笑。

## 363. 蒋“总统”（中正）怎样和孙（先总理）中山对话？

答：据有人编纂故事云：蒋介石生前一直以先总理孙中山的忠诚信徒自诩。蒋介石自 1948 年行宪当上中华民国总统直至 1975 年去世，先后当了六任“总统”（请注意：自 1949 年国民党蒋介石败走台湾后，只能是打上引号（“ ”）的所谓“总统”，仅仅是台湾地区领导人而已）。蒋介石去世后到了天堂，自然不会去见马克思，但一定会见先总理孙中山的。见了这位

[1] 不过，作者记得 1957 年在上海长阳中学读高一上语文课，读到“有朋自远方来，不亦乐乎”，语文老师教给我们的是该“乐”读“yuè”而不读“lè”。而且还有好几部电视剧读到“有朋自远方来，不亦乐乎”也读成“yuè”。说实话，2005 年 4 月 29 日中央电视台直播胡锦涛会见连战致欢迎词说到“有朋自远方来，不亦乐（lè）乎”，当时我有点吓了一跳，认为胡锦涛可能读错了，应当读成“不亦乐（yuè）乎”，不应读成“不亦乐（lè）乎”。因为读成了“不亦乐（yuè）”乎，即乐（yuè）乎同“悦”（yuè），同样是“高兴”“愉快”，与这句话的原意相符。后来，作者与一些挚友说起此事，有的人与我有同感，当时看电视直播也对读成“不亦乐（lè）乎”表示异议。后来 2012 年 1 月在中国逻辑与语言函授大学春节茶话会上，袁钟瑞在讲话中讲起中办打电话请教专家“不亦乐乎”之事，作者作为与会者听了很感兴趣，会下与袁钟瑞聊及此事，直至他发表文章正式披露此事，作者一直关注之。

壮志未酬先逝世的，既当过“中华民国临时大总统”，又当过“广州军政府非常大总统”，但时间又十分短暂的“国父”孙中山。孙非常关心“中华民国”的状况，于是急不可待、开门见山地问蒋介石：“我死了，中华民国有没有‘行宪’啊？”蒋马上肯定地回答：“是啊！有行宪，有行宪啦！”孙又问：“第一位‘总统’是谁？”蒋毫不犹豫、斩钉截铁地回答：“是我。”孙听完猜想：“介石一统江湖，苦劳功劳皆有，确实当得。”接着又问：“第二任呢？”蒋不想直白地说是自己，但又不想对“国父”说谎，倒也胸有成竹地编了一个：“于右任（谐音：余[①]又任）。”孙听完倒还高兴地说：“不错，不错，书法家当总统，文学治国。第三任又是谁呢？”蒋灵机一动，答道：“是吴三连（谐音：吾三连）。”孙似懂非懂地说：“嗯，舆论界有人出任‘总统’，也好。下一任又是谁？”此时，面对孙的追问，蒋临时慌忙胡编了一个：“赵元任（谐音：照原任）。”孙似信非信地说：“很好，语言学家当总统，第五任呢？”面对孙一连串的咄咄追问，此时蒋心中一时乱了方阵，有点吞吞吐吐再瞎编了一个：“是……是赵丽莲（谐音：照例连）。”至此，被蒋介石蒙骗了一大阵的孙中山还颇为感慨地自我调侃解嘲道：“太好了，连教育家也任‘总统’了，真是越来越进步了。”

### 364. 是胡定贤（xián）还是胡定旭（xù）？

答：1997 年 11 月 23—28 日，是香港全国人大代表选举接受提名的日期。到 12 月 28 日这一天，选举会议进行秘密投票选举。时任新华社香港分社社长姜恩柱（1938—　）[②]为了参选香港全国人大代表，于同月 13 日领取参选人登记表。按照当时有关规定，需要有选举会议成员 10 人或 10 人以上的提名，方可成为正式参选人。为此，姜恩柱先后拜访了包括香港特别行政区行政长官董建华（1937—　）等 18 位选举会议成员。为了把握起见，姜恩柱又给 424 位选举会议成员每人致函一件，列述个人工作主要经历，阐述参选香港全国人大代表的主要理由，以获得他们对其参选全国人大代表的认同与支持。此外，为把工作做得更仔细、更深入一些，姜恩柱还给大多数选

---

①《词典》（第 1584 页）释义：“余[1]　<书>代人称代词。我。”

② 姜恩柱曾任外交部副部长、我国驻英国大使、中央人民政府驻香港特别行政区联络办公室首任主任、十届全国人大外事委员会主任、十届全国人大新闻发言人。

举会议成员逐个打电话推荐和介绍自己，阐明参选理由。有一次，秘书告诉姜恩柱，说已接通了给 424 位选举会议成员之一的香港安永会计师行胡定旭（1954— ）的电话。当姜恩柱拿起电话向胡定旭先生问好，并向胡介绍自己情况时，说了一段话发觉好像对方没有什么反应。姜恩柱有些疑惑不解，心想是否对方有什么难以言之的为难之处。正想着，此时突然电话筒里传来的话音说："姜社长，客人已经到了，请你赶快到会客室。"这才让姜恩柱弄明白是怎么回事，原来是秘书接电话时听错了，把"胡定贤"念成"胡定旭"，一字之音之差（"贤"—xián、"旭"—xù），把分社办公厅副主任胡定贤当作香港安永会计师行胡定旭。事后，胡定贤还对姜恩柱社长说，他感到奇怪，他打电话告诉客人已到，怎么姜社长介绍自己的工作经历，一时弄得一头雾水，摸不到头脑。原来这都是"贤"（xián）与"旭"（xù）一字之相近音混淆闹成的误会。

## 365. 是"Chad"（乍得）还是"China"（中国）？

答：有一年 11 月下旬，已到该届联合国大会的后期，此时许多议题均到要付诸表决的收尾阶段。联合国表决包括"唱名表决"在内的多种形式。有一次，我方一位代表在出席的委员会会议上恰好碰上"唱名表决"这种表达方式。由于当时刚重返联合国不久，缺乏经验，当会议主席从国名第一个字母 A 开始唱（或念）起，当他念到"Chad"①（乍得）时，我国代表便毫不犹豫地回答："Yes."坐在这位代表后面的顾问赶忙扯一下他的袖子，低声说："还没有点到 China 呢？"该代表还未领会到顾问提醒，仍然固执己见地说："主席不是说 China 吗？"此时中国代表团席位上一点小小的"骚动"引起周围别国代表的注意。只见主持会议表决的主席洞悉会场上发生的情况，他颇为机智友好地，且不动声色地又说了一遍"Chad"，在场的乍得代表顺口用法语答道："同意"，这一场小的风波总算平静过去。

---

① 在此作者联想起 2016 年 12 月 31 日美国候选总统特朗普发的一条推文："中国在国际水域'偷走'美国无人潜航器，并带回中国，这是史无前例的行为。"该句中心词语"史无前例"（"unpresidented"）英译文错了，应是"unprecedented"，其中"si"应该为"ce"，两个字母错了，写了（英文因为前者"presidented"是"总统的"；后者"unprecedented"才是"史无前例的"）大别字。

### 366. 电视剧中的白崇禧读错什么字？

答：电视剧《长征》第5集中的白崇禧（1893—1966年）和他的高参刘斐（1898—1983年）商谈如何既送客（红军）出桂和拒客（蒋介石嫡系部队）入桂的情节。此时，白崇禧将部署在石塘圩和新圩“一线”中心“圩”读成“yú”。显然，这个“圩”（yú）的读音是错误的。其实，“圩”字有三个读音：一是读“yú”，即“凹”。《史记·孔子世家》曰：“（孔子）生而首上圩顶，故因名丘云。”二是读“wéi”，即南方低洼地区防水护田的堤。三是读“xū”，“墟”的俗字，即农村集市。尽管有三个读音，但上述电视剧《长征》中提到作为地名“石塘圩”“新圩”中的“圩”字应该读成“xū”，既不能读成“yū”，也不能读成“wéi”。

### 367. “江竹筠”的“筠”字应该读什么音？

答：2008年4月10日晚，中央电视台第3频道直播第13届CCTV青年歌手大奖赛，民族唱法单项决赛第一场，文化艺术知识考试有一道题问道：“歌剧《江姐》中的江姐的原型叫什么名字？”歌手答不出，评委徐沛东（1954— ）点评道：“叫江竹 jūn，又叫 yún。”

徐沛东评委这一兼容并蓄点评的读音对吗？应当说他既读对了一半，也读错了一半。正确答案应该读“yún”。翻开《词典》（第714、1612页），“筠”字的正确读音有两种读法：一是读 jūn，地名，筠连，在四川。二是读“yún”，它又有两种释义：①竹子的青皮，②借指竹子。《礼记·礼器》曰：“其在人也，如竹箭之有也。”郑玄注：“筠，竹子青皮也。”江竹筠（1920—1949年）这一姓名，将“筠”与“竹”连在一起，自然包含“竹皮之美质”这一意蕴，所以应当读为“yún”，这样才符合取名“竹筠”的本意。

### 368. 中央人民广播电台主持人读错什么字？

答：1993年12月26日，毛泽东百岁诞辰纪念日。这天中央人民广播电台播送纪念毛泽东的节目，由于事先没有做好、做足功课，两位主持人在介绍毛泽东喜爱唐代诗人诗作时，两次读错字，受到听众的批评。一次是主持人介绍李白的《梦游天姥吟留别》七言古诗时，将“天姥（mǔ）山”读成“天姥（lǎo）山”。两位主持人你一句“天（lǎo）山”，我一句“天（lǎo）山”。另一次是他们在介绍毛泽东喜爱的另一位诗人李贺（约791—817年）的诗《梦天》时，其中一位女主持人把“黄尘清水三山下，更变千年如走马”两句中的“更（gēng，更改的更）变千年”，读成“更（gèng），‘更加’的‘更’变千年”，再次读错字，令人颇感遗憾。①

## 369. 皮箍（湖南话）＝屁股吗？

答：在20世纪六七十年代大讲阶级出身、阶级成分的狂热岁月，有一次一位湖南老乡来到北京的一个商场，向一位女销售员购买“皮箍”（指高压锅内的皮垫圈）。他用一口纯正湖南话开了腔：“喂，细妹子（相当于北方人讲的姑娘——作者注），有皮箍卖吗？”不承想生在北京长在北京，一口京腔京味的女售货员误把“皮箍”听成了“屁股”，于是条件反射似地瞪着眼珠子，用一口纯正的北京话答了腔：“什么，买屁股？流氓！”不过，这位湖南老乡见那位女售货员的一脸凶样并不怎么在意，想当然地认为她告诉买皮箍的价钱，误把“流氓”听成“六毛（角）”，继续笑嘻嘻地说：“管他六毛、七毛，反正是我老婆……”还没有等他把“反正是我老婆让买的……”这句话说完，这位气愤已极的女售货员更是憋得脸通红，厉声怒斥道：“你还好意思嬉皮笑脸，畜生！”此时，这位湖南老乡把“畜生”二字听得明明白白，他心里却想不明白，我明明是买“皮箍”，你凭什么对我这么凶？可碰巧的是，他误把“畜生”错听成了“出身”。于是他也十分严肃、严厉质问这位女售货员：“么子？出身？难道在北京买个皮箍还要查出身？告诉你吧，我是贫下中农出身！”说完，这位理直气壮的湖南老乡拂袖而去，而这位女售货员却哑然而立，哭笑不得。

① 张玫非《和语言大师在一起的日子》（2015年8月2日《新民晚报》）说：“张志公说，他女儿中学班主任叫刘朏朏，这个朏字很生疏，我读不出，第二天开会见到吕叔湘请教，他也说不认识。我回家查了《康熙字典》，才知道这个‘朏’字不念‘月’，也不念‘出’，而念‘斐’，说明如同吕叔湘这个大语言学家，不懂就是不懂，不能不懂装懂。”由此可见，连大语言文字学家吕叔湘也不是什么字都认识，无论什么字都能读出读准字音。问题关键在于：一要努力学习，永不知足；二要实事求是，不能不懂装懂。

## 370. 宁波改革开放的主要经验是什么?

答：20世纪90年代，有一次外省市赴浙江宁波的参观团，在向接待单位询问宁波改革开放有什么经验时，该单位工作人员用标准的宁波方言概括了三条，回答道："一靠警察，二靠妓女，三靠不能讲。"①说者言之凿凿，抑扬顿挫；听者一头雾水，不禁哑然失笑。如果将这三句宁波方言话译成普通话，则是："一靠政策，二靠机遇，三靠北仑港。"②据说，宁波市领导为避免以后再出现类似笑话，大力提倡全市处级以上干部都必须认真学好、说好普通话，以便于与外地干部交流，推动工作发展。

## 371. 谁将"癌"字的读音从"yán"改为"ái"?

答：是丁声树（1909—1989年）。《词典》（第4页）释义："癌 ái （旧读yán）名 上皮组织生长出来的恶性肿瘤，常见的胃癌、肺癌、肝癌、食管癌、肠癌、乳腺癌等。"请注意释义中的"（旧读yán）"。2016年4月26日《中国剪报》第三版刊载《丁声树为"癌"定音》一文，指出："我国现代著名语言大师丁声树先生曾带领中国社会科学院语言研究所词典编辑室的学者们，修订《新华字典》。1961年初，丁先生在住院期间就'癌'的读音问题详细请教过医护人员。考虑到'癌'如果读yán（二声），会与'炎'同音，这会给医疗工作和人们的日常生活带来不便。因此，丁先生把《新华字典》

---

① 此说还有另一版本：20世纪90年代，一次，宁波市某副市长在答记者问"宁波的经济发展得这么快，靠的是什么"时，用浓重的宁波口音回答道："一靠政策，二靠机遇。"结果记者听成"一靠警察，二靠妓女。"另，一个人问另一个人在哪里工作？那个也用浓重宁波口音的人回答道："不能去，不能讲（gǎng）"。其实"不能讲"是"北仑港"。

② 补述两例：一是一生操着靠近宁波的奉化口音的蒋介石，时常以"娘希匹"为骂人的口头禅。有一次，蒋介石对部属侯某一顿训斥，侯某胆大妄为，还敢为自己辩解，惹得蒋介石很生气，脱口厉声吼道："枪毙！"侯某听到这两字吓得脸色发青，很是害怕。然而事后一了解，蒋介石说的是"强辩"，结果误听为"枪毙"，虚惊一场。二是2017年4月18日海博会期间，国内外一些企业家来到福建石狮蚶江镇参观投资项目，由该镇负责人向客商介绍本地基本情况，由于讲的是带有过重当地方言口音的普通话太不规范，让客商们听得一头雾水。他讲的是："我们死死戏（石狮市）汉奸（蚶江）镇，主要靠野蛮（养鳗）为生，也有很多败类（贝类），养了很多瞎子（虾子），你们进来偷鸡（投资），保证你们撞墙（赚钱）。"（摘自网络）客商们听得一头雾水，掉头就走。

‘癌’的注音从 yán 改为 ái。”①

## 372.“档案”的“档”字读音怎么读?

答:《词典》(第 262—263 页)释义:“档”(檔)dàng……”对“档案”的“档”(dàng)字,不念 dǎng。不仅作为 20 世纪 60 年代初在中国人民大学历史档案系就学,毕业后当了半辈子档案学专业教员,以及搞了半辈子档案业务工作的作者而言,一直习惯念成“dǎng àn”,而不念成“dàng àn”。或许我敢断言,全国百万专兼职档案工作者也是百万分之十几、百万分之几才念成“dàng àn”。至于非档案工作者的成千上万的人们,真正能念“dàng àn”有多少人更是可想而知了。可否请《词典》编者也来个“顺从民意”、约定俗成呢,至少可作 dǎng、dàng 两者兼可的处理呢?

再说,《词典》“顺从民意”,约定俗成的也不乏其例。以“七月流火”为例:《诗经·豳风·七月》曰:“七月流火,九月授衣”(火:星座名,即心宿,每年农历六月出现于正南方,位置最高,七月后逐渐偏西下沉,故称“流火”)。该句是指夏去秋来,天气转凉,可视情添衣了。2006 年 7 月,中国人民大学校长纪宝成(1944— )在欢迎台湾新党主席郁慕明(1940— )致辞时错用“七月流火”,即“火一般的热情”,立即引起了轩然大波,包括报刊,尤其是《咬文嚼字》和网络上一片批评声、争论声。然而,由此也引起对“七月流火”的深入研讨。其成果之一,反映在 2016 年 9 月出版的《词典》(第 7 版)第 1020 页上,来个“顺从民意”,约定俗成:不仅专门增加了“七月流火”词条,而且在释义“七月流火”原有意思后,还指出:“现也用来形容天气炎热(因人们误把‘七月’理解为公历 7 月,把‘火’理解为‘火热’)。”

## 附 8:多音地名易读错

4 月 27 日,在《新闻联播》一则报道中,某主播将安徽六安读作“六(liù)

① 台湾地区现今仍将“癌”读成 yán。林语堂(1895—1976 年)等人在编《当代汉英字典》时,已经知道大陆 1962 年《新华字典》开始将“癌”改读为“ái”,该字典在“癌”字条下写有如下的注释:“Some prefer air to distinguish it from homonym 炎 which is merely ‘inflammation’”(“有人建议用 ái 表示癌,去区别只指‘炎症’的同音字‘炎’”)。

安”。随后便有网友指出他的读音是错误的，六安应该读“六（lù）安”。

随后，该主播通过个人微博附上了4张第6版《现代汉语词典》的照片。词典内容显示，“六”只有“liù”这唯一一个读音。然而，在2015年5月出版的《中华人民共和国行政区划简册（2015）》中，六安对应的拼音是“六（lù）安”。此外，书中江苏省南京市六合的读音也是“六（lù）合”。

《中华人民共和国行政区划简册（2015）》中的行政区划资料源自国家民政部（应删去“国家”二字，改为“民政部”——作者注），资料权威性强。而根据《新安晚报》报道，该主播所引用的中国社科院语言研究所编的《现代汉语词典》（以下简称词典）第6版中，六字在用作地名时被取消了“lù”的读法。不仅是第6版，2005年修正定稿第5版中也没有“lù”的读法。

其实，在《新安晚报》几年前的报道中，关于六安的“六”字读音是否可以由“lù”改为“liù”的问题就引起过很多人的关注。据说2006年，经安徽省政府同意，六安得以保留了“lù”的旧音。从网友反馈中可以看出，安徽、江苏等地一直读“lù”，有网友说：“汉武帝取‘六（lù）地平安，永不反叛’之意，赐名六（lù）安。而‘lù’的读音更是可以追溯到上古时期，‘皋陶卒，葬之于六。禹封其少子于六，以奉其祀’。”

其实不仅是安徽六安，甘肃省陇南市的宕昌县也曾一度面临着读音尴尬。“宕昌”的“宕”字，在《新华字典》和《现代汉语词典》中，只有一个读音，为“dàng”，跌宕起伏。然而当地人都读作“宕（tàn）昌”。

据新华网消息，2014年2月15日，北京召开的“甘肃省县名‘宕昌’审音论证会”上，专家一致同意认可宕昌县名中“宕”字读作“tàn”。随后，民政部、教育部、国家语言文字工作委员会联合发文，正式将甘肃省陇南市宕昌县名读音定为“tàn chāng”。为此，宕（tàn）昌告别了“有字无音”的尴尬局面。报道中指出，宕（tàn）昌县名定音，是近代半个世纪以来，国家有关部门首次对县级行政机构名称进行审音定名。时任民政部地名研究顾问、中国地名学会副会长商伟凡表示，之所以给宕（tàn）昌县名定音，其意义一是考虑到当地经济发展和对外开放的需要。二是考虑对宕（tàn）昌历史文化的传承。

（本报记者李 冰）（2016年5月5日《中国电视报》）

## （九）讳字

### 373. 什么是国讳?

答：国讳是封建社会主要避皇帝本人及其父祖之名。有的朝代，进而避及皇帝的字号、皇后及其父祖的名和字，皇帝的陵名、生肖，皇帝的姓，以及国朝的名称等。比如：汉代，为避汉高祖（前206—前195年）刘邦的讳，将“邦”变成了“国”；为避汉文帝（前179—前157年）刘恒的讳，“恒山”改成了“常山”；汉明帝（58—75年）刘庄，东汉人为避“庄”字，就将“庄周”改为“严周”，称“老庄之术”为“老严之术”。再比如：唐太宗李世民，为避李世民的“民”字，硬是把“民部尚书”改为“户部尚书”。为避“李世民”的“世”字，硬是把“世音菩萨”改为“观音菩萨”①。

### 374. 什么是圣讳?

答：圣讳指为圣人避讳。宋代，为避孔丘名讳，大观四年（1110年）规定：“以瑕丘县为瑕县，龚丘县为龚县。”为避老子名讳，政和八年（1118年）规定：“太上混元上德皇帝（老子，在此被尊称为皇帝——作者注）名耳，字伯阳，及谥聃。见今士庶，多以此为名字，甚为渎侮，自今并为禁止。”至宣和五年（1123年）又规定：“如进士名有孔子讳者避之，著为令。”到了清代雍正（1723—1735年）时进而规定：“孔孟之名必须回避。”乃至为了避孔子的名（孔丘）讳，竟然还下令凡“丘”姓者必须加个耳朵写成“邱”，且延续了数百年。

---

① 作为国讳，在此再补述一例。北宋年间，有一次宋徽宗（1101—1125年）询问当时的权相蔡京（1047—1126年）是否认识杭州府官吴倜，蔡京对吴倜早就怀恨在心，恨之入骨。当皇上问起此人，他便借题目发挥道：“认识，这个人狂傲狠毒，目无圣上。”宋徽宗听后，甚为惊讶，忙问：“这是为什么？”蔡京不怀好意地挑唆道：“吴倜不顾陛下圣讳，不肯改名，以一圈围之。”原来宋徽宗名“佶”，“倜”字恰是给“佶”加个半个框子“冂”。这只是居心叵测的蔡京的权智而已，然而这一别有用心的说辞，却在宋徽宗身上发生了作用。尽管当时宋徽宗听后沉默不语，然而过了不久，吴倜就因为这个“倜”字，还是被罢了官、免了职。

## 375. 什么是官讳？

答：主要包括：

（1）一些封建官吏自恃权势，擅自规定某一范围或地域的人，必须避他的讳，亦即“自讳其名”。比如：“只许州官放火，不许百姓点灯。”宋代有一知州田登，姓田名登，他就蛮横无理地下令他的管辖地域内所有百姓，不仅都要避他的“登”，而且都要把同“登”谐音的“灯”写成“火”。到了上元节放灯，允许百姓到州城观赏，在州官的布告上就写有这么一句：“本州照例放火三日。”将放“灯”变成了放“火”。成语“只许州官放火，不许百姓点灯”即源于此。正如宋陆游《老学庵笔记》卷五曰：“田登作郡，自讳其名，触者必怒，吏卒多被榜笞，于是举州谓灯为火。上元放灯，许人入州治游观，吏人遂书榜揭于市曰：‘本州依例放火三日。’”

（2）有时上级官吏或有权有势者并未明说，但是一些下级官吏或者身份低微之人，由于敬畏或害怕他们的权势，也会主动拍马奉迎，避其名讳。比如：北宋蔡京任宰相，众官吏纷纷避蔡京名讳。其门下有一个叫蔡昂的人，不仅他自己避讳，而且还让家人一起避讳，乃至约法三章，凡有犯讳的，均用棍棒抽打。有一次他本人在家中一不小心说了“京”字，家人提醒他犯了“蔡京”的名讳时，于是他就自打耳光以示惩罚。

## 376. 什么是家讳？

答：家讳指避父亲的名字讳。比如：司马迁（前145—？）父亲司马谈（前165—前110年），姓“司马”名“谈”，于是，司马迁在《史记》中为避其父名字，就将“张孟谈”改为“张孟同”。比如：杜甫父亲名“闲”，故而杜甫诗中没有一个“闲”字。再比如：苏洵（1009—1066年）父亲名“序”，故苏为他人作序，从不写“序”而改成“叙”。

## 377. 什么是恶人讳？

答：主要避“公恶”的人名。

比如：南宋大奸臣秦桧死后，据说天下可能很难找到有人叫“桧”的了。比如：由于唐肃宗（756—761年）讨厌安禄山（703—757年），据《新唐书》

记载，当时郡县凡有“安”字者，十有八九均改名：“安定”郡改为“保定”郡；“安静”县改为“保静”县；“同安”县改为“桐城”县；“宝安”县改为“东莞”县。再比如：更为甚者，隋代大业四年，由于讨厌胡人，隋炀帝（605—618 年）竟然下令将“胡瓜”改称为“黄瓜”。

## 378. 为避字讳有哪些避讳方法？

答：主要有：

（1）缺笔。

此法始于唐代，盛于宋代，传至明清。比如：宋代，宋太祖名匡胤（927—976 年），为避讳将“匡”写成“匡”。清代，道光（1821—1850 年）名“旻寧（宁）”，为避讳将“寧”写成“寍”。直到民国，清的遗老避讳宣统（1909—1911 年）“溥仪”的名“儀”而写成少一笔的“儀”。

（2）改用形近字。

唐代《封氏闻见记》曰：“兼御史大夫韦伦出使吐蕃（今西藏——作者注），随之有一个叫苟会的判官，有人对韦伦说：‘吐蕃讳狗，你带着一个苟判官，怎么去与吐蕃建立友好关系呢？”（“苟”与“狗”同音——作者注）。韦伦听后觉得言之有理，但是临近出发日期，来不及换人，于是韦伦责令苟会改姓“苟”为“苟”。

（3）改用同音字。

现今人们使用的“原来”二字，本应写作“元来”。由于朱元璋（1328—1398 年）推翻元朝，建立明朝，他颇为厌恶元朝，甚至推断言之：明（朝）在，岂能允许元朝卷土重来？于是“元来”从此改为“原来”。

（4）另造他字。

太平天国时期，由于忌讳“鬼”字，于是将“魂”改为“云人”。此外，现今所使用的“罪”字，本写作“辠”，秦始皇一看颇像一个“皇”字，于是下令将“辠”改为“罪”，并流传沿用至今。

## （十）字谜

### 379. 伍子胥怎样答老相国字谜？

答：春秋时期，伍子胥（前559—前484年）能言善辩，文武双全，人们一提起他，都认为他担任相国一职再合适不过了。吴王听说有如此良才甚为高兴，于是派人将伍子胥召进宫内。吴王当着文武众臣的面，想考考伍子胥是否真有本事。吴王先是让两个兵士抬来一只大鼎，伍子胥只用一只手，就轻松地把大鼎举过头。吴王又让吏官问了许多知识性的问题，伍子胥信手拈来，对答如流。此时此刻，急坏了在场的老相国，他生怕自己的相位保不住，故而出一个怪字谜刁难伍子胥："兄与弟同姓，弟与兄同名，兄有荫山秀，弟有万里明。"然而伍子胥听后不慌不忙，胸有成竹，他不急于对出此字谜，出人意料地说："我也有一个谜请教：'霸有雪没有，箱有柜没有，你有我没有，立功自会有。'"老相国想了半天，也说不出谜底究竟是什么。吴王看伍子胥才华出众，于是委任他当上了相国。原来伍子胥和老相国两人出的字谜的谜底均是"相国"二字。

### 380. 王安石怎样出字谜招书童？

答：相传北宋王安石有一次想招一名书童，派人传出消息，凡是想当书童，必须参加并通过王安石本人的字谜面试方可录用。某日，有一个虽然家境贫困但本人很聪明伶俐的孩子赴王府求试。王安石见到这孩子，接连出了三个谜语，并未难倒他，都很快对出正确谜底。此时，王安石身边人就问他："这孩子用还是不用？"王安石一言不发，拿起笔来又写了一个字谜，进一步测试这个孩子到底可用否？该字谜谜面是：

"三山倒挂，两月相连。上有可耕之田，下有长流之川。一家有六口，两口不团圆。"

此字谜谜面一亮相，正当王安石身边人一个个抓耳挠腮、面面相觑、冥思苦想的时候，那个孩子却高兴地跳起来，连声对王安石道谢，其意思是他可以为王安石所用，原来这个字谜谜底是个“用”字[①]。

## 381. 纪晓岚怎样点拨乾隆对字谜？

答：有一年上元佳节，朝中文武百官聚集在一起参加猜灯谜活动，乾隆也放下身段与众臣同乐一道参与其中。在翰林院文华殿上挂有一副字谜，其谜面是：

上联：“黑不是，白不是，红黄不是，和狐狼猎狗仿佛，既非家畜，又非野兽。”

下联：“诗不是，词不是，论语上有，对东西南北模糊，虽为短品，却是妙文。”

乾隆见此上、下联的字谜，反复吟诵琢磨谜面，终不能开窍对出谜底。此时翰林院编修纪晓岚在一旁含而不露地笑着点拨提示道：“这些灯谜都是臣下拙里笨笔，皇上不必深虑。此时此景，何须费解？”乾隆一听，略作思考受到启示，立即明白谜底到底是何字。但他仍然故作镇静，然后不慌不忙、不失体面地说：“莫非是‘猜谜’二字？”纪晓岚顺口称道：“正是，正是。皇上真乃圣力，小臣敬服。”此时此刻，身边文武众臣也附和高呼：“皇上圣才！”

## 382. “后七子”[②]怎样同制字谜？

答：明代嘉靖（1522—1566年）年间，后七子李攀龙、王世贞、谢榛、宗臣、梁有誉、吴国伦、徐中行七人均颇有才气，且相处甚密甚好，时而

① 无独有偶。明嘉靖（1522—1566年）年间有人有一个近似或相仿的字（诗）谜，其谜底也是一个“用”字。该字（诗）谜面是：“重山复重山，重山向下悬；明月复明月，明月在两边。上有可耕之田，下有长流之川；一家共有六口，两口不用团圆。”

② 相对于明后七子，还有明前七子：弘治（1488—1505年）、正德（1506—1521年）年间的李梦阳、何景明、徐祯卿、边贡、康海、王九思和王廷相七人，以李梦阳、何景明为代表。

饮酒相聚结伴赋诗。有一天，七人相约在一起探讨切磋问题。由于梁有誉、吴国伦二人临时有事迟迟未到，李攀龙等五人要了酒菜边饮酒边等候。此时，王世贞提议："为助酒兴，我出一首字谜大家来猜：'唐虞有，尧舜无。商周有，汤武无。古文有，今文无。'"谢榛听罢，笑着应道："我也用你的谜底出一个谜：善者有，恶者无。智者有，愚者无。嘴上有，手上无。"宗臣听后乘兴也出一字谜："听者有，看者无。跳者有，走者无。高者有，矮者无。"此时徐中行不甘示弱，又说出一长串的"有""无"字谜："右边有，左边无。后面有，前面无。凉时有，热时无。哭者有，笑者无。"正当李攀龙等五人谈兴正浓时，梁有誉、吴国伦两个人匆匆赶到。此时李攀龙打趣地对他们俩说，只有猜出字谜方可入座。吴国伦一听明白了怎么回事，他便接着说出他的"有""无"字谜："诸位请听：哑巴有，聋子无。跛子有，麻子无。和尚有，道士无。"当吴国伦刚一说完，在座的七子都会心地哈哈笑起来，原来上述这些"有""无"字谜的谜底却是一个"口"字。

### 383. 女店主怎样舌战秀才猜字谜?

答：某日，三个赴京赶考的秀才来到一家客店住宿。这家客店女店主非常诚挚热情地接待他们，问道："三位客官尊姓大名？"不承想，三个秀才自恃胸中有点墨水，自以为颇有学问，一心想在女流之辈的店主面前卖弄一番。一位秀才抢先答道："四个山字山靠山，四个口字口对口，四个川字川连川，四个小字颠倒写。"女店主听了刚要开口，只听第二个秀才神气活现地说："千字不像千，八字排两边。有个风流女，即被鬼来缠。"第三个也不示弱，赶忙接口说："孔明借箭草人充，曹操北兵走西东。一口想吞孙吴地，却遭周郎用火攻。"三人说完笑着面对女店主，心想你不是问我们尊姓大名吗？那你就猜猜吧。不料这位女店主并非等闲之辈，略加思索，便说出他们三人分别姓"田""魏""燕"。三人的姓氏字谜被颇有才气的女店主揭晓，他们顿时对她肃然起敬，便一起拱手相问："不知店主尊姓？"女店主笑盈盈地对三人说："我也说个字谜，请教三位：三斗三、四斗四、二斗三升共个字。"听完这字谜，三个秀才琢磨好一会儿，相互对视一番，谁也猜不出谜底是什么，便知趣地进了房间再想。但是想了半天，仍然猜不出，后来他们还是偷偷地问了客店送菜的小伙计，原来其字谜是该女店主姓“石”（原来古时十斗为一石，三斗三、四斗四、二斗三，加在一起正好为一石）。

## （十一）字（对）联①

### 384. 什么是最短的字（对）联？

答：（1）三字联

鲁迅读书时，老师出上联“独角兽”，要求学生对出下联。有的学生对出“八足虫”“九头鸟”等，老师表示不满意。轮到鲁迅出了“比目鱼”以对，却受到老师的称赞。何故也？老师解释道：“独不是数目，却有‘单’的意思；‘比’也不是数目，可有‘双’的意思，因此‘比’对‘独’是最妥帖的。”

（2）二字联

一是上联：“口蜜”；下联：“腹剑”。

有一天，唐玄宗（712—756 年）李隆基想出一句上联，却对下联冥思苦想不得。他召见李林甫（683—753 年）入宫。当李一到，唐玄宗脱口而出“口蜜”二字，此时说者无意，听者有心。李林甫听完大吃一惊，他做贼心虚，自以为自己干的坏事已经败露。但又一想，既然事已如此，还不如坦白，或许皇上开恩饶他一命。在此时此景下，李林甫横下一心，对答道：“腹剑。”不承想，此答歪打正着，甚合圣意的下联，唐玄宗一听，连呼：“妙！妙！妙！”三个“妙”字。尔后，“口蜜腹剑”这一出自大奸臣李林甫其人其事，意即嘴甜心狠，形容两面派的丑恶嘴脸，多指蛇蝎心肠者的成语流传开来，沿用至今。

二是上联：“月圆”；下联：“风扁”。

① 我国最早的字（对）联出于何时？目前主要有两种说法：一是五代时后蜀主孟昶（919—965 年）命人所作的春联：“新年纳余庆，嘉节号长春。”二是晋代文士陆云（262—303 年）与荀隐初见，各以一语作自我介绍。陆云，字“士龙”，松江（今属上海市）人，陆曰：“云间陆士龙”（云间指松江）；荀隐，字鸣鹤，荀曰：“日下荀鸣鹤”（日下指京都）。这两句话正好成为一副对联（不过，按照惯例，该对联应写成“日下荀鸣鹤，云间陆士龙”）。

戴大宾（1489—1509年）（福建莆田人）于明代正德三年（1508年）考中进士，被朝廷授以翰林院编修。据冯梦龙（1574—1646年）《古今谭概》记载：戴大宾幼年时，就聪明过人，闻名乡里。一次，一个老秀才遇见戴大宾，听说戴是一个“神童”，有意考考他。老秀才出一个上联：“月圆”，戴大宾随即对曰：“风扁。”老秀才问道：“风无形无质，怎么是扁的呢？”戴大宾从容答道：“风见缝就钻，不扁怎么行？”尽管问得很刁钻，答的却圆满，倒也无懈可击。

三是上联：“阮元”；下联：“伊尹”。

阮元是清代一位学者、经学家，江苏仪征人士。某日，嘉庆召阮元入宫喝酒。喝到兴头，嘉庆突然心血来潮，给阮元出了一个难题：让阮元以自己的名字为上联，对出一个下联来。只见阮元略加思索，脱口而出，对道：“伊尹。”何以出此下联？原来伊尹（前1649—前1549年）是商代初年的政治家。阮元对此下联，颇为巧对：以“伊”对“阮”，又以“尹”对“元”。请注意：“尹”“元”各为“伊”“阮”二字的右偏旁。而“伊尹”“阮元”二人，前者为商之臣，后者为清之臣，也正好相对。嘉庆听后，龙颜大悦，连声对阮元对出下联大加赞扬。

四是上联：“岳岭”；下联：“湘清”。该上、下联写出南岳衡山的高峻险阻和湘江清流如玉。

（3）一字联

清咸丰（1851—1861年）年间，有位文人以“墨”求对，不少人纷纷响应之，其中有些人以“笔”“书”“纸”等字相对，均不入流。此时且看一位姓张的文人颇为自信地以“泉”字对之，获出联者和众人交口称赞。该“泉”字对“墨”字十分巧妙：因为“墨”字上半部是“黑”，“泉”字上半部是“白”，既各属颜色的一种，又词义相反；而字的下部分是“土”和“水”，同属“水、火、木、金、土”五行。此“墨”与“泉”的一字联一时传为佳话。

## 385. 什么是多字同旁字联？

答：可举两例：

（1）屈原祠有一副对联。

上联是：“泪涕湘江流满海”；下联是：“嗟叹嚎啕哽咽喉”。其中，上联七个字均为“氵”旁，下联七个字均为“口”旁。

（2）湖北利州王成观龙王庙殿对联。

上联是：“河汉汪泽，江湖滔滔波浪涌”；下联是：“云（雲）霄雷电（電），霹雳震震霈雨霖。”上联十一个字均为三点水“氵”旁；下联十一个字除“云”“电”两个简体字（其繁体字是“雲”“電”）外均为“雨”旁。

## 386. 老臣怎样苦心妙对字联惊醒昏庸帝王？

答：相传古代有一帝王，酷爱对联，一度与朝中百臣吟诗对联上瘾成癖，不理朝政。老臣们看不过去，纷纷进谏，此昏君却当耳旁风，根本听不进去。一天上朝议政，秋去冬来，时届严寒，北风呼啸，滴水成冰，皇帝却来了对对联的兴致，即兴吟一上联：“天寒地冻，水无一滴不成冰。”一时间，整个金銮殿一片喝彩声为皇帝叫好，却无一人对出下联。过了一会儿，只见一位老臣走出文官之列，让宫人取来文房四宝，当即写下下联：“国乱民贫，王不出头谁是主。”该下联终于惊醒了此位昏庸帝王，从此改掉对对联上瘾成癖的毛病，亲临朝政，料理国事。满朝文武众臣无不称赞巧对字联进谏的老臣，并一致保荐他担任宰相。

## 387. 林则徐给儿子留下什么对联？

答：林则徐给儿子留的对联是：

“子孙若如我，留钱做什么？贤而多财，则损其志；

子孙不如我，留钱做什么？愚而多财，益增其过。”

## 388. 翰林院人士怎样作对联嘲弄庸才？

答：清末宣统年间，一个不学无术的留学生由于讨好清驻日大臣被荐任翰林院大学士。一次，该大学士致函何秋辇（1860—1910年）论宪法研究会事，竟然误将“辇”（niǎn，古代用人拉的车，后来多指皇帝、皇后坐的车——作者注）写成“辈”，将“宄”写成“宂”（guǐ，连上“奸”字即为“奸宄”，即违法作乱的人或事①——作者注）。见此，翰林院有识人士作如下对联讥讽之：

“辇辈同车，夫夫竟作非非想；

宄宂同穴，九九还将八八除。”②

### 389. 此副讥讽窃国大盗袁世凯的名联作何解？

答：1915年12月，袁世凯不甘心只当中华民国总统，还想过过当封建王朝皇帝的瘾，于是玩弄“盗贼”手腕，伪托百姓“拥戴”，窃国称帝，将“中华民国”改为“中华帝国”。京城内有人想抨击袁世凯窃国称帝之丑行，撰出上联求下联。

上联：“或在園中，抢出老袁还民國。”上联系拆字联，语意双关。“園”（“园”的繁体字）字去“袁”加进“或”，即为“國”（“国”的繁体字）。即打倒袁世凯，恢复中华民国。

据说当时有个船夫对了下联。

下联：“余临道上，不堪回首问前途。”

该下联也是拆字联，同样语意双关。望字生义，“道”字去掉“首”加上“余”便是“途”。即袁世凯复辟称帝，乃为倒行逆施，令人不堪回首，国民无不对国家前途深感忧虑。

### 390. 怎样改联成“民国总统不是东西”？

答：1912年1月中华民国成立。当时国家最高领导人是总统。民国前，百姓叫惯了皇上，而今改叫总统，颇感新鲜。文人王闿运（1833—1916年）一时兴起，便作了一副对联：“民犹此也，国犹此也。总而言之，统而言之。”该对联中嵌进了“民国总统”四个字，虽然在民间广为流传，终究是一时文

---

①《词典》（第628页）释义：“奸宄〈书〉 名违法作乱的人或事（由内而起叫奸，由外而起叫宄，也有相反的说法）。”

②该对联还有一个版本：“辇辈同车，夫夫莫作非非想；菅管同官，个个都存草草心。”此联除了将“辇”与“辈”，还将“草菅人命”写成“草管人命”。

字游戏之作，并无更多实际内容和意义。然而后来自袁世凯始，北洋政府各派军阀争权夺利，钩心斗角，不仅黎元洪（1864—1928年）、冯国璋（1859—1919年）、徐世昌（1855—1939年）几位总统走马换任，后来曹锟（1862—1938年）收买国会议员，贿选总统，爆出一大政治丑闻。此时有人写了一副对联只是对王闿运那副对联又巧加了几个字，成了新的对联："民犹此也，国犹此也，何分南北。总而言之，统而言之，不是东西。"这时将所嵌入的字挑出来，连在一起便成了"民国总统不是东西"。[①]此联一出，不胫而走，在社会上、在坊间引起了强烈反响，百姓无不拍手称快。

## 391. 刘师亮怎样改四字联？

答：民国初年，四川双杰之一的刘师亮（1876—1939年）[另一杰是《厚黑学》作者李宗吾（1879—1943年）]，当过塾师、讼师，亦曾经过商，是一个怀才不遇又疾恶如仇的一介文人。当时，虽然已摆脱帝制，迈入民国，但是苛捐杂税繁重，百姓不堪重负，生活贫困，民不聊生。然而官方不仅常常高调喊出"民国万岁"，而且恬不知耻地声称"天下太平"。针对官方这一粉饰性口号，刘师亮既冷眼相对，嗤之以鼻，又愤而挥笔写出堪称千古绝对的一副四字短联："民国万税　天下太贫。"他运用谐音方法，将"岁"改为"税"，将"平"改为"贫"，顿时化褒为贬，一语道破了"民国万岁"的实质，撕破了官方自诩"天下太平"的画皮，颇受民众称赞。

## 392. 一副什么字联刺痛汪精卫？

答：1940年3月，以投降卖国求荣的头号大汉奸汪精卫（1883—1944年）拼凑的伪政府在南京正式成立。少数反动政客、汉奸文人纷纷前来捧场，大献殷勤，其中不乏一些胸中有些笔墨的人送来贺礼、贺联。不过，在这些大

① 在此补述幽默"补诗"一例：1988年蒋经国（1910—1988年）去世，台湾著名诗人余光中（1928—2017年）写了一首《送别》诗："悲哀的半旗，壮烈的半旗，为你而降；悲哀的黑纱，沉重的黑纱，为你而戴；悲哀的菊花，纯洁的菊花，为你而开……慢慢地走，亲爱的朋友，辛苦的领袖，慢慢地走。"然而台湾文坛另一桀骜不驯的李敖（1935—2018年）一直认为余光中"毫无文人气节"，他恶作剧地给余光中的这首《送别》诗补充了一段："悲哀的马屁，臭臭的马屁，为你而拍；悲哀的新话，无耻的新话，为你而写。亲爱的朋友，辛苦的领袖，慢慢地走，快了我跟不上，因为我是你的狗。"

肆吹捧、歌功颂德的贺联中，也有一副貌似吹捧、实质抨击的贺联。上联：“昔有盖世之德”；下联：“今有罕见之才。”正当汪精卫见到此联自以为是、扬扬得意时，岂知有人在一旁悄悄提醒他，汪精卫方才醒悟过来，自己被此联痛骂了一顿，当场却有苦难言，不便发作。原来此联巧妙地利用谐音，痛斥汪精卫是“昔有该死之德，今有汉奸之才”。

### 393. 冯玉祥怎样以对联抨击国民党腐败之风？

答：有一年，国民党南京市党部大楼落成举行典礼，不少国民党党政要人前去祝贺，冯玉祥（1882—1948年）作为特邀嘉宾也应邀出席。此时，有人请冯玉祥题写对联以示庆贺。不承想他反其道而行之，挥笔写下如下对联。上联：“三点钟开会，五点钟到齐，是否革命精神”；下联：“一桌子水果，半桌子点心，全是民脂民膏。”冯玉祥历来对国民党的腐败之风看不惯，这次他趁此机会以写对联借题发挥，予以抨击。此时，只是让请他写对联的人颇为尴尬，左右为难，贴也不是，撕也不可。乃至陈立夫、陈果夫等在场，尽管见此时此景内心十分不满，也无可奈何，不便发作。

### 394. “木子李”怎样对“弓长张”上联？

答：过去有一个射得一手好箭的弓箭手叫“张弓”。有一次，他在许多慕名而来围观者的注目之下习射，由于射中靶心率“百发百中”，博得众人拍掌连声叫好。张弓颇为得意，甚为高兴，他当即挥毫写出上联：“弓长张张弓张弓手张弓射箭箭箭皆中。”此时，张弓面对众人，笑而不语，意即征得下联。在场围观者面面相对，看不明白，更无人能对。恰在此时，走进一名叫“李木”的卖弓人，看过张弓的上联后，从肩背的弓袋中拿出一把弓请张弓试试怎样。张弓乘兴连试了几把弓，都拉不动。李木问张弓：“你知道这是什么木料做的吗？”张弓答：“不知道。”李木说：“我这弓是李木做的。”张弓颇为疑惑地问：“李木并非名材，怎能做这么硬的弓？”李木笑着说：“这就是木匠的本事。”说完随即欣然提笔写出下联：“木子李李木李木匠李木雕弓张弓难开。”围观众人一听，恍然大悟，皆言此下联对得甚妙。

## 395. 怎样读带汉字“长”又带汉语拼音的字联?

答：有一户人家常年以卖豆芽为生，很希望自己的豆芽长得好些，以图卖个好价钱。为此，他在自家门口贴了如下一副只有一个“长”字和相对应汉语拼音的字联：

上联： 长 长 长 长 长 长 长

cháng zhǎng cháng zhǎng cháng cháng zhǎng

下联： 长 长 长 长 长 长 长①

zhǎng cháng zhǎng cháng zhǎng zhǎng cháng

## 396. 金庸的开场白说了什么妙联?

答: 武侠小说大师金庸(1924— )在中外享有盛誉。著名高等学府——北京大学授予金庸名誉教授。一次，校方盛情邀请金庸为本校师生作一次演讲。

金庸自诩一名从事新闻写作出身的“杂家”，在北大讲坛演讲自认为不够资格，底气不足。他在正式开讲时，说了一段颇为精彩幽默的开场白：“我刚刚从绍兴过来，有绍兴的兰亭，那里的人让我写字。我说，那可不行，这是大书法家王羲之写字的地方，我怎么能写？而他们不干，非要我写，于是我写了一行：‘班门弄斧，兰亭挥毫。’”“班门弄斧”是成语，而“兰亭挥毫”却是金庸写字的实地实景，两者对仗既工整，又妙趣横生。此联一出口，赢得全场师生的热烈掌声。然而，开场白说到此刚说了一半，或者说只是作

---

① 在此再补述三例：第一，三副五字相同叠字联：一是山东济南豹突泉叠字联：“佛脚清泉，飘飘飘飘飘下两条玉带；源头活水，冒冒冒冒冒出一串珍珠”；二是浙江奉化休休亭的叠字联：“行，行，行，行，行，行且止；坐，坐，坐，坐，坐，坐何妨。”三是南京秦淮河风月亭的五字叠字联：“佳山、佳水、佳风、佳月，千秋佳地；痴声、痴色、痴梦，痴情，几辈痴人。”第二，两副七字相同叠字联：一是章太炎（1869—1936年）的七字联，上联：“杀、杀、杀、杀、杀、杀、杀”；下联：“疯、疯、疯、疯、疯、疯、疯”；横批：“袁贼速死。”二是一副七字相同叠字联：河北山海关孟姜女庙的一副楹联：“海水朝朝朝朝朝朝朝落，浮云长长长长长长长消。”（此联巧用一字多音和同音假借的原理，其实应该读成：“海水潮，朝朝潮，朝潮朝落；浮云长，长长涨，长涨长消。”）第三，一副十字相重的字联，即清末广州“滑稽大师”何淡的一副妙联：上联：“扒扒扒扒扒扒扒扒扒，扒到龙门三级浪”；下联：“唱唱唱唱唱唱唱唱唱，唱出仙姬七姐词。”

了一个铺垫。只见金庸兴致勃勃地接着往下说："今天北大又让我在此讲学，又是一种怎敢当的心情，于是我又写了一行：'草堂赋诗，北大讲学。'"众所周知，"草堂"者，即为唐代诗圣杜甫草堂也。所谓"草堂赋诗"又是何等自不量力，再加上"北大讲学"，可谓境界全出，还意犹未尽。金庸不愧是一位擅写当代武侠小说的文学大师，其文学文字功底深厚，潇洒情怀，挥洒自如，尽在这几句绝妙对仗之中。金庸的开场白话音刚落，又赢得北大师生的满堂喝彩。

## 397. 沈掌荣怎样把名人之姓嵌入对联？

答：前些年，有人出了"天安门地安门天地安有门"的上联，求对名人之姓嵌入对联的下联，但多时未有人对出。有一次，沈掌荣（1942—2013 年）（全国人大原新闻中心主任）正值赴湖南湘潭韶山瞻仰毛泽东故居的途中，听到此事，他触景生情，灵机一动，对出"毛主席刘主席毛刘主宴席"[①]的下联，把毛泽东、刘少奇的"毛""刘"两姓嵌入下联中，为同行者所赞许，且有一友将此上、下联写成文章发表于有关报刊上。

## 398. 中文联怎样对英文联？

答：2000 年底，湖南省长沙市召开全国首届"楹联文化与楹联学科建设研讨会"。会上有人独具匠心地出了一副中英文相对应的特殊对联，颇受与会者关注、赞赏。

上联是英文："To China for China[②]，China with China，Dinner on China"；

下联是中文："到前门买前门，前门没前门，后门有前门。"

上联的意思是："去中国买瓷器，中国有瓷器，吃饭靠瓷器。"下联的意思是："到前门（指前面的门）买前门（指买'前门'牌的烟），前门没

① 在此补述一副清乾隆巡游江南时出现的"南北东西"巧对联。上联是："南通州北通州南北通州通南北"；下联是："东当铺西当铺东西当铺当东西。"有一次，老师上课讲解对联知识，并引用上述"南北东西"的巧对联后，老师话音刚落，只见一个学生脱口而出："男学生女学生男女学生生男女"引起老师和同学们大笑和赞叹。

②《新英汉词典》（A NEW ENGLISH—CHINESE DICTIONARY）（第 196 页）释义："China［tʃainə］n. 瓷器；瓷料：a piece of ~ 一件陶瓷 /blue~ 青瓷 ‖ ~Clay，瓷土，高岭土 /~Closet 瓷器（陈列）厨 /~shop 瓷器店 /~stone 做瓷器的石料 /~ware n.［总称］瓷器"

有‘前门’牌的烟，到后门有‘前门’牌的烟。”①

## （十二）数字与诗（字谜、字联等）

### 399. 卓文君《怨郎诗》怎样含数字？

答：西汉时，才子佳人司马相如（前179—前118年）与卓文君（公元前175—前121年）情投意合，感情甚笃，违命私奔。两人先同往成都，后又返回临邛（今四川邛崃）。他们俩尽卖车骑，置酒舍，当垆卖酒为生，日子过得颇为艰辛。争强好胜的司马相如不甘心就此终老一生，于是决心只身去京城长安闯荡，一展宏图。到了京城经杨得意推荐，司马相如受到朝廷赏识，得到重用仕途通畅。时间一长，司马相如开始心猿意马，逐渐对尚在当垆卖酒艰难度日的爱妻卓文君冷淡起来，打起另寻新欢的主意。一日，司马相如给卓文君写了一封只有13个数字的信：“一二三四五六七八九十百千万。”聪明的卓文君看信后，颇为伤感，不禁泪流满面。因为她发现一行13个数目字中唯独少了一个“亿”字，是否表示夫君司马相如对自己“无意”的意思。她随即写了一首（数字）《怨郎诗》回答司马相如：

“一别之后，二地相悬，只道是三四月，又谁知五六年。七弦琴无心弹，八行书无可传，九连环从中折断，十里长亭望眼欲穿。百思想，千系念，万般无奈把郎怨。万语千言说不尽，百我聊奈十倚栏。重九登高看孤雁，八月仲秋月圆人不圆。七月半秉烛烧香问苍天，六月天人人摇扇我独心寒。五月石榴似火偏遇阵阵冷雨浇花端。四月枇杷未黄我欲对镜心意乱。忽匆匆，三月桃花随水转，飘零零，二月风筝线儿断。噫！郎呀郎，巴不得下一世你为女来我为郎！”

司马相如看了爱妻卓文君的《怨郎诗》，既为她的才华横溢而叹服，又为自己的心猿意马而羞愧，自此痛下决心断了遗妻纳妾的念想，两人相好如初爱情弥深。卓文君这首《怨郎诗》成了她一生的代表作。后世有人写藏头诗《望江亭》，以咏此诗：“当垆卓女艳如花，不负琴声走天涯。负却今宵

① 在此补述夫妻戒烟趣联一副：（妻）上联：“张口闭眼，喷云吐雾，谁家男人像你这样烧火先生？”（夫）下联：“拨舌弄嘴，说风道雨，哪个女子似我那泼水妇人？”

花底句，卿须怜我尚无家。”此诗四句句首连起来便是：“当不负卿。”

## 400. 宋代才女朱淑真《断肠谜》怎样暗含数字？

答：宋代才女朱淑真填过一则《断肠谜》如下：

“下楼来，金钱卜落；问苍天，人在何方？恨王孙，一直去了；詈冤家，言去不回；悔当初，吾错失口；有是交，无下交；皂白何须问；分开不用刀，从今莫把仇人靠，千里相思一撇消！”

该《断肠谜》的谜底是：一、二、三、四、五、六、七、八、九、十。

## 401. 清代才女顾春《玉房怨》词谜怎样暗含数字？

答：清代，一位年轻才女顾春违愿嫁给一个富家子弟为妻，遭其夫君冷淡相待。一年元宵佳节，顾春独守玉房，伤心备至，百感交集，于是挥笔填一首《玉房怨》词谜。

“元宵夜，兀坐灯窗下；
问苍天，人在谁家？
恨玉郎，全无一点直心话；
叫奴欲罢不能罢；
吾今舍口不信他；
论交情，曾不差；
染尘皂，难说青白话；
恨不得，一刀两段分两家；
可怜奴，手中无力难抛下；
我今设一计，叫他无言可以答！”

此乃一词谜，暗含十个数字：“一、二、三、四、五、六、七、八、九、十。”

## 402. 郑板桥怎样解读数字字联？

答：有一年春节临近，郑板桥陪同一个官员视察民情，看看百姓能否过好年。他们来到一条街上，只见一户人家大门紧闭，门上贴有一副数字对联，上联是：“二三四五”；下联是“六七八九”；横批是：“南北。”看了这副对联，郑板桥扭头回去。不一会儿，郑板桥让人拿着几件衣服和一口袋食品一起来到此家，打开门一看，一家老小蜷缩在一张床上，衣单灶凉。郑板桥动情地说：“过年了，这点东西你们收下用吧！”那家人见是郑板桥，十分惶恐地给他磕了几个头表示感谢。事后，同行的官员问郑板桥：“你是怎么知道这户人家的情况的？”郑回答道：“是他们写的一副对联，他们家的情况全写在上面呢。上联‘二三四五’说明缺一（衣），下联‘六七八九’，说明缺十（食），而横批‘南北’不正好说明他们没有‘东西’过年吗？”

## 403. 一介公职文人写什么含数字的辞呈？

答：中华人民共和国成立前，国民党腐败，人民生活困苦不堪。有一个担任公职的文人，由于不擅奉承上司而处于衣食无着、生活困苦的窘境。一日，家中妻子抱怨，幼儿啼哭，目睹此情状，文人顿时怒从心头起，愤而向上司写了如下含一至十数字的一份辞呈：

“卑职一家数口，两袖清风，三餐不饱，四肢无力，五内如焚，六神无主，七窍生烟，八方受敌，九转寻思，实（十）无万全之策，理合呈请辞职。”

## 404. 形容阿尔巴尼亚落后的一个从一到十的顺口溜是什么？

答：王洪起《五十年后的“山鹰之国”》一文指出，形容阿尔巴尼亚匮乏、落后的一到十的顺口溜是：

“‘一盏灯’：直到上世纪80年代初，阿尔巴尼亚全国各城市的公路交通，只有港口城市都拉斯设有一盏红绿灯。首都地拉那没有一盏红绿灯，却被称为‘社会主义的明灯’。

‘二牛抬扛’：上世纪，阿尔巴尼亚交通工具落后，除了‘解放’牌大卡车之外，其他汽车较少，两头牛拉的车子是农村的主要交通工具。

‘三群挡道’：全国为数不多的汽车在公路上经常遇到牛群、羊群、鸡群拦路，阻碍交通。

‘四处碉堡’：为了推行霍查指令，阿尔巴尼亚在全国各地山坡上、平原间，建造了36万个明碉暗堡（有的媒体称有70万个）。

‘武（伍）警林立’：当时，西方称阿尔巴尼亚为警察国家，估算阿每三个人中就有一个是秘密警察。本人上世纪80年代在阿任职期间，每每外出，总会有阿内务部便衣跟踪。

‘六亲不认’：霍查晚年屡屡清洗‘反党集团’，特别是1973年到1982年，霍查晚年后‘揪出’文化反党集团、经济反党集团、军事反党集团和以总理谢胡为首的反党集团，几乎把与之多年同生共死的老战友一扫而光。

‘七窍不通’：霍查偏执多疑，听不进任何意见；要么一切全好，要么一切都坏，是他的绝对思维方式。

‘八面威风’：骂遍全世界，反遍世界，是霍查极‘左’幼稚综合征的体现；‘一条道走到黑’，是他鲜明的山民‘性格’，霍查吹嘘只有阿尔巴尼亚才是‘世界唯一真正的社会主义，世界马列主义的真正维护者’。

‘久（九）久不变’：长期坚持极‘左’的政治和经济模式，几十年一贯制。

‘十分落后’：阿尔巴尼亚沦为欧洲最贫穷落后的国家之一。”

## （十三）一字之甚

### 405. 刚毅为什么改“瘐”为“瘦”字？

答：清代刑部尚书刚毅（1837—1900年），素来狂妄自大、刚愎自用。有一次监狱呈上报告，上面写有“狱囚瘐死”之文句。岂知这位尚书大人，不分青红皂白，认定此“瘐”字写错了，不懂装懂地、想当然地把它改为“瘦”。为此他还振振有词地训斥手下：“‘瘐’死真是胡写。你们不识字，还做什么官？以后再错了，非重重处罚你们不可。”此时有人悄悄告诉他：“‘瘐’就是罪犯死在监狱里的意思①，这是一个形声字。”谁知刚毅听完不以为然，仍然强词夺理地狡辩道：“罪犯在牢里，由于吃的不好，慢慢瘦下去，死了，只能是瘦死，哪儿来的瘐死呢？”②

①《词典》（第1591页）释义：“庾死　动古代指犯人在监狱中因饥寒而死，后来也泛指在监狱中病死。”

②刚毅担任军机大臣时，四川总督在奏折中使用“追奉逐北”之语，才识短浅的刚毅不知这里指追逐败北之敌，反而想当然地认为川督把“比”写成了“北”，于是不懂装懂、振振有词地说：“这是说敌人逃跑以后，追比指追缴过去抢夺的财物，再说‘逐北’无法理解，你怎么知道败军一定向北逃跑而不向东、向南、向西呢？”

## 406. 漏个“墙”字对长沙会战造成什么后果?

答：1938 年 11 月 12 日，日军进犯离长沙 250 里的新墙河，由于国军通讯困难，再加译电员粗枝大叶忙中出错，将“新墙河”漏掉一个“墙”字，变成“新河”，恰好离长沙只有 12 华里确实有一条叫“新河”的。最早获此不准确信息的长沙民兵自卫队，自认为日寇已迫在眼前，于是不等上级命令便匆忙擅自放火，城内警备司令部见火起，便主观认为上级已下命令放火，即时在全城范围内放火，实行焦土政策，再加上消防车错把水接成汽油，很快造成长沙全城大火熊熊燃起，根本无法扑灭，其结果只能宣布弃城，造成国军长沙会战大溃逃。

## 407. 为什么说冯蒋一战胜败在一撇上?

答：1930 年 5 月，中原大地爆发了国民党内军阀大战。当时，以冯玉祥、阎锡山（1883—1960 年）为一方，以蒋介石为另一方，双方共投入兵力百万之众在河南南部会战。会战前，按照部署，冯玉祥、阎锡山约定在河南北部的沁阳会师，以便集中优势兵力歼灭蒋军。谁知冯玉祥的作战参谋下达命令时阴差阳错地将“沁阳”写成“泌阳”，多写了一撇，成了另一个地名。无巧不成书，恰恰“泌阳”也是河南省的一个县。然而问题是：“沁阳”位于黄河北岸，“泌阳”远在河南南部桐柏山下，两地相距数百公里。由于冯玉祥的部队按照错下的命令开到了“泌阳”，未能和在“沁阳”的阎锡山部队会合，错过了集中优势兵力聚歼蒋介石部队的良机，致使冯玉祥、阎锡山的部队分处两地，处处被动挨打，最后遭到失败。

## 408. 是“巨鹿之战”还是“涿鹿之战”?

答：《中华人民共和国演义》一书开篇的两句话是：“话说我中华大地，本是文明古国。自远古巨鹿之战后，黄帝炎帝入主中原，经略南方，风化渐开，遂奠定中华民族五千年文明的基础。”但是稍有文史知识的人一看，不难发现“巨鹿之战”有误。之所以说“有误”，史书《史记·五帝本纪》可作佐证：“蚩尤作乱，不用帝命，于是黄帝乃征师诸候，与蚩尤战于涿鹿之野……”当然，“巨鹿之战”也是有的，但它却是“秦末农民起义军歼灭秦军主力的战役”。由此可见，该书作者显然犯了“张冠李戴”或“关公战秦琼”的错误，将发生在五千多年前的“涿鹿之战”与二千二百多年前的“巨鹿之战”混为一谈，一字之错、一字之差，竟达一个三千年，开了一个不大不小的历史玩笑。

## 409. 一则新闻标题为什么加个“又”字？

答：早在20世纪20年代大革命时期，国民党报纸不时登载有关贺龙被活捉枪毙的“新闻”。一次，一位富有正义感的编辑在发稿时，有意识地在“被”字前加了个“又”字，如此一加，便成了《匪首贺龙昨天又被活捉枪毙》。岂知这个“又”字加上了得，它不仅明白地说明此前该报多次刊登的同类“新闻”都是假的，是谣言，而且更清楚地说明这次“新闻”同样是假的，还是谣言。

报纸登出之后，引起广大读者强烈共鸣。反动当局将这位编辑“请去”，质问他为什么要加这个“又”字，只见他胸有成竹地说：“本报已多次刊登这样的新闻，现在再刊登同样的新闻，只好用‘又’字以示区别。”面对他的这个滴水不漏、无懈可击的回答，弄得反动当局啼笑皆非，只好将他释放。

## 410. 一则新闻标题为什么加个“的”字？

答：1999年12月14日，美国政府正式对外宣布，它向巴拿马政府移交马拿马运河区的全部统治权。包括世界各大报刊在内的各大新闻媒体，迅即纷纷作出报道。其中，墨西哥《永久》周刊的标题是：《巴拿马运河回归》，委内瑞拉《国民报》标题是《巴拿马运河与过去告别》，而我国《人民日报》的《巴拿马运河归还主人》的标题也不错……然而令人意想不到的是，一家小报的标题《巴拿马运河今成“巴拿马的运河”》更为精彩，耐人寻味。浙江《钱江晚报》编辑突发奇想，妙笔生花，他写的标题《巴拿马运河今成“巴拿马的运河”》一个“的”字击中要害，尽得风采，赢得读者一片赞扬。

## 411. 谁将“毛泽东同志故居”改为“毛泽东同志旧居”？

答：是刘少奇。1961年3月底，刘少奇在广州出席中央工作会议。在返回北京的归途中，他顺道回湖南老家宁乡附近进行一番调查研究，重点了解农民对《农村六十条》这一文件的意见。在完成上述工作后，4 月 9 日刘少奇偕同夫人王光美从韶山招待所步行到毛泽东同志故居参观。故居的工作人员汪文成、毛乾吉等闻讯迅速赶来迎接、接待刘少奇。刘少奇的眼睛凝视门匾“毛泽东同志故居”七个字，沉思片刻，指着这块“毛泽东同志故居”门匾，轻声地问道：“知道这个门匾是谁提议写的吗？”汪文成、毛乾吉摇摇头表示不知道，刘少奇缓缓地说道：“‘毛泽东同志故居’的‘故’字有‘过去’和‘去世’两种意思，我们的毛泽东同志身体很健康，应当把‘故’改为‘旧’字。”刘少奇的话刚说完，第一个吃惊的是毛乾吉。事后他对汪文成说：“那么多领导人看过都没有说什么话，毛主席 1959 年回来看过，也没有说什么。听说这个门匾还是毛主席的老师徐特立（1877—1968 年）一锤定音的呢，怎么会有这么严重的问题呢？”不久，湖南省委办公厅发文同意将“毛泽东同志故居”改为“毛泽东同志旧居”。同年，郭沫若为“毛泽东同志旧居”题写了匾额。

## 412. 是“刘胡兰”还是“刘富兰”？

答：刘胡兰（1932—1947 年），山西文水人，女。1946 年加入中国共产党，担任区妇救会干事。她积极参与和带领群众参加土改和支援前线。1947 年 1 月，国民党军队突袭文水县西周村刘胡兰被捕，拒绝投降，并从容躺在刚刚铡死 6 个农民的铡刀下，壮烈牺牲。同年，毛泽东为刘胡兰烈士题词：“生的伟大，死的光荣。”然而，“刘胡兰”是她的真名吗？ 2010 年 10 月 31 日黄河新闻网刊登的一篇《刘胡兰凛然之死及生前身后事》，说及刘胡兰烈士的姓名问题，引起一段旧论。原来，刘胡兰的姓名是“刘富兰”。据《晋绥日报》老报人胡亚说，刘胡兰的真名确实叫“刘富兰”。之所以造成叫“刘胡兰”，问题出在报道刘胡兰英雄事迹的新闻记者李宏森身上。李是湖北人，湖北方言，声母中的唇齿摩擦音同舌根上腭摩擦轻音从来都是一锅粥，分辨不清，现代汉语拼音声母的“f”“h”从来都是不分的，于是将“湖北”念成“福北”、“饮料”念成“饮尿”等也毫不奇怪。正因为如此，这位年轻、热情，但又难免有些粗枝大叶的李宏森一不小心，将“刘富兰”一耳朵听成、进而写成“刘胡兰”，将她的英雄事迹写成新闻报道，并在报纸上发表了。由于这一新闻在当时社会影响甚大，受到中央领导同志的高度重视，连毛主席为刘胡兰烈士的“生的伟大，死的光荣”题词也到了。尽管此时从山西文水方面反映过来，说明烈士不叫“刘胡兰”，而叫“刘富兰”。但是没有办法，毛泽东题词摆在那里，已经定型了，全解放区都知道刘胡兰，就只好如此将错就错、顺水推舟地将“刘胡兰”从当时叫到现在，不可能也没有必要更正回去叫“刘富兰”了。

## 413. 有些人一生输在一个什么字上？

答：有些人一生输在一个“等”字上：

“人这一生总是在等

等将来　等不忙　等下次

等有时间　等有条件　等有钱了

可是后来

等来等去　等没了缘分　等没了青春

等到最后

等没了健康

等没了机会

等没了选择

等来了遗憾

等来了后悔”

（摘自网络）

## 414. 希特勒《我的奋斗》一书的每一个字使多少人丧命？①

答：希特勒（1889—1945 年）《我的奋斗》这本书是 20 世纪世界最邪恶的书之一。自它出版几十年来，它带给人民的巨大灾难和恶劣影响，仍然

①补述两个中国版的类似事例：一是汉代的法律规定：“史书上书，字或不正，辄举劾。”（《汉书·艺文志》）乃至写错一个“马”字即有死罪之虞。唐代，给事中杨珍在奏折中将一个名叫“崔牛”的人错写成“崔午”，受到肉体、经济双重处罚，既挨三十大棍之苦痛，又罚铜四斤。二是 20 世纪 50 年代初，刚刚败退台湾不久的国民党蒋介石大搞白色恐怖，大肆压迫政治异见者。一次，与柏杨（1920—2008 年）齐名于台湾各界的报纸专栏作家张怀民，写了一篇只有“自以为是民族救星”的 8 个字的短文，被指“诬蔑领袖，蛊惑人心”，结果被逮捕判了八年徒刑，一个字一年徒刑，遭到社会公众抨击。

如同阴影，一直笼罩在许多平民百姓的心头。据说，《我的奋斗》里的每一个字，使 125 人丧失性命；每一页，使 4700 人丧失生命；每一章，使 120 万人丧失生命。

## （十四）一篇一字

### 415. 哪篇小说是一字小说？

答：美国某高校曾经颇有创意地举办过一次微型小说征文比赛。经评选，一篇题为《第一封情书寄出后》的微型小说获得最高奖。该小说只有一个字：“等……”好一个“等”字，既获得评委们的青睐，又令广大读者有无限想象的空间，回味无穷。

### 416. 哪首诗歌是一字诗歌？

答：美国一家颇有声誉的出版社主办的刊物，曾经刊载过一首题为《生活》的诗歌。读者阅读时，只见该诗歌仅有一字：“网。”正是这个“网”字，既精练，又深刻，还形象地揭示了人们日常生活中那种错综复杂、千丝万缕的人际关系，给广大读者留下难忘而深刻的印象。

### 417. 哪封回信为一字回信？

答：一个颇有嫉妒心理的人给美国著名作家海明威（1899—1961 年）写了一封信，不怀好意地说：“我知道你现在的身价是一字一金，现附上一块美金，请你寄个样品来看看。”海明威收到来信和一元美元后，给此人写了只有一个字的回信：“谢！”，以表示对此人不友好来信的绝妙回答。

### 418. 哪封家书是一字家书？

答：20 世纪 60 年代初，著名作家赵树理（1906—1970 年）收到长子赵广元想要钱的一封家书，内容就是一个字：“钱！”没承想赵树理回复的家书既快速，又精练，同样只有一个字：“〇！”在赵树理看来，儿子既然已经自立，就不应该再有依赖思想，动辄向父母伸手要钱。只有一个“〇！”

字的一字家书，足见赵树理家风家规甚严，教子有方。

## 419. 哪篇社论是一字社论[①]？

答：1968年4月，美国新闻媒体《明星时报》就时任美国总统约翰逊（1908—1973年）竞选失败一事，发表了一篇题为《约翰逊认输》的社论，全文只有让人耐人寻味的一个字：“妙！”毋庸置疑，这篇只有一个“妙！”字的社论，旗帜鲜明地表达出这家报纸以及它所代表的阶层对约翰逊竞选总统失败，表示肯定和欢迎一事的鲜明立场和态度。

## 420. 什么是一字嫁妆？

答：清代诗人、书法家何绍基（1799—1873年），在获悉其千金喜结良缘，正在备办嫁妆后，他便特地托人从京城捎回一个箱子作为嫁妆。正当举办婚礼大喜之日，女儿喜梅当着众人打开箱子看看家父到底赠送什么令人惊喜的嫁妆，但却又立刻令喜梅和全家人愕然不已。原来箱子里空空如也，只见箱底上工工整整书写的一个大字：“勤！”此时女儿喜梅和夫婿两人很快领会了作为父亲和岳父的良苦用心，甚为欣喜地收下这份嫁妆。从此，一个“勤”字便成了日后他们勤俭持家的座右铭。

## 421. 什么是一字判词？

答：清代，一位寡妇想改嫁他人，却遭到家人和邻居的无理纠缠与百般阻挠。于是，她在烦恼无奈之中只好向官府告状，她在状纸上写道：“豆蔻年华，

---

① 更妙者，还有“无题”社论。1938年1月25日《文汇报》在上海创刊，这是继《大公报》后开办的中国第二家民间报纸。时任《文汇报》国际版编辑的储玉坤（1912— ）特约曾任《大公报》总编辑的徐铸成（1907—1991年）为《文汇报》每天写一篇社论。徐铸成欣然答应下来。1938年3月，社会和坊间盛传敌伪汉奸要在南京拼凑成立傀儡政府。为此，徐铸成在以大汉奸梁鸿志（1882—1946年）为首的所谓“维和政府”粉墨登场的当天，撰写了一篇“无题”社论。那天的《文汇报》版面安排刊登“无题”社论的旁边，是盛传南京傀儡政府成立的消息，同时又把老牌汉奸、伪满洲国重臣郑孝胥（1860—1938年）死讯加上边框，“镶”在上述两者之间，强烈暗示这是一切为虎作伥的汉奸卖国贼的必然下场。后来，当问及为什么写此“无题”社论时，徐铸成含而不露地答道：“因为租界当局不允许过分刺激的标题，只能‘此处无题胜有题’了。”

失偶孀寡，翁尚壮，叔已大，正瓜田李下，当嫁不嫁？”寥寥数言，尽述改嫁理由，合情合理，不得不让人刮目相看，令人折服。当时一位开明开通且主持公道的知县接到此诉状，拍案叫绝，马上挥笔写下一字判词：“嫁！”

## 422. 什么是一字评价？

答：汪曾祺（1920—1997年）晚年喜欢给别人出的书写序，为青年作者至少写了一二十篇序。一次，汪曾祺应邀赴山西大同出席一个文学创作会议。会前，曹乃谦（1949— ）将自己的一组短小说《到黑夜就想你没办法》请他审读，汪利用会前一些空余时间，一睹为快，一口气看完，末了给了一字评价：“好。”

## 423. 哪个字可以概括一生？

答：1998年，翻译家冯亦代（1913—2005年）脑血栓病复发，这次是第七次犯病了。有个记者采访他，请他用几句话概括自己的一生，冯亦代平静地说：“用不了几句话，一个字就够了。”记者则问道：“哪一个字？”冯答道：“难！”但凡了解冯亦代的人都深知这个“难”字的分量。

## 424. 哪个字可以概括学术生涯？

答：夏承焘（1900—1986年），《词学》杂志原主编，著有《词源注》《夏承焘词集》《域外词选》等，系现代词学奠基人。他晚年回顾和总结自己数十载的学术生涯时说过一句话：“笨是我治学的本钱。”即一个“笨”字可以概括其学术生涯。他认为，读书要吃苦，不能投机取巧，只有下得笨功夫，才能渐入佳境。夏承焘对“笨”字作了如下解读：它从“竹”（“⺮”字头）到“本”，头上顶着“竹册”（“册”是穿好的“竹简”，即为古代的书籍），是让读书人勤奋好学，才能学到学问、做好学问的。

## 425. 什么是题为一个字的小诗？

答：可举一例：一首俄罗斯的小诗题为《短》：

“一天很短，短得来不及拥抱清晨，就已经手握黄昏！

一年很短，短得来不及细品初春殷红窦绿，就要打点素裹秋霜！

一生很短，短得来不及享用美好年华，就已经身处迟暮！”

（摘自网络）

## （十五）增减笔画字

### 426. 是“天心取米”还是“未必敢来”？

答：西汉武帝（前 140—前 87 年）时期，有一次北方边境匈奴汗派人给朝廷送来一份战书，上面写有“天心取米”四个大字。在一天上朝议政时，汉武帝与文武众臣讨论战书，君臣皆对写有“天心取米”四字究竟是什么意思百思不得其解，颇为困惑。此时，只见负责修撰史章典籍的宫中小吏何塘禀奏汉武帝说：“依小臣之见，‘天’者，天朝也；‘心’者，中原也；‘米’者，圣上也；天心取米，即是夺我江山，取圣上龙位的意思。”正当皇上与众臣明白什么意思，却又对如何答复此战书议论纷纷、莫衷一是之时，还是这位何塘提笔在战书上的“天心取米”四个字上略添几笔，将原信装入信封，并将原信退回作为答复。匈奴汗打开一看，此答复是：“未必敢来。”原来匈奴汗主观以为汉朝看了“天心取米”的战书不敢应战，但看了“未必敢来”的答复，匈奴汗大惊失色，认为自己太轻敌了，大汉朝上上下下，人才济济，不可小觑，倘若贸然出兵进犯未必能占上风，于是便退兵了事。

### 427. 是“鱼齐即”还是“鲁斋郎”？

答：北宋仁宗（1023—1063 年）时期，国舅鲁斋郎一贯倚仗皇威，专横跋扈，胡作非为。有一次，贪色成性、荒淫无耻的鲁斋郎为霸占良家女子，一下子逼死好几条人命。死者家属为此愤而告状到包公（999—1062 年）处。包公闻此十分气愤，当他查明案情，证据确凿，便下决心将鲁斋郎处以极刑，为民除害。包公先向皇上呈递一个奏折，说有一个叫“鱼齐即”的人，坑害百姓，犯下几条人命，该当何罪？宋仁宗阅后，便御笔一挥批一个“斩”字。包公雷厉风行，一不做，二不休，就把囚监起来的鲁斋郎处决了。第二天，宋仁宗有事宣鲁斋郎上朝询事。包公启奏道：“此犯乃御笔亲判，昨日已经斩了。”皇帝大惊失色，忙问到底这是怎么回事？包公将批文呈递上去，皇上一看，果真是自己御笔亲判，只好言不由衷地说：“苦害百姓，该当此罪！”

原来，包公在皇上批了一个“斩”字后，回到府中就在“鱼齐即”上各添了几笔，变成了“鲁斋郎”。宋仁宗自以为昨天看花了眼而批“斩”字，也不好怪罪包公。如此这般，包公巧用添笔改字借皇上之力为民除了一害。

## 428. 是“國”还是“國”？

答：北宋末年，金兵大举进攻中原，徽宗赵佶、钦宗（1126—1127年）赵桓二帝当了俘虏。岳飞立志从军，精忠报国。岳飞母亲为了教育儿子不忘靖康之耻，为国捐躯，特地在岳飞背上刺下“精忠报國”（还有“尽忠报国”另一说——作者注）四个字。岳母刺完了，拿镜子让岳飞看，“精忠报國”的‘國’字少了一点，变成了“國”[1]字，岳飞颇为疑惑，不禁问道：“娘亲，你刺的‘精忠报國’四字，孩儿终生不忘，不知‘國’字少了一点是何道理？”此时岳母拭泪语重心长地答道：“这少一点，只因金兵入侵中原，国都陷落，二帝被俘，如今国家无主啊！我儿要记住靖康之耻，早日恢复中原，迎接二帝还朝。”

## 429. 是“乌鲁木齐”还是“鸟[2]鲁木齐”？

答：新疆乌鲁木齐市一家挂面厂原来生产的挂面，由于物美价廉颇受消费者的青睐与欢迎。厂家为了追求更高的销售额，决定对产品进行包装。于是厂里筹集一笔资金，购买大批优质包装纸，又花10万元印刷费，专门用日本一家大型印刷厂印刷商标。但是由于设计人员粗心大意，把“乌鲁木齐”的“乌”字多添了一点，误写为“鸟”，成了“鸟鲁木齐”。正是这一字之差，或更准确地说是一点之差，使得优质“乌鲁木齐”挂面包装纸设计费统统白费了。

---

① 太平天国天王洪秀全（1814—1864年）也改过“国”字。他认为，他所建立的国家的“國”字，不应该与一个表示大概或疑惑的“或”字谐音，1853年，他下令将“國”字改为“国”，这样才与他的天王相符。

② 作者也犯过类似错误。作者拙著《说文解错700例》（中国文史出版社2013年版）就曾将“方鸣”的“鸣”错写成少了一点的“呜”，很惭愧。特在此既向指出此错的陈锡章先生致谢，更向方鸣先生致歉。

### 430. 是“一夫一妻”还是“一天一妻”？

答：全国人大原新闻中心主任沈掌荣在给新闻记者讲课时，不止一次地讲过对汉字的准确笔画要十分小心，既不可多，也不可少。他举例说：有一个采访法制工作的记者，为了赶写采访稿忙中出错，竟将“一夫一妻”写成“一天一妻”，闹了大笑话。原来“夫”与“天”之间的笔画区别在于：“天”的上部不出头，一出头便成了“夫”字。这不仅是一字之差，差之千里，而且是一点之差，差之千里。①

## （十六）一字师

### 431. 齐己的一字师是谁？

答：唐代诗人齐己（863—937年）写过一首题为《早梅》的诗：“万木冻欲折，孤根暖独回。前村深雪里，昨夜数枝开。风递幽香去，禽窥素艳来。明年如应律，先发映春台。”写完后，他拿着此诗向另一诗人郑谷（约851—约910年）请教。郑谷看了该诗后评论道：“此诗不错，只有一字不够妥当，倘若稍作改动，就是一首难得的好诗了。”齐己听后饶有兴趣地连忙求教：“依先生之见，改哪个字为好？”郑谷说：“题为《早梅》，就应该突出一个‘早’字。‘昨夜数枝开’的‘数枝’，大有花满枝头之意，不足见‘早’，若将‘数’改成‘一’字，‘昨夜一枝开’，可见众花未开，一枝独放，才称其‘早’。这样就符合题意了。”齐己听完郑谷的话后，甚为钦佩并接受其意见，将诗句“昨夜数枝开”改为“昨夜一枝开”。此事一传开，人们称郑谷是齐己的“一字之师”。乃至后来人们将有一字之教者称

---

① 补述另一个将“文”错念“丈”的“一字之差”：有一天下午，一个快递员去送快件时碰到一个名叫“方文”的，到了住址，打不通电话，无奈之下，只得在楼下扯着嗓子喊道：“方丈、方丈，有快递！”过了一会儿，才听到一个女声答道：“知道了，就下来。”该快递员（错认“方文”为“方丈”）正纳闷，怎么一个姑娘家叫“方丈”呢？要叫也应该叫“尼姑”啊！这位姑娘匆匆走过来，大声吼道：“施主，你识字不识字！你识字不识字！老娘叫方文……”

为“一字师”①。

## 432. 白居易的一字师是谁?

答：唐代大诗人白居易写成诗后，往往先读给家中老女仆白菊和邻居老妇听，如果她们听不明白，他就进行修改乃至弃稿重写。有一次，白居易写成题为《新制绫袄成，感而有咏》一首诗，将诗中的几句读给白菊听：“百姓多寒无可救，一身独暖亦何情。心中为念农桑苦，耳里如闻饥冻声。安得大裘长万丈，与君都盖洛阳城？”

该诗最后两句的意思是说，怎样才能获得万丈长的大裘皮，从而能把整个洛阳城都盖上，让平民百姓的身体都感到暖暖和和的呢？白菊听后发表意见说：“意思我是明白的，只是这个‘安’字感觉不太好懂。”白居易听后觉得颇有道理，欣然采纳她的意见，于是将“安”改为“争”，即“争得大裘长万丈”，争着为平民百姓多做好事实事。可见老女仆白菊成了白居易的“一字师”。

## 433. 范仲淹的一字师是谁?

答：范仲淹（989—1052 年）在浙江当地方官时，曾在富春山钓台上修建了一座严子陵的祠堂。正值祠堂落成之际，范仲淹写了《严先生祠堂记》一诗曰：“……云山苍苍，江水泱泱，先生之德，山高水长！”此诗写成后，范仲淹交给友人李觏（字泰伯，1009—1059 年）看，李先是赞不绝口，后又坦诚地对范说：“如果诗中改动一个字，那就更完美了。”范仲淹听后连忙虚心求教，李觏不慌不忙地说：“诗中写云山江水的话，意境很大，后面用一‘德’字来承接，便觉得有些局小，而且太呆板。把‘德’字改成‘风’字，你看如何？”范仲淹听后，心有灵犀一点通，连声叫好。因为这一字之改，意境的确大不一样：用“德”太直露，用“风”却显得蕴蓄，而“风”是个

① 于光远《“一字师”和“半字师”》一文（《咬文嚼字》1996 年第 5 辑）指出，“一字师”的最早发明者也许是唐朝李相。于光远这一说法或许可信。李相，姓李名绅（而不是“相”），他就是和李德裕（787—850 年）、元稹合称“三俊”的中唐著名诗人李绅（772—846 年），也是脍炙人口、流传至今著名《悯农》诗（内有“谁知盘中餐，粒粒皆辛苦”佳句）的作者。

多义字，既可释为“风范”“风骨”，又可释为本义自然的风。用“风”与“云山”“江水”相对相配，当然融洽多了。于是范仲淹心悦诚服地将“德”字改为“风”字，并尊称李觏为“一字师”。

## 434. 张咏的一字师是谁？

答：张咏（946—1015年）在担任朝廷尚书要职期间，有一次设便宴款待江苏溧阳县令萧楚材。当萧来府上在书房等候时，看见张咏书案上有一首刚写成的诗，其中有两句：“独恨太平无事，江南闲煞老尚书。”即他恨天下太平，让他似乎没有什么事可干，无大作为可言。萧楚材看后，将“恨”改成“幸”，成了意思完全相反的两句诗：“独幸太平无事，江南闲煞老尚书。”

翌日，张咏拿着被人改过的诗稿询问左右的人：“这诗谁给改的？”左右的人回答说：“是萧知县改的。”张咏听后则喜，颇为感慨地说：“他改得有道理。天下太平应该庆幸，何必烦恼呢？”张咏又接着说了一句：“这萧公是我的一字师呀！”

## 435. 毛泽东的一字师都有谁？

答：毛泽东的一字师有四次五人。

第一次，1956年1月14日，诗人臧克家（1905—2004年）应毛泽东之约到家做客。毛泽东对臧克家说：“你在《中国青年报》上评论我的即兴咏雪的文章我看过了。”此时，臧随即想到一个问题，问毛道：“主席，词中‘原驰腊象’的‘腊’怎解释？”毛反问道：“你看应该怎样？”臧坦诚地说：“如写作‘蜡’比较好讲，‘蜡象’正可与上面的‘银蛇’映对。”毛听后点头称是，欣然接受。1958年12月，文物出版社刻印的大字本《毛泽东诗词十九首》，即将“腊”改为“蜡”，将“原驰腊象”改为“原驰蜡象”。臧克家成了毛泽东的一字师。

第二次，1957年1月25日，《诗刊》创刊号出版。发表毛泽东的《旧体诗词十八首》，并附有毛泽东致诗人臧克家的一封信。尔后，《人民日报》陆续转载毛泽东的“过去没有发表过的或传抄得比较广泛的”10首诗词。同年1月30日，上海复旦大学中文系学生黄任珂致函毛泽东，对《菩萨蛮·黄鹤楼》一词中的“把酒酎滔滔”的“酎”[①]字提出质疑，询问毛泽东该“酎”字是否为“酹”字之误。毛泽东阅后欣然接受，于是将“把酒酎滔滔”改为“把酒酹滔滔”。毛泽东还在黄任珂的来信上用铅笔作了批示：“复以他的意见是对的。”为此，中央办公厅秘书室遵嘱给黄写了如下的复信：“黄任珂同学，你的来信毛主席已经看过，他说你提的意见是对的，嘱咐我们代复。并致敬礼。”无独有偶。湖南资兴煤矿职工业余学校教师冯文冰阅读《菩萨蛮·黄鹤楼》一词后，于同年2月10日致函毛泽东，同样提出“把酒酎滔滔”的“酎”字是否为“酹”字之误。毛泽东也用铅笔批示道：“秘书室复以他的意见是对的。”

第三次，江苏省泰县茆威小学校长孟运荣读了《诗刊》上发表的毛泽东致臧克家的一封信后，认为，“遗误青年”的“遗”字使用不当，并致函毛泽东，建议可否改为“贻”[②]字。毛泽东用铅笔批示道：“复以他的意见是对的。”

第四次，1957年《诗刊》发表毛泽东的部分诗词。1958年12月21日，毛泽东专门对自己的诗词作了说明式的批注。指出，其中《七律·长征》原诗中有二句：“金沙浪拍云崖暖，大渡桥横铁索寒。”后来根据一位读者的建议，才将“浪拍”改为“水拍”的，为此毛泽东在批注中还写道：“浪拍：改水拍。这是一位不相识的朋友（即东北师范大学讲师罗元贞——作者注）建议如此改的。他说：不要一篇有两个浪字，是可以的。”并指出：“可以说，这位朋友是我的一字师。”

至此，读者便知：臧克家、黄任珂、冯文冰、孟运荣和“一位不相识的朋友”（罗元贞）五人成了毛泽东的“一字师”[③]。

---

①《词典》（第1695页）释义：“酎　〈书〉重（chóng）酿的醇酒。”（第787页）释义：“酹　〈书〉把酒浇在地上，表示祭奠。”

②《词典》（第1534页）释义：“贻　……②遗留：～害｜～患。”

③ 与中国领袖毛泽东坦然承认自己写了错别字，还认指出差错者为一字师的大家风度相比较，苏联领袖斯大林（1878—1953年）在这方面的表现就有所逊色了。一天，斯大林读完高尔基的题为《少女与死神》小说后，颇为欣赏，便在书的最后一页欣然写下一句评论：“这本书写得比歌德的《浮士德》还要强有力，爱情战胜死亡。”或许由于一时疏忽，斯大林把“爱”字的俄文字母少写了一个。当这句评论在一家报纸原封不动地刊载后，引起人们的热议。此事被斯大林获悉后，他随即作了既承认有错，又粉饰自己的批示：“坊间的传言有误，那个‘爱’字只是书写的笔误。”

## 436. 邓小平的一字师是谁？

答：1983年6月，邓小平为学习朱伯儒题词："向朱伯儒同志学习，做一个名符其实的共产党员。"当时，邓小平嘱咐办公室人员不要急于发表，可先请语言文字学家看看有无不妥不当之处。办公室人员找到北大教授、语言文字学家王力（1900—1986年），他看后说："写得好，不过'名符其实'的'符'字目前已不再使用，这样使用不规范，应该改成'副'字。"邓小平获悉后欣然接受王力的修改意见，并说："再重写一张！用字不规范①，这样不好。"于是邓小平又铺开宣纸，重新书写了一幅题词："向朱伯儒同志学习，做一个名副其实的共产党员。"

## 437. 吴玉章的一字师是谁？

答：1941年春，王震（1908—1993年）率三五九旅专奉党中央之命屯垦南泥湾。该区原是富庶之地，但在一百多年前，由于清王朝镇压当地回民起义，致使南泥湾成了荒野。时隔一年后的1942年7月10日，朱德、吴玉章、徐特立、谢觉哉、续范亭（1893—1947年）等延安"五老"，视察业已变成"陕北好江南"的南泥湾，他们目睹此时此景感慨万千，纷纷欣然挥笔赋诗留念。

其中，吴老写的是一首《和朱总司令游南泥湾》五言诗。时隔16年后的1958年，当《红旗飘飘》杂志编辑部向吴老索稿时，他将这首五言诗拿出来发表。在抄写这首诗时，年仅18岁的服务员张兵山发现"'回乱'成荒地"一句不妥，指出：虽然"回乱"打了引号，实际上还是把变成荒地的责任放在回族人民身上。吴老听取小张的意见，觉得言之有理。经再三斟酌，将"回乱"改为"剿回"，虽只改一字，却还原历史的真相，既歌颂了回族人民的革命精神，又抨击了清王朝反动统治。就此事，吴老不无感慨地说："古人有所谓一字之师。我看小张同志就是我的一字之师。"

---

① 不过，进入21世纪，或许情况有了变化。《词典》（第906页）释义："名符其实　名副其实。""名副其实　名称或名声与实际相符合。也说名符其实。"上述两个释义表明：一般情况下，理应使用"名副其实"；但还不能说只能用"名副其实"，不能用"名符其实"，因为从根本上说，两者可以互为通用——作者注。

## 438. 郭沫若的一字师是谁?

答：20 世纪 40 年代抗日战争时期，郭沫若编剧的话剧《屈原》在陪都重庆公演，引起很大的轰动。一次演出中，郭沫若也在看戏。当时台上婵娟痛斥宋玉："宋玉，你辜负了先生的教诲，你是没有骨气的文人！"作为观众的郭沫若在台下听到这句台词，脑子一转，总觉得有点不够味、不带劲。过了一天，郭沫若来到后台同扮演婵娟的张瑞芳说了自己的感受，并与她切磋对这句台词如何修改。此时，旁边有个演员插话说："'你是'不如改成'你这'，'你这没有骨气的文人'，就够味了。"郭沫若一听觉得很有道理，甚为高兴，马上将这句台词改为："你这没有骨气的文人！"这一改果然不同凡响，生色不少。为此，事后郭沫若专门写了一篇短文附在剧本之后，并称这位演员是他的"一字之师"。

## 439. 公刘的一字师是谁?

答：20 世纪 50 年代，诗人公刘（1927—2003 年）写了一首热情洋溢、青春四射的题为《五月一日的夜晚》的诗。该诗的后一节如下：

"整个世界站在阳台上观看，/ 中国在笑！ / 中国在跳舞 / 中国在狂欢 / 羡慕吧，生活多么好，多么令人爱恋，/ 为了享受这一夜，我们战斗了一生！"

该诗中的"跳舞"的"跳"字，是公刘寄给《人民文学》杂志的原稿中曾有的，但是刊载前负责编辑的吕钊（也是一位诗人）删去了这个"跳"字。吕钊认为，这个"跳"字，不仅显然无益于"中国在舞"这一美好的意象，而且就诗的音乐感而言，也是一个纯属多余的不和谐之音，于是把它删去了。一般而言，诗坛流传的一字师，往往是改动一个字，而此时此处吕钊却是删去一个字。然而，正是由于这个"跳"字删得好，既净化了文字，又使诗意圆融稠密，公刘心悦诚服地指认吕钊为自己的"一字之师"。

## 440. 梅兰芳的一字师是谁?

答：有一次，梅兰芳（1894—1961 年）亲率京剧团赴汉口演出。在《女起解》一场戏中，梅兰芳扮演苏三，有一段"反二黄"唱段，第一句唱词是："崇老伯他说是冤枉难辩。"当时沙市京剧团艺委会主任郭叔鹏在台下看戏，听到此处觉得这个“难辩”与整个剧情所要表达的意思相悖。戏演完后，郭叔鹏便向梅兰芳“质疑”道：“梅先生，您看崇公道的念白里面，哪儿有苏三所唱的‘冤枉难辩’的意思呢？相反，倒是说她的官司，可能有出头的希望了。”郭叔鹏认为，应当将“难辩”改为“能辩”字，便与剧情所要表达的意思相吻合了。梅兰芳听完觉得很有道理，欣然接受这一意见，从此《女起解》这出戏中的“冤枉难辩”改为“冤枉能辩”。由此郭叔鹏成了梅兰芳的“一字师”。

## 441. 周立波的一字师是谁？

答：1955 年 10 月，作家周立波（1908—1979 年）回到家乡湖南益阳担任桃花乡党委副书记。1957 年的秋收前夕，应《人民画报》记者之约，周立波写了一篇反映当地劳动模范情况的稿子交给记者，特地叮嘱道：“请拿去给陈清亮同志修改一下。”陈时任周深入生活所在地的乡党委书记，听了记者的转述，他认真地、诚恳地说：“在立波同志面前，我做小学生还不够，怎么能修改他的文章呢？”当记者向周转述陈的意见，他却恳切地说：“小陈有文化，情况又比我熟，还是党委书记，一定要请他修改。”陈恭敬不如从命，见无法推辞，只得遵嘱抱着学习的态度阅读该稿。看着看着，果然发现文中有一处写“今年的丰收，硬是坛子里做乌龟——十拿九稳。”陈认为这句中的“做”字用得不妥，应改为“捉”，于是动笔把“做乌龟”改为“捉乌龟”。修改后的稿子回到周立波的手里，他一看陈清亮的修改，十分赞同并钦佩这一更改，随即登门致谢，高兴地说：“你就是我的‘一字之师’嘛！‘做’乌龟，岂不笑话？应该是‘捉’，应该是‘捉’。”

（摘自网络）

## 442. 老舍的一字师是谁？

答：舒乙（1935—　）［老舍（1899—1966 年）、胡絜青（1905—2001 年）之子］《老舍先生》连载之三《老舍和“人艺”》指出：“《茶馆》第一幕的最后一句话原来是庞太监的话‘我要活的，不要死的（怪笑，落幕）。’排演时改为下棋的一位茶客的一声高叫：‘将，你完了（哈哈大笑，落幕）。’老舍认为这样的结尾效果和寓意极佳，便把‘将，你完了’也收进自己的文学本中，称赞这个‘将’字改得好，是‘一字师’。”

## 443. 胡絜青的一字师是谁？

答：1985年4月9日，邹士方在《人民政协报》副刊刊登胡絜青的一副对联：“有天皆日丽，无地不春风。”读者孙喜顺读后，认为该联既挺好也有错，指出此错是“丽日”误写为“日丽”。此信经由全国妇联转至邹士方手中，再由邹将此信寄给胡絜青。胡看了孙喜顺的信后，很诚恳地接受他的批评意见，并写了一封复信，嘱托邹士方转寄给孙喜顺。复信全文如下：

“喜顺同志：

由妇联转来大札已拜读。一字之师，十分可贵！可敬！

我在政协会议过后，有一项文娱活动，在当时挥笔潦草写这么十个字。那时已近傍晚，精力已经不足，所以出此荒疏，对仗时，竟然出了错误，以后当以为戒。十分感谢您的教导，以后必当小心下笔！

再一次谢谢您！此幅字，早已成了陈迹，并不用政协书画室再展出了。请您以后不断地指导是幸。祝吉！

八十有一絜青拜上”

## 444. 华君武的一字师是谁？

答：有一年，上海某刊刊登华君武（1915—2010年）的一幅题为《东郭寓言之三》的漫画，画中配有如下文字：“东郭狼之罪证：布袋一，内有狼毛五十一根。”读者朱连城以《东郭“虐”狼》为题投稿《咬文嚼字》，指出：“华君武先生的漫画，有口皆碑。《东郭寓言》组漫画尤为耐人寻味。附图原刊上海某刊，寥寥数笔，神情毕肖，配上文字，顿觉余音绕梁。只是其中的‘虐’字，字书无其字，当为‘虐’之误。《说文·虍部》曰：‘虐，残也。虎是反爪人也。’‘⼔’形似反过来扑人的虎脚。原图误用了‘虐’字的下部。”《咬文嚼字》编辑部收到该稿后决定予以发表，但考虑到华老的名望，编辑也颇感踌躇，便给华老写了一封信，并附寄了几份原来出版的《咬文嚼字》小报。在信中，编辑着重说明将读者朱连城的批评稿刊载时，对原件（《东郭寓言之三》）的漫画既予以充分肯定，又隐去该画作者（华君武）的姓名。几天后，该刊收到华老复函，他不仅欣然同意发表批评稿，而且希望编辑稿件时“不必客气”，不必隐去他的姓名，泱泱大度，感人至深。现将华君武的一篇题为《就“怕”自以为是》稿件附录如下：

“示并小报都收到，未见到《咬文嚼字》，我虽老写错字，但也甚恨错字、造字和自编草书。1980年前后我就有一错字被乌鲁木齐小学一年级学生指出，后也有不少错字被读者指出，我除回信抱歉外，自称是‘死不改悔的错字派’。但近年已有改恶从善之表现，一有怀疑即查字典，略有进步，但就怕‘自以为是’，一‘为是’又错了。《东郭寓言》之三之批评，不必对画充分肯定（这是两件事），也更无须隐去我的姓名，老漫画作者写错字与庶民同罪，不必客气。

日前《北京日报》把寒露搓成‘謇露’，我想报纸出错更应打顿屁股，不要不打老虎，只打苍蝇，两者都要打。

贵报虽小，确是提高人民文化素质的大事，不必自谦。”①

在此附带说一下，作者的一字师不少，其中主要有：20世纪70年代，李国强：亨（享）有。80年代，和宝荣：开澜（阔）；冯惠玲②：名符（副）其实。21世纪，曲延纯：扣（抠）细节、《晋绥时（日）报》；王景高：图

① 作者的孙子王子涵差一点成了本人的“一字师”。2009年，有一次正在读小学四年级的王子涵在书房翻阅我撰写的书稿，突然对我说：“爷爷，这个字错了！”听完他的话，我大吃一惊，赶忙过来看。他指出的“联系”的“联”字，由于我书写得不规范，似乎像个“朕”字，我仔细地辨认了一下，告诉他：“王子涵，这个字是一个联系的‘联’字，不是作‘皇帝’自称的‘朕’字，是我写字写得不规范，让你误认是个‘朕’字。”此时此刻，我既感到“庆幸”，没有让读小学的孙子挑出错别字，又为孙子辨认文字正误的勇气和敏锐性感到高兴。尽管他挑错没有挑对，但这种童言无忌、敢于挑战的勇气仍然可嘉。随后，我又称赞、鼓励孙子王子涵好几句。

② 冯惠玲（1953— ），中国人民大学原常务副校长。

片（书）、暇（瑕）错；陈锡章：方呜（鸣）[1]；吴以文：执（漏“政”）能力、常（漏“识”）性；张世林：Chang（Change），漏字母“e”；张云扬：街（衡）山；潘振同：偏要（安）；李国庆：晦（“畮”）[2]等。

## （十七）其他

### 445.《说文解字》错解“為（简体字‘为’）”字了吗？

答：是错解了。许慎《说文解字》对“爲”的确作了错误的解释。甲骨文中，“爲”字颇为形象地展示出一只手牵着一头“象”的形状。古代人们往往使用大象干活。古书有“役象以助劳”的记载，说的就是这件事。甲骨文中的“爲”字左上方从爪（手），右侧从象，这是一个会意字（许慎错误地将它归为象形字），演变成小篆字体的“爲”，已看不出原来大象的形状。因而许慎在《说文解字》中对“爲”作了错误的解释：“爲”归入“爪”部，即“母猴也。其爲禽，好爪，爪母猴象也。下腹为母猴形”。《说文解字》之所以作此错误的解释，是因为许慎没有见到甲骨文中的“爲”的本字，仅以小篆字体的“爲”字形状加以解释而造成的。

### 446.李林甫怎样读、写别字？

答：唐代奸臣宰相李林甫读、写别字，可举两例：

（1）《杕杜》是《诗经·唐风》的篇名。这个“杕”与“杖”字的字形十分相似，读音为“dì”，可解释为树木孤立的样子，是一个冷僻字。正

① 在此补述有关“魚”“差一点”的趣闻二则：一是杭州西湖苏堤南段西侧，立有康熙御笔亲题的“花港观鱼”石碑。其“魚”四点写成三点（灬）。二是北京颐和园的“谐趣园”中，有一座乾隆御题的知鱼桥，其“鱼”字下面也是三点（灬）。但这两处并不是错。康熙、乾隆所书字体为行书。行书与楷书的区别是：行书下笔、收笔有牵丝映带，为此就往往在保持楷书形体轮廓的前提下，也允许适当运用连笔的减少笔画，以便书写快捷流畅，故可将“魚”下面的四点减省为三点。再则，汉字中，四点大多表示火，比如：“蒸、煮、熬、煎、热、焦、熏”等字下面的四点“灬”均表示“火”。然而“魚”字是例外。古文“魚”字下部的四点是鱼尾形状的变形，并无“火”的意思。故而《说文解字》曰：“鱼，水虫也。象形。鱼尾与燕尾相似。”清代段玉裁注曰：“其尾皆枝，故像枝形，非从火也。”

② “畮”是“亩”的异体字之一，我写成“畮”，李国庆将“畮”改成“晦”。

因为是一个冷僻字，故《新华字典》未收入此字[①]。拿现今的读者来说，不少人不认识、不熟悉此字并不奇怪。但是在古代，尤其是在封建科举制度盛行的唐代，凡是想在仕途上谋个一官半职的人，无不把《诗经》读得多少遍或背得滚瓜烂熟的，哪有不认识“杕”字的。然而这个“杕”字恰恰让堂堂宰相李林甫碰上了。有一次李林甫出面主持吏部官吏考核，见有人在公文中写有“杕杜”二字，他不解其意，对身边的韦陟（697—761年）说：“此云杖杜，何也？”此言一出，李林甫读了一个别（白）字，将“杕”（dì）念成“杖”（zhàng），吓得韦陟低头装聋作哑，不敢回答[②]。

（2）李林甫的舅表兄弟姜度妻子生了个男孩，他写封信表示祝贺。不承想，他信中有“闻有弄獐之庆”的话，当此信读至此时，引得在场客人纷纷掩口窃笑。须知古人生男孩为“弄璋之喜”，这是一个基本常识。“璋”是玉器的名；而“獐”是动物名，两者根本不是一回事，岂能错用，可谓差之毫厘，失之千里。难怪后世一直有人将“弄獐”当作写别字的典故来使用嘲讽一代奸相李林甫。比如：宋代苏轼曾在祝贺他人生男孩的诗中，写有“甚欲去为汤饼客，惟愁错写弄獐书”的诗句，就含有戏称李林甫为“弄獐宰相”之意。

## 447.“石”字＝○（圆圈）吗？

答：照理说，对此问应当回答“不是”或“不等于”。但且慢下结论。追溯到北宋宰相王安石，也不尽然。原来，王安石性子急，每当他批阅完公文后签名时，为图省事，他往往只签个“石”字。由于他字迹潦草，一横连一撇，下面那个“口”字往往就像画个圆圈。开始，这个圆圈画得并不圆，

① 不过，《词典》收入“杕”字，（第286页）释义：“杕 dì 〈书〉形容树木孤立。”（第336页）释义：“杕 duó 〈书〉同‘舵’。”

② 浒墅关是一个地名，位于苏州与无锡之间。由于这个浒（hǔ）字不常见，往往被人读错，读成许（xǔ）。不承想此事偏偏发生在清乾隆帝身上。有一年，乾隆下江南，在船上远远地看见“浒墅关”三个字，便脱口而出：“许墅关到了！”由于皇帝一言九鼎，金口玉言，因此在场的众臣随从，谁都不敢、不愿纠正他读的别（白）字，于是大家也将错就错地异口同声道：“许墅关。”比起宰相李林甫读别（白）字，还是乾隆帝读别（白）字的谱摆得大：前者别人听了读别（白）字至多不吭声，后者众人听了读别（白）字，还违心地跟着读别（白）字。

后来一些心怀歹意的好事者就忙着传播小道消息，说什么王安石在批阅的公文上画押的“石”字竟然是一个“反”字。当王安石听到这些传言后立刻警觉起来，为了不让别人说三道四，抓到把柄惹出事端，他专门练习画(圆)圈，而且画得很圆，达到别人无可挑剔的地步。

顺便说一句：现代不少大大小小的领导在批阅文件时也有画圆圈表示“圈阅”的意思。这一不成文的习惯，似乎可以追溯到王安石，这或许不太牵强附会吧。

## 448. 苏东坡兄妹怎样改诗?

答：史上流传，有一次苏东坡兄妹两人与诗友黄庭坚在一起品诗论诗。苏小妹说出“轻风细柳”和“淡月梅花”后，要求其兄苏东坡从中各加一字，说出诗眼。苏东坡兴致勃勃，当即应道：“前句加‘摇’，后句加‘映’，即成为‘轻风摇细柳，淡月映梅花。’”不料苏小妹摇头并不认可，说此乃“下品”。苏东坡稍加思索后，又说道：“有了，‘轻风舞细柳，淡月隐梅花。’”岂知苏小妹微笑道：“好是好了，仍不属上品。”听苏小妹两次不属“上品”的评论，待在一旁的黄庭坚忍不住，问道：“依小妹的高见该如何？”只见苏小妹不慌不忙，胸有成竹地吟道：“轻风扶细柳，淡月生梅花。”[①] 此时，两位大诗人苏东坡、黄庭坚吟诵着、品味着一个“扶”、一个“生”字，不禁击掌称妙，直夸小妹诗品高雅，才华过人。

① 有人对一首流传甚广的“人生四大喜”的“久旱逢甘露，他乡遇故知。洞房花烛夜，金榜题名时”的四句，作了如下调侃式的改动，亦即在每句后边各加两字，即成“人生四大悲”：“久旱逢甘露，一滴；他乡遇故知，债主；洞房花烛夜，隔壁；金榜题名时，梦里。”另，有一次一段相声对杜牧《清明》诗曰：“清明时节雨纷纷，路上行人欲断魂。借问酒家何处有，牧童遥指杏花村”四句，作了调侃式的改动，将各句各删二字，变成“清明雨纷纷，行人欲断魂。酒家何处有，遥指杏花村。”虽然诗味有所逊色，但仍不失该诗所要表达的基本意思。

## 449. 王勃的一个“□”字能值千金[①]？

答：十多岁已被誉为“神童”[②]的王勃，系初唐四杰之一［另三杰是骆宾王、杨炯（约650—约693年）、卢照邻（632—约695年）］。有一年，王勃赴交趾探望父亲，路过洪州。此时恰逢“九九”重阳节，都督阎伯屿在滕王阁设宴款待宾客，王勃也在赴宴宾客之列。阎都督久慕王勃盛名，宴会后便盛情请他为滕王阁作饯别序。王勃欣然挥笔写下《秋日登洪州滕王阁饯别序》，且赋诗一首：“……闲云潭影日悠悠，物换星移几度秋。阁中帝子今何在？槛外长江□自流。”该诗最后一句故意留个空“□”空下一字，悄然而去。围观的众多学者雅士纷纷猜测填字，有的填“水”，有的填“独”等，阎都督均不满意。为了探个究竟，他派人赶赴会馆，请王勃重返滕王阁填字，却被王勃的随从挡了驾，并说：“我家公子说，一字值千金，望都督海涵。”此人回府将原话照实回禀阎都督。不承想爱惜人才的阎都督却愈加认真起来，居然包了千两纹银，带领文人雅士，赶赴会馆当面求教。王勃见状故作惊慌，忙下台阶拱手相迎，并笑着说：“区区小事何劳都督大人亲临下问，不才早已将字留在宝地了。”阎都督与随行众人仍然大惑不解，连声问道：“才子墨宝，留在何处？”王勃哈哈大笑，说道：“那个字是‘空’。阁中帝子今何在？槛外长江空自流。”听罢阎都督与随行众人恍然大悟，无不拍手称好称妙。

## 450. “福”字为什么要倒贴？

答：据说，“福”字倒贴这一民俗来自于明太祖朱元璋洪武年间。传说有一年农历正月十五元宵节这天，朱元璋微服私访。他来到一个镇上，只见不少人正在围观一幅上面绘着一个赤脚女人抱着一个大西瓜的画。其意思是取

---

① 据报载《一“最”被罚二十万冤不冤》一文说：“在杭州小有名气的方林富炒货店，因为在产品外包装上印制了‘杭州最好的炒货店铺’字样，涉嫌违反新广告法，被杭州市场监管部门罚款20万元。”

② 说王勃是“神童”名不虚传：他6岁会写文章，“构思无滞，词情豪迈”；9岁始读《汉书》（颜师古注），他发现、指出其中的谬误多处，且专撰《指瑕》一书；10岁时饱览“六经”，且自学学会了音韵；12岁时师从名医曹元，在15个月内熟读《周易章句》《黄帝素问难经》；至15岁开始涉政，上书当朝宰相刘祥道（596—666年）（即唐代首批八位节度使之一），公开发表自己的政见，针砭时弊，言之有物，一时引起朝廷上下轰动。

笑淮西女人脚大（因为我国古代皆以女人缠小脚为美）。朱元璋看了后，颇为生气，因为他作了联想，认为这镇上人可能有意取笑他的结发夫人马皇后（正巧马氏既是淮西人，又是个大脚，被戏称为“马大脚”）。朱元璋微服私访后回到宫中，就指派人到镇上调查，看看到底哪些人曾去围观，又看看这幅赤脚女人抱西瓜的画到底出自何人之手，统统记录在案。尔后，朱元璋下了一个命令：对那些没有参与嬉笑的人家，一律在他们家门口贴一个“福”字。过了两天，朱元璋的部下，便以此为凭据，来镇上抓人，凡是家门口没有“福”字的人家都要遭殃。马皇后为了消除灾祸，让全城百姓在天亮之前在自家门上贴上“福”字以表示“安分守己”。其中有一户人家因为不识字，把“福”字贴倒了。翌日，朱元璋派人上街查看，发现家家户户都贴了“福”字，唯独有一家把“福”字贴倒了，朱元璋听了禀报非常生气，便命令御林军把那家人处以满门抄斩。马皇后知道后，觉得事情不妙，急中生智，忙着对朱元璋说：“那家人知道您今日来访，故意把‘福’字贴倒了，这不是‘福到’的意思吗？”朱元璋一听觉得有道理，于是又下令放人。后来，一则为了表示“安分守己”，二则为了纪念好心聪明的马皇后，又逐渐演变成每逢喜庆节日，倒贴“福”字的习俗。

## 451.“壹贰叁肆伍陆柒捌玖拾①佰②仟③”起源何时？

答：“壹贰叁肆伍陆柒捌玖拾佰仟”起源于明太祖朱元璋洪武年间。

---

①这十个大写的数字古籍均有记载：壹，《左传》：“而壹用之”；贰，《周礼》：“乃施法于官府，而建其正，立其贰”；叁，叁由参字而来，《左传·隐公元年》：“大都不过参国之一”；肆，《论语》：“百工居肆，以成其事”；伍，《周礼》：“五人为伍”；陆，《说文解字》：“高平地。”《释地》《毛传》解释道：“高平为陆”；柒，《山海经》：“刚山，多柒木”；捌，《广韵》：“捌，无齿耙也”；玖，《诗经》：“贻我佩玖”；拾，《史记·货殖列传》：“俯有拾，仰有取。”另，在这十个大写的数字中，“壹”“贰”与原数字音义相同；“肆”“伍”“陆”“柒”“玖”“拾”与原数字音同义异；“叁”，其实字书并无此字，它是根据“参”的字形稍作改变而成（因为“参”字原可作“三”解），此外古籍中“桼”往往（qī，同漆）代表“七”，比如：“太玄七鼓”，亦作“桼政”。通用的“柒”在民间流行已久，好识。“捌”字出自《急就章》，其本义是农具，即一种无齿的耙。

②佰，《广韵》曰：“一百为一佰。”由“人”和“百”两部分组成，百兼表声。其本义是古代军队编制单位，一百人称佰。

③仟，《史记·陈涉世家》曰：“蹑足行伍之间，俛仰仟佰之中。”

据史料记载，朱元璋曾经任命郭桓为户部侍郎。郭在户部任职期间，胆大妄为，贪赃枉法，与地方官吏相互勾结，大肆贪污朝廷的钱财，总数达2400多万石精粮。数目之大相当于当年全国秋粮实征数。此案涉及当时朝廷12个大臣和数万名地方官吏，轰动全国一时。朱元璋盛怒之下，下令对12个朝廷大臣以及上万名地方官吏同案犯毫不手软，统统处以极刑。为了杜绝财务上的混乱，朱元璋在财务管理上采取了一系列措施，其中之一便是把“一二三四五六七八九十百千”改为（大写）“壹贰叁肆伍陆柒捌玖拾佰仟”，以堵塞财务记账上的漏洞。

## 452. 孙日恭为什么丢了快到手的状元？

答：明成祖（1403—1424年）朱棣时期，有一年举办科举考试，孙日恭和邢宽参加此次科举考试。考试后，孙日恭和邢宽两人脱颖而出，他们的答卷甚得考官好评。经主考官反复权衡，认为孙日恭的文章略胜一筹，定为第一名；邢宽稍逊色些，定为第二名。主考官写了一份奏折，呈报给明成祖作最后的审定。当时公文或文章的书写格式均是竖行的。明成祖已届老年，老昏眼花，视力不佳。当他拿起主考官呈报的科举名单一看，把第一名“孙日恭”的“日恭”二字错看成了一个字，即“日”下加个“恭”就成了“残暴”的“暴”字，明成祖一看，就很不高兴地自言自语道：“怎么取这种名字？”再往下看第二名邢宽，他又自言自语地笑道：“好啊，宽，而且是邢宽，同刑宽是谐音，对民宽厚，不用严刑，真不错。”于是，明成祖连试卷都不看，拿起红笔，武断地将邢宽定为状元，并煞有介事地在皇榜上批了一行大字：“本朝只许邢宽，岂宜孙暴。”于是如此这般，孙日恭就阴差阳错地丢失了中状元的机会。

## 453. 康熙为什么贬翰林到山东当通判？

答：秦代武将阮翁仲，赫赫有名，战功卓著。他去世后，人们便在陵园刻造他的石像，以示纪念。相传康熙一次携众臣出游。当来到此陵园时，康熙无意之中指着该石人像问一翰林道：“此系何人？”不知由于紧张还是旅途劳顿，那位平素学识渊博的翰林竟然答道：“此乃仲翁。”康熙一听，甚为不悦，心想：堂堂翰林，竟将“翁仲”说成“仲翁”，真是岂有此理，成何体统。于是，康熙随即赋诗一首："翁仲如何作仲翁，十年窗下欠'夫功'；从此不许为'林翰'，贬向山东作'判通'。"事后，该翰林果然被贬到山东某地当了一个略次于州府长官的通判。

## 454. 康熙在杭州西湖写了一个什么别字?

答："曲院风荷"是杭州西湖著名的十景之一。而"曲院风荷"的"曲"字是康熙写的别字，相传相沿至今。据明田汝成《西湖游览记》曰："麴院，宋时取金砂涧之水造麴，以酿官酒。其地多荷花，也称麴院风荷是也。""麴院"，指此处乃酿酒之地，康熙写成"曲院风荷"，一字之误，其原有的酿酒意趣尽失。康熙题写的"曲院风荷"刻字立碑，此碑至今保持完好，供广大游人观赏。后来，乾隆来杭州西湖，看见康熙写的"曲院风荷"，虽然知道"曲"系"麴"字之误，他有意对此事加以掩饰，故而在该碑背面题写了一首诗，诗中有如下两句："莫惊笔误传新谤，恶旨崇情大禹同。"意思是说，你们千万不要以为写错了字而大惊小怪，胡乱妄议，康熙帝和古代圣君大禹一样，是讨厌美酒（"恶旨"）而崇尚情欲（"崇情"），所以才故意将"酒麴"的"麴"字写成"曲"的。此乃此地无银三百两，真是徒劳无功的辩白。

## 455. 乾隆题写"真有趣亭"是否多一个"有"字?

答：苏州有个著名园林——狮子林，它有一个著名景点——"真趣亭"。可能今人有所不知，原来该亭名由乾隆题写时不是"真趣亭"，而是"真有趣亭"四个字。原本乾隆就是一位书法高手。但真要题字，既要有书法运笔功力，还要有构思巧妙的雅兴文思。也许乾隆当时已游览不少雅园趣亭，身心有些疲乏，故一时想不出更好的词语，于是一时兴起挥笔写下"真有趣"三字。尽管这三个字，从书法上看很漂亮、很潇洒，但从语句上说"真有趣"三字实在俗气且无韵味。若将"真有趣"三字镌刻在狮子林名园，岂不贻笑大方。周围众臣随从看了都觉得"真有趣"三字太俗气，但有碍于皇上龙颜却不敢或不愿说出来，倘若多嘴，得罪了皇上哪还了得。

只见此时有个状元黄熙急中生智，既不冒犯皇上，又来解围，帮皇上题字改得高雅得体。他当即叩头说道："奴才斗胆，皇上的'有'字实在好，请圣上赏赐奴才吧！"乾隆一听，心有灵犀一点通，马上明白黄熙的真情善意，便顺水推舟地将“有”字赏赐给他。由此，狮子林一景点的题字变成“真趣亭”三字，从大俗变成了大雅，至今仍给人们留下美妙的遐想。

## 456. 是“竹苞”还是“个个草包”？

答：乾隆年间，大奸臣和珅在府中修建了一个大亭子，让大才子纪晓岚题写一副匾额。纪晓岚挥笔写下挺拔秀美的“竹苞”两个大字，和珅一看，颇为喜欢该亭“竹苞”二字，与凉亭两侧绿竹恰好相互衬映。于是吩咐家人将“竹苞”二字刻成匾额挂在亭子上。过了一段时间，恰好乾隆来到和珅府中院里，看见该“竹苞”亭匾额略思后不禁哈哈大笑。和珅见了感到愕然，便迷惑不解地问皇上笑为何故？乾隆便说：“你没看出来吗？纪晓岚在耍你呢，这‘竹苞’二字拆开，不就是‘个个草包’吗？”和珅听完恍然大悟，自然又恼又羞，但当着乾隆的面，却又不好发作，自认倒霉。

## 457. 秀才怎样巧改对联？

答：从前有一富豪，父子两人皆不学无术，非要假充饱学之士。他们凭考试连秀才都考不上，却花钱买了一个“进士”头衔。既然父子两人已成“进士”，那么婆媳两人理所当然、顺水推舟地成了“夫人”。为此，该富豪还要大搞庆祝活动，大肆宣扬一番，且让众乡亲送贺礼，大刮众人钱财。碍于富豪的权势，众乡亲敢怒而不敢言。富豪为了自吹自擂自身的富贵荣华，特地在大门第上贴上一副对联：

“父进士，子进士，父子同进士；妻夫人，媳夫人，妻媳皆夫人。”

村里有个穷秀才，饱读诗书，满肚学问，却穷得没有盘缠赴京赶考，自然拿不出什么贺礼。正愁眉不展时他看到富豪家门前的对联，既好气又好笑，却眉头一皱，计上心来。他对众乡亲说：“你们不用准备礼物，明天空手来，到他们家门外号哭就行了。”等到当天深夜，秀才拿了笔墨来到富豪家门口，把对联上的“士”改成了“土”，“夫”字加一笔，“人”字上加两笔，该对联就改成了“父进土，子进土，父子同进土；妻失夫，媳失夫，妻媳皆失夫。”第二天，乡亲们来富豪家门口，你一声我一声地哭个不停。富豪正感到奇怪，出门一看对联，气得脸色发青，恨得咬牙切齿，但也不便发作，无可奈何，自然大家的贺礼也不用送了。

## 458. 是“鑫”还是“金”？

答：清光绪年间后期，有一次著名京剧演员谭鑫培（1847—1917 年）被召进宫里为老佛爷慈禧太后演出。当读到“谭鑫培”名字时，这位老佛爷竟然脱口而出，将“鑫”（xīn）念成“金”（jīn）。身边的太监连忙纠正此字不念“jīn”而念“xīn”，但慈禧却不肯认错，便瞪着眼、虎着脸，强词夺理地诡辩道：“难道我一个‘鑫’字也不认识，我是说一个戏子干吗用三个‘金’，一个‘金’还不够他花的吗？”①

## 459. 是“新華门”还是“新莽门”？

答：王闿运（1833—1916 年），晚清经学家、史学家、文学家、教育家。他有众多著名弟子，其中包括“戊戌六君子”中的杨锐、刘光第，以及画家齐白石（1864—1957 年）。1914 年，袁世凯聘任王闿运为国史馆馆长，编修国史。一次宴会后，袁派汽车送他回府途经“新華门”时，王突然明知故地问袁世凯的秘书：“这是什么门？”秘书顺口答道：“新華门。”王不动声色、含而不露地当即点头说：“我年纪大，脑昏眼花，把这几个字错认为‘新莽门’。”其言外之意是，暗示袁世凯逆历史潮流而动，搞复辟称帝，其下场很可能与王莽（前 45—23 年）篡位后建立的新朝一样短命。不承想，袁世凯自 1915 年 12 月 12 日宣布称帝，至 1916 年 3 月 22 日公布取消帝制，前后不到 4 个月。王莽的“新朝”虽然也短命，倒有 14 年（9—23 年）时间。

## 460. 胡适和章士钊怎样互写“题照诗”？

答：1925 年 2 月的一天，胡适在撷英饭店遇到章士钊（1881—1973 年）。章约好一家照相馆饭后给他照相，盛邀胡适与他同照一张。当照片洗出来后，章士钊题了一首白话诗给胡适：

“你姓胡，我姓章，你讲什么新文学，我开口还是我的老腔。你不攻来我不驳，双双并坐各有各的心肠。将来三五十年后，这个相片好作文学纪

---

① 在此联想起毛泽东对“鑫”字的戏说。20 世纪 30 年代毛泽东在江西宁都养病时，卫生所有一个名叫钱昌鑫的小战士负责照料他。有一天，毛泽东问这个小战士：“叫什么名字？”“钱昌鑫。”“哪几个字？”“钱币的钱，日日昌，三个金字的鑫。”毛泽东不无幽默和风趣地笑着说：“你姓钱还不够，还要那么多金子！小心打你个土豪啊！”

念看。哈哈，我写白话歪词送把你，总算是老章投了降。十四，二，五。”胡适则题了一首文言诗以答：“‘但开风气不为师’，龚生［此处指龚自珍（1792—1841 年）——作者注］此言吾最喜。同是曾开风气人，愿长相亲不相鄙。十四，二，九。”

## 461. 梁启超怎样批袁世凯复辟称帝？

答：梁启超说：“袁世凯称帝，玩弄民意，所谓讨论者，皆表示自讨自论；所谓赞成者，皆自赞自成；所谓请愿者，皆自请自愿；所谓表决者，皆自表自决；所谓拥戴者，皆自拥自戴。”

## 462. 周恩来怎样巧改“对牛弹琴”？

答：1945 年 9 月抗战胜利后，奉中共中央之命，周恩来率中共代表团赴南京与国民党代表团谈判。在一次谈判中，国民党代表公然挑衅，蛮横指责与共方谈判简直是“对牛弹琴”。此时，周恩来对此突然发难很是生气，但碍于众多中外记者在场不便发作，于是绵里藏针、慢条斯理地对“对牛弹琴”这一成语作了语气停顿的改动，在“对”与“牛弹琴”之间稍作停顿，予以回击：“对，牛弹琴！”① 国民党方代表听后无言以对，一脸尴尬相，而在场众多中外记者哄堂大笑。翌日，多家报纸竞相报道这一谈判的精彩“花絮”，弄得国民党代表颇为难堪。

## 463. 徐芳与胡适怎样以诗表示、婉拒师生恋？

答：徐芳（1912—2009 年）是一位女诗人，她向老师胡适求爱、示爱，大多以诗的形式进行。

1936 年 3 月 7 日，徐芳写了一首爱情诗《无题》向胡适示爱：“她要

---

① 在此补述类似周恩来的巧改智答的另一例：美国总统林肯（1809—1865 年）主张废除奴隶制，曾经遭到南方奴隶主的强烈反对。有一天他在集会上发表演讲，台下有人给林肯递上一个字条，打开一看，只见“傻瓜”二字。这显然是一个诬蔑与挑衅。在公众场合，身为总统的林肯虽然很生气，但又必须保持冷静不便发作。此时，只见林肯扫视全场，然后不动声色地用很镇静的语气说：“本总统收到过很多匿名信，只见信件正文却不见署名；而今正好相反，刚才有位先生只署上自己的名字，却忘了给我写信。”说完，林肯不受任何干扰地继续进行他的演讲。

一首美丽的情歌 / 那歌里 / 从他心里写出 / 可以给她永久吟哦 / 他不给 / 她感到无限寂寞 / 她说，明儿我唱一首给你 / 你和也不和？”不久，胡适回赠徐芳一首诗表示婉拒：“烦恼竟难逃 / 还是爱他不爱 / 两鬓疏疏白发 / 担不了相思新债 / 低声下气去求他 / 求他扔了我 / 他说，我唱我的歌 / 管你和也不和？”

1936 年 5 月 8 日，徐芳在寄给胡适的信中又附题为《明月》的一首诗继续示爱：“脉脉的银辉、送来无限温慰 / 我想到他的笑脸 / 和月色一样妩媚 / 他是一轮明月 / 遥远的送来一点欢悦 / 我要他走下人寰 / 他却说人间太烦。”5 月 19 日，胡适再次以题为《无心肝的月亮》的诗相赠徐芳以示婉拒：“无心肝的月亮照着沟渠 / 也照着西山山顶 / 照着飘摇的杨柳条 / 也照着瞌睡的‘铺地锦’ / 他不懂得你的喜欢 / 他也听不见你的长叹 / 孩子，他不能为你勾留 / 虽然有时候他也吻着你的媚眼 / 孩子，你要可怜他 / 可怜他跳不出他的轨道 / 你也应该学学他 / 看他无牵无挂的多么好。”

## 464. 胡适对男人“三从四德（得）”作何解？

答：在长达两千多年的封建社会伦理道德中，有针对女性的所谓“三从四德”。“三从”：在家从父，出门从夫，夫死从子；“四德”：妇德、妇言、妇容、妇功。胡适曾是五四新文化运动中的一名主将，撰文对“三从四德”进行过严厉的批判与抨击。后来胡适却反其道而言之，幽默调侃道，中国男子也有“三从四德（得）”。“三从”：“太太出门要跟从，太太命令要听从，太太说话要服从”；“四德（得）”：“太太化妆要等得、太太生日要记得、太太打骂要忍得、太太花钱要舍得[①]。”胡适此言一出，无论在男性世界还是在妇女界均在茶余饭后传为佳话和美谈。

## 465. 陶行知、田汉：真、假田汉？

答：20 世纪 20 年代，陶行知（1891—1946 年）在南京北郊创办晓庄学

①2000 年 10 月 1—10 日，时任中国档案学会常务副理事长的作者率中国档案学会与中国缩微摄影技术协会代表团（一行 22 人）赴台北出席海峡两岸档案暨缩微技术交流会。一日，来自海峡此岸大陆代表团的男士、女士们在台北一家微缩技术公司参观时，见到一块告示牌上贴有上述胡适的男子“三从四德（得）”的文字，也都饶有兴致地驻足一阅，会心一笑。

校。该校以“改造全国乡村教育”为宗旨，在全国独树一帜，在当时教育界以及社会各界影响颇广且深。1929 年春天，田汉应邀率南国社演职员到晓庄学校演出。首演那天，可谓万人空巷，盛况空前。前来观看演出的既有晓庄学校的师生，也有附近的农民。演出前，陶行知高兴地先致别开生面的欢迎词：“今天我是以‘田汉’的资格欢迎田汉。晓庄是为农民而办的学校。农民是晓庄师生的好朋友。我们的教育是为种田汉而办的教育。我们梨宫（指大礼堂，不过也有人对此纠错，应将‘梨宫’改为‘犁宫’——作者注）前的一副对联，说明了我们办学的态度：‘和马羊牛鸡犬豕做朋友，对稻粱菽麦黍稷下功夫’。所以我是以一个‘种田汉’代表的资格在这儿欢迎田汉……”此时，全场一片笑声、一片掌声。轮到田汉致答谢词，同样幽默精彩：“我是一个‘假田汉’，陶先生是一个‘真田汉’。我这个‘假田汉’能够受到陶先生这个‘真田汉’以及在座的许多‘真田汉’的欢迎，实在感到荣幸！我们一定向‘真田汉’学习。”此时，同样是笑声一片、掌声一片。陶行知、田汉两人挥洒自如、相互呼应的幽默精彩致词，为全场精彩演出营造了欢乐无比的氛围。

## 466. 赵元任用 89 个声韵相同的同音字编排什么笑话？

答：著名语言文字学家赵元任曾细琢磨，巧构思，用了 92 个声韵相同（shi、si）的同音字编制一则题为《施氏食狮史》的笑话，全文如下：

“石室诗士施氏，嗜狮，誓食十狮。氏时适市视狮。十时，适十狮适市；是时，适施氏适市。氏视十狮，恃矢势，使是十狮逝世。氏拾是十狮尸，适石室。石室湿，氏使侍拭石室。石拭室，氏始试食是十狮尸，食时，始识是十狮尸，实十石狮尸失食。”①

① 雅瑟、毅然编著《中华字源》对赵元任对《施氏食狮史》的文字作了如下的翻译：“从前，有个姓施的文人喜爱作诗，住在石头造成的屋子里面。他喜欢吃狮子肉，发誓要吃十头狮子，所以经常去市场找狮子。一天早晨十时（应改为上午十时——作者注），刚好有十头狮子上市，这时，恰好姓施的也来到市场。他一见这十头狮子，于是拉弓搭箭把十头狮子全射死，然后拖着这些狮子回到石屋，但石屋很潮湿，于是令仆人把石屋揩干，然后再饱尝十头狮子的肉，吃时，才发现这十头狮子实际是石头的，不能吃。”

## 467. 赵元任、杨步伟夫妇互赠什么金婚诗?

答：赵元任与夫人杨步伟（1889—1981年），在庆祝他们俩50年金婚时，杨步伟赠赵元任小诗一首：“吵吵争争五十年，人人反说好姻缘，元任欠我今生业，颠倒阴阳再团圆。”赵读罢，也即兴回赠诗一首：“阴阳颠倒又团圆，犹似当年蜜蜜甜，男女平权新世纪，同偕造福为人间。”颇有风趣的是，赵元任还在小诗后面署上带女字旁的名字：“妧姙（元任）。”

## 468. 郭沫若怎样写挽联[①]悼念鲁迅?

答：1936年10月19日，鲁迅在上海不幸病逝，享年55岁，郭沫若撰写挽联深切悼念。其中一首是：

上联：“孔子之前，无数孔子，孔子之后，一无孔子”；

---

① 在此补述五副挽联和一副墓志铭：

一是李大钊为悼念孙中山逝世，以国民党党员身份致送了一副长挽联：“广东是现代史潮汇注之区，自明季迄于今兹，汉种孑遗，外邦通市，乃至太平崛起，类皆孵育萌兴于斯乡。先生挺生其间，砥立于革命中流，启后承先，涤新淘旧，扬民族大义，决将再造乾坤，四十余年，殚心瘁力，誓以青天白日，红血红旌，唤起自由独立之精神，要为人间留正气。中华为世界列强竞争所在，由泰西以至日本，政治掠夺，经济侵凌，甚至共管阴谋，争思奴隶牛马尔而来；吾党适于此会，丧失我建国山斗，云凄海咽，地暗天愁，问继起何人，依然重整旗鼓，亿兆有众，惟工与农，须本三民五权，群策群力，遵依牺牲奋斗诸遗训，成厥大业慰英灵。”

二是恽代英（1895—1931年）挽妻沈葆贞（1918年2月25日因难产去世，年仅22岁）：“念汝端肃聪明，豪爽似男儿，婉柔如室女。好诗书，通情理，志道德，原谓将来，黾勉同心，用全力造福社会，造福家庭。岂意汝许年华，意因这一块肉，舍予而去；自此丁零寂寞，承欢失贤助，治内失良妻。思往事，睹旧容，抚遗婴，只看目前，张皇万状，更无法处置丧礼，处置庶务。回忆此三载姻缘，难禁我万行泪，怆然以悲。”

三是恽代英挽弟恽代兴（1919年9月28日，病逝，年仅22岁）：“问天何心？他廿年烟样光阴，既拙既疵还短命；一死亦罢！愿来生再作兄弟，无灾无病到白头。”

四是1929年1月，胡适在梁启超的安葬仪式上写下一副短挽联：“文字收功，神州自命，生平自许，中国新民。”

五是阎锡山的自作挽联：“避避避，断断断，化化化，是三步工夫；勉勉勉，续续续，通通通，为一笔事功。”横批为：“朽嗔化欲。”

另，再补述启功自撰的墓志铭：“中学生，副教授。博不精，专不透。名虽扬，实不够。高不成，低不就。瘫偏左，派曾右。面微圆，皮欠厚。妻已亡，并无后。丧犹新，病照旧。六十六，非不寿。八宝山，渐相凑。计平生，谥曰陋。身与名，一齐臭。”

下联："鲁迅之前，一无鲁迅，鲁迅之后，无数鲁迅。"

考证郭沫若这副挽联，原来是套用北宋大书法家米芾的《孔子赞》："孔子孔子，大哉孔子！孔子以前，未有孔子；孔子以后，更无孔子。孔子孔子，大哉孔子！"

### 469. 哪三人是"三文友"？

答：刘半农、周作人和钱玄同是终生不渝的三文友。他们三人中，钱玄同思想敏锐、偏激，刘半农开朗、活泼，而周作人取其中，相对平和。周作人曾经对钱玄同作过如下的评论："若是和他商量现实问题，却不是教普通人性世故，了解事情的中道的人。"然而钱玄同与刘半农两人素好抬杠，不见面也罢，但只要一见面就抬杠。刘半农曾风趣、幽默地调侃道："我们两个宝贝是一见面就要抬杠的，真是有生之年，即抬杠之日。"刘半农还曾作了一首在文人朋友圈中流行一时的打油诗："闻说杠堪抬，无人不抬杠？有杠必须抬，不抬何用杠，抬自由他抬，杠还是我扛。请看抬杠人，人亦抬其杠。"刘半农、周作人和钱玄同三文友在一起时，每逢刘、钱二人大抬其杠，乃至闹得面红耳赤，周作人这位"中间人"持中立态度，谁都不帮，只是待在一边微笑姑且听之。

### 470. "长江"怎样对"锡山"？

答：1937年"七七"事变全面抗战爆发前夕，阎锡山曾赴江苏无锡游览。由于追随蒋介石的"攘外必先安内"的政策，阎锡山鼓吹不抵抗主义，其消极抗战的态度和行径，颇为包括无锡百姓在内的江南各界民众所嫌弃。对阎氏游览无锡一事，当地名士冯国征戏撰一联，登载在上海《大公报》上征下联。该上联是："阎锡山，过无锡，登锡山，锡山无锡。"拆解此联，既奇巧，又重复，顶针辞格兼备，既有三个"锡山"，其中一为人名，二为地名；又有两个"无锡"，前为地名，后为指事。该上联可谓的确难对，多少人为此绞尽脑汁，也未能如愿，一时成为绝联。1942年，《大公报》记者范长江来到江苏天长县新四军驻地采访，他突然想起那位冯国征难对的征联，即发奇想，灵感顿生，脱口而出对下联："范长江，到天长，望长江，长江天长。"①拆解此联，无论人名、地名、词类、别解、辞格皆与上联一一相互对应，严丝合缝，珠联璧合，堪称奇联奇对，相得益彰，范长江所对下联一时在各界人士中传为佳话美谈。

## 471. 冯玉祥送给蒋介石什么"三个一"？

答：1941 年 11 月 14 日，正值冯玉祥 60 寿诞。这一天，冯玉祥收到一封信，信封内装有一颗子弹，纸条上写有警告冯玉祥切勿同共产党来往的一句话。冯玉祥一想便知，此系蒋介石的得意门生军统头子戴笠（1897—1946 年）所为。冯略思片刻，他将"子弹信"原样封好后写了一句："收到一封寄信，我不敢一个人独赏，特奉献给贤弟一阅。"当冯玉祥将"三个一"的此信派人转给蒋介石打开一看，知道冯玉祥的用意，蒋只是生气但也无可奈何。

## 472. 夏衍怎样改剃头诗？

答：1974 年，夏衍遭到"四人帮"迫害，正身陷囹圄。他在狱中忽然想起明末清初民间广泛流传的一首打油诗："闻道须剃头，而今尽剃头；有头皆要剃，不剃不成头；剃自由他剃，头还是我头；请看剃头者，人亦剃其头。"虽然该打油诗有些俚俗，但细加琢磨别有寄托，颇有一番玩味。联想到"文革"中大行整人其道及其个人惨遭迫害的遭遇，夏衍灵感顿生，挥笔将这首"剃头诗"改为"整人诗"："闻道人须整，而今尽整人；有人皆可整，不整不成人。整自由他整，人还是我人；请看整人者，人亦整其人。"②

---

①据《汉字教学中的文字学》一书所述，多年前，浙江省农业银行出了一个上联："农行行行行行"，利用多音字的特点，可将该上联读成"农行（háng）行（xíng）行（háng）行（háng）行（xíng）"，不知至今是否有人对出下联？——作者注。

②先将夏衍巧改诗定名为"剥皮诗"（指按照前人有影响的诗篇的形式，改动部分字句，赋予诗的新的内容的一种诗体）。这种诗往往幽默可笑，妙趣横生。曹植（192—232 年）写有流传至今的《七步诗》曰："煮豆燃豆萁，豆在釜中泣，本是同根生，相煎何太急。"郭沫若将该诗"反其意而剥皮"，改为："煮豆燃豆萁，豆熟萁亦灰，不为同根生，缘何甘自毁？"原诗中的中心意思是"相煎何太急"，比喻骨肉自相残杀；而郭老改诗则强调"豆熟萁亦灰"，说的是亲人相助。在此很清楚，该诗是将原诗的贬义改为褒义，就此而言也可称之为"翻案剥皮诗"。

## 473. 中华人民共和国成立前，商人做买卖“价目折字语”怎样表示？

答：中华人民共和国成立前，当商人做买卖时，双方既要讨价还价，又不愿意让第三者知道，往往使用一种只有少数人（包括生意人在内）才能听懂看懂或心领神会的“价目折字语”来表示。“一二三四五六七八九十”的“价目折字语”可概述如下：

“一”字叫作“旦底”，即取“旦”字的底，自然是“一”字。

“二”字叫作“中工”，即二的中间加一竖，为“工”字，自然是“二”字。

“三”字叫作“倒川”或“横川”，即将“川”倒（或横）过来写，自然是“三”字。

“四”字叫作“横目”，即将“目”字横过来看，自然是“四”字。

“五”字叫作“缺丑”，即将“丑”字右上角缺（或少）写一笔，自然是“五”字。

“六”字叫作“撇大”或“断大”，即“六”字中间加一撇便是“大”，反过来，自然是“六”字；而“大”字中间切断，自然还是“六”字。

“七”字叫作“毛尾”，即从“毛”字里取出的尾巴，自然是“七”字。

“八”字叫作“分头”，即取“分”字的头，自然是“八”字。

“九”字叫作“旭边”，即取“旭”字的左边，自然是“九”字。

“十”字叫作“早下”，即去掉“早”字上的“日”，自然是“十”字[①]。

---

① 我国旧时表示数目的符号，从“一”到“十”依次写作“〡〢〣〤〥〦〧〨〩〸”称“苏州码子”，亦叫“草码”。

## 474. 张大千、梅兰芳：谁“君子”、谁“小人”①？

答：抗战胜利后，大画家张大千（1899—1983年）要从上海返回四川（内江）老家。临行前，其学生糜耕云（1910—1998年）摆设酒宴为恩师饯行。京剧大师梅兰芳等名流应邀赴宴。宴会伊始，张大千便先向梅兰芳敬酒，并对梅说道：“梅先生，你是君子，我是小人，我先敬你一杯。”梅不解其意，略带疑惑之情含笑问道：“此话怎讲？”张解释道：“你是君子——动口（指唱戏）；我是小人——动手（指画画）。”张大千有意妙解“君子动口，小人动手”的名言名句，并且恰好对应双方各自唱戏绘画的职业特点，颇为幽默精彩，引得宾客纷纷点头称是，开怀大笑。

## 475. 毛泽东读史书经常批注哪些文字？

答：据毛泽东晚年图书服务管理工作人员徐中远回忆：毛泽东读史书时常写的批注文字是：“好”“略好”“不错”“有理”等，或者连画上几个圆圈；但在一些存疑惑或不认同之处，批注文字多为“可疑”“可以争论”“废话”“不可信”等。除了以上批注几个字的外，毛泽东还有批注文字达数百字的情况。比如：1958年12月2日、10日，毛泽东在读《三国志集解·魏书·张鲁传》时，曾经挥笔写下两条长长的批注文字：一处528字；另一处892字。据徐中远称：这是毛泽东读历史书籍过程中写下屈指可数的字数较多的两条批注文字。

---

①在此补述“谁君子”“谁小人”的另一版本：（摘自）宋磊文《梅君子与张“小人”》一文指出：被西方艺坛称为“东方之笔”的国画大家张大千曾在上海举办画展。画展结束后，学生设宴为张大千送行，还请来了许多社会名流作陪，其中就有京剧表演大师梅兰芳。虽然张大千和梅兰芳是第一次见面，但彼此神交多年。可入席时，两人意外发生了“争执”。梅兰芳以张大千是主宾为由，一定要让他坐上座；而张大千认为梅兰芳年岁比自己大，作为兄长应该坐上座。就这样两人彼此相让，僵持不下，一时气氛都变得有些尴尬。周围的人面面相觑，请客的学生也不知如何劝解。就在这时，张大千突然说：“梅先生，你是‘君子’，我是‘小人’，原本就该你坐上座啊。”梅兰芳不解其意，其他人听了也感到莫名其妙。梅兰芳问道：“你何必如此贬低自己呢？”张大千笑道：“正所谓君子动口，小人动手。梅先生唱京剧是动口，自然是君子；我作画要动手，自然就是‘小人’了。梅君子请上座。”听完张大千的话，所有人都笑起来。梅兰芳也不再坚持，欣然上座。

## 476.“三强”怎样对“九章”？

答：1953年，由钱三强（1913—1992年）任团长的中国科学院代表团出访，华罗庚、赵九章（1907—1968年）等十余位科学家为代表团成员。在旅途中，为活跃一下气氛，华罗庚即景生情，提出上联征对下联，上联是：“三强韩赵魏。”此处的“三强”系一语双关：既指在座的钱三强团长，又指战国时期的三个强国：韩国、赵国、魏国。因此，对出下联不仅要对得工整，而且还要嵌入人名，难度不小。在座诸位科学家思考良久，仍未想出佳句。此时，不得已还得由华罗庚自问自答，对出下联：“九章勾股弦。”诠释下联，“九章”为书名，《九章算术》是我国古代一部数学名著。它首次记载或阐述我国数学家发现的勾股定理，即直角三角形斜边（弦）的平方等于两个直角边（勾和股）的平方之和。再则，“九章”又是在座的“赵九章”的名字，与上联代表团团长“钱三强”的名字正好相对应。此下联一出，还在冥思苦想之中的包括钱三强、赵九章在内的诸位科学家豁然开朗，为之鼓掌，盛赞华罗庚的对联天衣无缝，珠联璧合。

## 477.陈望道怎样咬文嚼字①？

答：1952年秋新学年开学后，时任上海复旦大学校长的陈望道（1891—1977年）看望新入学的新闻系学生。他除了谆谆教导复旦新闻学子们要学会如何做人、如何做事的道理外，着重把话题转移到如何学习语言文字上来。他说，同学们现在学习新闻专业和将来从事新闻工作都少不了要同语言文字打交道，从现在起就要特别注意对语言文字的学习和锻炼，平时讲话、写作都要时时、处处留心和研究。

为便于同学们理解，他举例说：日常生活中，人们都说“打扫卫生”“恢

---

①从陈望道的“咬文嚼字”联想到现今人们日常生活中时而见到一些不正确、不健康的语言文字现象，也应当提出批评，促使改正它们。可略举以下九例：一是“这是不必要的浪费”（难道还有“必要的浪费”吗？）；二是“无偿剥夺”（“剥夺”本意就是无偿的，难道还有有偿的剥夺吗？）；三是“不良恶习”（应改为“不良习性”或“明显恶习”）；四是“官兵战士”（应改为“干部战士”）；五是“凯旋而归”（应改为“凯旋”或“胜利而归”）；六是“取得一致共识”（应改为“取得共识”）；七是“年轻少女”（应删去“年轻”二字）；八是“年老长者”（应删去“年老”二字）；九是“重新恢复工作”（应删去“重新”二字）。

复疲劳”。其实，既然“卫生”了，为什么还要“打扫”；既然“疲劳”了，为什么还要“恢复”。虽然这些似是而非的说法在逻辑和语法上是讲不通的，但是为大多数人所接受，成为习惯用语，可以约定俗成[①]。但要写成文字，仍然应当写为“大扫除”“消除疲劳”。再比如：陈还对“人行道”“行人道”的概念作出了自己的诠释。他说，城市马路两旁的路，人们习惯上都叫“人行道”，其实准确地说应当叫“行人道”，因为按修辞学来讲，既然是“人行道”，那么应当是所有供人行的道路；而“行人道”则应当是城市里专供行人走的道路，除人外，车辆是不能上去行驶的。

## 478. 梁思成为什么自喻“无耻（齿）”？

答：一次，梁思成应邀赴扬州作有关古建筑维修问题的学术讲演。一开始，他就自我调侃道：“我是个‘无耻之徒’。”[②]此言一出，满座愕然。因为大家听了此说马上容易理解为“无耻之徒”。此时，只见梁先生不慌不忙，悠闲从容，接着解释说：“我的牙齿没有了，后来在美国装上了这副假牙。因为上了年纪，所以不是纯白色的，略带点黄，因此看不出是假牙。这就叫作‘整旧如旧’。我们修复古建筑也要这样，不能焕然一新。”此时，与会者听完梁先生这一番既幽默精彩又颇为专业的开场白，无不报以充满敬佩之情的热烈掌声。

## 479. 赵树理为什么不容许使用“妳”字？

答：赵树理担任过《说说唱唱》杂志副主编。但他不是一个只挂名、不干活的副主编，他是每期都亲力亲为看稿、编稿。有一段时间，有人喜欢用“妳”来代替第二人称“你”来称呼女性，乃至有的编辑也喜欢把作者原来用的“你”

---

① 吕叔湘曾经说过，语法不是一成不变的，中国汉语语法包括：一是语法一，古汉语语法；二是语法二，外来语语法；三是语法三，约定俗成。什么是约定俗成？他举例说，毛泽东说：“忠诚党的教育事业”，按语法规范说应是“忠诚于党的教育事业”，但毛泽东这样说了，大家都这样说了，这就叫“约定俗成”。

② 对应于梁思成讲演的精彩幽默开场白，以下两位名家讲课的开场白也同样幽默精彩。一是胡愈之：“我姓胡，虽然写过一些书，但都是胡写；出版过不少书，那是胡出；至于翻译的外国书，更是胡翻。”二是启功：“本人满族，过去叫胡人，因此在下所讲，全是胡言。”

改为“妳”。赵树理对此颇不以为然，极为生气。在他看来，两个人当面说话，根本不需要标明对方是不是女性。在世界语言中第二人称代词中也极少分性别的。其实，“妳”字有两种释义：一是“你”的异体字，指女性；二是“奶”的异体字。[①] 而“奶”也有两个异体字（“嬭”“妳”）[②]。鉴于此，“妳”即使属于“你”的异体字，《词典》中也未作说明，表明该字已被废止使用。为此，有一次赵树理在一篇文章原稿的第一页页边上，斩钉截铁地写下了一句狠话：“编辑、排版、校对同志注意：文中所有‘你’字一律不得改为‘妳’字，否则要负法律责任。”

## 480. 赵丹怎样错叫妻子为“黄宗宗”？

答：著名电影表演艺术家赵丹有一次去外地出差，给爱妻黄宗英（1925—　）写信，他不仅忘了自家的住址门牌号码，而且还错叫妻子“黄宗英”为“黄宗宗”，弄得黄宗英忍俊不禁，哭笑不得。当因住址写错致使黄宗英晚些时候收到并阅读这封令人啼笑皆非的来信后，她挥笔写了一封幽默调侃的回信道：

“赵丹夫君爱鉴：因君之来函姓名地址均有误，辗转延误，方得此万金家书。今郑重禀告：本人黄氏宗英，年三十一岁，家住 ×× 路 ×× 号 × 楼，与君于一九四八年结为夫妻，为君生儿育女，名赵 ×、赵 ×、赵 ×，幸勿相忘，我想，你还不至于回家推门时叫我一声‘大嫂’吧？”

## 481. 怎样解读贺诗“四人正好打桥牌”？

答：20 世纪 80 年代，冯亦代、黄宗英白头成连理，老年结夫妻，在我国文艺界一时传为佳话。黄宗英说，我之所以要嫁给冯亦代，是他对前妻安娜，一片真心；冯亦代说，我之所以要娶黄宗英，是她对阿丹，情深似海。一天，冯亦代、黄宗英举行新婚茶话会，翻译家杨宪益（1915—2009 年）因事未能到场，颇感歉意，但托人送来贺诗四首，其中一首曰：“阿丹此刻休悬念，

---

①《辞海》（中）（第 2519 页）释义：“妳㊀‘奶’的异体字。㊁‘你’的异体字。指女性。”

②《辞海》（中）（第 2510 页）释义：“奶［嬭、妳］（nǎi）……”即“彌”“妳”系“奶”的异体字。

安娜今朝可释怀。他日天堂重见面，四人正好打桥牌。”杨宪益不仅与赵丹是挚友，与安娜也熟悉，而且知道冯亦代、黄宗英这对“新人”，不忘、不忌“旧人”赵丹、安娜，于是别有情趣地写下这首怀有念旧之情的贺诗，颇让冯亦代、黄宗英感动且爱不释手。

## 482. 是“郑燮”还是“郑（政）燮（变）”？

答：“文革”期间，有一个造反派头目，在抄家时看到一幅清代著名画家、书法家郑燮（即郑板桥）水墨竹石画，其署名为“郑燮”。这个文盲加流氓的造反派头目不认识“郑燮”的“燮”字，将“燮”（xiè）念成“变”（biàn）[①]字，进而装腔作势地问其下属：“这个郑（政）燮（变）是什么人？”还没有等人回答，他又恶狠狠地借题发挥嚷嚷道：“我看是个现行反革命分子！你们看，他画的竹子，竹叶画成‘介’字，下面还画了个石头，这是怀念蒋介石的作品，署名‘郑（政）燮（变），还打算搞反革命政变，你们马上去抓起来。”

## 483. 领袖＝领子＋袖子[②]吗？

答：领袖，即指国家、政治团体、群众组织等的最高领导人。在“文革”期间，毛泽东被誉称为“四个伟大”：伟大的领袖、伟大的统帅、伟大的导师、伟大的舵手。有个学校师生一同下放“五七干校”劳动。有个老师洗衣服，学生帮助老师抢着去洗，老师提醒说：“洗洗领子和袖子就可以了，领子和

---

① 某年，有一次西泠（líng）印社召开例会，启功同中国书法家协会一位继任掌门领导一起出席。启功在会上发言中几次提及“西泠”应当如何如何，为该印社提建议，出主意。不料，该书协领导却自以为是地认为启功说“西泠（líng）”错了，在一旁提醒道：“是西冷（lěng）啊！”启功不无幽默地应声道：“你冷，我不冷。”

② 古时，确有“领袖”一说，是指“领”和“袖”。后来对该词词义加以引申，“领袖”者，同类人或物之突出者也。唐玄宗（712—756年）《〈孝经〉序》曰：“韦昭、王肃，先儒之领袖。”北宋邢昺（932—1010年）疏：“此指言韦王所学，在先儒之中如衣之有领袖也。”元代关汉卿（约1220—1300年）《单刀会》第二折曰：“有一个马孟起，他是个杀人的领袖。”至19世纪后半叶，“领袖”一词从日文中引入中文，1875年王韬（1828—1897年）《瀛壖杂志》曰：“昆腔之在沪者，以鸿福为领袖。”中华人民共和国成立后，秦牧（1919—1992年）《〈长河浪花集〉序》对“领袖”一词作了如下的解读：“走在我们前头的无产阶级革命领袖，他们的璀璨光辉自然是不待多说了。”

袖子最脏。”但有好事者告密，把领子的“领”与袖子的“袖”连在一起成为“领袖”毛主席，说该老师如何如何反动，居然说什么“领子和袖子最脏”，恶意攻击伟大领袖毛主席。于是一个现代文字狱出现了——该老师被抓起来专了政。

## 484. 是“田中角荣”还是“田中和角荣”？

答：1972年9月，日本新任首相田中角荣（1918—1993年）率日本政府代表团访华，与周恩来总理会谈，并同毛泽东主席会见，实现中日两国邦交正常化。某日，山西某家大工厂召开全厂职工形势教育报告会，由厂革委会主任作形势报告。当时已开始流行“秘书写稿，领导念稿”的潜规则。这位厂革委会主任文化程度不高，自然更加不必自己撰稿，全靠秘书代劳了。只是该秘书头天晚上开夜车至深夜，身心疲惫，头脑不甚清楚，难免出现笔误，一不小心将日本首相“田中角荣”写成“田中和角荣”（须知日本人名多为四字，也有五字的，比如：另一日本首相“中曾根康弘”）。只见该革委会主任这位仁兄在近千人的职工大会上照本宣科、一字不漏地读着秘书起草的报告，读到此处日本首相“田中和角荣”时，全场哄堂大笑，此时在主席台后台的秘书便忐忑不安地上去悄悄跟该主任说：“主任，不对了，是田中角荣，不是田中和角荣，是一个人，不是两个人。”不承想秘书的一番提醒更正，主任非但不理会，还扯大嗓门理直气壮地说：“什么不是一个人，是两个人，反正都是日本人！”此时，再次引得全场喝倒彩的哄堂大笑①。

① 由此作者联想起另一个类似的茶余饭后的谈资笑料：有一次，某一人民公社召开全社干部大会，由公社分管文教宣传的党委副书记作形势报告。这位仁兄尽管学问不大，但敢讲善讲，古今中外、天南海北，不知怎么的，突然扯到了美国总统肯尼迪（1917—1963年）遇刺，他更来了兴致，提高嗓门说道：“‘肯尼由’当年亡我之心不死，曾经支持蒋介石反攻大陆……”对于肯尼迪这位世界级的知名人物，在中国报刊、广播、电视频频亮相，到了这位书记大人的口中，居然将“肯尼迪”读成“肯尼由”，自然会场笑声一片。此时坐在主席台的另一人靠近提醒他：“书记，美国前总统是肯尼迪，不是肯尼由。”岂知这位书记大人非但不接受别人的纠正意见，反而白了别人一眼，接着大声说什么：“管他肯尼迪、肯尼由，反正都不是好东西。”此言一出，会场又顿时引起哄堂大笑。

## 485. 是“墨西哥”还是“黑西哥”？

答：“文革”期间，某造反派头目不学无术，全靠高呼革命口号，打打杀杀造反起家，混进某大报社当上名不副实的总编辑。有一次，在报社干部员工大会上作报告，该草包总编竟然堂而皇之地将“墨西哥”念成“黑西哥”，惹得台下哄堂大笑。岂知这位仁兄脸不红，心不跳，还大言不惭地振振有词道：“墨西哥的‘墨’也是‘黑’的，有什么可笑？你们还‘吹毛求屁’！”此妙语一出，因读了一个错字［将“吹毛求疵”（cī）说成“吹毛求屁”（pì）］，又引得台下一场哄堂大笑。

## 486. 是“叶群老婆”还是“一群老婆”？

答：1971 年 9 月 13 日，林彪叛党叛国事件爆发。时至 10 月，经过层层传达有关林彪事件的中央文件，广大党员和军民都了解林彪事件的来龙去脉，纷纷声讨林彪一伙反党叛国的罪行。当时在云南一个边远地区，有个村党支部书记文化程度不高，通过县、公社层层传达中央文件，只掌握一个基本轮廓与意思：“林彪叛逃了。”一天这位村党支部书记回村照例召开社员大会，照本宣科地传达林彪叛逃事件的文件。只见他在社员大会讲了近一个小时，最后作了一个小结，归结成这么一句话：“林彪带着一群老婆抓了三个老母鸡跑了！”与会的社员听了也一头雾水，似懂非懂，还窃窃自语：“林彪不光一个老婆，有好几个，一群老婆，还带了三个老母鸡，就这么跑了？”其实，对这句话“拨乱反正”，应当是：“林彪带着老婆叶群乘三叉戟跑了！”①

## 487. 陈水扁、蔡英文怎样错用成语（或四字句）闹笑话？

答：（1）台湾地区前领导人陈水扁（1950—　）将“罄竹难书”（形容罪行多，难以尽述）当作褒义词使用。2006 年，陈水扁如此赞扬志工团体：“有很多的志工团体，不管是政府（当局——作者注）或者民间企业帮忙等

① 说到此，作者不禁联想起乔冠华（1913—1983 年）巧改《塞下曲》。有一次，乔冠华、符浩（1916—2016 年）谈起林彪一伙叛逃后在蒙古温都尔汗坠机丧命一事，符浩不由自主地吟起卢纶（739—799 年）《塞下曲》：“月夜雁飞高，单于夜遁逃。欲将轻骑逐，大雪满弓刀。”乔冠华听完略有所思，来了灵感，他对该诗略加改动，吟道：“月夜雁飞高，林彪夜遁逃。无需轻骑逐，大火自焚烧。”

等，这些都是罄竹难书，非常感人的成功故事。”

（2）蔡英文也有错用成语（或四字句）二则：一是蔡英文在脸书上使用成语“战战兢兢”（形容非常恐惧，小心谨慎的样子，也形容因害怕或寒冷而颤抖的样子）赞美台军：“我们的每一天，都是国军战战兢兢的每一天。”二则2017年春节蔡英文办公室印制台湾地区领导人蔡英文新春贺词：“自自冉冉，欢喜新春。”应当是“自自由由”，却说成不伦不类、令人匪夷所思的“自自冉冉”。

当然，陈水扁、蔡英文错用成语（或四字句）闹成笑话，台湾媒体少不了一阵阵斥责、讥讽。

## 488. 是“周大使”还是“周大便”？

答：周晓沛（曾任我驻俄罗斯大使馆公使，驻乌克兰、波兰、哈萨克斯坦大使）写书《外交官是这样炼成的》中，讲述两件与文字有关的趣闻逸事：

（1）20世纪80年代，在驻苏联大使馆工作期间，一次使馆一个翻译向外交使团发文书，由于漏打一个俄文字母“Ц”，将某大使先生错称为“驴”大使，幸亏被对方文秘人员及时发现退回重新打印发送，才避免了一场可能发生的不愉快外交事件。

（2）周本人写的这本书（即《外交官是这样炼成的》），一个驻外使馆的同志读了此书，给周发了邮件，说此书甚好，还想推荐给其他同事阅读，其抬头应该是“尊敬的周大使”，由于粗枝大叶，竟然将“周大使”写成“周大便”，一字之差，弄出如此笑话，真是令人啼笑皆非，哭笑不得。[①]

---

① 无独有偶，再举一例。1995年12月12日天津某报登载题为《安理会上一则笑话》的新闻。讲述是以工作节奏快著称的联合国安理会开会时一般不准离开座位，由于喝水可能出现“急情”需要“内急”。有一次会议讨论五个核大国如何提供安全保障问题时，由于喝水过多，与会“大使们”“内急”得厉害，实在忍无可忍，于是会议主持人不得不临时宣布，由于“技术原因”休息五分钟，以了那些“内急”者的燃眉之急。会内外知情者会后不无诙谐戏谑纠正道：是“人道主义原因”，而非“技术原因”。然而令人哭笑不得的是，该新闻如下一句话：“当大便们常常讨论某个决议草案争议不休，口干舌燥之际，凉水加上浮冰确实起到止渴生津作用……”好一个“大便们”，原来也是不折不扣的“大使们”的误写。

## 489.“二圣交驴”是怎么回事?

答: 1935年,日本天皇裕仁(1901—1989年)煞有介事地邀请伪满洲国“皇帝”溥仪去日本东京,一则为了进一步控制溥仪,二则也是向世界显摆自己当太上皇的谱。当然,面对日本主子,傀儡“皇帝”溥仪也不敢不去、不得不去。于是此“二圣”在日本东京见面了,自然各大媒体也要大肆宣扬一番。不承想当时沈阳的《盛京日报》头版头条刊登出来的新闻标题竟然是《二圣交驴》,气得日本鬼子、汉奸咬牙切齿。

这到底是怎么回事呢?原来当年汉奸颇爱使用半中文半日文的词,诸如“共荣圈”“新交”等,其中,还有一个使用频率较高的“新欢”一词,其意思就是友好交往。那时的“欢”写成繁体字是“歡”。可是写稿人故意用词,将“新歡”的“歡”写成当时也不常用的“驩”字。如果只从本字上来说,这也不是什么毛病,因为“歡”“驩”只是同一个字的不同写法而已[①]。然后就传到印刷厂挑字的人在拣字时故意拣了一个跟“驩”模样差不多的一个“驢”字,如此一来“二圣交驩”一下子变成了“二圣交驢”[②]。此后,校对、编辑、主编这些人居然没有一个出来纠正此字,一路过关,直到第二天见了报,沈阳广大市民目睹《盛京时报》的“二聖交驢”新闻标题,无不笑声连连。原来连日本人审稿时也没有发现,直到人人当笑料传讲了这件事,他们才恍然大悟、恼羞成怒,非要找出“凶手”不可。这时一个新来的拣字工挺身而出,承认此事是自己干的。后来日本人一审问这个拣字工也真的不认识几个字。再说了“驩”与“驢”两个难以分辨的怪字,搁到谁身上也难保不出错,最后只得将工人毒打一顿开除了事。

---

①《词典》第(564页)释义:欢(歡、讙、驩、懽),括弧“()”内的四个字,其中第一个为繁体字,后三个为异体字,而这三个异体字中就有一个“驩”字。

② 与此相类似还有将“欢宴”改为“兽宴”的一例。1928年,国民党在南京召开中央全会,会后,为庆祝全会成功,举行盛大宴会。对此,各报均大肆宣传报道一番,其中上海《新闻报》的标题应该是:《全体委员舉行歡(欢)宴》。当值班编辑看大样时发现“歡”字排错,用笔将它勾出,让排字工人改一下。须知当时社会用字,用字皆用繁体字,报纸也不例外,“欢”的繁体字“歡”字和“獸”字轮廓差不多,由于排字工人疏忽大意,未加仔细辨别,顺便拣了一个“獸”字代替“歡”字,再加上改版后再也无人复核。如此这般到了第二天见报时,便成了标题《全體委員舉行獸宴》,一字之误引起轩然大波。

## 490. 断句不当会造成什么影响?

答：在此可举断句不当造成笑话的三例。

（1）“文革”期间，一个造反派头目找到一份材料，上面写有：“李××、张××曾一同参加国民党。”事也凑巧，当时除了李××、张××，还真有一个叫“曾一同”的人。由于该造反派头目断句不当，将这句话读成：“李××、张××、曾一同参加国民党。”于是乎明明只是“李××”“张××”参加国民党，而现在连“曾一同”这一位也同“李××”“张××”二位一起被抓了起来。

（2）有一天某单位的一位领导在会上宣读文件，将其中一句“已经取得文凭的和尚未取得文凭的干部”，由于断句不当读成了“已经取得文凭的和尚、未取得文凭的干部”，台下顿时哄堂大笑。此时这位仁兄非但不检讨自己断句是否断错读错了，反而盛气凌人地敲话筒，拍桌子，大言不惭地喊道：“你们笑什么？年轻人不好好学习不是好事。现在连和尚也得有文凭，何况干部呢？”此言一出，台下又是一场哄堂大笑。

（3）有一次某人去某地出差，想住在一家酒店。该酒店大堂经理原想对客人说：“我们这里可以对你提供一次性服务。”然而，由于断句不当，他将这句话说成“我们可以对你提供一次（此处停顿了一下），性服务。”客人一听，心里直害怕，吓得赶紧退出此家酒店，另寻他处住宿。

# 五、标点符号篇

我国古代没有标点符号，写文章、读文章颇为吃力、费劲，会产生多种理解，有时还会被误读、误解。追溯起来，直到汉代才发明了“句读”符号，语句完整的一小段为“句”；而语句中语意未完，语气可停的一小段为“读”。到了宋代，开始使用“。”“，”来表示句、读。直至明代，才开始出现人名号和地名号。这些就是我国早期的标点符号。清末张德彝（1847—1918年）是我国第一个介绍西方标点符号的人。严复（1854—1921年）是我国第一个使用新式标点符号著书立说的人。1904年，他在所著《英文汉话》中第一次使用了一些新式标点符号。1917年5月，刘半农在《新青年》上发表《我之文字改良观》，旗帜鲜明地提出在文章中使用新式标点符号的主张。作为新文化运动领袖之一的胡适，对我国新式标点符号的创制实施，也起到了不可或缺的重要作用。1919年4月，北京大学马裕藻（1878—1945年）、周作人、朱希祖（1879—1944年）、刘复（半农）、钱玄同、胡适六教授联名向国语统一筹备会第一次大会提交《请颁行新式标点符号议案》，并经大会通过。翌年2月，北洋政府教育部颁发第53号训令，即《通令采用新式标点符号文》规定了12种标点符号，批准、颁行这一议案。中华人民共和国成立后，1951年出版总署颁发《标点符号用法》，同年10月政务院发布《关于学习标点符号用法的指示》。从此我国标点符号有了统一的用法，并且逐渐趋于完善。①

《词典》（第84页）释义：“标点符号　标号和点号的合称，标号用

① 在此补述西式标点符号的由来。追溯之，西式标点符号起源于古希腊。据说希腊文字是连写的。亚里士多德（前384—前322年）著《修辞学》就曾经提及著名哲学家赫拉克利特在撰写著作时因为连写而难以断句，给读者阅读造成很大困难。时至前200年前后，亚历山大图书馆馆长阿里斯托芬（前446—前385年）开始创制“中圆点（·）”“上圆点（˙）”和“下圆点（.）”三级点号这一较早的标点符号，一直沿用了很长一段时间。直到14世纪末，意大利语法学家、出版家A·马努提乌斯（约1450—1515年）根据用语法原则代替诵读原则，创制出比较正规的5种印刷标点：（1）逗号（，）；（2）分号（；）；（3）冒号（：）；（4）句号（。）；（5）问号（？）。由此，马努提乌斯成为西式新式标点符号的奠基人。他的家族在百年间出版各种书籍达近千种，畅销欧洲各国，从而促使这5种标点符号逐渐为各个语种使用，得到普遍推广。

来表示词语的性质和作用，点号用来表示停顿和语气。”

## （一）标点符号的意义和作用

可举以下六例具体说明标点符号的意义和作用。

### 491. 康有为怎样改“民可使由之，不可使知之”的标点符号？

答：孔子曰：“民可使由之，不可使知之。”其意思是说：“只叫老百姓做什么，你不必叫他们懂得其中的道理。”这是我国几千年来历朝历代封建统治者奉行“愚民政策”一句颇具经典性的话。时至清末推行戊戌变法，康有为对这句话中各加了一个逗号“，”，即“民可，使由之；不可，使知之。”其意思变成：“老百姓的认识程度可以了，就让他们去做；如果认识程度不够，就教育他们，使他们懂得。”为推行变法，康有为的这个逗号一加，竟然使原来的一句“坏话”变成一句“好话”。

### 492. 有人怎样巧改标点符号，将杜牧《清明》诗改编成短剧？

答：唐代诗人杜牧《清明》诗曰：“清明时节雨纷纷，路上行人欲断魂。借问酒家何处有，牧童遥指杏花村。”有人对这脍炙人口的七律诗的标点符号稍作、巧作改动，竟然变为一部有背景、有情节、有台词、有动作的短剧：“［清明时节］雨纷纷，路上行人：欲断魂；借问：‘酒家何处有？’牧童：遥指杏花村！”

### 493. 徐文长怎样加标点符号改变语句原意？

答：明代江南才子徐文长（1521—1593 年）外出访友，碰上细雨连绵的黄梅时节。由于绵雨下个不停所阻不能让他按时回家。他正好也找个托词，一连数日在朋友家住了下来。不料该朋友不够大方，见徐文长在自己家好吃好睡，颇为自在，暂无回家之意，想送客又不忍出口，于是他想出一个怪招，在徐文长住的房间门口醒目处贴上一个字条：“下雨天留客天留我不留。”心想：“你文长兄见了字条，还不知趣识相快快离开我家？”岂知徐文长见到字条既好气又好笑，他看这十个字一气呵成，便按照有标点符号似地大声朗读起来：“下雨天，留客天，留我不？留！”

## 494. 张伯苓怎样加标点符号改“难开”为“难，开！”？

答：当年日本侵略者肆意轰炸天津，把南开大学炸得一塌糊涂，破坏殆尽，难免有人哀叹道：“南开成了难开。”时任南开大学校长的张伯苓（1876—1951年）听此一说，很不以为然，他满怀对日本侵略者的满腔仇恨慷慨陈词道：“难开？那就加一个标点：难，开！”在此，一个逗号“，”把原来偏正结构的短语变为具有转折观点的复句。尽管只有短短的“难，开！”两个字、两个标点符号“，”“！”，却把张伯苓校长带领南开大学广大师生知难而进、愈挫愈勇的斗争精神，淋漓尽致地表现了出来，赢得人们的赞扬。

## 495.“我校篮球队打败了他们获得了冠军”有哪两种标点标法？

答：这句话使用逗号“，”置于不同的位置，加以不同的断句，可得出两个完全不同的结果：

（1）“我校篮球队打败了他们，获得了冠军”；

（2）“我校篮球队打败了，他们获得了冠军。”

## 496.“高中毕业生由省招委负责分配600名初中毕业生由市招委负责分配。”有哪两种标点标法？

答：这句话使用逗号“，”置于不同的位置，加以不同的断句，可表达出两种完全不同的意思：

（1）如果在“600名”之前加逗号“，”，即“高中毕业生由省招委负责分配，600名初中毕业生由市招委负责分配”；

（2）如果在“600名”之后加逗号“，”，即“高中毕业生由省招委负责分配600名，初中毕业生由市招委负责分配”。

## （二）辞书使用标点符号不当之处

### 497.《词典》使用标点符号有什么不当之处?

答：应将错用的逗号“，”改为冒号“：”。第678页右第40—43行：“近水楼台　宋代文人俞文豹《清夜录》引宋人苏麟诗，‘近水楼台先得月’。比喻因接近某人或某事物而处于首先获得好处的优越地位。”应将“苏麟诗”与引号之间的逗号“，”改为冒号“：”。即为“……苏麟诗：‘近水楼台先得月’……”

### 498.《中国大百科全书档案学分册》使用标点符号有什么不当之处?

答：《中国大百科全书档案学分册》第245页左第16—17行：“1981年后任中国档案学会副理事长。理事长等职。”应将“副理事长”与“理事长”之间的句号“。”改为顿号“、”。即为“副理事长、理事长等职”。

### 499.《档案学词典》使用标点符号有什么不当之处?

答：《档案学词典》第62页左第13—19行：“关于采取措施禁止并防止文化财产非法进出口和所有权非法转让公约（Convention on the means of prohibiting and preventing the illicit import，export and transfer of ownership of cultural property”。该句英文的圆括号“（）”缺了后一半“）”，应补标上。应将“（Convention…property”改为“（Convention…property）”。

### 500.《简明档案学词典》（*Concise dictionary of Archival science*）使用标点符号有什么不当之处?

答：《简明档案学词典》第41页第20—21行：档案文献编纂学）Study of Archival Documents Compilation），在“编纂学”与“Study”之间的“）”标错了，应改为“（”。即为将“）Study of Archival Documents Compilation）”改为“（Study of Archival Documents Compilation）”。

## 附录 1：新旧字形对照表

（字形后圆圈内的数字表示字形的笔画数）

| 旧字形 | 新字形 | 新字举例 | 旧字形 | 新字形 | 新字举例 |
|---|---|---|---|---|---|
| 〖++④〗 | 【艹③】 | 花/草 | 〖直⑧〗 | 【直⑧】 | 值/植 |
| 〖辶④〗 | 【辶③】 | 连/速 | 〖黾⑧〗 | 【黾⑧】 | 绳/鼋 |
| 〖幵⑥〗 | 【开④】 | 型/形 | 〖咼⑨〗 | 【咼⑧】 | 過/蜗 |
| 〖丰④〗 | 【丰④】 | 艳/沣 | 〖垂⑨〗 | 【垂⑧】 | 睡/郵 |
| 〖巨⑤〗 | 【巨④】 | 苣/渠 | 〖飠⑨〗 | 【飠⑧】 | 飲/飽 |
| 〖屯④〗 | 【屯④】 | 纯/顿 | 〖郎⑨〗 | 【郎⑧】 | 廊/螂 |
| 〖瓦⑤〗 | 【瓦④】 | 瓶/瓷 | 〖彔⑧〗 | 【录⑧】 | 渌/箓 |
| 〖反④〗 | 【反④】 | 板/饭 | 〖𥁕⑩〗 | 【昷⑨】 | 温/瘟 |
| 〖丑④〗 | 【丑④】 | 纽/杻 | 〖骨⑩〗 | 【骨⑨】 | 滑/骼 |
| 〖犮⑤〗 | 【犮⑤】 | 拔/茇 | 〖鬼⑩〗 | 【鬼⑨】 | 槐/嵬 |
| 〖印⑥〗 | 【印⑤】 | 茚 | 〖俞⑨〗 | 【俞⑨】 | 偷/渝 |
| 〖耒⑥〗 | 【耒⑥】 | 耕/耘 | 〖既⑪〗 | 【既⑨】 | 溉/厩 |
| 〖呂⑦〗 | 【吕⑥】 | 侣/营 | 〖蚤⑩〗 | 【蚤⑨】 | 搔/骚 |
| 〖攸⑦〗 | 【攸⑥】 | 修/倏 | 〖敖⑪〗 | 【敖⑩】 | 傲/遨 |
| 〖爭⑧〗 | 【争⑥】 | 净/静 | 〖莽⑫〗 | 【莽⑩】 | 漭/蟒 |
| 〖产⑥〗 | 【产⑥】 | 彦/産 | 〖眞⑩〗 | 【真⑩】 | 慎/填 |
| 〖羊⑦〗 | 【羊⑥】 | 差/养 | 〖䍃⑩〗 | 【䍃⑩】 | 摇/遥 |
| 〖幷⑧〗 | 【并⑥】 | 屏/拼 | 〖殺⑪〗 | 【殺⑩】 | 摋/鎩 |
| 〖吳⑦〗 | 【吴⑦】 | 蜈/虞 | 〖黃⑫〗 | 【黄⑪】 | 廣/横 |
| 〖角⑦〗 | 【角⑦】 | 解/确 | 〖虛⑫〗 | 【虚⑪】 | 墟/歔 |
| 〖奐⑨〗 | 【奂⑦】 | 换/痪 | 〖異⑫〗 | 【異⑪】 | 冀/戴 |
| 〖㡀⑧〗 | 【㡀⑦】 | 敝/弊 | 〖象⑫〗 | 【象⑪】 | 像/橡 |
| 〖耳⑧〗 | 【耳⑦】 | 敢/嚴 | 〖奧⑬〗 | 【奥⑫】 | 澳/襖 |
| 〖者⑨〗 | 【者⑧】 | 都/著 | 〖普⑬〗 | 【普⑫】 | 谱/氆 |

（摘自《词典》第 7 版）

## 附录 2：《咬文嚼字》公布《当代汉语出版物中最常见的 99 个别字》

2017 年 3 月 7 日，《咬文嚼字》杂志创刊 22 周年，公布了《当代汉语出版物中最常见的 99 个别字》，其中差错率最高的 10 个字是（括号中是正字）：松驰（弛）、穿（川）流不息、渡（度）假村、一幅（副）对联、既（即）使、挖墙角（脚）、再接再励（厉）、谈笑风声（生）、渲（宣）泄、九洲（州）。

99 个最常见的别字，以正字的音序排列，括号中的字为正字。

（1）按（安）装（2）甘败（拜）下风（3）自抱（暴）自弃（4）针贬（砭）（5）泊（舶）来品（6）脉博（搏）（7）松驰（弛）（8）一愁（筹）莫展（9）穿（川）流不息（10）精萃（粹）（11）重迭（叠）（12）渡（度）假村（13）防（妨）碍（14）幅（辐）射（15）一幅（副）对联（16）天翻地復（覆）（17）言简意骇（赅）（18）气慨（概）（19）一股（鼓）作气（20）悬梁刺骨（股）（21）粗旷（犷）（22）食不裹（果）腹（23）震憾（撼）（24）凑和（合）（25）侯（候）车室（26）迫不急（及）待（27）既（即）使（28）一如继（既）往（29）草管（菅）人命（30）娇（矫）揉造作（31）挖墙角（脚）（32）一诺千斤（金）（33）不径（胫）而走（34）峻（竣）工（35）不落巢（窠）臼（36）烩（脍）炙人口（37）打腊（蜡）（38）死皮癞（赖）脸（39）兰（蓝）天白云（40）鼎立（力）相助（41）再接再励（厉）（42）老俩（两）口（43）黄梁（粱）美梦（44）了（瞭）望（45）水笼（龙）头（46）杀戳（戮）（47）痉孪（挛）（48）美仑（轮）美奂（49）罗（啰）唆（50）蛛丝蚂（马）迹（51）萎糜（靡）不振（52）沉缅（湎）（53）名（明）信片（54）默（墨）守成规（55）大姆（拇）指（56）沤（呕）心沥血（57）凭（平）添（58）出奇（其）不意（59）修茸（葺）（60）亲（青）睐（61）磬（罄）竹难书（62）入场卷（券）（63）名声雀（鹊）立（64）发韧（轫）（65）搔（瘙）痒病（66）欣尝（赏）（67）谈笑风声（生）（68）人情事

（世）故（69）额首（手）称庆（70）追朔（溯）（71）鬼鬼崇崇（祟祟）（72）金榜提（题）名（73）走头（投）无路（74）趋之若骛（鹜）（75）迁徒（徙）（76）洁白无暇（瑕）（77）九宵（霄）（78）渲（宣）泄（79）寒喧（暄）（80）弦（旋）律（81）赝（赝）品（82）不能自己（已）（83）尤（犹）如猛虎（84）竭泽而鱼（渔）（85）滥芋（竽）充数（86）世外桃园（源）（87）脏（赃）款（88）醮（蘸）水（89）蜇（蛰）伏（90）装祯（帧）（91）饮鸠（鸩）止渴（92）坐阵（镇）（93）旁证（征）博引（94）灸（炙）手可热（95）九洲（州）（96）床第（笫）之私（97）姿（恣）意妄为（98）编篡（纂）（99）做（坐）月子。

## 附录3：常念错的字（97字）

（1）恬（甜）静　（2）包庇（毕）　（3）酗（序）酒
（4）造诣（义）　（5）木屑（谢）　（6）粗犷（广）
（7）谄（产）媚　（8）棘（集）手　（9）机械（泻）
（10）谒（页）见　（11）砧（真）板　（12）舐（是）犊
（13）拯（整）救　（14）翌（艺）日　（15）箴（珍）言
（16）哺（补）育　（17）恪（客）守　（18）赏赐（次）
（19）贮（注）存　（20）修葺（气）　（21）书笺（肩）
（22）纨绔（裤）　（23）阐（产）述　（24）瑰（归）宝
（25）迁徙（喜）　（26）澎湃（派）　（27）同胞（包）
（28）簇（醋）拥　（29）麻痹（毕）　（30）濒（宾）临
（31）玷（电）污　（32）罹（梨）难　（33）嗾（叟）使
（34）鞭笞（吃）　（35）饿殍（瞟）　（36）逮捕（补）
（37）粗糙（操）　（38）炽（赤）热　（39）拂（服）晓
（40）嗔（抻）怒　（41）歼（肩）灭　（42）发酵（叫）
（43）糟粕（破）　（44）憧（充）憬　（45）狙（拘）击
（46）掮（前）客　（47）畸（基）形　（48）干涸（河）
（49）咆（袍）哮　（50）手帕（怕）　（51）翩跹（仙）
（52）蓦（漠）然　（53）脍（快）炙　（54）褴褛（旅）
（55）抚恤（序）　（56）愤懑（闷）　（57）龋（取）齿
（58）桎梏（固）　（59）按捺（纳）　（60）回溯（诉）
（61）鞭挞（蹋）　（62）狡黠（匣）　（63）塑（诉）料
（64）瞠（撑）目　（65）媲（屁）美　（66）讣（副）告
（67）斡（沃）旋　（68）联袂（妹）　（69）赈（镇）济
（70）汲（急）取　（71）浸（进）透　（72）刚愎（闭）
（73）窠（科）臼　（74）潸（山）然　（75）妊娠（身）
（76）阴霾（埋）　（77）惴惴（坠）　（78）膏肓（荒）

（79）淙（丛）淙　（80）针砭（编）　（81）莅（粒）临
（82）证券（劝）　（83）取缔（第）　（84）喟（溃）然
（85）恫吓（贺）　（86）要挟（邪）　（87）禅（善）让
（88）拓（榻）片　（89）呜咽（业）　（90）呆（待）板
（91）叨（涛）扰　（92）提（低）防　（93）咯（卡）血
（94）龟（君）裂　（95）侧（摘）歪　（96）亲（庆）家
（97）屏（丙）息

## 附录 4：2017 年十大语文差错

《咬文嚼字》杂志社近日公布了 2017 年度十大语文差错，这十大差错都跟本年度各类文化、时政事件和日常生活有关，有些是冷知识，有些是常会误用的词。快来看看你用对了吗？

老舍的“舍”误读为 shè　央视 2017 年 2 月开播的《朗读者》节目中，濮存昕和董卿强调老舍的“舍”应该读作 shè，在观众中产生很大的影响。正确的读法是 shě。“舍”有两个读音。读 shě，为舍弃；读 shè，为房屋。老舍原名舒庆春，字舍予。舍予是舍我、无我的意思，“舍”即舍弃，应读第三声。

“蘋”误作“萍”　今年双 11 马云倾力打造了一部宣传影片，其主题曲《风清扬》将“青蘋之末”的“蘋”误成了“萍”。“青蘋之末”出自宋玉《风赋》，后世以“青蘋之末”比喻事物处于萌芽状态。青蘋，是一种草本植物，叶柄伸出水面，而“萍”指水生植物浮萍。

“参商”的“参”误读为 cān　2017 年热播电视剧《那年花开月正圆》中有句台词“人生不相见，动如参与商”，剧中人将“参”读成了 cān。正确的读法是 shēn。“人生不相见，动如参与商”出自杜甫诗《赠卫八处士》，“参”“商”均是二十八宿之一，“参商”比喻亲友分离后不得再见。

“非营利”误为“非盈利”　有媒体在虐童事件报道中提到有关单位时称之为“非盈利组织”。正确表述应是“非营利组织”。“营利”即谋求利润，“非营利组织”指不以获取利润为目的的组织机构。而“盈利”指扣除成本后的利润，“非盈利”即不产生利润，显然不符合“非营利组织”的属性。

“敬请期待”　社会礼貌用语中，“敬请期待”呈流行趋势。但谦恭的“敬请”和自负的“期待”，形成了一种奇怪的组合。

“飓风”误为“台风”　2017 年 8 月哈维飓风登陆美国。不少媒体在报道此事件时把“哈维”误称为“台风”。气象学上是按地理位置区别“飓风”与“台风”的。发生在大西洋、墨西哥湾、加勒比海和北太平洋东部的称“飓风”；发生在北太平洋西部和南海的称“台风”。

“起诉状”误为“起诉书”　2017年，有媒体在报道王宝强离婚事件时，把离婚的“起诉状”误成了“起诉书”。“起诉状”是公民、法人或其他组织为了向人民法院起诉而递交的法律文书。“起诉书”则是人民检察院依照法定程序，代表国家向人民法院对被告人提起公诉的法律文书。

“领衔主演”　影视剧演职员表中，多有“领衔主演”一项，一般都是多人并列。这不合“领衔”一词的本义。“领衔”，是指在共同署名的文件中，排名在第一位的人。后来也指在艺术表演中的名单中，排名在第一位的演员。

“城乡接合部”误为“城乡结合部”　“接合”意为连接在一起的；“结合”是人和事物间发生了密切联系，凝结为一个整体。“城”和“乡”只是地理上的邻接关系，不是组织上的结合关系，不宜写成“城乡结合部”。

“一诺千金”误为“一言九鼎”商业宣传中多出现含“一言九鼎”的宣传语，应改作“一诺千金”。“一言九鼎”形容所说的话分量重、威力大；“一诺千金”才表示信守承诺。

（2017年12月28日《老年文摘》，摘自2017年12月22日《法制晚报》）

## 附录5：中国最牛的28个汉字

䨻（四个雷）拼音：【bèng】

[illegible]（四个云）拼音：【nóng】

𠔻（四个兴）拼音：【zhèng】

𪚥（四个龙）拼音：【zhé】

[illegible]（四个先）拼音：【xiòng】

𨰻（四个金）拼音：【bǎo】

[illegible]（四个泉）拼音：【chéng】

[illegible]（四个言）拼音：【cì】

[illegible]（四个小）拼音：【xiǎo】，

茻（四个屮）拼音：【mǎng】

燚（四个火）拼音：【yì】

[illegible]（四个牛）拼音：【qún】

[illegible]（四个林）拼音：【shā】

[illegible]（四个石）拼音：【lěi】

[illegible]（四个田）拼音：【léi】

[illegible]（四个甲）拼音：【cā】

[illegible]（四个且）拼音：【qiè】

[illegible]（四个风）拼音：【piāo】

[illegible]（四个囚）拼音：【líng】

[illegible]（四个困）拼音：【不详】

[illegible]（四个匕）拼音：【bǐ】

㠭（四个工）拼音：【zhàn】

㗊（四个口）拼音：【jí】

[illegible]（四个天）拼音：【jié】

[illegible]（四个门）拼音：【dàng】

[illegible]（四个果）拼音：【hū】

[illegible]（四个春）拼音：【chún】

[illegible]（四个车）拼音：【kē】

## 附录 6：兼有二重叠、三重叠、四重叠的 7 个汉字

（1）人　从　众　众众。

（2）又　双　叒　叕。

（3）中　艸　芔　茻。

（4）火　炎　焱　燚。

（5）口　吕　品　㗊。

（6）日　昌　晶　𣊫。

（7）木　林　森　𣛧。

## 附录7：汉字搞笑对话集锦

（1）“忙”对“忘”说：同样是生活在一起的两口子，把心藏在下面就能把她忘记啦。

“口”对“回”说：亲爱的，都怀孕这么长时间了，咋不回来一趟呢？

“力”对“办”说：牛啥呀，前后有人撑着就能办成事啦。

“平”对“苹”说：哥们，剃个小平头多好，瞧你，脑袋脏的，都长草了。

“日”对“曰”说：哟，我说朋友，几天不见，胖这么多还天天喊减肥呢？

“月”对“肖”说：姓肖的，快点告诉我，哪弄这么个发型呀？

“汤”对“烫”说：哥们，快点回家擦药吧，屁股都烫起泡了。

“丑”对“妞”说：妞妞姐，真羡慕你，咱们虽然都一样丑，可你好歹是个女的，不愁嫁不出去。

“止”对“亚”说：和我一样秃头，可你戴了顶帽子，就正儿八经地进去了。

“夫”对“天”说：都是人，你缩着头人家反而天天想，我呢，地位日落千丈啊。

“土”对“王”说：戴顶帽子就称王称霸了，摘下还不是和我一样土老帽一个。

“干”对“土”说：你为啥总是与我对着干？

“乒”对“乓”说：你我都一样，一等残废兵，结了婚兴许能打乒乓球呢。

“乘”对“乖”说：你的裤子呢，丢人了吧，乖乖给我穿上！

（摘自李香严编著《汉字教学中的文字学》第59—60页）

（2）“虎”对“彪”说：姐们这回又生了仨？我结婚这些年了，咋还没怀上呢，能不能告诉我点经验？

“聋”对“龙”说：兄弟，我昨天安装了耳朵，咋还听不着呀？

“女”对“始”说：哟，妹妹，真有眼光，几天不见就找个台商？

“壁”对“璧”说：哥们，你可别谦虚了，我哪能和你比呀，别的不说，咱俩基础就差多了。

“七”对“皂”说：大哥，为啥闹心事呀，跟小妹儿说说，看把你憋的，头发都白了。

“么”对“分”说：哥们，别老一个头型了，你看我昨天在发廊整的这个大背头，酷不?

“果”对“巢”说：就买个破手机呗，也用不着在脑袋上装那么多天线显摆呀?

“切”对“分”说：别推脱责任了，论捅刀的数量，我也不是主犯。

“鸟”对“岛”说：蹲在山上你就是大鸟啦?

“巾”对“币”说：儿啊，你戴上博士帽，也就身价百倍了?

“尺”对“尽”说：姐姐，结果出来了，你怀的双胞胎！

“人”对“丛”说：喂，那对儿谈恋爱的，不许践踏草坪。

“木”对“森”说：几天不见，哥几个玩上杂技啦。

“汤”对“烫”说：哥们，快点回家吧，你们家后院起火了。

“大”对“爽”说：孩子，这次考试一共才几道题，你就给爸爸错了四道?

（原载 2014 年 11 月 21 日《文萃报》）

（3）“飞”对“乙”说：亲爱的，你慢慢飞，翅膀丢了你怨谁?

“斤”对“所”说：告诉我，你俩真的是双胞胎吗?

“四”对“兄”说：姐姐，几年不见，儿子都长这么大啦!

“凸”对“凹”说：小样儿，你把脑袋缩回去我就不认识你啦!

“月”对“用”说：小样儿，你扎条领带我就不认识你啦?

“占”对“毡”说：小样儿，你穿件翻毛大衣我就不认识你啦?

“口”对“日”说：小样儿，你系条裤带我就不认识你是谁啦?

“戋”对“贱”说：哥们儿，跟我装是不? 你以为有钱就高贵了吗?

“本”对“笨”说：姐们儿，听我一句吧，咱还是别戴帽子了?

“艮”对“恨”说：亲爱的，心大点儿吧，天天咬牙切齿的牙齿不疼吗?

“女”对“奴”和“妃”说：看到两位姐姐我才知道嫁错人的后果是多严重啊!

（摘自雅瑟、毅然编著《中华字源》第 50 页）

（4）“兵”对“丘”说：看看战争有多残酷，两条腿都炸飞了！
“木”对“术”说：脸上长颗痣就当自己是美人了？
“比”对“北”说：夫妻一场，何必闹离婚呢？
“臣”对“巨”说：和你一样的面积，我却有三室两厅。
“尺”对“尽”说：结果出来了，你怀的是双胞胎。
“日”对“曰”说：该减肥了。
“人”对“从”说：你怎么还没去做分离手术呢？
（摘自雅瑟、毅然编著《中华字源》第58页）

（5）“甥”对“姓”说：谁说生男生女一个样？
“怵”对“歪”说：为啥他们说在一起就心术不正呢？
“王”对“狂”说：哥们儿，穿个皮大衣你就牛了是不？
“典”对“共”说：兄弟，这么冷的天，咋不穿件上衣呢？
“炎”对“毯”说：姐们儿，这么热的天还穿着翻毛大衣呢？
“星”对“月”说：别追我了行不，咱俩在一起别人都吐了，你知道不？
“呆”对“束”说：兄弟，傻点儿不要紧，可不能把脑袋掖到裤带里干那些悬事啊。
“力”对“咖”说：兄弟，拎两个大箱子到哪儿去呀？
“丰”对“州”说：哟，哥们儿，这是咋的啦，大白天的咋还躺在地上了呢？
“春”对“舂”说：哥们儿，快点回家吧，裤子开线啦！
（摘自雅瑟、毅然编著《中华字源》第61页）

（6）“自”对“日”说：你单位裁员了？
“土”对“丑”说：别以为披肩就好看，其实骨子里还是老土。
“晶”对“品”说：你家难道没装修？
“个”对“人”说：不比你们年轻人，没根手杖，几乎是寸步难行。
“且”对“但”说：胆子小了，还请了保镖？
“茜”对“晒”说：出太阳了，咋不戴顶草帽？

“办”对“为”说：平衡才是硬道理。

“吕”对“昌”说：和你相比，我家徒四壁。

“占”对“点”说：买小轿车了？

“叉”对“又”说：啥时候整的容啊？脸上那颗痣呢？

（摘自雅瑟、毅然编著《中华字源》第 329 页）

（7）“干”对“于”说：看你那没出息的样，脚下总是不利索！

“干”对“平”说：看把你美的，两天不见，还戴上墨镜了呢！

“呆”对“杏”说：看你就是木头脑袋；“杏”说：其实你比我还笨！

“休”对“体”说：你心里老算计一本账，肯定没有我轻松！

“住”对“往”说：你带了东西，这是往哪儿去？

“王”对“玉”说：该丢弃一点，你就舍不得！所以你啥时候也成不了王！

“金”对“全”说：拈轻怕重，怕负责任，还想跟我比，没门儿！

“方”对“万”说：这世道真不公平，我比你干得多，却没有你的名气大！

“人”对“入”说：来而不往非礼也，你光进不出，难怪你成不了人！

“师”对“帅”说：肩上连勋章都没一个，就当最高指挥官了，不就靠一张脸蛋吗！

“内”对“肉”说：你不就比我家多一口人嘛！咋就那么吃香？人见人爱！

（摘自 2016 年 10 月 24 日《老年文摘》、摘自《作文周刊》）

（8）“广”对“廣”说：我已经扫黄了。

“厂”对“廠”说：我的内部已被贪官挖空了。

“爱”对“愛”说：我没有心却有朋友。

“办”对“辦”说：现代化了，不用辛辛苦苦了。

“产”对“產”说：我不用生，从别人手里拿过来就行了。

“书”对“書”说：我这儿没有“子曰”。

“国”对“國”说：我实行计划生育，所以减少人口；我实现和谐，所以没有干戈；我有玉，所以比你富裕。

“叶”对“葉”说：没有树木，我也可以生长。

“体”对“體”说：我没有骨气，却有本钱。

“斗”对“鬥”说：我要文斗，你要武斗，我比你文明。

“区”对“區”说：我是新区，你是老区，所以人口密集。

“头”对“頭”说：你没有美容吗？怎么长了小豆豆？

“飞”对“飛”说：你要两飞才能升上去，我可是一飞冲天。

“坏”对“壞”说：我可以说“不”，你呢？

“历”对“歷”说：有实力，才能成为历史的主人。

“丽”对“麗”说：没有鹿，我照样吸引人。

“树”对“樹”说：我总是对的。

“为”对“為”说：你的点太多了，我坚持一个中心。

“让”对“讓”说：我才能体现上级的关怀。

“长”对“長”说：你已经封顶，怎么往上长啊！

“发”对“發”说：你那么复杂，我就容易得多。

“发”对“髮”说：原来过去人们的头发那么长！

“关”对“關”说：连门都没有，不就永远关闭了吗？

“与”对“與”说：我都有车了，还须两只脚走路吗？

“会”对“會”说：我是人云……亦云。

（摘自网络）

（9）“晶”对“品”说：你们家都没有装修吗？

“夫”对“天”说：我总算盼到了出头之日！

“熊”对“能”说：怎么穷成这样啦？四个熊掌全卖了！

“丙”对“两”说：你家什么时候多了一个人，结婚了？

“兵”对“丘”说：兄弟，踩上地雷了吧，两腿炸得都没了！

“王”对“皇”说：当皇上有什么好处？我看头发都白了！

“口”对“回”说：亲爱的，都怀孕这么久了，也不说一声！

“也”对“她”说：当老板啰？出门还带秘书！

“日”对“旦”说：你什么时候学会滑板了！

“果”对“裸”说：哥们儿，你穿上衣服还不如不穿呢！

“由”对“甲”说：你什么时候学会倒立了？

“巾”对“币”说：戴上博士帽就身价百倍了？

“口”对“囚”说：你中央有人也照样进去！

（摘自网络）

# 参考文献

## （一）参考书目


1.《毛泽东选集》第一、二、三、四卷，人民出版社 1991 年版。

2.《邓小平文选》第一卷，人民出版社 1989 年版。

3.《邓小平文选》第二卷，人民出版社 1983 年版。

4.《邓小平文选》第三卷，人民出版社 1993 年版。

5.《江泽民文选》第一、二、三卷，人民出版社 2006 年版。

6.《江泽民论加强和改进执政党建设》（专题摘编），中央文献出版社、研究出版社 2004 年版。

7.《胡耀邦文选》，人民出版社 2015 年版。

8.《胡锦涛文选》第一、二、三卷，人民出版社 2016 年版。

9.《中国共产党章程》，人民出版社 2017 年版。

10.《中华人民共和国宪法》，中国法制出版社 2018 年版。

11. 中共中央党史研究室著《中国共产党历史》第二卷（1949—1978）上册，中共党史出版社 2011 年版。

12.《康熙字典》，中华书局 1958 年版。

13.《中华大字典》，中华书局 1978 年版。

14. 夏征农主编《辞海》（上、中、下），上海辞书出版社 1979 年版。

15. 宋原放主编《简明社会科学词典》，上海辞书出版社 1982 年版。

16.《辞源》（修订本）（1—4），商务印书馆 1983 年版。

17. 马洪武、王德宝、孙其明主编《中国革命史辞典》，档案出版社

1988 年版。

18. 翁世荣、王千弓主编《秘书辞典》，档案出版社 1989 年版。

19. 周绪全、王澄愚编著《古汉语常用词源辞典》，重庆出版社 1991 年版。

20.（汉）许慎撰《说文解字》，黄山书社 1993 年版。

21. 陈兆祦、黄坤坊编著《简明档案学词典》（*Concise Dictionary of Archival Science*），中国档案出版社 1993 年版。

22. 吴宝康、冯子直主编《档案学词典》，上海辞书出版社 1994 版。

23. 王德惠、程希岚编著《古今词义对比词典》，吉林文史出版社 1995 年版。

24.《北京志·档案卷·档案志》，北京出版社 2003 年版。

25.《新华大字典》（彩色版），商务印书馆国际有限公司 2004 年版。

26.《中华成语词典》，商务印书馆国际有限公司 2006 年版。

27. 原编者 王力、岑麒祥、林焘等　增订者 蒋绍愚、唐作藩、赵万起等《古汉语常用字典》（第 4 版），商务印书馆 2007 年版。

28.《中国大百科全书》（第二版），中国大百科全书出版社 2009 年版。

29.《汉语常用大词典》，商务印书馆国际有限公司 2009 年版。

30. 李行健主编《现代汉语规范词典》（第 2 版），外语教学与研究出版社、语文出版社 2010 年版。

31. 中国社会科学院语言研究所词典编辑室编《现代汉语词典》（第 6 版），商务印书馆 2012 年版。

32. 中国社会科学院语言研究所词典编辑室编《现代汉语词典》（第 7 版），商务印书馆 2016 年版。

33.《中华大词典》，商务印书馆国际有限公司 2016 年版。

34.《中华成语大词典》，商务印书馆国际有限公司 2016 年版。

35. 蒋伯潜、蒋祖怡著《字与词》（上、下册），世界书店 1941 年版。

36. 张志公著《汉语语法常识》，中国青年出版社 1953 年版。

37. 江成编著《简化汉字问答》，通俗读物出版社 1956 年版。

38. 中国文字改革委员会编《文字改革和汉字简化是怎么回事？》，通俗读物出版社 1956 年版。

39. 北京教育进修学院语文教研室编《字辨》，北京出版社 1960 年版。

40. 周有光著《汉字改革概论》，文字改革出版社 1961 年版。

41.《简化字总表》，文字改革出版社 1964 年版。

42. 徐仲华《容易写错的字》，北京出版社 1964 年版。

43.《中国地图册》，地图出版社 1966 年版。

44. 朱一清《文史工具书及其使用法》，中华书局 1979 年版。

45. 中国人民大学语言文字研究所编《语言文字研究》，中国人民大学出版社（内部出版），1980 年。

46. 孙钧锡《汉字基本知识》，河北人民出版社 1981 年版。

47. 叶子雄、陈晨《文字》，上海教育出版社 1983 年版。

48. 黄伯荣、廖序东主编《现代汉语》（高等学校文科教材）（上、下册），甘肃人民出版社 1983 年版。

49. 左民安著《汉字例话》，中国青年出版社 1984 年版。

50. 邹家炜、董俭、周雪恒编著《中国档案事业简史》，中国人民大学出版社 1985 年版。

51.《简化字总表》（1986 年新版），语文出版社 1986 年版。

52.《万事由来手册》，江苏少年儿童出版社 1987 年版。

53. 王德俊编著《档案管理学》，文化艺术出版社 1987 年版。

54. 国家语言文字工作委员会汉字处编《现代汉语常用字》，语文出版社 1988 年版。

55. 罗培常著《语言与文化》，语文出版社 1989 年版。

56. 邓绍兴、和宝荣主编《档案管理学》（高等学校文科教材），中国人民大学出版社 1989 年版。

57. 宣永光著《妄谈 · 疯话》上册，今日中国出版社 1993 年版。

58.《咬文嚼字》（合订本卷一），上海文化出版社 1996 年版。

59.《鲁迅全集》，西藏人民出版社 1998 年版。

60. 周有光著《比较文字学初探》，语文出版社 1998 年版。

61. 何九盈著《汉字文化学》，辽宁人民出版社 2000 年版。

62.《咬文嚼字合订本 2000》，上海文化出版社 2001 年版。

63. 沈闰祥《常见别字认定》，上海出版社 2001 年版。

64. 李梵编著《汉字的故事》，中国档案出版社 2001 年版。

65. 李万福、杨海明著《图说文化起源》，重庆出版社 2002 年版。

66. 全国干部培训教材编审指导委员会组织编写，江蓝生、张国宪主编《汉语语言文字基本知识读本》，人民出版社 2002 年版。

67.《咬文嚼字合订本 2002》，上海文化出版社 2003 年版。

68. 王梦奎编《怎样写文章》（新增订本），中国言实出版社 2003 年版。

69. 周有光著《世界文字发展史》，上海世纪出版集团上海教育出版社 2003 年版。

70.《咬文嚼字合订本 2003》，上海文化出版社 2004 年版。

71.《咬文嚼字合订本 2005》，上海文化出版社 2006 年版。

72. 李学勤著《古文字学初探》，中华书局 2006 年版。

73. 严文明主编《中华文明史》（第一卷），北京大学出版社 2006 年版。

74. 王大有著《上古中华文明》（修订本），中国时代经济出版社 2006 年版。

75.《咬文嚼 13 年珍藏版》，上海文化出版社 2007 年版。

76.《政府工作报告全编》（*Government Work Report Collection*）（2007），中国言实出版社 2007 年版。

77. 李树藩主编《最新各国概况》（*A Latest Survey of Every Country*）[亚洲分册（Asia）]，长春出版社 2007 年版。

78. 李树藩主编《最新各国概况》（*A Latest Survey of Every Country*）[欧洲分册（Europe）]，长春出版社 2007 年版。

79. 李树藩主编《最新各国概况》（*A Latest Survey of Every Country*）[非洲分册（Africa）]，长春出版社 2007 年版。

80. 李树藩主编《最新各国概况》（*A Latest Survey of Every Country*）[美洲·大洋洲分册（America·Oceania）]，长春出版社 2007 年版。

81. 蔡维藩著《报纸常见语文差错 1000 例》，广西科学技术出版社 2008 年版。

82. 全国报刊逻辑与语言应用病例有奖征集活动组委会办公室编　宇文现主编《报刊逻辑与语言病例 1100 例》，首都师范大学出版社 2008 年版。

83.《咬文嚼字合订本 2008》，上海文化出版社 2009 年版。

84. 张波、蔡维藩著《语文纠错之错中错》，山西出版集团、山西科学技术出版社 2009 年版。

85. 周有光著《人类文字浅说》，人民文学出版社 2009 年版。

86. 吕思勉《中国文化史》，北京大学出版社 2010 年版。

87. 周诚编著《以文载道咬文嚼字》，北京出版集团公司北京出版社 2010 年版。

88. 蔡维藩著《嚼嚼〈咬文嚼字〉》，大连出版社 2010 年版。

89. 雅瑟、毅然编著《中华字源》，新世界出版社 2012 年版。

90. 蒋伯潜著《文字学纂要》，首都经济贸易大学出版社 2012 年版。

91. 杨加深等著《中国人最易写错的字》，中国书籍出版社 2012 年版。

92. 江湖夜雨著《惊才绝艳——临风咏絮历代才女》，研究出版社 2012 年版。

93. 张港著《品文解字》，中央广播电视大学出版社 2012 年版。

94. 王德俊著《说文解错 700 例》，中国文史出版社 2013 年版。

95. 郭海缨著《都在字里行间——郭海缨新闻作品选》，中国出版集团现代出版社 2013 年版。

96. 王德俊著《笔尖下的溪流——布衣文选》，中国文史出版社 2014 年版。

97. 杨立新著《错字的尖叫——细说那些被误解的错字》，人民日报出版社 2014 年版。

98.《语言文字规范手册》（最新版），商务印书馆国际有限公司 2014 年版。

99. 周晓陆主编《中国消失的文字》，山东画报出版社 2014 年版。

100. 中国老教授协会主编《大师风范》（人文社会科学卷）上册，高等教育出版社 2014 年版。

101. 朱莲芬著《从古海塘到陶然亭——沈掌荣朱莲芬图文说人生》，2014 年。

102. 齐得平著《我管理毛泽东手稿》，中央文献出版社 2015 年版。

103. 萨苏《高墙深院里的科学大院》，北京联合出版公司 2015 年版。

104.《咬文嚼字合订本 2015》，上海咬文嚼字文化传播有限公司、上海锦绣文章出版社 2016 年版。

105. 姜恩柱著《大国较量——中欧关系和香港回归亲历》，中信出版集团有限公司 2016 年版。

106. 鲁顺民著《天下农人》，花城出版社 2016 年版。

107. 袁钟瑞《我的两万五千天》，2016 年 9 月。

108. 黄乔声著《字里行间读鲁迅》，生活·读书·新知三联书店 2017 年版。

## （二）参考报、刊目

1. 1995 年第 1 期《汉语学习》。

2. 1996 年第 5 辑《咬文嚼字》。

3. 2010 年 11 月 9 日《作家文摘》。

4. 2013 年 10 月 26 日《中国剪报》。

5. 2014 年第 9 期《纵横》。

6. 2014 年第 9 期《北京档案》。

7. 2014 年 9 月 30 日《作家文摘》。

8. 中国逻辑与语言函授大学、北京创新研究所合办《求知与创新》，2014 年 10 月 30 日第 290 期。

9. 2014 年 11 月 21 日《文萃报》。

10. 2015 年 1 月 2 日《作家文摘》。

11. 2015 年 2 月 3 日《作家文摘》。

12. 2015 年 3 月 24 日《作家文摘》。

13. 2015 年 8 月 2 日《新民晚报》。

14. 2015 年 9 月 28 日《老年文摘》。

15. 2015 年 9 月 29 日《作家文摘》。

16. 2015 年 10 月 13 日《中国剪报》。

17. 2015 年 10 月 20 日《中国剪报》。

18. 2015 年 10 月 30 日《作家文摘》。

19. 2015 年 11 月 3 日《作家文摘》。

20. 2015 年 11 月 26 日《人民政协报》。

21. 2015年第12期《纵横》。

22. 2015年12月《老干部生活》（试刊号）（中共中央办公厅老干部局主办）。

23. 2015年12月3日《老年文摘》。

24. 2015年12月4日《作家文摘》。

25. 2015年12月18日《中国档案报》。

26. 2015年12月24日《中国剪报》。

27. 2016年第1期《纵横》。

28. 2016年1月5日《作家文摘》。

29. 2016年1月8日《作家文摘》。

30. 2016年1月14日《参考消息》。

31. 2016年1月14日《人民政协报》。

32. 2016年1月19日《中国剪报》。

33. 2016年1月21日《老年文摘》。

34. 2016年第2期《纵横》。

35. 2016年2月1日《老年文摘》。

36. 2016年2月8日《老年文摘》。

37. 2016年2月22日《老年文摘》。

38. 2016年3月3日《老年文摘》。

39. 2016年3月7日《老年文摘》。

40. 2016年3月10日《老年文摘》。

41. 2016年3月14日《老年文摘》。

42. 2016年3月28日《老年文摘》。

43. 2016年4月16日《法制晚报》。

44. 2016年4月21日《老年文摘》。

45. 2016年4月26日《老年文摘》。

46. 2016年4月26日《中国剪报》。

47. 2016年4月29日《中国剪报》。

48. 2016年4月29日《作家文摘》。

49. 2016年5月2日《老年文摘》。

50. 2016 年 5 月 4 日《羊城晚报》。
51. 2016 年 5 月 5 日《中国电视报》。
52. 2016 年 5 月 16 日《老年文摘》。
53. 2016 年 5 月 17 日《中国剪报》。
54. 2016 年 5 月 24 日《人民日报 · 海外版》。
55. 2016 年 5 月 24 日《中国剪报》。
56. 2016 年 6 月 30 日《老年文摘》。
57. 2016 年 7 月 2 日《今晚报》。
58. 2016 年 7 月 29 日《中国档案报》。
59. 2016 年 8 月 2 日《中国剪报》。
60. 2016 年 8 月 22 日《老年文摘》。
61. 2016 年 8 月 23 日《作家文摘》。
62. 2016 年 8 月 29 日《老年文摘》。
63. 2016 年 8 月 30 日《作家文摘》。
64. 2016 年第 9 期《纵横》。
65. 2016 年 9 月 23 日《中国档案报》。
66. 2016 年 9 月 23 日《老年文摘》。
67. 2016 年第 10 期《纵横》。
68. 2016 年 10 月 11 日《作家文摘》。
69. 2016 年 10 月 14 日《作家文摘》。
70. 2016 年 10 月 14 日《中国档案报》。
71. 2016 年 10 月 20 日《老年文摘》。
72. 2016 年 10 月 24 日《老年文摘》。
73. 2016 年第 11 期《纵横》。
74. 2016 年 11 月 4 日《作家文摘》。
75. 2016 年 11 月 7 日《老年文摘》。
76. 2016 年 11 月 14 日《中国人民大学》（校报）。
77. 2016 年第 29 期《环球人物》。
78. 2016 年 11 月 18 日《作家文摘》。
79. 2016 年 11 月 19 日《中国剪报》。

80. 2016 年 12 月 9 日《作家文摘》。
81. 2017 年 1 月 26 日《老年文摘》。
82. 2017 年第 1 期《时代邮刊》。
83. 2017 年第 1 期《夕阳红之声》（中国人民大学离退休工作处主办）。
84. 2017 年 2 月 27 日《老年文摘》。
85. 2017 年第 2 期《咬文嚼字》。
86. 2017 年第 3 期《咬文嚼字》。
87. 2017 年 3 月 31 日《北京晚报》。
88. 2017 年 4 月 5 日《北京日报》。
89. 2017 年 4 月 5 日《文汇报》。
90. 2017 年 4 月 15 日《中国剪报》。
91. 2017 年 4 月 20 日《老年文摘》。
92. 2017 年 5 月 4 日《人民政协报》。
93. 2017 年 5 月 10 日《北京晚报》。
94. 2017 年 12 月 22 日《法制晚报》。
95. 2017 年 12 月 28 日《老年文摘》。

# 后记

## "都在字里行间"

作一点说明：借用郭海缨① 著《都在字里行间——郭海缨新闻作品选》书名中的"都在字里行间"六个字，作为"后记"的标题及其内容阐述的基调之一。既是表达拜读该书的赞赏，又是联想鄙人的主要经历，乃至撰写拙著《解字说文 500 问》的切身感受，从一定意义上说，似可概括为"都在字里行间"。

本人主要经历，可用"上学""工作""教学""学术"和"审读"10 个字概括。先说"上学"，无论 20 世纪 50 年代我在上海上通旅小学、长阳中学读的语文、算术、历史、地理、英语、生物、自然、政治、代数、几何、物理、化学等课本，还是 60 年代在北京读中国人民大学（历史档案系）学的古现代汉语、英语、历史（包括中国历史、世界历史、中共党史）、国家机关史、图书馆学、哲学、政治经济学等公共基础课程，以及《档案管理学》《文书学》《技术档案管理学》《中国档案史》《世界档案史》《档案文献编纂学》《档案保管技术学》《影片照片录音档案管理》等档案专业课程，无不"都在字里行间"求知不怠。次说"工作"，无论我在中国人民大学档案学院（含历史档案系、档案系）（任政治辅导员、班主任）做思想政治工

① 郭海缨（1953— ），是 1995—1999 年我在中国档案报社工作期间的同事，该报第三任总编辑。著有：《都在字里行间——郭海缨新闻作品选》《光荣时刻——新中国档案事业发展亲历》（主编）《地方党政领导谈档案工作》（双主编之一）等。

作和（任教研室党支部书记、院系党总支书记、校党委组织部部长）做党务工作，还是在国家档案局（任档案干部教育中心主任）搞培训、（任《中国档案报》首任总编辑）办报务、（任中国档案学会档案学基础理论学术委员会主任、常务副理事长，乃至退休后任中国老教授协会档案与文秘专业委员会主任、中国档案学会档案老专家委员会主任）干会务等行政、业务工作，写计划、安排，或者搞总结、汇报，无不"都在字里行间"履职不懈。再说"教学"，无论我在中国人民大学档案学院内外（讲《档案管理学》《档案学概论》《文书学》《企业档案管理》《人事干部档案管理》课程），还是在京内外各类档案干部培训班、进修班、讲习班、研修班（讲"国家档案事业体系""中外档案学研究概述""历届国际档案大会概述""国际档案学术新动态新观点概述"等专题）授课（本人数十年如一日不失"教书匠"本色），撰写讲稿、备课、讲授，无不"都在字里行间"舌耕不已。也说"学术"，无论我发表《档案立法、档案机构和档案基础建设的连续性与变化》（*Continuity and Change in Archives Legislation，Institutions and Infrastructures*）（1996 年第 13 届国际档案大会主报告之一）《新中国档案教育的历史、现状和发展趋势》（*Historique et evolution actuelle de l'enseignement archivistique en chine*）《英语 Archives、Record、File、Roll 概述》《档案——档案记忆——世界记忆项目》《荷兰手册评述》《八千麻袋事件拾遗》《缪勒、斐斯和福罗英》（译文，合译）等拙文近 300 篇，还是出版 [ 著、编著、主编、副主编、合著、参与编（译）著 ]《档案管理学》《档案学基础》《企业档案管理》《秘书工作手册》《文书档案与行政管理》（中央电视台电视讲座教材）《档案干部继续教育电视讲座（中央广播电视大学继续教育教材）》（T.R. 谢伦伯格著）《现代档案——原则与技术》（*Modern Archives——Principles and Technigues*）（译著，译第十六章、第十七章）《说文解错 700 例》《笔尖下的溪流——布衣文选》等拙著 19 部，无不"都在字里行间"爬格不倦。还说"审读"（我自 2001 年至今 17 年来退休生活的"主旋律"），无论为中国人民大学出版社、中国档案出版社、中国言实出版社、中国文史出版社等"打工"审校书稿 500 余部（约 1 亿多字），还是为《纵横》《中国社会经济论坛》《老干部生活》《档案学通讯》杂志审校稿件 3000 余篇，无不"都在字里行间"过目不贰（把政治关、业务关、常识关、逻辑关、语法关、文字关）。乃至我撰写《解字说文500问》（始于2015年4月第1稿、止于2018年9月第15稿）更可贴切地说，无不“都在字里行间”笔耕不止，斟酌字句，反复修改，直至定稿。

值此本书走完编辑、出版程序，即将付梓之际，脑海里闪过几位前贤大家的精彩、经典言论，对我既有触动，又有启迪。（1）鲁迅说：“写完后至少看两遍，竭力将可有可无的字，句，段删去，毫不可惜。”对此熟知、牢记几十年的谆谆教诲，本人努力践行，尽力做到。（2）吕叔湘①的两段话：一是他为罗培常②著《语言与文化》撰写的再版“前言”指出：本书作者罗培常先生是我国杰出的语言学家。……这次重印之前曾经请季羡林③先生转请北京大学东语系的汪大年④先生仔细校读了一遍，我相信这个重排本比初排本要好得多，但也不敢说没有错误，如果读者有所发现，请告诉我们，以便将来重印时改正。读完这段话，我既为语言文字大家的一丝不苟和严苛要求感动，又为自己相形见绌的本书出版后能否通过读者的审读关颇费思量、惴惴不安。二是吕叔湘还说：“书（《语法修辞讲话》，系吕叔湘与朱德

① 吕叔湘（1904—1998年），中国科学院（1977年分划一部分成立中国社会科学院）语言研究所研究员、中国科学院哲学社会科学学部委员、《中国语文》主编、语言研究所副所长、所长、名誉所长。曾任《现代汉语词典》前期主编、《现代汉语八百词》主编。著有：《中国文法要略》《语法修辞讲话》（合著）《汉语语法分析问题》《汉语语法论文集》（修订本）等。

② 罗培常（1899—1958年），西南联合大学中文系主任、北京大学文科研究所所长、中国科学院哲学社会科学学部委员、《中国语文》总编辑、中国科学院语言研究所所长。著有：《厦门音系》《语言与文化》《普通语音学纲要》（合著）《汉魏晋南北朝韵部演变研究第一分册》（合著）《罗培常语文论文集》等。

③ 季羡林（1911—2009年），中国科学院哲学社会科学学部委员、聊城大学名誉校长、北京大学副校长、中国语言学会会长、中国史学会常务理事、中国社会科学院南亚研究所所长、中国亚非学会会长、北京大学终身教授。著有：《季羡林文集》（24卷）《牛棚杂记》《中印文化关系论丛》等。

④ 汪大年（1938—　），北京大学外国语学院东语系教授。著有：《缅甸语与汉藏语系比较研究》《缅甸语教程》等。

熙[①]合著——作者注）出版后，我们送了一本给研究文学史的王瑶[②]先生，请他提意见。过了些时候，我见到王瑶先生，问他的意见，他说了5个字：'还看得下去！'我听了很高兴，因为讲语言文字的书，让人看得下去，就是很高的评价了。现在一些同志写的书往往让人看不下去。”面对语言文字大家吕叔湘、朱德熙合著的高水平著作仅仅“还看得下去”就认为是“很高的评价了”的自谦之词，联想本人并非科班出身，只是10年来凭着浓厚兴趣跌跌撞撞涉足语言文字领域，不揣浅陋地撰写低水平拙著出版后，担心落入正如吕叔湘所说的“现在一些同志写的书往往让人看不下去”的窘境。（3）两位方家亦庄亦谐的言论。一位出版界人士说过：“文字中没有错误，是出版人和编辑们追求的理想境界”；马公愚[③]早在1939年自我调侃道：一部书“不出版，臭自己；一出版，臭别人”。读到此，既鞭策自己为达到那个“追求的理想境界”不懈努力，又联想本书不出版，只是“臭自己”，一出版，担心“臭别人”。（4）1949年，老舍[④]在美国纽约大学讲学、创作期间，同中国留学生有关文字的别样别致的对话：“您的作品，一挥而就，一字不改。鲁迅作品，改了又改，最少十次，公与鲁迅，孰优？”“鲁迅作品，一字不能动，我的作品可以改得一字不留。”面对老舍对鲁迅的文字功夫的赞赏与推崇以及对自己文字作品的苛求与自谦，作者内心对老舍这位语言大师的由衷钦佩之情油然而生。（5）我在2013年、2014年出版的《说文解错700例》《笔尖下的溪流——布衣文选》的“小结”“后记”中，引用邹韬奋的经典言论：“一个错字没有，在实际上也许做不到，但我总是

① 朱德熙（1920—1992年），北京大学中文系副主任、副校长、研究生院院长、北京大学计算语言学研究所所长。著有：《作文指导》《文章评论》《语法修辞讲话》（合著）《语法讲义》等。

② 王瑶（1914—1989年），北京大学教授、中国现代文学会会长、鲁迅研究会副会长、《中国现代文学研究丛刊》主编。著有：《中古文学思想》《中古人生活》《中国文学史论集》《中国新文学史稿》（上、下册）《中国诗歌发展讲话》《中古文学史论》《中古新文学史稿》等。

③ 马公愚（1893—1969年），上海市文史馆馆长、中国文字改革委员会委员。著有《书法史》《书法讲话》《应用图案》《公愚印谱》《畊石簃杂著》等。

④ 老舍（1899—1966年），现代著名作家，人民艺术家。曾任全国文联主席、作协副主席、中国民间文学研究会副理事长。代表作主要有：《骆驼祥子》《茶馆》《四世同堂》等。

以此为鹄［鹄（gǔ）者，（射箭的）目标也——作者注］，至少使它的错字极少。”而今，再次凝视和重温此句，想到本人拙著《说文解错700例》纠别人错的，结果发现书中仍有不可原谅的错舛多处，实在令自己深感汗颜，无地自容[①]。（6）马寅初[②]的两句话：一是“我勇于更正错误，但坚持真理，而且在真理面前，无私无畏”。二是“言人之所言，那很容易，言人之所欲言，就不太容易，言人之所不敢言，就更难。我就言人之所欲言，言人之所不敢言”。在我数十载的教学、学术生涯中这两句话深深地印记在脑海里，我本人也是这两句被人们奉为圭臬和信条的经典言论的坚定信奉者，且努力效仿和实践之。

在此，读者不难发现：我对《解字说文500问》出版后是否“往往让人看不下去”而忐忑不安、诚惶诚恐的心结不作掩饰、和盘托出了。尽管我作出最大的努力，眼下能达到的也就如此水平，最终还得与广大读者见面。一言以蔽之，我对本书付出的辛劳与心血，寄托的企盼与情感，以及亲身感受的酸甜苦辣，“都在字里行间”的不言和静默中；当然对本书存有错讹、谬误之处，更是热诚地恳请读者和方家批评指正，不吝赐教。

写到此、说到此，该写、该说“感谢”二字了。感谢王景高、冯乐耘、刘国能、陈怀良、张云扬、陈锡章、顾生法、杨宗礼、王若凡（次子）先生和吴以文、韩玉梅、周雪恒、曹润芳、郭海缨、何凤华（老伴）女士，对我撰写本书给予的关注、鼓励和鞭策；感谢王景高、张云扬、胡绍华、李国庆、潘振同、肖正德、曲延纯、方鸣、王若愚（长子）先生和张世林、高芳、梁继红女士，审读本书（第8稿）提出的宝贵修改意见（其中，曲延纯、李国庆、胡绍华先生对书稿的拉网式的“排雷”、地毯式的“点射”，更使我

① 由此联想到中国现代作家、文学研究家钱钟书（1910—1998年）对自己的既成著作总是本着精益求精的精神不厌其烦地修正、补订，乃至对每个字句、每条中外引文都要逐处查找核对，绝不放过，人们很难从他的著作中挑出错舛，即使是私人信件，也没有一个错别字或一处语病，本人既钦佩不已，又汗颜不止。

② 马寅初（1882—1982年），中国当代经济学家、教育家、人口学家。历任重庆大学商学院院长兼教授、南京大学教授、北京交通大学教授、浙江大学校长、北京大学校长、名誉校长，以及中国科学院哲学社会科学学部委员等。著有：《新人口论》《我的经济理论哲学思想和政治立场》《经济学概论》《马寅初演讲集》（1—4）《马寅初经济论文集》等。

获益多多）；感谢王景高、潘振同、王若愚先生和梁继红、单向群、于淼、卢晓慧、刘敬芹、马瑜、张琳、陆璇、焦皎女士（从“单向群”到“焦皎”都是中国人民大学图书馆工作人员），给我提供参考书目、参考书、参考资料和咨询意见；非常感谢中国文史出版社第二编辑室主任詹红旗先生对本书确定框架、结构和某些部分修改提出重要指导性意见，以及责任编辑刘夏女士对本书书稿修改目录、结构调整、纠正错舛和编辑加工，乃至最后定稿（第15稿）严格把关起到关键性作用；更加感谢谢丽荣女士两年半来，为本书第1—9稿打字、校对、勘误，以及补充、核准资料等付出的大量心血和辛勤劳作。

王德俊

2018年10月于北京亚运村陋室